中国社会科学院学部委员专题文集
ZHONGGUOSHEHUIKEXUEYUAN XUEBUWEIYUAN ZHUANTI WENJI

八江流域的藏缅语

孙宏开◎著

中国社会科学出版社

图书在版编目(CIP)数据

八江流域的藏缅语/孙宏开著. —北京：中国社会科学出版社，2013.8
(中国社会科学院学部委员专题文集)
ISBN 978-7-5161-3103-9

Ⅰ.①八… Ⅱ.①孙… Ⅲ.①藏缅语族—研究报告—西南地区
Ⅳ.①H42

中国版本图书馆 CIP 数据核字(2013)第 192195 号

出 版 人 赵剑英
责任编辑 任 明
责任校对 韩海超
责任印制 戴 宽

出 版 中国社会科学出版社
社 址 北京鼓楼西大街甲 158 号(邮编 100720)
网 址 http://www.csspw.cn
中文域名:中国社科网 010-64070619
发 行 部 010-84083685
门 市 部 010-84029450
经 销 新华书店及其他书店

印刷装订 环球印刷(北京)有限公司
版 次 2013 年 8 月第 1 版
印 次 2013 年 8 月第 1 次印刷

开 本 710×1000 1/16
印 张 25.25
插 页 2
字 数 401 千字
定 价 78.00 元

前　言

哲学社会科学是人们认识世界、改造世界的重要工具，是推动历史发展和社会进步的重要力量。哲学社会科学的研究能力和成果是综合国力的重要组成部分。在全面建设小康社会、开创中国特色社会主义事业新局面、实现中华民族伟大复兴的历史进程中，哲学社会科学具有不可替代的作用。繁荣发展哲学社会科学事关党和国家事业发展的全局，对建设和形成有中国特色、中国风格、中国气派的哲学社会科学事业，具有重大的现实意义和深远的历史意义。

中国社会科学院在贯彻落实党中央《关于进一步繁荣发展哲学社会科学的意见》的进程中，根据党中央关于把中国社会科学院建设成为马克思主义的坚强阵地、中国哲学社会科学最高殿堂、党中央和国务院重要的思想库和智囊团的职能定位，努力推进学术研究制度、科研管理体制的改革和创新，2006 年建立的中国社会科学院学部即是践行“三个定位”、改革创新的产物。

中国社会科学院学部是一项学术制度，是在中国社会科学院党组领导下依据《中国社会科学院学部章程》运行的高端学术组织，常设领导机构为学部主席团，设立文哲、历史、经济、国际研究、社会政法、马克思主义研究学部。学部委员是中国社会科学院的最高学术称号，为终生荣誉。2010 年中国社会科学院学部主席团主持进行了学部委员增选、荣誉学部委员增补，现有学部委员 57 名（含已故）、荣誉学部委员 133 名（含已故），均为中国社会科学院学养深厚、贡献突出、成就卓著的学者。编辑出版《中国社会科学院学部委员专题文集》，即是从一个侧面展示这些学者治学之道的重要举措。

《中国社会科学院学部委员专题文集》（下称《专题文集》），是中国社会科学院学部主席团主持编辑的学术论著汇集，作者均为中国社会科学院学部委员、荣誉学部委员，内容集中反映学部委员、荣誉学部委员在相关学科、专业方向中的专题性研究成果。《专题文集》体现了著作者在科学研究实践中长期关注的某一专业方向或研究主题，历时动态地展现了著作者在这一专题中不断深化的研究路径和学术心得，从中不难体味治学道路之铢积寸累、循序渐进、与时俱进、未有穷期的孜孜以求，感知学问有道之修养理论、注重实证、坚持真理、服务社会的学者责任。

2011 年，中国社会科学院启动了哲学社会科学创新工程，中国社会科学院学部作为实施创新工程的重要学术平台，需要在聚集高端人才、发挥精英才智、推出优质成果、引领学术风尚等方面起到强化创新意识、激发创新动力、推进创新实践的作用。因此，中国社会科学院学部主席团编辑出版这套《专题文集》，不仅在于展示“过去”，更重要的是面对现实和展望未来。

这套《专题文集》列为中国社会科学院创新工程学术出版资助项目，体现了中国社会科学院对学部工作的高度重视和对这套《专题文集》给予的学术评价。在这套《专题文集》付梓之际，我们感谢各位学部委员、荣誉学部委员对《专题文集》征集给予的支持，感谢学部工作局及相关同志为此所做的组织协调工作，特别要感谢中国社会科学出版社为这套《专题文集》的面世做出的努力。

《中国社会科学院学部委员专题文集》编辑委员会

2012 年 8 月

目 录

自　　序

本书共收两篇文章，实际上是两篇调查报告。它们都反映了作者自1976年至1982年期间在四川、云南和西藏三省区实地调查研究藏缅语族语言的情况，是在所收集的第一手资料基础上完成的。所反映的都是调查者新发现的语言事实，按照地域的分布，梳理出来的语言分布、语言使用人口、语言特点、语言演变趋势、语言和民族的关系以及它们在藏缅语族语言中的谱系地位。

1976年三、四月间，正当“四人帮”猖獗一时，挨个儿查“天安门事件”参与者的时候，中国科学院民族研究所与八一记录电影制片厂合作，派了一支精干的小分队，共十来个人，赴西藏东南部地区的察隅、墨脱、山南等地区，一方面拍摄记录电影，一方面做社会历史和语言的综合考察。我就是在这次调查队的语言组，与同事们一起承担收集语言资料的工作，通过大半年的实地调查研究，在大量第一手资料的基础上，掌握了喜马拉雅北麓地区中印边境东段一些非藏语的具体资料。

粉碎“四人帮”以后，四川省民委根据该省白马人提出民族识别的要求，组织白马人的民族识别工作，我应邀参加语言识别工作，记录了川甘地区白马人以及周围藏族的语言。之后不久，又开始“西番人”的民族识别工作，我深入岷江、大渡河、雅砻江、金沙江、澜沧江和怒江等河谷地带，翻山越岭，历尽千辛万苦，其中最难忘的是在独龙江地区和雅鲁藏布江大拐弯南的墨脱地区，记录了一大批新发现的语言，其中大部分是藏缅语族羌语支语言，部分彝语支、景颇语支和藏语支的语言。

此事引起了费孝通、李有义等一批老一辈民族学家的注意，他们当时还在“牛棚”里，我们的西藏门巴、珞巴和僜巴的所谓“三巴”语言调查和白马人的语言识别就引起了费孝通先生的高度注意。当他每天早晨扫完地以后，有空就来我的办公室聊天，我一五一十地详细介绍了我实地调查的收获，他敏锐地感觉到，这些新发现的语言资料对尔后国家民委计划开展的民族识别工作极其重要。当时我还不知道他正在酝酿写《关于我国的民族识别问题》，直到1978年9月1日，他把在全国政协民族组关于民族识别问题的发言油印稿送给我时，我才恍然大悟。关于民族走廊的提法、语言识别的提法，也是我们在讨论问题时经常使用的一些术语。

此后，有关“西番”的民族识别调查和语言调查的情况，我经常向他们通报，在费先生的鼓励下，我写出了《川西民族走廊地区的语言》一文，打印后于1980年国家民委民族问题五种丛书的一次学术会议上散发，引起了时任云南民族学院院长马曜先生的重视。他读到此文后马上找我说，这篇文章很好、很重要，要发表在西南民族研究的杂志上。并且通报了马上要成立“西南民族研究会”，要开展六江流域民族综合考察的计划。他还对我说，这篇文章太简单，你最好详细写出你最近调查研究中的收获，字数不限，我来安排发表或出版。他还说，你了解的情况对于我们开展综合考察是一些重要线索，会有很大参考价值。于是我差不多用了4个月的时间，完成了《八江流域的民族语言及其谱系分类》一文。他看了文章以后，建议把题目改为六江流域，以配合当时的六江流域民族综合考察。我同意了他的建议，于是将题目改成了《六江流域的民族语言及其谱系分类——兼述嘉陵江、雅鲁藏布江流域的民族语言》。后不久，此文发表在他主编的《民族学报》上。这就是收入本书的两篇文章的来龙去脉。

八江流域的藏缅语族语言还有许多，其中分布面最广、人口最多的是藏语和彝语，这些语言早就有人记录和描写过了。人口少一点的白、纳西、哈尼、拉祜、基诺、傈僳、景颇、羌、普米等，也都有语言简志报道。收入本书的语言资料，大部分是改革开放前后这段时间新发现的语言情况。收集这些语言资料所洒下的汗水，所经历的苦难和欢乐，是难以用语言描述的。我在这八江流域开展语言调查的情景，现仍历历在目，有时候经常在梦中萦绕（有关少数民族语言调查的一些经过，请参阅孙宏开《少数民族语言调查回忆片段》，该文载郝时远主编《田野调查实录——民族调查回忆》第117—135页）。跳动在读者面前的一个个汉字和国际音标，是作者在村寨里用笔一个字、一个字地实地记录下来，经过整理和研究形成文章的。后来这一地区的语言调查和民族调查，成为国际、国内各学科调查的热点，已经有十多个国家和地区的专家学者在这一地区“淘金”。

收入本书的两篇文章，其中《八江流域的藏缅语》是由《六江流域的民族语言及其系属分类——兼述嘉陵江上游、雅鲁藏布江流域的民族语言》一文修订、改写和补充而成。另一篇《民族走廊地区的语言》，基本上按原样重排，改正了个别错漏，没有太大的改动。特此说明。

孙宏开序于安贞桥寓所

2012 年 11 月 18 日

壹 八江流域的藏缅语

本文拟从以下10个部分介绍八江流域的藏缅语族语言。在八江流域的河谷地带，还有一些已知的语言，为藏缅语族中的藏语、彝语、景颇语等，不是本文介绍的重点。本文仅介绍新发现并初步记录的一些语言。

八江流域民族语言分布示意图

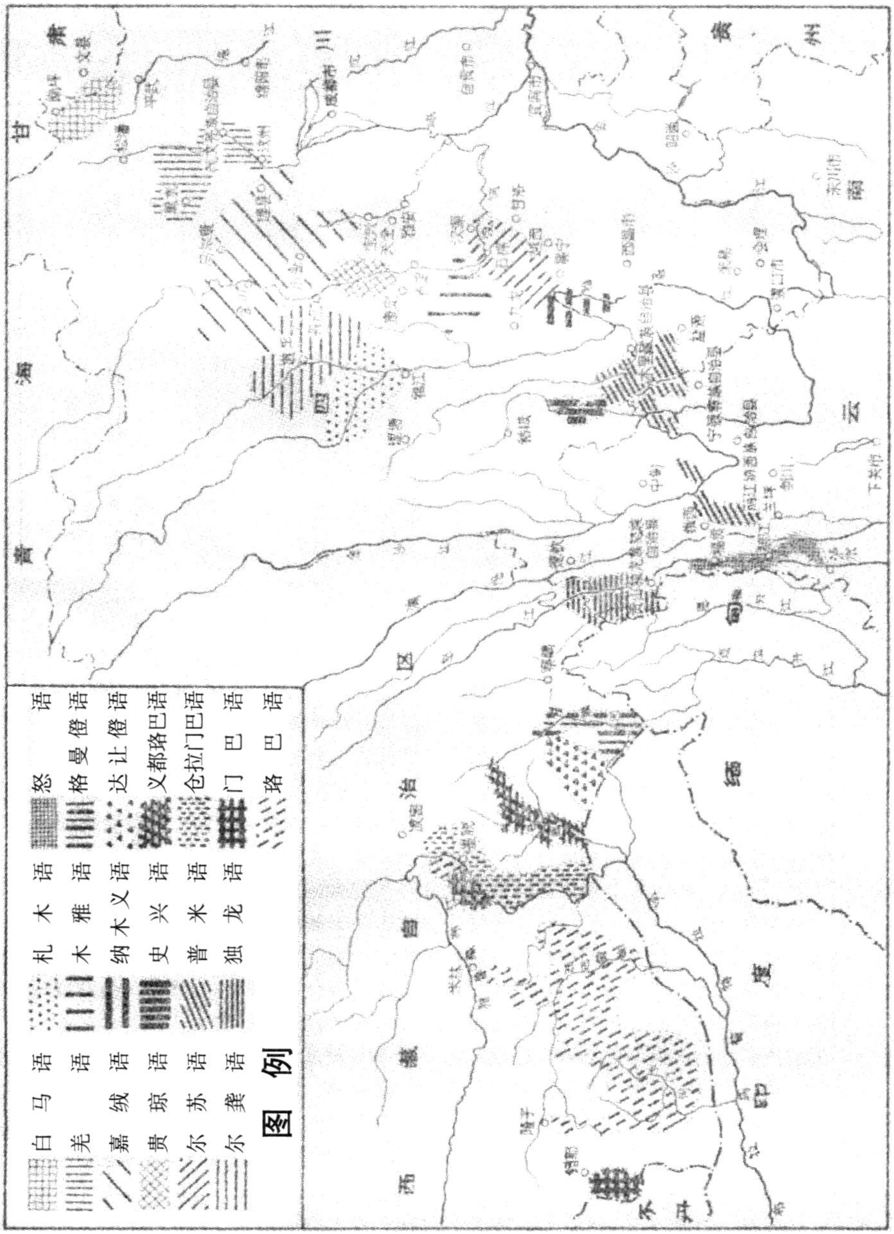

前　言

1981 年冬，西南民族研究学会在昆明正式筹备成立。学会成立不久，就组织发起了六江流域的民族综合考察，其中包括历史学、民族学、考古学、语言学、体质人类学等方面，这一计划一经公布，得到了全国许多专家学者的支持。目前考察工作还处在组织队伍、制定规划、进行试点阶段。六江民族考察工作即将全面展开，语言调查是这次考察的重要内容之一，在考察之前，我先把情况和问题提出来，如果是错误的，或者不准确的，可以通过考察工作，补充纠正，这也算是抛砖引玉吧！

费孝通先生在《关于我国民族的识别问题》一文中曾指出，以四川康定为中心向东向南大体上划出一条走廊。这条北自甘肃，南到西藏东南的察隅、珞渝的民族走廊“是汉藏、彝藏接触的边界，在不同历史时期出现过政治上拉锯的局面。而正是这个走廊在历史上是被称为羌、氐、戎等名称的民族活动的地区，并且出现过大小不等、久暂不同的地方政权。现在这个走廊东部已是汉族的聚居区，西部是藏族的聚居区”①。费先生认为：“这条走廊正处在彝、藏之间，沉积着许多现在还活着的历史遗留，应当是历史与语言科学的一个宝贵的园地。……它们共同向我们民族研究工作者提出了一个新的课题，我们应当进一步搞清楚这整个走廊的民族演变过程。”② 费先生不仅向我们提出了命题，而且摆出了论据，发出了揭开这一历史上多事复杂地区秘密的进军令。

根据我多年来在这一地区进行语言调查获得的资料分析，在费先生提出的民族走廊地区里，确实存在着十分复杂的语言情况，北起甘肃南部经

① 费孝通：《关于我国民族的识别问题》，载《中国社会科学》1980 年第 1 期，第 158 页。

② 同上书，158—159 页。

过四川西部，到云南西部甚至到西藏南部的喜马拉雅山脉地区，除了汉语、藏语以及彝语支的部分语言外，还存在着至少有十多种过去不大为外人所知道的语言。他们像一个个孤岛一样，被淹没在通用语言的汪洋大海之中，操这些语言的居民，有的已经过渡到双语制或多语制，即出门讲周围通用的语言，在家庭或村寨中，使用自己的第一母语，有的还顽强地保存着，仅在部分干部中有向双语制过渡的迹象。对待这些语言，有的已作了初步调查，大致掌握了它们的分布、使用情况和基本特点，有的还没有作深入的调查，有的直到现在还没有作调查，它们是语言，还是通用语言的方言？是历史遗留，还是民族语言互相间影响、交融的结果？

本文所涉及的八江流域的民族语言，都是属于藏缅语族的。在国内，就目前初步掌握的情况看，我国属于藏缅语族的独立语言，约有 40 种左右，分属 5 个不同的语支。笔者进行了一定的调查研究，并综合各方面的意见和研究成果，提出初步意见。这五个语支应该是：

①藏语支：藏语、门巴语、仓洛语、白马语。

②彝语支：彝语、纳西语、哈尼语、白语、拉祜语、基诺语、傈僳语、土家语、柔若语、怒苏语、末昂语、堂郎语、撒都语。

⑧羌语支：羌语、普米语、嘉绒语、木雅语、尔龚语、拉坞戎语、史兴语、尔苏语、贵琼语、扎巴语、却隅语、纳木义语。

④景颇语支：景颇语、独龙语、阿侬语、格曼语、达让语、博嘎尔语、苏龙语、义都语。

⑤缅语支：阿昌语、载瓦语、浪速语、波拉语、仙岛语、勒期语。

语言系属划分，本来应该建立在科学的历史比较研究的基础上，但由于藏缅语族历史比较研究尚未全面展开，以上分类的初步意见只是根据平面材料的比较，特别是关于土家语、珞巴语和怒语的系属划分，情况比较复杂，需要做更细致更扎实的比较工作。

本文介绍的民族语言，除了部分藏语支及彝语支的语言外，大部分属于羌语支和景颇语支。其中对一些大家比较了解的语言情况，则从简从略，对过去介绍得比较少的一些语言，则稍微多说几句。

嘉陵江上游地区

一 白马语

嘉陵江中、下游地区现在已没有少数民族聚居，但嘉陵江上游地区，特别是它的西支流白龙江，白水江，以及涪江地区，却有少数民族分布，这一带的少数民族，主要是操藏语的藏族，但也存在一些与藏语差别较大的“土话”。清代镇守川北的汤兴顺所呈《上川督骆秉璋恢复松潘四条》中，对这一带的语言情况，有这样一段话：

“松潘镇属各营所管番夷，地方辽阔，人有四种，话有四类。松中所属牟尼、毛革、拈佑、热务、漳腊属三寨一类之话，系吐蕃一种。松中属七布徐之河接连叠溪，平番属小姓、大小耳别、六关，松坪接维州属五屯四土等处一类之话，系猼猓子一种。松中属九关东坝、腊枚、大寨，龙安属果子坝、黄羊关、白马路、火溪沟，松左漳腊南坪属上、中、下羊峒和约后山界连甘肃杨布等处一类之话，系氐羌一种。漳腊属口外三十七部落一类之话系西戎一种，而字同音不同。”①

对上述分布在岷江及涪江上游地区的语言，日本语言学家西田龙雄认为应分属为四种不同的支系，他认为第一种属藏语系，第二种属博罗子语系，第三种属羌语系，第四种属嘉绒语系。②

经调查研究，并与前面所提的地望相核对，汤兴顺所谓的人有四种，话有四类，与他具体所指的内容略有出入。他所指的第一类地区毛革、热务、

---

① 《松潘县志》卷三《边防》，第53页。

② 详情请参阅西田龙雄《多续译语研究》序论，日本松香堂1973年出版，第28页。

漳腊为吐蕃一种，即藏语，这一类是对的。他所指的第四类漳腊口外三十七部落系西戎一种则是不对的，漳腊口外为牧区话即藏语安多方言，并非西戎。与漳腊一带的农区话虽交际困难，但是属于同一语言内部的方言差别，所以他说字同音不同，即他们都使用藏文，但各自的读音有差别。他所指的第二类叠溪、松坪、小姓接维州等地，明显指的是羌语分布地区，可他接着说包括四土等处，系博罗子一种。关于博罗子话，前面已谈到，但众所周知，四土一带乃嘉绒语，他把羌语和嘉绒语混为一谈，统称博罗子话，这不能不说是一个不小的错误。汤兴顺所谓的第三类分布在龙安属果子坝、白马路及南坪、甘肃等处的话，为氐羌一种，这句话是很有道理的。近几年，我们曾对涪江上游平武县白马路一带的少数民族语言进行了调查，并与南坪县下塘地区和甘肃省武都专区白水江流域文县铁楼一带的少数民族语言进行了对比，它们属于不同于羌语，也不同于藏语的一种独立的语言。历史学家们认为，操这种语言的居民（自称 pe^{53} “贝”，汉称“白马藏人”）可能是历史上白马氐人的后裔。他们在自身发展过程中融合了部分汉族和藏族。目前操这种语言的居民约有一万一千人。下面以平武县白马公社罗通坝村的白马语为代表，简要介绍白马语语音、词汇、语法的基本特点。

（一）语音

白马语有单辅音声母 40 个，列表举例如下：

p			t				k	
ph			th				kh	
b			d				ɡ	
		ts		tʂ	tʃ	tɕ		
		tsh		tʂh	tʃh	tɕh		
		dz		dʐ	dʒ	dʑ		
m			n			ȵ	ŋ	
	f	s			ʃ	ɕ	x	
		sh			ʃh	ɕh		
		z			ʒ	ʑ	ɣ	ɦ
			l					
			r					

p：	pi^{53}	吹	ph：	phi^{53}	脱（衣）	b：	be^{53}	（狗）叫
m：	mi^{13}mi^{53}	花	f：	fe^{13}tsɔ^{13}	肥皂	ts：	tse^{35}	到达
tsh：	tshɿ^{35}	找	dz：	dze^{13}	话	s：	sø^{35}	生（孩子）
sh：	shɔ^{13}	梳子	z：	zɑ^{341}	腐烂	t：	ti^{53}pɑ^{53}	现在
th：	thi^{53}	滴	d：	di^{13}	生长	n：	nɑ^{55}	野羊
l：	le^{53}	嚼	r：	rɿ^{35}	（嘴）麻	tʂ：	tʂɿ^{35}	金丝猴
tʂh：	tʂhɿ^{53}	敬神品	dʐ：	dʐɿ^{341}	打滚	tʃ：	tʃɿ^{53}	泼（水）
tʃh：	tʃhɿ^{53}	什么	dʒ：	dʒø^{341}	钉（动）	ʃ：	ʃɿ^{53}	只仅
ʃh：	ʃhe^{35}	会	ʒ：	ʒɿ^{341}	消化	tɕ：	tɕi^{53}	做
tɕh：	tɕhi^{53}	棋	dʑ：	dʑy^{35}	穿（针）	ȵ：	ȵi^{53}	银子
ɕ：	ɕi^{53}	送（物）	ɕh：	ɕhɛ^{53}	后来	ʑ：	ʑi^{35}	书
k：	ki^{53}	韭菜	kh：	khi^{53}	牵	ɡ：	ɡɑ^{13}	捆
ŋ：	ŋɑ^{35}	我	x：	xue^{35}	画	ɣ：	ɣɑ^{53}	狐狸
ɦ：	ɦõ^{35}	又，还						

有复辅音声母 7 个。它们是 nb、nd、ŋɡ、ndz、ndʐ、ndʒ、ndʑ，举例如下：

nb：	nbi^{53}	漏	nd：	ndɛ^{53}	可以	ŋɡ：	ŋɡi^{53}	高屋脊
ndz：	ndzɿ^{53}	钻入	ndʐ：	ndʐɑ^{13}	好	ndʒ：	ndʒɿ^{341}	磨子
ndʑ：	ndʑi^{53}	走						

有单元音韵母 14 个。即 i、e、ɛ、a、ɑ、ɔ、o、u、y、ɿ、ø、ə、ɐ、ə˞。有鼻化元音 8 个，即 ĩ、ẽ、ɛ̃、ã、õ、ỹ、ɐ̃、ə̃。无韵尾。举例如下：

i：	ɕi^{53}ɕi^{53}	小	e：	ʃe^{53}	梳（头）	ɛ：	ʃɛ^{53}	玻璃
a：	sa^{53}	痒	ɑ：	ʃɑ^{53}	热	ɔ：	ʃɔ^{35}	讨
o：	ʃo^{35}	妹妹	u：	su^{341}	谁	y：	ȵy^{53}	搜
ɿ：	ʃɿ^{53}	只仅	ø：	sø^{35}	生（孩子）	ə：	sə^{53}	死
ɐ：	shɐ^{53}	牙	ə˞：	xuɑ^{53}kə˞^{53}	滑竿	ĩ：	ĩ^{53}	瘾
ẽ：	ʒẽ^{35}u^{35}	任务	ɛ̃：	ɦɛ̃^{13}ɦɛ̃^{35}	能干	ã：	fɑ̃^{35}tɕɑ^{53}	放假
õ：	ɦõ^{35}	又	ỹ：	ỹ^{13}tø^{53}	熨斗	ə̃：	tʃə̃^{13}fu^{53}	政府

ɐ̃：ɦɐ̃^{13}ɐ̃^{53}　答应

有以 i、u、y 介音组成的复元音韵母共 23 个，其结合特点如下表：

主要元音 / 介音	e	ɛ	a	ɑ	ɔ	o	õ	ø	ə	ə̃	ɐ	ɛ̃	ɑ̃
i	/	/	/	/	/	/	/	/	/		/	/	/
u	/	/		/	/	/				/		/	/
y	/	/										/	

举例如下：

ie：	ɑ^{13}ic^{13}	坏	iɛ：	iɛ^{13}	编（辫子）	ia：	ia^{13}zɛ^{35}	工钱
iɑ：	iɑ^{35}	獐子	iɔ：	iɔ^{53}	路	io：	io^{35}	累
iə：	tho^{13}iə^{53}	桐油	iø：	liø^{35}	完毕	iɐ：	iɐ^{53}	年、岁
ue：	uc^{35}	木板	uɛ：	uɛ^{13}ʒo^{35}	忍耐	uɑ：	uɑ^{35}	瘤
uɔ：	uɔ^{35}	（水）泡	uo：	uo^{13}dʑɑ^{341}	突然	yc：	yc^{53}nɛ̃^{13}	越南
yɛ：	yɛ^{35}	筛	iɛ̃：	iɛ̃^{13}se^{53}	颜色	iɑ̃：	iɑ̃^{53}tsɿ^{53}	秧子
iõ：	kũɑ^{35}iõ^{13}	光荣	yɛ̃：	yɛ̃^{13}pi^{53}	铅笔	uɑ̃：	khũɑ^{13}	矿
uə̃：	uə̃^{35}thi^{53}	问题	uɛ̃：	tuɛ̃^{13}tsɿ^{53}	缎子			

有 4 个声调，其调值及例词如下：

1. 高降：53	nbo^{53}	蛆	ndo^{53}	集合
2. 高升：35	nbo^{35}	板壁	ndo^{35}	吃、喝
3. 低升：13	nbo^{13}	掉下去	ndo^{13}	螯
4. 升降：341	nbo^{341}	飞	ndo^{341}	山

（二）词汇

白马语的词汇以单音节词或由单音节词根复合而成的合成词为主，多音节的单纯词比较少。

单纯词：

ʃhɑ^{35}	野兽	zɛ^{341}	补	liø^{35}	完毕
no^{35}	牛	ngɔ^{35}	房子	ɕe^{53}	给
ku^{13}ly^{53}	身体	khɑ^{13}li^{35}	（烧的）馍馍	lɐ^{53}tɐ^{53}	大
ɦo^{13}ɦo^{35}	寺庙	ɕi^{53}ɕi^{53}	小	ȵɛ^{13}ȵi^{53}	粥

合成词：

ʃʅ^{13}ʃe^{53}	篦子	ʑɔ^{13}ȵe^{35}	祖宗	jɑ^{13}dʐue^{35}	手镯
ndo^{341}ngɔ^{13}	山尖	ʒɑ^{13}ndʒʅ^{341}	上磨盘	ʃʅ^{53}tʃɑ^{53}	犁杖
go^{13}nɔ^{53}	河坝	ndo^{341}iɔ^{53}	山路	khɑ^{53}sɔ^{53}ȵe^{53}	乞丐
no^{35}ne^{13}ne^{35}	牛奶	khɑ^{53}tɔ^{35}	吹牛	ndʐɑ^{35}tɕi^{13}	好好地

白马语丰富语言词汇的主要方式是根据本民族语言的材料，采用加前加成分或后加成分的方式或词根合成的方式构成新词。其中以词根合成为主，加附加成分构成新词的方式为辅。另外，四音联绵构词在白马语中也是一种能产的构词类型，白马语中的四音联绵词比较丰富，构成的方式也比较多样。例如：

tʃhʅ^{13}tʂu^{53}ʑe^{13}iɑ^{35}	自以为是（ABCD 型）
tɕɛ^{53}tɕo^{53}thɐ^{13}tɕo^{53}	上蹿下跳（ABCB 型）
gɐ^{13}gɐ^{13}ɕi^{53}ɕi^{53}	欢欢喜喜（AABB 型）
mɐ^{13}dzʅ^{53}mɐ^{13}tɔ^{13}	不言不语（ABAC 型）
ʑi^{13}ŋə^{53}ʑɑ^{341}ŋɑ^{35}	吊儿郎当（AC、BD 双声）
xə^{13}xe^{35}gə^{13}gɑ^{341}	死板死眼（AB、CD 双声）
ɕɑ^{13}mø^{53}ɕo^{13}mø^{53}	乱抓乱挠（AC 双声、BD 叠音）

从邻近民族语言中借用，也是白马语丰富词汇的一个重要来源，据三千左右常用词的不完全统计，汉语借词约占 12%，藏语借词约占 10%。在这两种语言中都有一些不易区分的早期借词，特别是藏语借词，因为白马语与藏语是两种比较接近的语言，我们在区分固有词还是藏语借词时主要根据以下几方面的原则：

借　词	固有词
1. 词义内容主要是宗教、商业及本地没有的物品等名称 2. 无派生新词的能力，或派生能力不强的词 3. 与音位系统不太合套，或语音上有某些特征与固有词不合的 4. 有两种说法，与藏语相同的为借词	1. 基本词，与其他藏缅语有同源关系 2. 有派生新词的能力 3. 声、韵、调上没有特殊标志，与其他固有词无明显差别 4. 有两种说法，与藏语不同的为固有词

汉语借词中有早期借词，也有新借词。例如：

tɕɛ^{13}dy^{53}	豇豆	thi^{13}tø^{53}	剃刀	tshɑ^{35}	擦
suɛ^{35}	计算	kuɛ^{13}dze^{35}	棺材	kuɑ^{35}	挂
tho^{53}lɑ^{53}tɕi^{53}	拖拉机	iɐ^{13}y^{53}	洋芋	tshɑ̃^{53}khu^{13}	仓库
tshø^{13}ɦø^{35}	草鞋	sə̃^{53}tʃhã^{53}tue^{13}	生产队	tiɛ̃^{35}i^{53}	电影

藏语借词大都借入较早。例如：

pe^{13}mbu^{53}	钵教（黑教）	mɑ^{53}	军队	tɑ^{53}	马
mɑ^{53}	酥油	se^{53}	金子	la^{341}	佛像
ʃo^{53}pɑ^{53}	柏香	ko^{35}	价格	mɑ^{53}ȵ̥i^{53}	佛灯
lɑ^{13}mɑ^{53}	喇嘛	zɛ^{13}	袈裟	di^{13}pɑ^{53}	罪

（三）**语法**

根据词的语法分类，白马语的词可分为名词、数词、量词、代词、动词、形容词、副词、助词、连词、情感词 10 类。现将主要词类的一些语法特点简介如下：

1. 名词有数的语法范畴，在名词后加助词 te^{35}表示双数，加助词 to^{13}ko^{53}表示多数。表数的助词一般只加在动物名词后。例如：

双数：	gɛ^{13}gø^{341}	夫妇	gɛ^{13}gø^{341}te^{35}	夫妇俩
	ʃo^{35}	姐、妹	ʃo^{35}te^{35}	姐妹俩
	no^{35}	牛	no^{35}te^{35}	牛（双数）
	pe^{35}ʑɑ^{53}	兄弟	pe^{35}ʑɑ^{53}te^{35}	兄弟俩
多数：	tsɔ^{13}mɑ^{341}	学生、徒弟	tsɔ^{13}mɑ^{341}to^{13}ko^{53}	学生们
	ɑ^{13}li^{53}	猫	ɑ^{13}li^{53}to^{13}ko^{53}	猫（多数）
	ȵɑ^{13}ȵø^{53}	孩子	ȵɑ^{13}ȵø^{53}to^{13}ko^{53}	孩子们
	ie^{35}zɐ^{13}ȵe^{53}	庄稼人	ie^{35}zɐ^{13}ȵe^{53}to^{13}ko^{53}	庄稼人们

可在动物名词后加 ʒo^{35} 或 ɕi^{13}tʂu^{53} 表示该动物较小、较可爱。加 ʒo^{35} 时，一般中间需衬一个音节。例如：

no^{35}	牛	no^{35}pi^{13}ʒo^{35}	小牛犊
tɑ^{53}	马	tɑ^{53}ti^{13}ʒo^{35}	小马驹
phɑ^{53}	猪	phɑ^{53}pho^{13}ʒo^{35}	小猪崽
tɔ^{13}zɿ^{53}	虎	tɔ^{13}zɿ^{53}tɔ^{13}ʒo^{35}	小老虎

后面加 ɕi^{13}tʂu^{53} 表示的。例如：

ɕɑ^{53}	鸡	ɕɑ^{53}ɕi^{13}tʂu^{53}	小鸡雏
tɔ^{13}ngɑ^{35}	熊猫	tɔ^{13}ngɑ^{35}ɕi^{13}tʂu^{53}	小熊猫
tʂɿ^{13}mɑ^{35}	猴	tʂɿ^{13}mɑ^{35}ɕi^{13}tʂu^{53}	小猴
ɕi^{13}mɑ^{35}	麻雀	ɕi^{13}mɑ^{35}ɕi^{13}tʂu^{53}	小麻雀

2. 数词和量词基数词一至九如下：

tʃɿ^{53}	一	ȵi^{341}	二	so^{53}	三
ʒə^{341}	四	ŋɑ^{341}	五	tʂu^{53}	六
de^{13}	七	dʑe^{341}	八	go^{35}	九

基数词“一”有五种说法，它们是 tʃɿ^{53}、ko^{53}、tʃo^{13}te^{35}、ʃɿ^{13}、ɦɔ^{35}，

分别使用在不同的语言环境中。

序数词的表示方法是在基数词后加 nɑ^{13}kɛ^{53}构成。例如：

tʃɿ^{53}nɑ^{13}kɛ^{53}	第一	ȵi^{341}nɑ^{13}kɛ^{53}	第二
so^{53}nɑ^{13}kɛ^{53}	第三	ŋɑ^{341}nɑ^{13}kɛ^{53}	第五
dʑe^{341}nɑ^{13}kɛ^{53}	第八	ɡo^{35}nɑ^{13}kɛ^{53}	第九

倍数的表示方法是在基数词后加 lɛ^{35}构成。例如：

tʃɿ^{53}lɛ^{35}	一倍	ȵi^{341}lɛ^{35}	二倍	so^{53}lɛ^{35}	三倍
ŋɑ^{341}lɛ^{35}	五倍	tʃɑ^{53}nbɑ^{53}lɛ^{35}	十倍	dʑɑ^{341}lɛ^{35}	一百倍

分数的表示方法用××lɛ^{35}nɔ^{53}××lɛ^{35}构成。例如：

so^{53}lɛ^{35}　nɔ^{53}　tʃɿ^{53}　lɛ^{35}
三　（助）　一　　三分之一

tʃɑ^{53}nbɑ^{53}　nɔ^{53}　tʃɿ^{53}　lɛ^{35}
十　（助）　一　　十分之一

tʃɑ^{53}ŋɑ^{341}　nɔ^{53}　ȵi^{341}　lɛ^{35}
十五　（助）　二　　十五分之二

约数的表达方式有几种，一种是在定数词后加 re^{53}ȵɑ^{35} “余、多” 构成。例如：

tʃɑ^{53}nbɑ^{53}　re^{53}ȵɑ^{35}　　十多个、十余个
十

dʑɑ^{341}　re^{53}ȵɑ^{35}　　一百多、一百余
一百

ŋɑ^{341}tʃo^{53}　re^{53}ȵɑ^{35}　　五十多、五十余
五十

另一种是在定数词后加 tʃhɑ^{13}ʒɿ^{53} “几” 构成。tʃhɑ^{13}ʒɿ^{53}非疑问数词，

而是不定数词。定数词后加 tʃha^{13}ʒʅ^{53}时中间需加 tsa^{53}。例如：

tʃɑ^{53}nbɑ^{53}　tsa^{53}　tʃha^{13}ʒʅ^{53}
十　　　几　　　十几个

ŋɑ^{341}　tʃo^{53}　tsa^{53}　tʃha^{13}ʒʅ^{53}
五　十　　　几　　　五十几个

ȵi^{341}　dʑɑ^{341}　tsa^{53}　tʃha^{13}ʒʅ^{53}
二　百　　　几　　　二百零几个

再一种是用两个定数词连用表示约数。例如：

ȵe^{53}ngɐ^{53}　ŋɑ^{341}　tʂu^{53}
人　个　五　六　　　五六个人

thɑ^{53}ndʑe^{13}tʃo^{13}ȵi^{341}tʃo^{13}so^{53}
麻布　拃　十二　十三　　　十二、十三拃麻布

no^{35}ngɐ^{53}ŋɑ^{341}tʃo^{53}　tʂu^{53}　tʃo^{53}
牛　条　五　十　六　十　　　五六十条牛

白马语的量词是比较丰富的，量词在句中和数词结合的词序是量词在前数词在后，数量词组作定语时放在中心词的后面。例如：

dze^{13}　tshʅ^{13}　kɑ^{53}ȵi^{341}
话　句　二　　　二句话

ʃhɑ^{13}kɛ^{35}　ndʐe^{35}　ȵi^{341}
肉　块　二　　　二块肉

i^{13}ngi^{53}nɑ^{35}　ȵi^{341}
事情　件　二　　　二件事

ʑi^{341}pɔ^{13}kɑ^{53}　ȵi^{341}
书　本　二　　　二本书

也有借用名词或动词来表量的。例如：

sɔ^{35}　ka^{13}ʑi^{341}ŋɑ^{341}
饭　碗　五　　　五碗饭

ʑø^{341} phi^{13} ndzɿ^{13} so^{53}　　三瓶油
油　瓶子　三

she^{35} tɕi^{53} mbo^{53} ȵi^{341}　　二抱柴
柴　抱　二

ȵyɛ^{35} kə^{13}ta^{53} ȵi^{341}　　二捆竹子
竹子　捆　二

出现了少量名 + 数 + 量的词序。例如：

ngɔ^{35} tʃɿ^{53} ndyɛ^{35}　　一层房子
房子　一　层

ngɔ^{35} ȵi^{341} ndyɛ^{35}　　二层房子
房子　二　层

也有动量词，但比较少。动量词修饰动词时，其词序为量 + 数 + 动。例如：

ɑ^{13}ku^{53} ȵi^{341} tɕhɛ^{35}　　去二次
次　二　去

ɑ^{13}ku^{53} so^{53} te^{35}　　看三回
回　三　看

3. 代词分人称代词、指示代词、疑问代词、反身代词、泛指代词等。分述如下：

①人称代词分单数、双数和多数。列表如下：

数 / 人称	单　数	双　数	多　数
第一人称	ŋɑ^{35}	ŋe^{35}ȵi^{341}	ŋe^{35}ko^{53}
第二人称	tɕhø^{53}	tɕhe^{13}ȵi^{341}	tɕho^{13}ko^{53}
第三人称	kho^{13}ȵe^{53}	khɑ^{13}re^{13}ȵi^{341}	khɑ^{13}ko^{53}

第一人称双数和多数有包括式和排除式的区别。上表中列的为排除式，双数第一人称包括式用 ʑe^{13}ȵi^{341}，多数第一人称包括式用 ʑo^{13}ko^{53}。

单数第一人称代词 ŋɑ^{35}，用作限制语时变成 ŋo^{35}。例如：

ŋo^{35} ɑ^{13}pɑ^{53} 我 父亲	我的父亲
ŋo^{35} pe^{35}ʑɛ^{53} 我 弟弟	我的弟弟

②指示代词比较丰富，有 ndɛ^{53} “这”、u^{53}lɛ^{53} “那”、pho^{53}lɛ^{53} “那”、mo^{35}lɛ^{53}或 mɔ^{35}la^{53} “那”、ʑɔ^{13}lɛ^{53}或 ʑe^{13}la^{53} “那” 等，表示 “那” 的意义的词在白马语中一共有六个，根据当地的山势地理，分别用来指示不同的方位。u^{53}lɛ^{53}一般用在指示靠山方的 “那”，pho^{53}lɛ^{53}一般用来指靠水方的 “那”，mo^{35}lɛ^{53}或 mɔ^{35}la^{53}一般用来指下游方或低处的 “那”，mo^{35}lɛ^{53}为远指，mɔ^{35}la^{53}为近指，ʑɔ^{13}lɛ^{58}或 ʑe^{13}la^{53}一般用来指上游方或高处的 “那”，ʑɔ^{13}lɛ^{53}为远指，ʑe^{13}la^{53}为近指。

③疑问代词有下列几类：

1）代人的疑问代词 su^{35}或 su^{341} “谁”；

2）代物的疑问代词 tʃhʅ^{53} “什么”；

3）代地点或处所的疑问代词 kɑ^{13}lɑ^{53} “哪儿”；

4）代数量的疑问代词 tʃhʅ^{53}zɔ^{35} “多少”；

5）代性质、状貌或动作的疑问代词 kɑ^{13}ʈʂo^{53} “什么样”。

前三类疑问代词都可以重叠，重叠以后表示多数。疑问代词和 ʑi^{13}ʑi^{13}连用还可以表示泛指。

④反身代词，反身代词 rɔ^{13} ngɐ^{53} “自己” 既可和人和代词结合，也可单独使用。与单数人称代词结合时中间不加其他成分，与双数或多数人称代词结合时中间需插入 ȵi^{13}ngɑ^{53}。例如：

ŋɑ^{35}rɔ^{13}ngɐ^{53}	我自己
tɕhø^{53}rɔ^{13}ngɐ^{53}	你自己
ʑe^{13}ȵi^{341}ȵi^{13}ngɑ^{35}rɔ^{13}ngɐ^{53}	咱俩自己

khɑ^{13}re^{13} ȵi^{341}ȵi^{13}ngɑ^{35}rɔ^{13} ngɐ^{53}	他俩自己
ŋe^{35} ko^{53}ȵi^{13}ngɑ^{35} rɔ^{13}ngɐ^{53}	我们自己
tɕho^{13}ko^{53}ȵi^{13}ngɑ^{35}rɔ^{13}ngɐ^{53}	你们自己

⑤泛指代词，有 ȵe^{53} rɛ^{53} “别人”、ɦɛ^{341} “大家”、ɦɛ^{341} liə^{53} kə^{53} “大家”、ȵe^{53}liə^{53}kə^{53}ɦɛ^{341} “人家”、ȵe^{53}ko^{53} “别人” 等，在句中使用时其作用与人称代词相类似。

4. 动词有体、式、态、趋向等语法范畴，动词的名物化及存在动词也颇有特点。现简要分述如下：

①动词的体。分将行体、即行体、进行体、已行体、完成体等五种，列表说明如下：

体	动词 kho^{53} “背”	语法意义
将行体	kho^{53}i^{53}	将要“背”
即行体	kho^{53}ʒø^{341}zɐ^{13}dɐ^{13}	马上要“背”，动作将立即发生。
进行体	kho^{53}dɐ^{13}	正在“背”
已行体	kho^{53}uɛ^{13}	已经“背”了（一、二人称）
	kho^{53}ʃʅ^{53}	已经“背”了（第三人称）
完成体	kho^{53}nbɔ^{13}uɛ^{13}	“背”完了（一、二人称）指动作完了，不是指物品完了。
	kho^{53}ndɔ^{13}ʃʅ^{13}	“背”完了（第三人称）

有的动词表示不同的“体”时，动词词根发生屈折变化。（也有不变的，如上面的“背”）有的声母发生变化，有的韵母发生变化，有的声韵母同时发生变化。下面各举一例：

声母发生变化的，以动词 phi^{53} “脱（衣）”为例，韵母发生变化的，以动词 ndʒɐ^{341} “吃”为例，声、韵母同时发生变化的，以 ndʑi^{53} “走”为例：

体	phi^{53} 脱	ndʒɐ^{341} 吃	ndʑi^{53} 走
将行体	nbi^{53}i^{53}	ndʒɛ^{341}i^{53}	ndʑi^{53}i^{53}
即行体	nbi^{53}ʒø^{341}zɐ^{13} dɐ^{13}	ndʒɛ^{341}ʒø^{341}zɐ^{13}dɐ^{13}	ndzi^{53}ʒø^{341}zɐ^{13} dɐ^{13}

进行体	nbi^{53}dɐ^{13}	ndʒa^{341}dɐ^{13}	ndʑe^{53}dɐ^{13}
已行体	phi^{53}uɛ^{13}（一、二）	ndʒø^{341}uɛ^{13}（一、二）	tɕhɛ^{53}uɛ^{13}（一、二）
	phi^{53}ʃʅ^{13}（三）	ndʒø^{341}ʃʅ（三）	tɕhɛ^{53}ʃʅ^{13}（三）
完成体	phi^{53}nbɔ^{13}uɛ^{13}（一、二）	ndʒø^{341}nbɔ^{13}uɛ^{13}（一、二）	tɕhɛ^{53}nbɔ^{13}uɛ^{13}（一、二）
	phi^{53}nbɔ^{13}ʃʅ^{13}（三）	ndʒø^{341}nbɔ^{13}ʃʅ^{13}（三）	tɕhɛ^{53}nbɔ^{13} ʃʅ^{13}（三）

②动词的式。分命令式、祈使式、疑问式等。分述如下；

1）命令式有4种表达方式，第一种是用动词原形，第二种是动词韵母发生屈折变化，第三种是动词声母发生屈折变化，第四种是动词声韵母都发生屈折变化。举例如下：

汉　义	动　词	命令式	变化方式
挖（洋芋）	dzuɛ^{341}	dzuɛ^{341}	（不变）
背（柴）	kho^{53}	kho^{53}	（不变）
哭	ŋo^{53}	ŋu^{53}	（韵母变化）
补（衣服）	dʑa^{341}	dʑø^{341}	（韵母变化）
烧（柴）	ndʒu^{53}	tʃu^{53}	（声母变化）
啃（骨头）	ndø^{53}	tø^{53}	（声母变化）
洗（衣服）	ndʑo^{341}	tɕy^{341}	（声、韵母变化）
酿（酒）	zø^{53}	tɕi^{53}	（声、韵母变化）

2）祈使式有两种，一种是祈求第二人称允许第一人称进行某种活动，一般在动词后加附加成分 ʃɑ^{53}表示。另一种是祈求第二人称允许第三人称进行某种活动，一般在动词后加附加成分 tʃu^{13}表示。例如：

tɕhø^{53}　ʑi^{341}　ndɛ^{53}　ŋɑ^{35}　nɑ^{13}　tɑ^{35}　ʃɑ^{53}！
你　书　这　我　（助词）　看　（后加）
你这本书让我看吧！

tɕhø^{53}　ʑi^{341}　ndɛ^{53}　ŋo^{35}　pe^{53}ʐɑ^{53}　nɑ^{13}　tɑ^{35}　tʃu^{13}！
你　书　这　我　弟弟　（助词）　看　（后加）
你这本书让我弟弟看吧！

3）疑问式是在动词前加附加成分 ə^{53}表示。

汉　义	动　词	疑问式	
背（柴）	kho^{53}	ə^{53}kho^{53}	背吗？
走	ndʑi^{53}	ə^{53}ndʑi^{53}	走吗？
补（衣）	dʑɑ^{341}	ə^{53}dʑɑ^{341}	补吗？
挖（洋芋）	dzuɛ^{341}	ə^{53}dzuɛ^{341}	挖吗？

③动词的态。分使动态和互动态两种。分述如下：

1）使动态有两种表达方式，一种是用词根元音或辅音的屈折变化构成，此种方式可能是一种残存现象，目前已不经常使用。例如：

汉　义	动　词	使动
（衣）破	rɛ^{13}	ʈʂɛ^{13}
（碗）破	ʧʅ^{53}	ʧɑ^{53}
（树）倒	yɛ^{35}	dzyɛ^{35}
裂开	ngɐ^{53}	kɐ^{53}

另一种是在动词后加 nbe^{13}构成。例如：

汉　义	动　词	使　动
（绳子）断	kə^{53}tʃʅ^{13}	kə^{53}tʃʅ^{13}nbe^{13}
（棍子）断	tʃɑ^{53}	tʃɑ^{53}nbe^{13}
扁	dʑɑ^{53}	dʑɑ^{53}nbe^{13}

（2）互动态主要是表示行为动作互相朝着对方进行或行为动作协同进行。用在动词后加 re^{35}构成。例如：

汉　义	动　词	互　动	
推	dzuɛ^{341}	dzuɛ^{341}re^{35}	（互相推）
拉	the^{35}	the^{35}re^{35}	（互相拉）

爱、喜欢	ɡa^{341}	ɡa^{341}re^{35}	（相爱）
跑	nbɑ^{341}	nbɑ^{341}re^{35}	（赛跑）
背（柴）	kho^{53}	kho^{53}re^{35}	（争背）

④动词的趋向。白马语动词有趋向范畴，构成趋向范畴是在动词前加不同的前加成分构成。常见的趋向前加成分有：

1）tɕɛ^{53}——表示行为动作由下游方向上游方进行。例如：

tɕɛ^{53}kho^{53}	向上游方背
tɕɛ^{53} ʃuɛ^{53}	向上游方来
tɕɛ^{53}khi^{53}	向上游方牵

2）mo^{53}——表示行为动作由上游方向下游方进行。例如：

mo^{53}kho^{53}	向下游方背
mo^{53}ʃuɛ^{53}	向下游方来
mo^{53}khi^{53}	向下游方牵

3）khɛ^{53}——表示行为动作由山势或空间下方向上方进行。例如：

khɛ^{53}kho^{53}	向上背，背上去（来）
khɛ^{53}ʃuɛ^{53}	上来
khɛ^{53}khi^{53}	向上牵，牵上去（来）

4）ʒø^{341}——表示行为动作由山势或空间的上方向下方进行。例如：

ʒø^{341} kho^{53}	向下背，背下去（来）
ʒø^{341}ʃuɛ^{53}	下来
ʒø^{341}khi^{35}	向下牵，牵下去（来）

5）nɔ^{13}——表示行为动作由空间的外面向里面进行。例如：

$nɔ^{13}kho^{53}$	向里背，背进去（来）
$nɔ^{13}ʃuɛ^{53}$	进来，里面来
$nɔ^{13}khi^{53}$	向里面牵，牵进去（来）

6）$dʑø^{341}$——表示行为动作由空间的里面向外面进行。例如：

$dʑø^{341}\ kho^{53}$	向外背，背出去（来）
$dʑø^{341}\ ʃuɛ^{53}$	出来
$dʑø^{341}\ khi^{53}$	向外牵，牵出去（来）

7）$çe^{53}$——表示行为动作由别处返回原处。

$çe^{53}\ kho^{53}$	背回来（去），向回背
$çe^{53}ʃuɛ^{53}$	回来
$çe^{53}khi^{53}$	向回牵，牵回去（来）

8）$tçi^{13}$——表示行为动作由平地的四周向中心方向进行。例如：

$tçi\ ^{13}kho^{53}$	向中间背，朝当中背
$tçi^{13}ʃuɛ^{53}$	朝中间来
$tçi\ ^{13}khi^{53}$	向中间牵，朝当中牵

以上8个趋向前缀是较常用的，这些方位前加成分与方位词有一定的联系，往往是方位词的缩减形式。它可以加在同一个动词前面，表示行为动作朝着各种不同的方向进行。有的动词因为词义的限制，往往只能加其中的一个或几个。

⑤动词的名物化。动词名物化有两种方式，都是在动词后加结构助词表示。一种是加 i^{53}，另一种是加 se^{53}。这两种助词语法意义相似，但 se^{53} 比 i^{53} 用得广泛，se^{53} 还可以加在动宾词组的后面表示名物化。分别举例如下：

加 i^{53} 的：	$ndʒɛ^{341}$	吃	$ndʒɛ^{341}i^{53}$	吃的
	$tçø^{35}$	穿	$tçø^{35}i^{53}$	穿的

	dʐɑ^{341}	补	dʐɑ^{341}i^{53}	补的
加 se^{53} 的：	kho^{53}	背	kho^{53}se^{53}	背的
	y^{53}	装，灌	y^{53}se^{53}	装的，灌的
	khɐ^{53}	烤	khɐ^{35}se^{53}	烤的

加在动宾词组后面的：

ʃhɑ^{35}kɛ^{35} ndzø^{13} se^{53}
肉 煮 （助词） 煮肉的

ʐi^{341} ndʐʅ^{53} se^{53}
字 写 （助词） 写字的

ʃhe^{35} kho^{53} se^{53}
柴 背 （助词） 背柴的

⑥存在动词，白马语的存在动词有 3 个，它们是 nɔ^{35}、dø^{341}、ʒɑ^{341}，都是表示"有"、"在"的意思。但在使用时却有些细微的差别。nɔ^{35}用在普通的句子里，表示一般情况的存在，dø^{341}一般表示不能任意移动的物品的存在，ʒɑ^{341}一般表示人们有意识地放置或安排的事物或现象的存在。例如：

ʃhe^{35}dɐ^{53} tʃe^{35}ȵe^{53} to^{13}ko^{53} kɔ^{13} ngɛ^{53} nɔ^{35}.
伐木 者 （助词） 山 在
伐木工人们在山上。（一般表示存在）

ʃhe^{35}dɐ^{53} tʃe^{35}ȵe^{53} to^{13}ko^{53} kɔ^{13} ngɛ^{53} dø^{341}.
伐木 者 （助词） 山 在
伐木工人们在山上。（住在山上，不能随意搬动）

ʃhe^{35}dɐ^{53} tʃe^{35}ȵe^{53} to^{13}ko^{53} kɔ^{13} ngɛ^{53} ʒɑ^{341}.
伐木 者 （助词） 山 在
伐木工人们在山上。（领导有意识地安排在山上工作的）

5. 形容词　白马语形容词的特点与动词比较接近。但也有一些不同的特点，例如形容词可以重叠，重叠后再加 gø^{341}表示性质或程度的加深。

re^{13}dʐɑ^{341} re^{13}dʐɑ^{341} gø^{341} 长长的
长 长

ndʐ̩ɑ^{13} ndʐ̩ɑ^{13}gø^{341} 很好的
好 好

thy^{35} thy^{35}gø^{341} 稀稀的（指稀饭）
稀 稀

tsɑ^{35} tsɑ^{35} gø^{341} 很近的
近 近

形容词作谓语时，后面可以加 mdʑo^{13} ɕho^{13}，表示性质、状貌在发展变化之中。ndʑo^{13}ɕho^{13}相当于汉语的“起来”，但在白马语中，不能单独作句子成分。例如：

ŋe^{13}ko^{53} khɑ^{13}tʃhe^{35} ndʐ̩ɑ^{13} ndʑo^{13} ɕho^{13}.
我们 生活 好 起来
我们的生活好起来了。

ʑo^{13}ko^{53} tue^{13} nɛ^{53} tɛ^{53} ndzɔ^{53}pɑ^{53} ndʑo^{13}ɕho^{13}.
咱们 队 （助词） 现在 富裕 起来
咱们队现在富裕起来了。

6. 副词 副词有下列几类：

1）程度副词：	gø^{341}	很、最	ȵɑ^{13}	比较
2）范围副词：	ɦɛ^{13}	也、一起	tʃu^{13}	都是、尽是
3）时间副词：	ʑɔ^{13}	刚才	ɕhɛ^{53}	以后
4）性状副词：	khɑ^{13}rɑ^{13}	悄悄地	ʃuɑ^{13}ʃuɑ^{13}tɕi^{53}	哗哗地
5）否定副词：	mɐ^{53}	不	mɑ^{13}	没有、别

7. 助词 白马语的助词有限制、施动、受动、工具、处所、比较，从由等类。分述如下：

1）限制助词有 ti^{53}或 tɛ^{53}，加在名词或代词后，表示限制关系，但在句中经常可以省略，当被限制语省略的情况下才不能省略。例如：

ɑ^{13}kø^{35}	ʃɑ^{53}	哥哥的帽子
哥哥	帽子	

ʑi^{341}	ndɛ^{53}	ɑ^{13}kø^{35}	tɛ^{53}.（或 ti^{53}）	这书是哥哥的。
书	这	哥哥	（助词）	

2）施动助词有 i^{53}，加在名词或代词后，表示他是施动者。例如：

khɑ^{13}ko^{53}	i^{53}	ŋɑ^{35}	ndʐø^{13}	uɛ^{13}.
他们	（助词）	我	打	（后加）

他们打我了。

3）受动助词有 tsɑ^{53}。句中若已有施动助词则受动助词可省，反之，句中若已有受动助词，则施动助词也可省。例如：

tɕhø^{53}	kho^{13}ȵe^{53}	tsɑ^{53}	ʐɑ^{341}	so^{13}.
你	他	（助词）	借	去

你向他借去。

4）工具助词有 rɛ^{53}和 nɔ^{13}两个，分别用在不同的场合。rɛ^{53}一般用在非容器工具的名词后面。表示行为动作使用该工具进行。例如：

tɕhɔ^{13}pɑ^{53}	nɛ^{53}	ndzø^{13}	rɛ^{53}	ʃhe^{35}	tsø^{13}dɐ^{13}.
小伙子	（助词）	刀子	（助词）	柴	砍（后加）

小伙子在用刀子砍柴。

nɔ^{13}一般加在容器作工具的名词后面。例如：

kho^{13}ȵe^{53}	tʃhɑ^{13}li^{53}	nɔ^{13}	ʑi^{341}	ly^{13}	dɐ^{13}.
他	口袋	（助词）	书	装	（后加）

他在用口袋装书。

5）处所助词有 kɛ^{53}和 nɔ^{13}两个。kɛ^{53}一般表示事物存在于另一事物的表面。

tʃo^{13}tsɿ^{53} kɛ^{53} ʃuɛ^{13}ʃuɛ^{13} nɔ^{13}.

桌子 （助词） 纸 有

桌子上有纸。

nɔ^{13}表示事物存在于另一事物的里面。

ti^{13}pɑ^{53} nɑ^{13} dɑ^{13}uɑ^{35} nɔ^{13} ȵe^{53} mɐ^{13} nɔ^{13}.

现在 这儿 寨子 （助词） 人 不 在

现在这寨子里人都不在。

6）比较助词 ɕyɛ^{53}加在名词或代词的后面，表示被比较的对象。例如：

ngɔ^{35}uɑ^{53} ndɛ^{53} rɛ^{53} phɑ^{13}nɔ^{35} ngɔ^{35}uɑ^{53} ɕyɛ^{53} ndʑɛ^{341}ʃɿ^{13}.

房子 这 （助词） 那 房子 （助词） 漂亮

这幢房子比那幢房子漂亮。

7）从由助词 iɔ^{35} 加在处所名词后，表示行为动作是由该处发出的。例如：

nge^{13}ri^{53} iɔ^{53} u^{53}pɑ^{13}se^{53} ʃɔ^{13}uɛ^{53} tʃɑ^{13}nbɑ^{53}re^{35}.

白马 （助词） 王坝楚 里 十 是

从白马到王坝楚是十里路。

白马语的句子成分有主语、谓语、宾语、定语、状语等 5 种，句子的基本语序是主语 + 宾语 + 谓语。名词、代词作定语在中心词前，但指示代词作定语则在中心词前后均可。形容词、数量词组作定语在中心词后。

上面简要介绍了白马语的基本特点，我们曾经将白马语与藏缅语族的一些重要语言进行过初步的比较。比较的情况大致如下：

在语音上白马语的辅音系统是比较接近于羌语支的，特别是白马语有四套塞擦音，这一特点只有羌语支的语言有。但白马语中没有小舌部位的塞音，这一点又不同于羌语支语言。白马语的复辅音系统与藏语康方言、羌语支中的木雅语和彝语支语言都有共同之处，但是，白马语的韵母系统是比较接近羌语支语言，主要表现在：①有 i、u、y 介音体系；②基本元音数量多，情况复杂；③韵尾已基本脱落，没有前响的复元音，没有松紧元音和长短元音对立。这些特点与藏语康方言也有近似之处。

在词汇方面，白马语明显接近藏语。特别是有相当一批基本词，白马语接近藏语而与羌语支、彝语支的语言稍远。我们在收集的三千多词中，挑选二千多能与藏、羌、彝等语言词义对得上的进行了初步比较，同源词、异源词的比例大致如下表。

比较语言	被比较语言 \ 比较情况	比较总词数	同源词数	百分比	异源词数	百分比
白马语	藏　语	2051	556	27.1	1495	72.9
	羌　语	2337	369	15.8	1968	84.2
	彝　语	1985	264	13.3	1721	86.7

词汇比较的初步结果表明，白马语是比较接近藏语的。大家知道，在藏佤语族诸语言的词汇比较中，除了少量语言，如错那门巴语和藏语、彝语支中的哈尼、傈僳，彝等语言互相比较接近，同源词的百分比较高外，一般来说，语言和语言之间，同源词不会高达百分之二十七。一九六一年至一九六二年，为了解决羌、独龙、怒等语言的支属问题，我们曾对藏缅语族的部分语言之间进行过数十次的词汇比较，通过二千左右常用词的比较，除了普米语与羌语同源词百分比高这百分之二十七以外，其余一般都在百分之二十以下。那么白马语与藏语同源词百分比高达二十七多，这在藏缅语族语言间词汇比较中，表明是十分接近的。

但是，我们再把白马语放到藏语方言中来考察，有人认为白马语应该是藏语的一个方言。目前，国内关于藏语方言的划法，比较一致的认识是划为三个方言，即卫藏方言、安多方言和康方言。三个方言之间在词汇上的差异最多占百分之三十①。即同源词占百分之七十以上，异源词占百分之

① 参见德沙《藏语方言的研究方法》，载西南民族学院庆祝建校三十周年学术论文集，第 150 页。

三十或再少一些。在这一点上，白马语与藏语词汇上的差异远远超过了藏语目前三个方言之间的差异。

在语法方面，白马语有与羌语支接近的特点，也有与藏语接近的特点。在名词的数、方位名词、人称代词的包括式和排除式、量词的特点、动词的趋向范畴、存在动词的类别范畴、结构助词的使用特点等方面，白马语与羌语支语言接近。在基数词的组成、数词和量词结合的词序、人称代词的特点、动词的时态（体）、动词式的某些特点等方面则与藏语比较接近。

综合语音、词汇、语法三方面的特点，特别是白马语与藏语基本词比较接近的特点，再加上羌语支语言一些明显的重要特点在白马语中已经消失，而白马语在语法上也有一些重要特点接近藏语，因此，把白马语划入藏语支更为合适。目前存在的问题是白马语与羌语支语言有明显的原始底层，但现有的特点又明显地接近藏而稍远于羌，从分析白马语中的词汇结构又明显地感到白马语与藏语相近的成分中有互相影响的痕迹，但这种影响又不是近百年才发生的，似乎要早得多，因为白马语受藏语影响的成分已经逐步被白马语融化吸收掉了，留下的痕迹并不特别明显。形成目前这种错综复杂的情况给语言发生学的分类带来了巨大的困难。这个问题有待今后再深入研究。

嘉陵江上游地区除了白马语以外，还有一些未经调查的语言情况。例如，在白龙江流域的舟曲县多儿公社一带，也就是白马人分布地区的北面，有一些被藏族称为罗巴人（又一说为罗达）的居民，操与周围藏语不同的一种话，这种话是藏语的方言还是一种独立的语言，未经调查，还很难下结论。1980 年夏，宁夏社会科学院的李范文同志曾去该地了解情况，证实确有此事，他是学藏语的，从语感上就大致能辨别这一地区的居民讲的话与藏语不同[①]。从历史上来看，这一地区曾是宕昌、邓至、党项等羌及白马氐的活动地区，隋唐以后，吐蕃势力东进至此，原土著民族被融合，但在语言、风俗习惯及其他方面留下一些融合后的痕迹，也完全是可能的。

此外，在甘南藏族自治州卓尼县的康多一带，也有一部分居民操着与周围藏族语言不同的一种话。操这种话的人叫卓尼，其语言支属尚待调查。

① 请参阅《宁夏社会科学》1981 年试刊号，第 41 页。

岷江流域

岷江发源于四川阿坝藏族自治州松潘县，在上游地区它的支流有黑水河、杂谷脑河汇合其中，岷江中、下游地区，为汉族聚居，已无少数民族分布。岷江上游地区的居民，从《史记》所记开始，就是羌、夷、氐的聚居地区，《史记·西南夷列传》记载："自筰以东北君长以什数，冉、最大。其俗，或土著或移徙，在蜀之西。自冉、以东北君长以什数，白马最大，皆氐类也。"《后汉书·南蛮西南夷传》对这一地区说得更具体："冉夷者，武帝所开，元鼎六年（公元前111）以为汶川郡，至地节三年（公元前67），夷人以立郡赋重，宣帝乃省并蜀郡为北部都尉。其山有六夷、七羌、九氐，各有部落。"[①] 这两段记载，到现在已经有二千多年的历史，在这二千多年的历史长河中，这一地区应该说会发生很大的变化。现今的岷江上游，已经没有六夷、七羌、九氐等这样复杂的民族情况。除了羌族以外，还有操嘉绒语的藏族。关于羌族，也不能与历史舞台上逐鹿西北高原的古羌族画等号。后汉书提到岷江上游地区的六夷、七羌，其中冉駹部落最大，史书对这一支少数民族的记载连绵不断，许多史学家证明，现今岷江上游的羌族，就是古冉駹的后裔。

从语言上看，有两点值得注意。

第一，关于"冉駹"二字，就是现在羌族自称的译音。现在茂汶羌族自治县的羌族自称 ʐmɛ，汶川、理县一带的羌族自称 hma，黑水县说羌语的藏族自称 rma，这三种不同的读音都是同一来源的方音变体。其中 rma、ʐmɛ 的读音保留早期面貌多一些，hma 的前置辅音 h，在羌语复辅音演变中处于逐渐类合、清化、消失的过程中。那么，ʐmɛ 与"冉駹"的关系

① 引自《历代各族传记会编》第一编，第564页。

究竟如何呢？从语音演变的历史过程来看，ʐmɛ 很可能是“冉駹”发展来的。在我国历史文献上，用两个汉字注少数民族语言中的复辅音是常见的，因此，汉字“冉”注羌语复辅音的前置辅音 r 或 ʐ，从语音对应来看，完全可能，关于“駹”字，它的声母四川话现在读 ph，而普通话读 m，查广韵为“莫江切”，那么这个字的中古汉语应读 mɑŋ（阳平），“駹”字的 ŋ 韵尾在羌语中已经脱落，脱落以后使韵母主要元音变前变窄，在藏缅语的许多语言中，这种变化方式都是常见的，这一点也完全符合羌语语音演变的规律。

第二，关于冉駹部落的居住情况，《后汉书》讲：“众皆依山居止，累石为室，高者至十余丈为邛笼。”[①] 现今羌族的居住情况仍与后汉书讲的情况相似，而且经证明，汉语“邛笼”二字，就是羌语的译音。[②]

史书关于冉駹的记载并不很多，关于语言的记载则更少，但是，我们从这些寥寥可数的字里行间里，却发现了现代民族与历史上某些古老部落的联系。

一　羌语

羌族分布在我国四川省阿坝藏族羌族自治州的茂县、汶川县、理县和松潘县的镇江关一带，最近几年发现，在绵阳地区的北川县也有羌族居住。总人口约 30 万人（2000 年）。

羌族有自己的语言。居住在北川县、茂县土门一带、汶川县和理县的公路沿线，许多羌族居民已不讲本民族语言而使用汉语。黑水县的藏族大部分使用羌语，约有 4 万多人。

凡使用羌语的居民都自称 $\chi m\alpha^{33}$（各地还有 rma、$ʐme^{33}$、ma^{33} 等不同语音）。羌语的系属，经初步研究，属汉藏语系藏缅语族羌语支。在语言特点方面，它和普米语、嘉戎语、木雅语、尔苏语、扎坝语、贵琼语、尔龚语、史兴语、纳木依语等比较接近，属同一语支。

---

① 引自《历代各族传记会编》第一编，第 564 页。

② 参见拙文《邛笼考》，载《民族研究》1981 年第一期。

羌语可分为南、北两个方言，南部方言分布在汶川县、理县、茂县的中部和南部，使用人口约有 6 万。北部方言分布在茂县北部、黑水县，使用人口约7 万。这两个方言又各分5 个土语。南部方言有大岐山土语、桃坪土语、龙溪土语、绵池土语、黑虎土语；北部方言有亚都土语、维古土语、茨木林土语、麻窝土语、芦花土语。

下面以南部方言理县桃坪乡的羌语为代表，简要介绍其语音、词汇、语法特点，并简介羌语方言和文字特点。

（一）语音

1. 声母

有声母 64 个，分单辅音声母和复辅音声母两类，分述如下：

（1）单辅音声母　共40 个。

p			t				k	q
ph			th				kh	qh
b			d				g	(ɢ)
		ts		tʂ	tʃ	tɕ		
		tsh		tʂh	tʃh	tɕh		
		dz		dʐ	dʒ	dʑ		
	f	s		ʂ	ʃ	ɕ		χ
		z		ʐ	ʒ	ʑ		ʁ
m			n			ȵ	ŋ	
			l					

说明：

①唇齿音 f 主要出现在汉语借词中，有部分人将 f 读成 ɸ。

②舌尖前塞擦音 ts、tsh、dz、s、z 和舌尖中塞音 t、th、d 等与高元音 u 相拼时，有明显的唇化现象；与复元音 uə 相拼时，唇化现象更明显。

③t、th、d 与 ə 元音相拼时，有齿化现象，音值近似 tθ、tθh、dð。

④小舌音 ɢ 仅出现在复辅音中，出现的频率也不高，部分人口语中读 ʁ。

⑤小舌擦音 χ、ʁ 与高元音 i、u 相拼时，音值接近 x、ɣ，与其他元音相拼或出现在复辅音中时，音值近似 h、ɦ。

⑥辅音 m、ŋ 可自成音节，ŋ 自成音节时有明显的唇化现象。

⑦凡开元音起首的音节前面都带有喉塞音 ʔ，ʔ 在语流中常消失，故音系中不作音位处理。

例词：

p	pu^{33}	肚子	ph	phu^{55}	逃跑	b	bu^{33}	深
m	mə^{33}	人	f	fu^{33}tsʅ^{33}	麻疹	ts	tsɑ^{33}	骑
tsh	tshɑ^{33}	准，让	dz	dzɑ^{31}	痒	s	sɑ^{33}	血
z	zɑ^{33}	哭	t	tɑ^{33}	戴（帽）	th	thɑ^{33}	那（个）
d	dɑ^{31}ʁo^{33}	弯刀	n	nɑ^{33}	好	l	lɑ^{55}	狼
tʂ	tʂʅ^{13}	痣	tʂh	tʂhi^{33}tʂhi^{55}	跑	dʐ	dʐʅ^{33}	事情
ʂ	ʂʅ^{33}	月（份）	ʐ	ʐu^{55}	马	tʃ	tʃʅ^{33}	儿子
tʃh	tʃhʅ^{55}	肉	dʒ	dʒʅ^{33}	四	ʃ	ʃʅ^{55}	拖
ʒ	ʒʅ^{33}	有（人）	tɕ	tɕa^{33}	只，仅	tɕh	tɕha^{55}	酒
dʑ	dʑa^{241}	相信	ȵ	ȵi^{55}ȵi^{31}	黑	ɕ	ɕi^{55}	铁
ʑ	ʑo^{241}	唱（歌）	k	ko^{33}	枕头	kh	kho^{55}	猫头鹰
ɡ	ɡo^{33}	中间	ŋ	ŋɑ^{33}	有（物）	q	qɑ^{55}	我
qh	qhɑ^{55}	苦	χ	χa^{55}	铜	ʁ	ʁə^{33}	汉族

（2）复辅音声母

分两类，一类是前置辅音加基本辅音构成，另一类是基本辅音加后置辅音构成。

前置辅音加基本辅音构成的复辅音有 χp、χb、χm、χt、χd、χn、χtʂ、χdʐ、χtʃ、χdʒ、χtɕ、χdʑ、χȵ、χk、χɡ、χŋ、χq、χɢ18 个。它们有如下特点：

①凡浊塞音、浊塞擦音前面的 χ 都读浊音。

②前置辅音 χ 与小舌音结合后音值不变，与舌根音结合后音值为 x，与舌面音结合时音值为 ʟ，与其他辅音结合时，音值近似 h。与鼻音 m、n、ȵ、ŋ 结合时，往往使鼻音清化，音值近似m̥、n̥、ȵ̊、ŋ̊。

③在部分人口语中，前置辅音 ɢ 在脱落中。

基本辅音加后置辅音构成的复辅音有 pz、phz、bz、pʐ、phʐ、bʐ 等 6 个。它们有如下特点：

a. 出现在 p、ph 后面的 z、ʐ 实际读清音。

b. 部分人口语中将后置辅音 z、ʐ 读成 i 或 i 介音。例如 pzɿ^{31}dɑ^{33} “老虎”读成 pi^{31}dɑ^{33}；bʐe^{33} “绳子”读成 bie^{33}。

例词：

χp	χpɑ^{33}	豺狼	χb	χbɑ^{241}ȵi^{31}	休息	χm	χmɑ^{33}	羌族自称
χt	χtə^{55}	蛋	χd	χde^{33}	云	χn	χnɑ^{33}tɑ^{33}	后面
χʈʂ	χʈʂuə^{55}	汗	χdʐ	χdʐe^{33}	褪（色）	χtʃ	χtʃi^{33}	完
χdʒ	χdʒi^{31}	扔掉	χtɕ	χtɕɑ^{33}χtɕɑ^{33}	喜鹊	χdʑ	χdʑɑ^{33}	下（雨）
χȵ	χȵi^{31}ȵi^{33}	红	χk	χkə^{55}	偷	χg	χguə^{33}	九，锈
χŋ	χŋu^{55}	银子	χq	χqɑ^{55}	口	χɢ	χɢɑ^{241}ɕe^{33}	啃
pz	pzɿ^{33}	肠子	phz	phzɿ^{55}	獐子喘气	bz	bzɿ^{31}me^{33}	布
pʐ	pʐe^{55}	粗（树）	phʐ	phʐe^{31}phʐe^{55}	湿	bʐ	bʐɑ^{33}	大

2. 韵母

共有 44 个，分单元音韵母、复元音韵母和鼻尾韵韵母 3 类。

（1）单元音韵母　共有 i、e、a、ɑ、o、u、ə、y、ɿ、ə^{ɹ}　10 个。说明如下：

①前高元音 i 出现在舌尖后音和舌根音后面时，舌面稍靠后，稍低。

②e 元音出现在小舌音后面时，音值近似 ᴇ。

③a 元音出现在 i 介音后或 i 韵尾前时，音值近似 ɪ。

④舌尖元音 ɿ 出现在 ʈʂ、ʈʂh、dʐ、ʂ、ʐ 及 tʃ、tʃh、dʒ、ʃ、ʒ 后面时读 ʅ。

例词：

ɿ	dʐɿ^{33}	事情	i	ȵi^{55}ȵi^{31}	黑	y	ȵy^{55}ȵy^{55}	乳房	e	ne^{55}	睡
a	na^{55}	和	ɑ	nɑ^{33}	好	o	no^{55}	你	u	phu^{55}	衣服
ə	phə^{33}	吹	ə^{ɹ}	qə^{31}ə^{ɹ55}	从前						

（2）复元音韵母　分构词的复元音和构形的复元音（构形复元音本文暂略）两类。构词的复元音又可分为前响的、后响的和三合的3种。分述如下：

①前响的复元音由主要元音加韵尾i、u构成。共5个。这类复元音多数仅出现在汉语借词中。例如：

yi	yi^{31}	鸡	ei	pei^{55}	碑	ai	kai^{13}	盖子
ɑu	tsɑu^{13}	灶	əu	tɕhəu^{31}	球			

②后响的复元音是由介音i、u、y加主要元音结合而成，共11个，其中uə与舌尖前、舌尖后、舌叶等部位的塞擦音、擦音相拼时，其实际音值近似uʅ。后响复元音举例：

ie	zie^{31}	容易	ia	phia^{33}	种	iɑ	miɑ^{55}	没有
io	dio^{241}	多	ue	ʁue^{33}	迟	ua	kua^{33}	锄头
uɑ	ʁuɑ^{33}	五	uə	ʁuə^{241}	麦子	ye	χɡye^{33}	答应
ya	χɡya^{33}	万	yɑ	kuə^{31}thyɑ^{55}	你们			

③三合复元音有3个，仅出现在汉语借词中。例如：

iɑu	phiɑu^{13}	票	iəu	ʂʅ^{33}liəu^{31}	石榴	uɑi	liɑŋ^{31}khuɑi^{13}	凉快

（3）带鼻音韵尾的韵母　共有15个，由元音加n、ŋ韵尾构成。其中大部分仅出现在汉语借词中。举例如下：

in	in^{51}	瘾	an	than^{55}tʃʅ^{55}	他们	un	un^{55}tɑ^{33}	稳当
ən	sən^{51}	省	yn	tɕhyn^{31}tʂuŋ^{13}	群众	ian	kuɑ^{13}mian^{13}	挂面
uan	khuan^{55}tɑ^{13}pu^{33}	宽大	yan	ɕyan^{55}tʂhuan^{31}pu^{33}	宣传	iŋ	tsiŋ^{51}nə^{33}	井
ɑŋ	ɑŋ^{31}	几	uŋ	tsuŋ^{13}tʃʅ^{33}	我们俩	əŋ	ləŋ^{55}thɑ^{33}	嫩
iɑŋ	siɑŋ^{13}	象	uɑŋ	χuɑŋ^{55}thɑ^{33}	慌张	uəŋ	khuəŋ^{13}tʃʅ^{33}	你们俩

3. 声调

共有6个声调，其调值分别为高平55、低降31、全降51、低升13、中平33、升降241。在这6个声调里，高平、低降、中平不仅出现在固有词中，而且也出现在汉语借词中，其中高平相当于汉语中的阴平，低降相当于汉语中的阳平，中平相当于汉语中的入声。升降调只出现在固有词中。全降和低升只出现在汉语借词和形态变化中，全降调相当于汉语中的上声，低升调相当于汉语借词中的去声。声调举例如下：

(1)高平55：	$tshie^{55}$	山羊	$dʑi^{55}$	脚
(2)低降31：	$ʁu^{31}$	鹅	$dʑi^{31}$	侄子
(3)全降51：	$pi^{51}thɑ^{33}$	比赛	$kai^{51}thɑ^{33}$	改
(4)低升13：	$pi^{13}thɑ^{33}$	避	$kai^{13}thɑ^{33}$	盖(动词)
(5)中平33：	$tshie^{33}$	菩萨	$dʑi^{33}$	量(米)
(6)升降241：	$ʁu^{241}$	碗	$dʑi^{241}$	说

4. 音节结构

羌语一个音节最多有5个音素组成，最少有一个音素。一个音素构成的音节既可以是元音，也可以是辅音。下面设F代表辅音，Y代表元音，将羌语音节结构的类型分析举例如下：

(1)	F	$m̩^{33}dzua^{31}$	荞子
(2)	FY	$mə^{33}$	人
(3)	FYY	$kuə^{55}$	你
(4)	FYF	$tsuŋ^{55}$	棕
(5)	FFY	$χqɑ^{33}$	困难
(6)	FFYY	$χguə^{33}$	九
(7)	FYYF	$siɑŋ^{13}$	象
(8)	FYYY	$phiɑu^{13}$	票
(9)	Y	a^{31}	一
(10)	YF	$ɑŋ^{31}$	几
(11)	YY	yi^{31}	鸡
(12)	YYY	$iəu^{31}$	油

（13）YYF　　yan^{31}liɑŋ^{13}pu^{33}　原谅

（二）**词汇**

1. 词汇的一般特征

羌语的词汇大部分是由单音词或由单音词复合成的合成词组成，多音节的单纯词比较少。此外，抽象的、概括性的名词也比较少。例如固有词中有 sɑ^{33}ie^{33} “植物油”，χdɑ^{33} “油脂”，χȵo^{55} “动物油” 等，但是没有 “油” 的总称。再如有各种农具的名称，例如 çi^{33}də^{241} “镰刀”，kua^{33} “锄头”，to^{33} “犁” 等，但没有 “农具” 的总称。

羌语中方位名词很丰富，除了许多语言里都有的方位词外，还根据当地的山势、河流等情况分水源方、下游方、山势上方、山势下方、平地的此方、彼方等等，在室内往往根据火塘的位置，分上位、下位、主位、客位等，在室外的方位词，往往又分近指、远指、最远指。另外，还有不少词在羌语中分得比较仔细，例如 “打” 可以分为 ʈʂhi^{55} “打（人）”，dio^{33} “打（铁）”，qhɑ^{33} “打（石头）”，zi “（用连枷）打” 等等；“盖” 有 χguə^{33} “盖（被子）”，qu^{33} “盖（盖子）”，χge^{33} “盖（房子）” 等等。

2. 构词方式

有以下几种：

（1）派生方式　有加前加成分、后加成分、助词等方式构词的。

①动词加前加成分派生新词的。例如：

kuə^{31}	tsi^{55}	抓住	ə^{t31}	sy^{55}	教	u^{55}	ʐi^{55}kua^{55}	枯萎
（前加）	捡		（前加）	告诉		（前加）	干	
χgə^{31}	kə^{33}	后退	tə^{55}	pho^{33}	肿			
（前加）	走		（前加）	胀				

②数词加前加成分派生新词的。例如：

χɑ^{31}	ȵi^{33}	十二	χɑ^{31}	ŋɑ^{33}	十五	χɑ^{31}	çiŋ^{33}	十七
（前加）	二		（前加）	五		（前加）	七	

③动词加虚化名词派生新词的。例如：

χo^{55}　　mə^{33}　　猎手　　χkə^{33}　　mə^{33}　　小偷
打猎（虚化名词）　　偷　（虚化名词）
ʑe^{33}i^{55} thɑ^{33}　　mə^{33}　　医生
医病　（虚化名词）

mə^{33}原意为“人”，此处已虚化为构词成分。

（2）复合方式　大多由两个词素复合而成，根据复合词内词素间的结合关系，可以分成以下几类：

①并列关系的。例如：

pi^{55}（父）+ma^{55}（母）→pi^{55}ma^{55}　父母
khuə^{31}（狗）+pa^{33}（猪）→khuə^{31}pa^{33}　牲畜
zɿ^{31}（公牛）+ŋu^{55}（母牛）→zɿ^{31}ŋu^{55}　牛（总称）

②修饰关系的。分为两类，一类是中心词在后的。例如：

ɕi^{55}（铁）+bʐe^{31}（绳子）→ɕi^{55}bʐe^{31}　铁链，铁丝
tsɿ^{31}（这）+pə^{33}（年、岁）→tsɿ^{31}pə^{33}　今年
χo^{55}（打猎）+khuə^{55}（狗）→χo^{55}khuə^{55}　猎狗

另一类是中心词在前的。例如：

pzɿ^{33}（肠子）+pʐe^{33}（粗）→pzɿ^{33}pʐe^{33}　大肠
ʁue^{31}（麦子）+bʐi^{33}（细）→ʁue^{31}bʐi^{33}　小麦
qə^{31}ʑy^{55}（个子）+be^{33}（矮）→qə^{31}ʑy^{55}be^{33}　矮子

③表述关系的。这类词大多属反映人们内心活动的，其中多数是用χtie^{33}mə^{33}“心”的词根χtie^{33}再加形容词或动词结合成新词。例如：

χtie^{33}（心）+nɑ^{33}（好）→χtie^{33}nɑ^{33}　高兴

χtie³³（心）+dzɿ³³（重）→χtie³³dzɿ³³ 自私
χtie³³（心）+dio²⁴¹（多）→χtie³³dio²⁴¹ 疑心
χtie³³（心）+ʐe³³（病）→χtie³³ʐe³³ 悲伤

④支配关系的。例如：

pa³³（猪）+khye⁵⁵（烤、熏）→pa³³khye⁵⁵ 腊肉
ʂe³³（好）+ŋɑ³³（有）→ʂe³³ŋɑ³³ 怀孕
χdʐuə³¹（虮子）+suə⁵⁵（梳）→χdʐuə³¹suə⁵⁵ 篦子

⑤补充关系的。例如：

dʐe²⁴¹（飞）+qe³³（行、能）→dʐe²⁴¹qe³³ 翅膀
tʃhɿ³¹（肉）+χgy³³（块）→tʃhɿ³¹χgy³³ 肉块
ʁuə⁵⁵（绸缎）+χtu⁵⁵（匹）→ʁuə⁵⁵χtu⁵⁵ 绸子，缎子

（3）重叠方式　许多词类都有重叠构词的情况，有的重叠后需加附加成分。例如：

名词重叠：χtɕɑ³³χtɕɑ³³喜鹊　　ko⁵⁵ko³³里面
动词重叠：gu²⁴¹gu³³走（路）　　də³³də³³生气
形容词重叠：ɲi⁵⁵ɲi³¹黑　　tɕe³³tɕe³³稠
量词重叠：χgy²⁴¹χgy²⁴¹成块的　　dʐi²⁴¹dʐi²⁴¹成条的
副词重叠：qo³³qo³³tɕi³³弯弯曲曲地　　χguə³¹χguə³¹tɕi³³结结实实地

（4）拟声方式有两类，一类是直接拟声构词，不加附加成分的。例如：

qe⁵⁵pu³¹ 布谷鸟　　nə³³ŋɑ⁵⁵乌鸦　　siŋ³¹siŋ³³ 铃

另一类是拟声后再加构词附加成分的。例如：

χa⁵⁵tshye³³ pu³³　打喷嚏　　χuŋ¹³χuŋ³¹ pu³³　轰轰隆隆地

ma^{31}ma^{33} pu^{33}	咩咩地	χuɑ^{55}χuɑ^{55} pu^{33}	哗哗地

3. 借词

羌语中的借词由于地域不同，借词的情况和比例也不相同，北部方言接近藏语区，语言中藏语借词占一定比例，南部方言接近汉语区，汉语借词占大多数。南部方言中的汉语借词也因聚居区和杂散居区的不同，而汉语借词的数量、比例也不同。桃坪地处杂居区，又在公路沿线，因此，桃坪羌语中的汉语借词比例较高，约占调查词汇总数（4 000 左右）的 30%左右。

借词包括两部分，一部分是早期借词，语言基本上已适应羌语特点。例如：

siu^{55}	箫	y^{31}me^{33}	玉米	thu^{55}	汤	phɑ^{31}	耙
lo^{33}pə^{33}	萝卜	də^{33}	豆子	ia^{31}	烟	ʁu^{31}	鹅

另一部分是新借词，语音基本上与当地汉语类似。例如：

tʂən^{13}tshe^{33}	政策	tho^{55}lɑ^{55} tɕi^{55}	拖拉机	ŋan^{55}tsɿ^{31}	鞍子
ʂue^{55}pie^{33}	水笔	iŋ^{31}χɑŋ^{33}	银行	χo^{55}tʂhe^{55}	火车

新借词中，借入的动词必须加本民族语的构词成分，单音节动词加 thɑ^{33}，双音节或多音节动词加 pu^{33}。例如：

khɑu^{51}thɑ^{33}	考核，考试	pi^{51}thɑ^{33}	比赛，比较
tɕɑu^{55}thɑ^{33}	交出，上缴	phei^{55}phiŋ^{31}pu^{33}	批评
tɕan^{51}tʂhɑ^{31} pu^{33}	检查	tʂhən^{31}lie^{31} pu^{33}	成立

（三）语法

1. 词类

根据词的意义，在句子中的作用和形态，羌语的词可以分为名词、数词、量词、代词、动词、形容词、副词、助词、连词、语气词、叹词等 11

类。下面简要介绍各类词的特点和在句子中的用法。

（1）名词

①可在名词后加附加成分 χu^{33} 表示复数。χu^{33} 既可加在动物名词后面，也可加在非动物名词的后面。例如：

mə^{33}	人	mə^{33}χu^{33}	人们	sy^{33}dzie^{241}	老师	sy^{33}dzie^{241}χu^{33}	老师们
pho^{55}	树	pho^{55}χu^{33}	许多树	ʁu^{241}	碗	ʁu^{241}χu^{33}	许多碗

②可在名词后加 tʂuə^{33} 表示指小。名词加 tʂuə^{33} 以后表示小巧、精致、可爱。tʂuə^{33} 既可加在动物名词后，也可加在非动物名词后。例如：

zɿ^{31}ŋu^{33}	牛	zɿ^{31}ŋu^{33}tʂuə^{33}	小牛犊	tshie^{55}	山羊
tshie^{55}tʂuə^{33}	小山羊羔	tshie^{55}pa^{55}	锅	tshie^{55}pa^{55}tʂuə^{33}	小锅
dʐo^{33}	背兜	dʐo^{33}tʂuə^{33}	小背兜		

（2）数词　分以下几类：

①基本数词　一至十如下：

a^{31}	一	ɳ̥i^{55}	二	tshi^{55}	三	dʒɿ^{33}	四	ʁuɑ^{33}	五
χtʂu^{33}	六	ɕiŋ^{33}	七	tʂhe^{33}	八	χguə^{33}	九	χɑ^{31}dy^{33}	十

多位数词合成，需在每位数词的中间加连词 na^{33} “和”。例如：

tshi^{31} sɑ^{33} na^{33} ʁuɑ^{33}
三 十 和 五　　三十五

a^{31} tʂhi^{55} na^{33} χɑ^{31}dy^{33} na^{33} a^{31}
一 百 和 十 和 一
一百一十一

a^{31} χgya^{33} na^{33} χguə^{33} χto^{55} na^{33} χtʂu^{33} tʂhi^{55} na^{33} ʁuɑ^{33} sɑ^{33} na^{33} ɳ̥i^{55}
一 万 和 九 千 和 六 百 和 五 十 和 二
一万九千六百五十二

上面第二个例子的 χɑ^{31} dy^{33} na^{33} a^{31} “一十一” 也可说成 χɑ^{31} tʃʅ^{33} “十一”。

②分数　表达方式如下：

dʒʅ^{33} χdʐo^{33} χte^{55} a^{31} χdʐo^{33}　四分之一
四　分　中　一　分
a^{31}ʈʂhi^{55} χdʐo^{33} χte^{55} a^{31} χdʐo^{33}　一百分之一
一百　分　中　一　分

③倍数　在数词后加 tɕha^{55}表示。例如：

a^{31} tɕha^{55}　一倍　　tshi^{55} tɕha^{55}　三倍　　a^{31} ʈʂhi^{55} tɕha^{55}　一百倍

④序数　一般借用汉语。例如：

ti^{13} ie^{33}　第一　　ti^{13} u^{51}　第五　　ti^{13} pɑ^{33}　第八

计算日子的序数在数词后加 tɕy^{33}表示。例如：

tɕy^{33} tɕy^{33}　初一　　tshi^{55} tɕy^{33}　初三　　ʁuɑ^{33} tɕy^{33}　初五

⑤约数　有 3 种表达方式：
a. 用约数词 ɑŋ^{31} “几” 表示的。例如：

ɑŋ^{31} tʃʅ^{33} kuə^{31} mi^{55} tsʅ^{33} ti^{33}.　　还有几个没有来。
几　个（前加）没　有　来

b. 用两个相邻的数词连用表示的。例如：

tshie^{55} tsʅ^{33} tshie^{33}χdɑ^{241} dy^{55}tɑ^{33} mə^{33} mə^{33} ȵi^{55} tshi^{55} ʈʂhi^{55} na^{31} ʒʅ^{241}.
桃　坪　桥　　修者　人　二　三　百　有
桃坪修桥的人有二三百。

数词连用表示约数时，需要在数词后加 na^{31}。例如：

ɕo^{33} thaŋ^{31} χe^{33} ɕo^{33}sən^{55} ʈʂhe^{33} χguə^{33} sa^{33} na^{31} tsuə^{33} ʒʅ^{241}.
学 堂 （助词） 学 生 八 九 十 仅 有
学校里仅有八九十个学生。

c. 在数词后加 dio^{241} “多”、“余” 表示。加 dio^{241} 以后的约数后面也需加 na^{31}。例如：

tsuə^{31} thya^{55} siau^{51} tue^{13} sa^{31}u^{13} χʈʂu^{33} ʈʂhi^{55} dio^{241} na^{31} ʒʅ^{241}.
我 们 小 队 羊 六 百 多 有
我们小队有六百多只羊。

在一般情况下，数词在句中使用时必须和量词结合，但在一些相对称的句子中，数词 a^{31} “一” 可以直接和名词结合。例如：

a^{31} tshuə^{55} da^{241} ʐə^{31} da^{31} a^{31} tshuə^{55} χa^{33} bzia^{31}.
一 山 （前加） 翻 （语气词） 一 山 （前加） 来
翻过了一山又一山。

（3）量词 量词很丰富。分名量词和动量词两类。
①名量词 根据意义、用法和来源，常见的名量词有以下几类：
a. 表示事物个体单位的。例如：

a^{31} χgy^{33} 一个，一块 a^{31} zia^{33} 一只，一匹，一头 a^{31} la^{33} 一件，一条

b. 表示事物形状的。例如：

a^{31} bzʅ^{33} 一片，一张 a^{31} dʐi^{241} 一根，一条 a^{31} kie^{33} 一支，一杆

c. 表示时间的量词。例如：

a^{31} $pə^{33}$ 一年　　a^{31} sie^{33} 一天　　a^{31} $ʂʅ^{33}$ 一辈子，一世

d. 表示度量衡单位的。例如：

a^{31} $dʐɑ^{33}$ 一丈　　a^{31} pu^{55} 一升　　a^{31} $tɕe^{33}$ 一斤

e. 借用动词或名词表量的。例如：

$ʁu^{241}$ 碗　　a^{31} $ʁu^{241}$ 一碗　　$χqɑ^{33}$ 嘴　　a^{31} $χqɑ^{33}$ 一口

$χtu^{33}$ 抱　　a^{31} $χtu^{33}$ 一抱　　$dʐɑ^{33}$ 捆　　a^{31} $dʐɑ^{33}$ 一捆

f. 专用于集体的量词。例如：

a^{31} $χbu^{33}$ 一窝　　a^{31} $ʁo^{241}$ 一丛，一簇　　a^{31} bo^{241} 一堆，一队，一群

名量词在句中使用时，有以下特点：

a. 可在名量词后加 $mə^{55}$ $qə^{33}$或 $ŋɑ^{55}$ $ŋɑ^{31}$表示“每”的语法意义。例如：

a^{31} $pə^{33}$ $mə^{55}$ $qə^{33}$ 每年
一（年）

a^{31} sie^{33} $mə^{55}$ $qə^{33}$ 每天
一（天）

a^{31} $qɑ^{55}$ $ŋɑ^{55}$ $ŋɑ^{31}$ 每家
一 家

a^{31} $lə^{33}$ $ŋɑ^{55}$ $ŋɑ^{31}$ 每个（人）
一 个

$mə^{55}$ $qə^{33}$一般加在时间量词的后面，$ŋɑ^{55}$ $ŋɑ^{31}$则加在其他量词的后面。

b. 名量词可以重叠，重叠后表示轮番、逐次的意思。例如：

$ʁuə^{241}$ ti^{33} a^{31} $ʐi^{33}$ $ʐi^{33}$ $zɑŋ^{241}$ $dɑ^{31}$ $χa^{51}$ i^{31}.
麦子（助词）一 块 块 都 （前加） 黄 （后加）
麦子一块一块地都黄了。

c. 名量词可以单独加在名词或其他词组的后面，表示单数的量。例如：

tʂan^{13} ʂʅ^{13} tha^{31} ti^{33} tie^{33} ʐən^{31} ti^{33} zie^{33} sɿ^{55} tʂuŋ^{55} zɿ^{31} mə^{55}
战士 那 （助词） 敌人 （助词）（助词） 始 终 话
ɡu^{33} nə^{33} mi^{55} dʑi^{241}.
句 都 没有 说

那个战士在敌人面前始终没有说一句话。

d. 表示“人”的量词有两个，一个是 lə^{33}，另一个是 tʃʅ^{33}，lə^{33}一般用来表示单数和复数的量，tʃʅ^{33}则用来表示双数和不定数的量。例如：

mə^{33} a^{31} lə^{33} 一个人 mə^{33} tʂhe^{33} lə^{33} 八个人
人 一 个 人 八 个
mə^{33} ȵi^{55} tʃʅ^{33} 二个人 mə^{33} ɑŋ^{31} tʃʅ^{33} 几个人
人 二 个 人 几 个

②动量词 有 a^{31} tə^{33} “一点儿、一些”，a^{31} tʂhə^{33} “一回、一次、一趟、一下”，a^{31} tue^{33} “一阵、一会儿”，a^{31} χdye^{33} “一觉” 等。例如：

ŋɑ^{55} pə^{31} sie^{33} tɕhy^{55} tɑ^{33} a^{31} χdye^{33} kuə^{31} ma^{33} ʑe^{241} sa^{31}.
我 今天 中午 一 觉 （前加） 睡 （后加）
我今天中午睡了一觉。

（4）代词 分人称代词、指示代词、疑问代词、反身代词、泛指代词5类。分述如下：

①人称代词 分第一、第二、第三3个人称，每个人称又分单数、双数和复数，双数、复数第一人称分为包括式和排除式。列表如下：

人称＼数	单数	双数		复数	
		包括式	排除式	包括式	排除式
第一人称	ŋɑ^{55}我	tsuŋ^{13} tʃʅ^{33}咱俩	qɑŋ^{13} tʃʅ^{33}我俩	tsuə^{31} thyɑ^{55}咱们	qɑ^{31} thyɑ^{55}我们
第二人称	no^{55}你	kuəŋ^{13} tʃʅ^{33}你俩		kuə^{31} thyɑ^{55}你们	
第三人称	tsa^{55} lə^{55} tha^{55} lə^{55}他	than^{55} tʃʅ^{55}他俩		tha^{55} χuɑ^{55}他们	

单数第三人称代词有两个，他们的来源是由指示代词和量词结合而成的，当第三人称代词所代替的人或事物在叙述者附近时，人称代词用 tsa^{55} lə^{55}，当第三人称代词所代替的人或事物不在叙述者附近时，人称代词用 tha^{55} lə^{55}。

人称代词有“格”语法范畴，主要表现在第一、第二人称单数人称代词上，分主格、领格和宾格，用声、韵母的屈折变化形式表达。列表如下：

格 人称	主　格	宾　格	领　格
第一人称	ŋɑ^{55}	qɑ^{55}	qɑ^{55}或 qo^{55}
第二人称	no^{55}	kuə^{55}	ko^{55}

例如：

ŋɑ^{55} ʁo^{33} dʐe^{33} ɡu^{241}ɡu^{33} tɑ^{33} tsho^{33} χe^{33} ʈʂuɑ^{51}.
我（主格） 路 走 （连词） 草 鞋 穿
我走路的时候穿草鞋。

tha^{55} lə^{55} qɑ^{55} zie^{33} ɑ^{55} ȵi^{31} ʁue^{31} ʐɑ^{33}?
他 我（宾格）（助词） 哪儿 喊 （语气词）
他在哪儿喊我？

ko^{55} tsuə^{31}ma^{33} na^{31} tɕi^{55} lɑu^{13} tuŋ^{13} tshan^{55} tɕɑ^{55} mi^{55} pu^{33}?
你（领格） 爱人 为什么 劳动 参加 不 做
你的爱人为什么不参加劳动？

②指示代词　有 tsa^{33}“这”和 tha^{33}“那”两个，一般不单独做句子成分，通常和量词或助词结合使用。当它和量词结合做名词的定语时，可放在名词后，也可放在名词前。但形式稍有不同，试比较如下：

phu^{55} tsa^{33} lɑ^{33} 这件衣服　　tsa^{33} lɑ^{33} phu^{55} lɑ^{33} 这件衣服
衣 这 件　　这 件 衣服件

当其单独做句子成分时，需和助词 ti^{33}或 ti^{33} tə^{33}结合使用。例如：

ŋɑ^{55} tsa^{33} ti^{33} mi^{55} mɑ^{33}. 我不喜欢这个。
我 这（助词）不 喜欢

③疑问代词　有代人的疑问代词，用 sʅ^{55} “谁”，有代物的疑问代词，用 na^{55} ti^{33} “什么”，有代数目的疑问代词，用 na^{13}、na^{33} tɕi^{55} na^{33}、ʁɑ^{241}、ʁɑŋ^{241} “多少”、“几”，有代处所的疑问代词 ɑ^{55} ȵi^{31} “哪儿”、“何处” 等。现将它们的用法简介如下：

a. 代人的疑问代词在使用时有“格”语法形式，主格和宾格的形式为 sɑ^{55}。例如：

sɑ^{55} ti^{33} kuə^{31} ti^{51} i^{31}?
谁（主）（助词）（前加）来（后加）
谁来了？

no^{55} sɑ^{55} ti^{33} zie^{33} dɑ^{31} χdɑ^{241} so^{31} na^{31}?
你 谁（宾）（助词）（助词）（前加） 给 （后加）（语气词）
你给谁了？

施动格形式为 si^{13}。例如：

si^{13} sɑ^{31} u^{33} χu^{33} χɑ^{31} ɕe^{51} i^{31}?
谁（施动） 羊 （后加）（前加）放（后加）
谁把羊放了？

领格形式用 so^{55}。例如：

so^{55} ʐo^{33} ɕi^{33} də^{241} ti^{33} tsə^{31} χe^{55} zuə^{33} ko^{33} χa^{55} dʑya^{31}?
谁（领）（助词） 镰刀 （助词） 这 儿 地 （助词）（前加） 掉
谁的镰刀掉在这儿地里了？

b. 代数目的疑问代词 na^{13}必须和量词结合使用，而 na^{33} tɕi^{55} na^{33}则可单

独使用。例如：

no^{55} tɕhy^{55} tɑ^{33} na^{13} ʁu^{241} sɿ^{31} thie^{55} so^{31} na^{31}？
你 中午 几 碗 （前加） 吃 （后加）（语气词）
你中午吃了几碗？
no^{55} na^{33} tɕi^{55} na^{33} tə^{31} pou^{51} nə^{31}？
你 多 少 （前加） 买 （后加）
你要买多少？

ʁɑ^{241}和 ʁɑŋ^{241}的用法差不多，也必须和量词结合使用。例如：

tha^{55} lə^{55} ʁɑŋ^{241} pə^{33} χɑ^{31} dɑ^{33} pɑ^{33} qe^{33} mi^{31}？
他 几 年 （前加）去 （后加）（语气词）
他出去几年了？

④反身代词 有 kuə^{31} sie^{55}和 u^{55} sie^{55}两个，kuə^{31} sie^{55}只和第一、二人称代词结合使用，u^{55} sie^{55}只和第三人称代词结合或单独使用。例如：

tsa^{33} ti^{33} tə^{33} qɑ^{55} kuə^{31}sie^{55} tə^{55} pu^{33} tsɿ^{31} ŋuə^{33}.
这 （助词） 我 自 己 （前加） 做 （后加） 是
这是我自己做的。
no^{55} kuə^{31} sie^{55} dʐɑ^{31} dʐɿ^{33} kə^{33}！
你 自 己 问 去
你自己问去！
tha^{55} lə^{55} u^{55} sie^{55} na^{31} tɕi^{55} qho^{55} tshie^{55} khai^{55} χue^{13} pu^{33} mi^{55} tsɿ^{33} kə^{33}？
他 自 己 为什么 威州 开 会 没有 去
他自己为什么没有去威州开会？

⑤泛指代词 有 zɑ^{241} ŋɑ^{33}、zɑ^{241} ŋɑ^{33} χuɑ^{33} “大家”、mə^{33} “人家”、“别人”等。其中 mə^{33} 在句中使用时有“格”的语法形式，主格形式为 mi^{33}，宾格形式为 mə^{33}，领格形式为 mo^{33}。例如：

mi^{33} tɕe^{33} kuə^{55} zie^{33} zuə^{33} ko^{33} dɑu^{241} qe^{13} ʐi^{31} tɑ^{33}，
人家（主）都 你 （助词） 地 （助词） 去 （后加）（语气词）
no^{55} mi^{55} tsɿ^{33}dɑ^{241} ŋu^{55} so^{31} na^{31}？
你 不 去 （后加）（语气词）

人家以为你要到田里去，你怎么不去了呢？

mo^{33} ʐo^{33} zɿ^{31} mə^{55} ti^{33} no^{55} χuɑ^{31} li^{33} tsɿ^{33} tɕhy^{55} ȵy^{55}.
别人（领）（助词） 话 （助词）你 乱 别 听

别人的话你别乱听。

no^{55} mə^{33} zie^{33} qhɑ^{33} tsɿ^{33} pu^{33} kə^{33}！
你 别人（宾）（助词） 惹 别 做 去

你别去惹别人！

（5）动词 有下列语法范畴：

①动词的人称、数、时间 人称为第一、第二、第三 3 个人称，数为单数、复数，时间为将来时、现在时、过去时，下面以动词 dʑi^{241} “说” 为例，列表并说明动词变化的大致特点：

数	人称＼时间	将来时	现在时	过去时
单数	一	dʑiɑ^{241}	dʑiɑ^{31}	dʑi^{241} sa^{31}
	二	dʑiu^{241} nə^{31}	dʑi^{31} nə^{31}	dʑi^{241} so^{31}
	三	dʑiu^{241}	dʑi^{31}	dʑi^{241} i^{31}
复数	一	dʑiu^{241} ə^{ǂ31}	dʑi^{31} ə^{ǂ31}	dʑi^{241} si^{31}
	二	dʑiu^{241} sɿ^{31} nə^{31}	dʑi^{31} sɿ^{31} nə^{31}	dʑi^{241} sɿ^{31} nə^{31}
	三	dʑiu^{241}	dʑi^{31}	dʑi^{241} i^{31}

动词人称、数、时间的变化需说明几点：

a. 由于动词末尾音节的声调不同，动词声调的变化大致如下表：

动词末尾音节的声调及动词的声母	将来时	现在时	过去时
高平调或出现在中平调的清声母、次浊声母的音节	变为 51 调	变为 31 调	第一、二人称变为 55 调 第三人称变为 51 调
升降调或中平调的浊声母的音节	变为 241 调	同上	变为 241 调
低降调	变为 15 调	同上	第一、二人称变为 33 调 第三人称变为 15 调

b. 动词单数第一人称将来时和现在时需在末尾音节加元音 ɑ，当动词的结尾元音为 i、u、y 时，则 ɑ 直接加在高元音的后面，当动词结尾元音为非高元音或舌尖元音时，则需去掉结尾元音后再加 ɑ。

c. 动词第三人称无单数和复数的区别。

d. 过去时主要用后加成分表示，但有时表趋向的前加成分也有兼表过去时的作用。

e. 第一人称双数和复数包括式用在动词后加 ʂʅ^{31}表示。例如：

χgyɑ^{241} qə^{55} ə^{ɬ55} tɕy^{51} i^{31}， tsuə^{31} thyɑ^{55} ku^{55} kə^{33} ʂʅ^{31}！
庄稼 （前加）成熟（后加） 咱 们 收割 去 （后加）
庄稼成熟了，咱们收割去吧！

②动词的体　有将行体、持续体、已行体、经验体 4 种。分述如下：

a. 将行体　表示行为动作即将进行，在动词后加附加成分 qe^{13} 表示。例如：

ʁuə^{241} χu^{33} ku^{55} tsɿ^{33} dzie^{241} qe^{13}.
麦子 （后加）收割（后加） 该 （后加）
麦子快该收割了。

b. 持续体　表示行为动作在持续中，在动词后加 pɑ^{33} 表示。例如：

qə^{31} ə^{ɫ55} ko^{33} tsə^{31} χe^{55} tɕhi^{13} ʈʂhe^{55} ʁo^{33} dʐe^{33} mi^{33} ŋɑ^{51} i^{31}， pə^{31} ti^{55}
从前 （助词） 这儿 汽车 路 没 有（后加） 现在
ko^{33} tɕhi^{13} ʈʂhe^{55} ʁo^{33} dʐe^{33} ŋɑ^{33} pɑ^{33} i^{31}.
（助词） 汽 车 路 有 （后加）

从前这儿没有汽车路，现在有汽车路了。

c. 已行体 表示行为动作已经进行，在动词后加 qə^{33} 或 qe^{33} 表示。例如：

ŋɑ^{55} khai^{55} χue^{13} pu^{33} qə^{33} sa^{31}. 我已经开了会了。
我 开 会 （后加）

d. 经验体 表示曾经进行过某种动作，在动词后加 dʑi^{241} 表示。例如：

ŋɑ^{55} pei^{33} tɕin^{55} kə^{33} dʑi^{241} i^{31}. 我曾去过北京。
我 北京 去 （后加）

③动词的式 分命令和祈求两种，均采用在动词前加附加成分的形式表达。分述如下：

a. 命令式 在动词前加 kuə^{31} 表示。例如：

dʑi^{241} 说 kuə^{31} dʑi^{241}！（你）说！
χty^{33} 放牧 kuə^{31} χty^{33}！（你）放牧！
pu^{33} 做 kuə^{31} pu^{33}！（你）做！
guə^{33} 穿 kuə^{31} guə^{33}！（你）穿！

如果表示复数，则在动词后加第二人称复数的附加成分。如动词既要表示命令，又要表示趋向，则用表趋向的前加成分兼表命令式。例如：

ba^{33} 背 ə^{ɫ31} ba^{31}！（你）背下去！
ye^{31} 吆喝 tə^{31} ye^{31}！（你）向上吆喝！

b. 祈求式　分两种，一种是祈求第二者允许第三者进行某种活动，在动词前加附加成分 ʁɑ^{13}表示。例如：

no^{55} tha^{55} lə^{55}　zie^{33}　nɑ^{55} ŋɑ^{33}　ʁɑ^{13}　dʑi^{241}！
你　他　（助词）好好地（前加）说
你让他好好地说！

另一种是祈求第二者允许自己进行某种活动，在动词前加 thi^{33}表示。例如：

no^{55} mi^{55}　qe^{55} so^{31}，ŋɑ^{55} thi^{33} tə^{55} ʁuɑ^{31}！
你　不　行（后加）我（前加）帮助
你不行了，让我来帮助吧！

④动词的态　分使动态和互动态两种，分别用语音交替、加后加成分、重叠词根等方式表达。分述如下：

a. 使动态　在羌语中，残存着用辅音交替表示使动的现象。例如：

动词：	bʐʅ^{33}	破（衣）	ʁe^{33}	破（碗）
	bʐe^{33}	断（线）	ʁuɑ^{55}	垮
使动：	phʐʅ^{33}	使破	qhe^{33}	使破
	phʐe^{33}	使断	qhuɑ^{55} la^{31}	使垮

目前使动的主要表达方式是用动词后加附加成分 zʅ^{31}。例如：

动词：	χgy^{33}	倒	ʐɑ^{55}	裂开
	tə^{31} ʐə^{55}	起来	ʃe^{55}	死
使动：	χgy^{33} zʅ^{31}	使倒	ʐɑ^{55} zʅ^{31}	使裂开
	tə^{31} ʐə^{55} zʅ^{31}	使起来	ʃe^{55} zʅ^{31}	使死

使动词在句中表示人称、数、时间的变化时，表使动的附加成分可发生各种屈折变化。下面以 χgy^{33}“倒”为例，列表简要说明使动词过去时的

变化情况：

数 人称	单　数	复　数
第一人称	dɑ^{31} χgy^{241} zɑ^{31}	dɑ^{31} χgy^{241} zɿ^{31} si^{31}
第二人称	dɑ^{31} χgy^{241} zo^{31}	dɑ^{31} χgy^{241} zɿ^{31} sɿ^{31} nə^{31}
第三人称	dɑ^{31} χgy^{241} zi^{31}	dɑ^{31} χgy^{241} zi^{31}

b. 互动态　用重叠词根的方式表达，如该动词词根的主要元音为 e、a、ɑ 时，重叠的第一音节的主要元音一律变为 ə。例如：

动词：	χo^{33}	追赶	lɑ^{33}	换
	na^{33}	舔	de^{33}	打
互动：	χo^{31} χo^{33}	互相追逐	lə^{31} lɑ^{33}	交换
	nə^{31} na^{33}	互相舔	də^{31} de^{33}	互相打

⑤动词的趋向　用在动词前加附加成分的方式表达。表趋向的附加成分有 8 个，它们的语法意义大致如下：

tə^{31}表示行为动作向上方进行。例如 tə^{31} qə^{55} te^{33} “抬上去”、“向上抬”，tə^{31} phu^{55} “向上逃”、“逃跑上去”。

ə^{ɬ31}表示行为动作向下方进行。如 ə^{ɬ31} qə^{55} te^{33} “抬下去”、“向下抬”，ə^{ɬ31} phu^{55} “向下逃”、“逃跑下去”。

zɿ^{31}表示行为动作向山谷的靠山方进行，同时还可以表示行为动作向说话者这一方进行。例如 zɿ^{31} qə^{55} te^{33} “抬过来”、“向靠山方抬”，zɿ^{31} phu^{55} “逃跑过来”、“逃跑回来”。

dɑ^{31}表示行为动作向山谷的靠水方进行，同时还可表示动作离开说话者的方向进行。例如 dɑ^{31} qə^{55} te^{33} “抬过去”、“向靠水方抬”，dɑ^{31} phu^{55} “逃跑过去”、“跑掉”。

u^{55}表示行为动作向水源方进行，同时还可表示行为动作由外向里进行。例如 u^{55} qə^{55} te^{33} “抬进去”、“向水源方抬”，u^{55} phu^{55} “逃跑进去”、“向上游方跑”。

sɿ^{31}表示行为动作向下游方进行，同时还可表示行为动作向斜下方进行。例如 sɿ^{31} qə^{55} te^{33} “抬下去”、“向下游方抬”，sɿ^{31} phu^{55} “向下游方逃跑”。

χɡə^{31}表示行为动作向后或向反方向进行。例如 χɡə^{31} qə^{55} te^{33} “向后抬”、“向反方向抬”，χɡə^{31} phu^{55} “向后逃跑”、“跑回去”、“向反方向逃跑”。

χɑ^{31}表示行为动作由里向外进行。例如 χɑ^{31} qə^{55} te^{33} “抬出去”、“向外抬”，χɑ^{31} phu^{55} “逃出去”、“向外逃跑”。

（6）形容词　羌语形容词的一个重要特点是，相当多一批基本形容词词根采用叠音形式。例如：

χa^{55} χa^{33}	黄	ȵ̥i^{55} ȵ̥i^{31}	黑	tɕe^{33} tɕe^{33}	稠
ʐe^{33} ʐe^{33}	稀	χɡy^{33} χɡy^{33}	圆	phʐe^{31} phʐe^{55}	湿
sye^{31} sye^{33}	酸	sɿ^{33} sɿ^{31}	暖和	duə^{33} duɑ^{241}	快

这批叠音词在句中使用时，当其添加了前加成分或后加成分以后，即脱落其一个音节。

形容词在句中做主语或宾语时，一般需和助词或量词连用。例如：

ŋɑ^{55} dʐe^{33} ti^{33} tə^{31} po^{55} sa^{31}， tha^{55} lə^{55} tio^{33} ti^{33} tə^{31}
我 长 （助词）（前加） 买 （后加） 他 短 （助词）（前加）
po^{55} i^{31}.
买 （后加）

我买了个长的，他买了个短的。

（7）副词　羌语的副词大致可分为以下几类：

①程度副词　例如 tɕi^{33} “最”，tsuə^{31} “还”，sɑu^{55} sɑu^{55} “稍微”，nə^{33} “也”，pi^{51} tɕɑu^{13} “比较” 等。

②范围副词　例如 zɑ^{241} “都、全”，a^{31} sy^{33} tɑ^{33} “一起、一道”，tɕha^{33} “仅”，tsuŋ^{51} kuŋ^{13} “总共”，zɿ^{241} ŋɑ^{31} “都” 等。

③时间副词　例如 qə^{31} əɬ^{55} “先”，mɑ^{31} tʃhɿ^{33} “后”，tie^{33} “正在”，pə^{31} ti^{55} “现在”，tɕɑŋ^{55} tɕɑŋ^{55} “刚刚、刚好” 等。

④性状副词　例如 nɑ^{55} ŋɑ^{33} “好好地”，ma^{31} χtə^{55} pu^{33} “悄悄儿地”，a^{31} tɕha^{55} tɕha^{55} “慢慢地”，χuə^{31} χuə^{33} tɕi^{33} “哗哗地”，χuŋ^{13} χuŋ^{31} pu^{33} “轰隆隆地” 等。

⑤语气副词　例如 lan^{31} tɑu^{13} “难道”，phian^{55} ie^{33} “偏偏”，mo^{31} fei^{55} “莫非”，tɕəu^{13} tɕiŋ^{51} “究竟” 等。

⑥否定副词　例如 mi^{55} “不、没、没有”，tsɿ^{33} “别、不要、不用”，mi^{55} tsɿ^{33} “没有、还没有、尚未”，tɕi^{55} tsɿ^{33} “别、不要、不用”。

羌语借用了汉语一定数量的副词，其中语气副词几乎全部使用汉语借词。副词在句子中除做状语用外，还能成对地呼应使用，有的构成复杂关系的词组，有的构成复句。常见的格式有以下几类：

a. nə^{33}……nə^{33}…… “也……也……”。例如：

tha^{55} lə^{55} zɿ^{31} mə^{33} nə^{33} mi^{55} dʑi^{31}，χqɑ^{33} nə^{33} mi^{55} thie^{31}.
他　话　也　不　说　饭　也　不　吃
他话也不说，饭也不吃。

b. tsuə^{31}……tsuə^{31}…… “边……边……”。例如：

tha^{55} lə^{55} χqɑ^{33} tsuə^{31} thie^{33} pu^{33} pɑu^{13} tʂɿ^{51} tsuə^{31} tsia^{33} pu^{33}.
他　饭　边　吃　（后加）　报　纸　边　看　（后加）
他边吃饭，边看报纸。

c. ʁu^{241}……ʁu^{241}…… “愈……愈……”。例如：

χmə^{33} da^{241} pə^{33} ti^{33} ʁu^{241} tsia^{33} ko^{33} ʁu^{241} mu^{51} i^{31}.
天　（助词）　愈　看　（连词）　愈　黑　（后加）
天愈来愈黑了。

d. ku^{13}……ku^{13} “越……越……”。例如：

ŋɑ^{55} ku^{13} ɡu^{241}ɡu^{33} ko^{33} ku^{13} χbɑ^{241}.

我 越 走 （连词） 越 累

我越走越累。

e. mi^{55}……nə^{33}…… “不……也……”。例如：

no^{55} mi^{55} thie^{33} tsɿ^{33} χbɑ^{33} χdʐu^{33} nə^{33} thie^{33} zy^{33}！

你 不 吃 （后加） 想 也 吃 （后加）

你不想吃也得吃！

（8）助词　分结构助词和定指助词两类。现将每类助词的特点和用法简介如下。

①结构助词　分以下几类：

a. 限制助词　有 ʐo^{33}，加在名词或代词后，表示领属关系。例如：

ɕɑŋ^{55} tʂən^{13} fu^{51} ʐo^{33} iɑ^{31} mɑ^{33}

乡 政 府 （助词） 自 行 车

乡政府的自行车

qo^{55} ʐo^{33} ko^{55} ko^{55}

我 （助词） 哥哥

我的哥哥

b. 施动助词　有 i^{33}，加在名词或代词后，表示它是施动者。i^{33}一般加在施动者不易辨认的句子里。例如：

qo^{55} ʐo^{33} ʁu^{241} ti^{33} tha^{55} lə^{55} i^{33} sɿ^{31} qhe^{51} i^{31}.

我 的 碗 （助词） 他 （助词）（前加） 打碎 （后加）

他把我的碗打碎了。

c. 受动助词　有 zie^{33}，加在名词或代词后，表示行为动作的承受者。例如：

tha^{55} lə^{55} qɑ^{55} zie^{33} phei^{55}phiŋ^{31}pu^{33} i^{31}.
他 我 （助词） 批 评 （后加）
他批评我了。

d. 工具助词　有 i^{31}和 χe^{33}两个，加在名词或名词性词组后，表示行为动作使用该工具进行。其中 i^{31}使用在一般工具后面，χe^{33}则使用在容器工具后面。例如：

tsa^{33} ti^{33} tɕa^{31} dʑo^{33} i^{31} ə$^{\text{ŧ}31}$ tshuɑ^{55} te^{55} ti^{33} ŋuə^{33}.
这 （助词） 刀子 （助词）（前加） 砍 （助词） 是
这是用刀子砍的。

ŋɑ^{55} χo^{33} χo^{33} χe^{33} tɕhy^{31} tɕhy^{55} ti^{33} sɿ^{31} y^{33} sa^{31}.
我 盒子 （助词） 糖 （助词）（前加）装（后加）
我用盒子装糖。

e. 比较助词　有 so^{33}，加在名词或代词后，表示被比较的对象。例如：

ŋɑ^{55} tha^{55} lə^{55} so^{33} a^{31} tə^{33} bʐɑ^{31}.
我 他 （助词）一 点 大
我比他大一点儿。

f. 处所和时间助词　有 ko^{33}、χe^{33}、qə^{33} 3 个，主要加在名词后，指出行为动作进行的地点和时间。例如：

tʂue^{55} tsɿ^{33} χe^{33} ʒɿ^{31} ʒɿ^{33} ŋɑ^{33}.
桌子 （助词） 书 有
桌子上有书。

tshuə^{55} qə^{33} pho^{55} ye^{33}.
山 （助词） 树 有
山上有树。

g. 从由助词　有 ti^{33} ko^{33}，加在名词或代词后，表示行为动作的出发点。例如：

mə^{33} tsa^{33} lə^{33} ʁuɑ^{33} di^{33} ti^{33} ko^{33} sɿ^{31} ly^{33}.
人 这 个 通 化 （助词）（前加） 来

这个人从通化来。

②定指助词　有3个，即ti^{33}、tə^{33}、ti^{33} tə^{33}，加在各种词类后面，表达一定的语法意义。其中ti^{33}用得最广泛。它有以下几种作用：

a. 加在名词、代词、动词、形容词后面，强调该句子成分在句子中的地位。例如：

sɑ^{31} u^{33} ti^{33} ŋɑ^{55} i^{33} sɿ^{31} qə^{55} te^{55} sa^{31}.
羊 （助词） 我 （助词）（前加） 打 死 （后加）

我把羊打死了。

b. 加在指示代词、数词的后面，在一定程度上起量词的作用。例如：

sie^{55} dzɿ^{33} ȵi^{55} ti^{33} ʒɿ^{33} tsa^{33} bzia^{33} pan^{51} tsɿ^{31} kai^{55} thɑ^{31}.
木匠 二 （助词） 有 这 阵 板 子 锯

有两个木匠现在在锯板子。

c. 加在某些词组后面，使该词组作为一个句子成分出现在句子中。例如：

tʂuɑŋ^{55} tɕɑ^{55} pu^{33} pɑ^{33} ti^{33} nə^{33} zie^{31} tsɿ^{33} mi^{55} ŋɑ^{33} ti^{33}
庄 稼 做 （后加）（助词） 也 容易 （后加） 没 有 （助词）

ŋuə^{33} jɑ^{31}.
是 （语气词）

干庄稼活也不是件容易的事情。

定指助词tə^{33}的作用与ti^{33}相似，但不如ti^{33}用得那样广泛。例如：

tha^{55} lə^{55} tə^{33} sie^{55} dzɿ^{33} iɑŋ^{31} pu^{13} ʈʂuŋ^{55} ʐo^{33} ʈʂi^{33} bʐi^{33} ti^{33} ŋuə^{33}.
他 （助词） 木匠 杨步忠 （助词） 孩 子 （助词） 是
他是木匠杨步忠的儿子。

ti^{33} tə^{33}只和指示代词结合使用，强调指示代词的代替作用，加 ti^{33} tə^{33}后的指示代词，通常在句子中做主语用。例如：

tsa^{33} ti^{33} tə^{33} tʃhɿ^{31} tɕi^{55} ty^{33}，pa^{33} ʁue^{33} ko^{33} mi^{55} ŋuə^{33}.
这 （助词） 厕 所 是 猪 圈 不 是
这是厕所，不是猪圈。

（9）连词 用来连接词、词组和句子。用来连接句子的连词在句法部分介绍，连接词和词组的连词用 na^{33} “和”。例如：

χmɑ^{33} na^{33} dzuə 小米和粟子
小米 和 粟子
sie^{33} tshuɑ^{55} na^{33} zuə^{33} phia^{33}
柴 砍 和 地 种
砍柴和种地

如被连接的前后两个词的词性不同时，则连词 na^{33}不放在两个词的中间，而是放在被连接的第二个词的后面。例如：

ŋɑ^{55} ko^{55} ko^{55} na^{33} a^{31}sy^{33}tɑ^{33} kə^{33} ʂɿ^{31}.
我 哥 和 一 起 去（后加）
我和哥哥一起去。

（10）语气词 根据它所表达的感情，大致可分为以下几类：
①表示申述语气的，有 da^{31}、uo^{33}、mu^{33}等。例如：

ko^{55} ko^{55} ti^{55} ɕi^{55} sən^{55} i^{55} tɕin^{55} tshi^{55} pə^{33} dio^{241} pɑ^{33} qe^{33} uo^{33}.
哥哥 （助词） 牺牲 已 经 三 年 多 （后加）（语气词）
哥哥牺牲已经三年多了。

②表示肯定语气的，有 iɑ^{31}。例如：

ŋɑ^{55} sɑ^{51} iɑ^{31}， no^{55} iɑ^{31} thie^{33} mi^{55} ŋue^{33} nə^{33} iɑ^{31}.
我 知道（语气词）你 烟 吸 不 会 （后加）（语气词）
我知道，你不会抽烟。

③表示决心的，有 e^{31}。例如：

tɕəu^{13} tə^{31} ʃe^{55} tsɑŋ^{33} nə^{31}，ŋɑ^{55} nə^{33} mi^{55} quɑ^{51} e^{31}.
就 （前加）死 （后加） 我 也 不 怕 （语气词）
就是死，我也不怕。

④让对方有考虑余地的，有 nɑ^{31}。例如：

ʐu^{31} ko^{51} ə$^{\text{ɬ}31}$ ʁue^{241} so^{33} ko^{33}， u^{55} kə^{33} mi^{55} qe^{33} pɑ^{33} nɑ^{31}！
如 果 （前加） 迟 （连词）（前加）去 不 行（后加）（语气词）
如果迟了的话，就进不去啰！

⑤表示不满足的，有 uə^{33}、ua^{31}。例如：

na^{33} tɕi^{55} tshi^{55} tɕe^{33} tɕhɑŋ^{31} ua^{31}！ a^{31} i^{55} nə^{33} mi^{55} χdʒə^{33} uə^{33}.
为何 三 斤 只有 （语气词）一 顿 也 不 够 （语气词）
怎么仅有三斤（粮食）！一顿都不够（吃）。

⑥表示叮嘱的，有 ɑ^{31}、bɑ^{31}等。例如：

no^{55} a^{31} tɕha^{55} tɕha^{55} tə^{31} kə^{33} bɑ^{31}！
你 慢 慢 地 （前加） 走（语气词）
你慢慢地走吧！

⑦表示内心不安的，有 iɑ^{31}。例如：

ma^{31} ʐi^{55} tsa^{33} ti^{33} a^{31} tue^{55} so^{33} a^{31} tue^{55} tu^{13} bʐɑ^{31} ŋuə^{33} iɑ^{31}！
雨 这（助词）一 阵 （助词）一 阵 越 大 是 （语气词）
这雨一阵比一阵大呀！

⑧表示疑问的，这类语气词较多，较常用的有 mi³³、ma³¹、ȵi³¹、ua³¹等。例如：

no⁵⁵ ɕye³³ dzo³³ dʑi²⁴¹ ȵi³¹？
你 船 坐 （后加）（语气词）
你坐过船吗？

语气词除了出现在句末表达各种语气外，还可出现在句中，表示停顿、转折、犹豫不定等语气。例如：

ʂai³¹ yan³¹ χu³³ ʐa³³ pə³¹ sie⁵⁵ χbɑ²⁴¹ ȵi³¹，kan¹³ pu¹³ χu³³ ʐa³³
社员（后加）（语气词） 今天 休息 干 部（后加）（语气词）
pə³¹ sie⁵⁵ ɕɑ⁵⁵ χtə³³.
今天 开会
社员们呐今天休息，干部们呐今天开会。

（11）叹词 一般放在句首，表达各种情感。羌语中叹词很丰富，常见的有以下几种：

①表示伤感、惋惜或痛楚的。例如：

tsɿ*³³ tsɿ*³³①！ lɑ⁵⁵ tshyi³¹！ lɑ⁵⁵ tshyi³¹！
（叹词） 可惜 很 可惜 很
咦咦！太可惜了！太可惜了！

②表示惊讶或赞叹的。例如：

ua⁵¹！ pɑ³¹ ne³³ ti³³ sɿ⁵⁵ ʐə²⁴¹ i³¹！
（叹词） 东西 （助词）（前加）打翻（后加）
啊呀！东西打翻了！

---

① ＊表示吸气音。

③表示讽刺或讥笑的。例如：

m̩^{15}！ no^{55} χɑ^{31} dʑi^{241} pɑ^{33} ti^{33} ʂe^{33} ŋu^{33} so^{31} te^{31}！
（叹词） 你 （前加） 说 （后加）（助词） 好 （后加）（语气词）
呒！你说得倒好听！

④表示对事物领悟的。例如：

o^{55}！ ŋɑ^{55} tə^{31} χbɑ^{33} χdʐu^{33} sa^{31}！
（叹词） 我 （前加） 想 （后加）
哦！我想起来了！

⑤表示不满、愤怒或鄙视的。例如：

ʔə^{55} io^{51}！ko^{55} ʐo^{33} dʐʅ^{33} na^{55} ti^{33} ŋɑ^{31}！
（叹词） 你 （助词）事 情 什么 有
咳！有你什么事情！

还有的叹词，可以单独用来回答问题。例如：

问：no^{55} sɿ^{31} thie^{33} qe^{33} ȵi^{31}？ 答： pf*u̥^{31}……
你 （前加） 吃 （后加）（语气词） （叹词）
问：你吃了吗？ 答：呋（表示否定）……

2. 句法

分句子成分和语序、单句、复句三部分介绍：

（1）句子成分和语序 羌语的句子成分可分为主语、谓语、宾语、定语、状语、补语，现将各类句子成分的基本语序介绍如下：

①句子的基本语序是主—宾—谓。例如：

uɑŋ^{31} ʂu^{55} tɕi^{13} tɕai^{13} ʂɑu^{13} tie^{33} əɹ^{55} sia^{31}.
王书记（主） 介绍（宾） 正在（前加） 写（谓）
王书记正在写介绍信。

②名词、代词做定语在中心词前面。例如：

ʂə^{33} thaŋ^{31} ʐo^{33} χu^{33} bɑ^{241}
食堂（定）（助词） 菜
食堂的菜（名词做定语）

形容词、数量词组做定语放在中心词的后面。例如：

yi^{31} a^{31} bo^{241}
鸡 一 群（定）
一群鸡（数量词组做定语）
phu^{55} tshi^{55}
衣服 新（定）
新衣服（形容词做定语）

由于受了汉语的影响，定语后置的修饰关系已有所改变，出现了一些形容词、数量词组前置的修饰关系。例如：

χn̥i^{31} n̥i^{33} pɑ^{31} ʈʂuə^{55}
红（定） 花
红花（形容词做定语）

③状语一般在谓语的前面，个别副词状语可以放在谓语的后面。例如：

no^{55} dʐʅ^{33} nɑ^{55} ŋɑ^{33} tə^{55} pu^{33} kə^{33}！
你 事情 好好地（状）（前加） 做 去
你好好地做事情去！

④补语也放在谓语的前面，充当补语的一般是动量词。例如：

no^{55} a^{31} ʈʂhə^{33} kuə^{55} ly^{31}！
你 一 下 （前加） 来

你来一下！

（2）单句　根据句子的结构和语气，单句可以分为以下几类：

①陈述句。例如：

mə^{33} bʐɑ^{33} tɕi^{55} ko^{33} pə^{31} ti^{55} mi^{55} ʒʅ^{31}.
人　大　家里　现在　不　在
大人现在不在家里。

②疑问句。例如：

tə^{31} pə^{33} no^{55} lyu^{241} mi^{31}?
明天　你　来　（语气词）
明天你来吗？

③命令句。例如：

no^{55} pə^{31} sie^{33} ŋə^{31} ȵi^{55} χmi^{55} kuə^{31} ba^{33} kə^{33}!
你　今天　一定　肥料（前加）背　去
你今天一定要背肥料去！

④祈求句。例如：

qo^{55} ʐo^{33} a^{31} ʈʂhə^{33} tə^{55} ʁuɑ^{31} ly^{31}!
我（助词）一　下　（前加）帮助　来
来帮我一下忙吧！

⑤判断句。例如：

tsa^{55} ti^{33} tə^{33} tha^{55} lə^{55} ʐo^{33} ʒʅ^{31} ʒʅ^{33} ti^{33} ŋuə^{33}.
这（助词）　他　（助词）　书　（助词）　是
这是他的书。

（3）复句　分并列关系的和偏正关系的两类，每类各举数例，以见一斑。

①并列关系的复句，大致有以下几种：

a. 对比关系的。例如：

tu^{55} bʐɑ^{31} ti^{33} kuŋ^{55} ʐən^{31} ti^{33} ŋuə^{33}, tu^{55} tsuə^{31} ti^{33}
哥哥 （助词） 工人 （助词） 是 弟弟 （助词）

tɕai^{51} fɑŋ^{13} tɕyn^{55} ti^{33} ŋuə^{33}.
解放军 （助词） 是

哥哥是工人，弟弟是解放军。

b. 递进关系的。例如：

ʐən^{31} min^{31} kuŋ^{55} ʂai^{13} zuə^{33} ə^{ɨ31} phia^{33} na^{33}, kuŋ^{55} tʂhɑŋ^{51} tə^{31}
人民 公 社 田 （前加） 种 （连词） 工厂 （前加）

pan^{13} thɑ^{33} i^{31}.
办 （后加）

人民公社除种地外，还办了工厂。

c. 选择关系的。例如：

tshie^{33} χdɑ^{241} dɑ^{31} kəu^{51} nə^{31} ma^{31}, χuə^{33} tʂe^{51} liəu^{55} so^{33}
桥 （前加） 去 （后加）（语气词） 或者 溜 索

ti^{33} dɑ^{31} kəu^{51}.
（助词）（前加） 去

或者从桥上过去，或者从溜索上过去。

②偏正关系的复句，多数需用连词连接，其中不少连词来自汉语借词。根据主句和分句之间的关系，大致可分为以下几类：

a. 表示时间先后关系的复句，一般用连词 na^{31} 连接前后分句。例如：

ŋɑ^{55} zɿ^{31} mə^{55} sɿ^{31} dʑi^{241} na^{31}, tha^{55} lə^{55} χtie^{55} qə^{33} mi^{55} nɑ^{33}.
我 话 （前加） 说 （连词） 他 心 不 好

我说话以后，他心里不高兴。

b. 表示假定条件关系的复句，用连词 ko^{33}或 so^{55} ko^{33}连接。例如：

ŋɑ^{55} pei^{33} tɕin^{55} a^{31} ʈʂhə^{33} kə^{33} so^{55} ko^{33}，ŋɑ^{55} ŋə^{31} ȵi^{55} χtie^{55} nɑ^{33} tshyi^{31}.
我 北京 一 次 去 （连词） 我 一定 高兴 很
如果我能去一次北京，我一定非常高兴。

c. 表示让步关系的复句，用连词 ko^{33}连接。例如：

tha^{55} lə^{55} dɑ^{31} pə^{51} i^{31} ko^{33}，dʐʅ^{33} pu^{33} dʐʅ^{241} qɑ^{33} lie^{33}.
他 （前加） 老 （后加）（连词） 事情 做 干劲 有
他虽然老了，但是做事有干劲。

d. 表示因果关系的复句，可用汉语连词 iŋ^{55} ue^{13}连接。例如：

iŋ^{55} ue^{13} χmə^{33} da^{241} pə^{33} ti^{33} u^{55} χȵa^{55} tshyi^{31}，ʈʂuɑŋ^{55} tɕɑ^{55} tə^{31}
因为 天 （助词） 旱 很 庄稼 （前加）
piɑ^{55} tsʅ^{33} tə^{31} mi^{55} ʂe^{51} i^{31}.
生长 （后加）（前加） 不 好 （后加）
因为天旱得很，所以庄稼长得不好。

e. 表示目的关系的复句，用连词 ue^{13} tie^{33} ʂʅ^{13}连接。例如：

qɑ^{31} thyɑ^{55} pə^{31} ti^{55} χmi^{55} ti^{33} dio^{241} dio^{241} sʅ^{31} kie^{33} pu^{33} tɕhi^{55}，
我们 现在 肥料 （助词） 多 （前加） 积 做 要
ue^{13} tie^{33} ʂʅ^{13} mɑ^{31} tʃhʅ^{33} ʈʂuɑŋ^{55} tɕɑ^{55} ti^{33} kuə^{55} tsɑ^{33} qe^{33}.
为的是 今后 庄稼 （助词）（前加） 收 能
我们现在多积肥，为的是今后能多收粮食。

（四）方言

羌语分南北两个方言。南部方言主要分布在茂县大部分地区、汶川县的大部分地区、理县的南部地区，约有 6 万人。北部方言主要分布在黑水县的大部分地区、茂县的北部，约有 7 万人。南北方言各包括 5 个土语。南部方言包括：大岐山土语、桃坪土语、龙溪土语、绵池土语、黑虎土语。北部方言包括：亚都土语、维古土语、麻窝土语、茨木林土语、芦花土语。

羌语南北方言间差别较大，在语音、词汇、语法上都存在一定差别。现分语音、词汇、语法介绍如下。

1. 语音上的差别

南北两个方言在声母方面的差别主要表现在复辅音上。一般来说，北部方言复辅音的数目要比南部方言多三至四倍。如北部方言麻窝话共有 74 个复辅音，南部方言桃坪话只有 24 个复辅音，而南部方言龙溪话已经没有复辅音。

在韵母方面，北部方言的单元音分长短和卷舌不卷舌，元音音位一般都在 20 个以上。而南部方言除靠近北部方言的黑虎土语中元音有长短和卷舌不卷舌对立外，大部分土语元音都不分长短与卷舌不卷舌的对立。北部方言有丰富的辅音韵尾，其中单辅音韵尾有 p、b、t、d、k、q、ts、ʈʂ、tʃ、dʒ、m、n、ŋ、l、r、r̥、ɸ、s、z、ʂ̥、ʐ̥、χ，复辅音韵尾有 st、zd、rb、rɡ、ʂ̥p、ʂ̥k、xs、xts、xʈʂ̥、xtʃ、ɣz、ɣl、ɣdʐ̥、ɣʐ̥、χp、χs、χl、χʂ̥、ʁdz、ʁz、ʁdʐ̥、ʁl，这些辅音韵尾和元音相结合，共构成 195 个带辅音韵尾的韵母。南部方言多半只有 n、ŋ 两个韵尾，出现频率低，构成的韵母一般在 20 个左右。

羌语南部方言用声调区别词义，声调还有区别语法意义的作用，北部方言除亚都土语只在个别词上用声调对立区别词义外，一般只有习惯调，没有音位调。有些土语里轻重音有区别词义的作用。

此外，北部方言还有极其丰富的音变现象。

2. 词汇方面的差异

羌语南北方言的基本词汇是一致的，但各自都有一定数量的方言词。北部方言离牧区近，生活中有不少反映牧区生活的词语，如牧场、帐篷、奶渣、酸奶等，南部方言农产品品种比较丰富，刺绣手工业比较发达，因此关于这方面的词比较丰富。

在吸收外来借词方面也不平衡，南部方言接近汉区，与汉语接触较多，各土语吸收汉语借词一般均占 30% 左右，南部方言中的藏语借词极少。北部方言中的汉语借词比例较小，一般不足 15%，但北部方言中藏语借词占一定比例，约占 7%—10%。

根据两个方言词汇的初步比较，南北方言之间的同源词约占 55% 左右（比较 2000 左右常用词）南部方言各土语内部差别比北部方言内部差别大，南部方言各土语间的同源词约在 70% 左右，北部方言内部各土语间的同源词一般在 80% 以上。

3. 语法上的差异

南北方言的基本语法范畴大体一致，但表达形式有一定区别，北部方言形态比南部方言丰富，一些在北部方言用屈折形态表达的语法范畴，在南部方言中改用分析形式。例如，在北部方言中动词用元音、辅音的交替表示态的语法范畴，而南部方言主要用附加成分表达。北部方言用动词重叠表示互动，而南部方言大都改用副词和助词结合的形式表达。北部方言动词人称、数、时间的变化是完整的，在南部方言中，数的语法形式已不完整，大部分土语第三人称已不分单数和复数。另外还有一部分土语没有现在时的形式。北部方言动词的人称变化除和主语取得一致关系外，在一定条件下还需和宾语、主语的定语、宾语的定语发生一致关系，南部方言没有这种现象。另外南部方言大部分土语代词有用元音或辅音的屈折变化表示“格”的语法范畴，北部方言一般没有。此外，在两个方言的各土语之间，在语法上也有一些小的差别，因篇幅所限，不一一赘述了。

（五）文字

羌族原来没有文字。中华人民共和国成立后，羌族就提出了创制文字的要求。1956 年，中国科学院少数民族语言调查第 7 工作队川北组，组织了羌语的试点调查，1957 年春，在西南民族学院举办了语言调查训练班，培训了一批调查人员，于同年开展了羌语的普查工作，先后共调查了 34 个点，开展了初步研究，于 1958 年提出了划分羌语方言土语的意见。虽然在 1958 年制定了羌语拼音方案，而且在黑水县文教局的主持下，集中全县小学老师开展了学习羌语以辅助教学。由于错过了创制文字的时机，因此，羌文的创制工作一直到改革开放以后才又提到议事日程上来。根据羌族人民的要求，1989 年，阿坝藏族羌族自治州作出了为羌族创制文字的决定。同年，四川省民族事务委员会根据省政府的批示，成立了羌族拼音文字创制领导小组，开展了卓有成效的工作，经过进一步的调查研究，于1990年提出了羌族拼音文字方案（草案），方案以羌语北部方言为基础方言，以茂县曲谷话为标准音点。用26个拉丁字母表示42个辅音和8个元音。经过反复征求专家学者和本民族各界代表的意见，并在羌族地区进行试教，证明文字方案是科学的，是符合羌语的实际的。1991年在成都举行的羌族拼音文字方案审议会上，与会代表一致通过了这个方案，并报省政府批准。1992年，四川省人民政府同意了这个方案，并报国家民委审议。1993年3月，国家民委委托中国社会科学院民族研究所约请有关专家学者对羌文方案进行了鉴定。与会专家认为："羌族拼音文字方案设计采用26个拉丁字母，与汉语相同的音采用相同的字母表示，羌语特有的音采用双字母表示，设计合理，能够科学、系统地反映羌语特点，是一个好方案。"此后，国家民委原则上同意羌族拼音文字方案在羌区的试行。与此同时，在广大羌区，举办了多种形式的扫盲班，已经有1300多人扫除了文盲，特别是扫除了一批过去用汉文扫不掉的老文盲。在四川省阿坝师专、威州师范等大中专学校，分别开设了羌文大专班和中专班，培养出一批不同层次的羌文师资。开办了羌语广播，迅速传递了各种信息。有近百所小学中开展了双语教学，老师们反映，儿童接受羌语比接受汉语快，大大提高了儿童的学习积极性，对羌区小学的入学率、合格率、巩固率有很大帮助。羌文的诞生促进了羌族传统优秀文化典籍的挖掘和整理。文化工作者用它记录了大量故事、传说、唱词等各种各样的文学作品，羌汉对照的《羌族释比经典》已完成100多万字的整理和翻译。羌文对于活跃羌区的文化生活也起到了较好的作用，学会了羌文的人自发用羌文进行诗词、歌曲等文学作品的创作和演唱。羌文的使用对科普知识的传播和应用也起到了积极的推动作用，拓宽了山区农民的致富之路。羌文的创制虽然晚于其他民族文字，但它已经在教学、翻译、出版、文艺创作、广播、电影译配等文化事业中发挥着汉文无法替代的作用。

二 羌语支的基本特点

关于羌语和嘉绒语的特点，早已有著作和文章论述，本文不赘，但关于它们的系属问题，却仍需作深入的探讨。解放初期，罗常培和傅懋勣两位先生在《中国语文》上发表的题为《国内少数民族语言文字概况》[①] 的文章中，将羌语划归藏语支。之后，随着羌语调查研究工作的深入展开，特别是普米、嘉绒等语言材料陆续调查公布，对羌语是否属藏语支的问题提出了疑义。1960 年，国家民委要求民族研究所对语言系属存在问题的语言进行调查研究，关于羌语的支属问题曾于 1960—1962 年列入国家计划进行过专题研究，并写出了研究报告供领导参考。该研究报告的结论第一次在 1962 年 12 月《中国语文》发表的拙作《羌语概况》中加以公布。

粉碎“四人帮”以后，我们在四川西部地区进行了连续四年的语言调查，在新发现的一些语种中，如木雅语、尔苏（多续）语、尔龚语、史兴语、扎巴语、纳木义语、贵琼语等，这些语言有一些重要特点几乎与羌语、普米语、嘉绒语等完全一致。这一发现就更证明了羌语支语言确实是一个不容忽视的客观存在。1981 年，由国家民委民族问题五种丛书编辑委员会编辑出版的《中国少数民族》一书中，重新以附录的形式公布了《中国少数民族语言系属简表》，在这个系属表的藏缅语族中，正式将羌语支列为藏缅语族的一个独立语支。但是，羌语支中应包括哪些语言？嘉绒语应不应列入羌语支？羌语支本身有些什么基本特点等等，仍存在一些不同看法。因此，本文有必要在这个问题上多说几句。

羌语支语言有一些明显的特点不同于藏语支，也不同于彝语支和景颇语支。由于传统的习惯把羌语支与藏语支划在一起，现在也有人持这种意见，因此，在语言比较的过程中，重点放在羌语支语言和藏语支的关系上。

在藏缅语族中，特别与藏语支的语言相比较，羌语支语言有以下几方面明显的基本特点：

（一）语音方面

1. 都有小舌部位的塞音 q、qh、和擦音 χ、ʁ，有的语言还有浊塞音 G。有的语言如嘉绒语、尔苏语，仅在方言中保留了小舌音。小舌部位的音

① 载《中国语文》1954 年第 3 期。

在藏缅、苗瑶、壮侗等语族的部分语言中保存，在藏缅语族中只有羌语支和个别彝语支的语言还残存着，各语言带有小舌音的同源词说明它是一种历史遗迹。羌语支语言普遍存在小舌音这一事实说明，它在藏缅语族中是保留早期语音面貌较多（不仅这一点）的一个语支。

2. 羌语支大部分语言的塞擦音都分舌尖前 ts、tsh、dz，卷舌 tʂ、tʂh、dʐ，舌叶 ʧ、ʧh、ʤ，和舌面 tɕ、tɕh、dʑ 四套，而藏缅语族其他语支一般只有三套或两套，有的语言只有一套。只有个别兼有羌语支语言特点又有藏语支语言特点的白马语中有四套塞擦音。尽管藏缅语族中的塞擦音多半是后起的，它的发展与复辅音后置辅音的消失有密切关系。但是，在复辅音保存较多的羌语支中，塞擦音分化出四套来，这不能不说明它在自身发展过程中有着与其他语支不同的途径。

3. 关于韵母的结构，羌语支语言也有明显的特点。首先，羌语支语言单元音韵母比其他语支复杂，构成复杂的原因是羌语支语言辅音韵尾脱落以后，转化为单元音分长短对立、卷舌与不卷对立、鼻化与非鼻化对立。只有个别语言或方言，目前还较多地保留了辅音韵尾，这一情况表明羌语支在辅音韵尾的变化发展上不平衡。但总的趋势是大部分已脱落，这一点与藏语支有明显差别，藏语、门巴语方言中的辅音韵尾虽也在脱落的过程中，但目前多半保留，其中藏语康方言脱落较快，恐怕与彝、羌语对它的影响有关，但康方言韵尾脱落后没有形成像羌语支语言的卷舌元音、长元音等复杂的韵母体系。彝语支语言的辅音韵尾目前已基本上脱落干净，其中塞音韵尾脱落后对元音松紧对立起着重要的作用。其次，羌语支语言的介音系统比彝、藏语支复杂，羌语支语言多半都有 i、u、y 三个介音，构成了较多的后响复元音。而彝、藏两个语支介音体系不发达，由介音加主要元音构成的后响复元音韵母也比较少。

（二）词汇方面

羌语支语言词汇方面的一般特点是反映农区生活的词比较发达，反映牧区生活的词比较贫乏，而藏语中不管农区或牧区，类似牛奶、酥油、糌粑、奶渣、奶酪、奶皮、奶牛、奶茶、酥油茶……已成为生活中常用的基本词，而这些词在羌语支语言中，要么借用藏语，要么没有。

另外，词汇中的宗教术语大部分借自藏语。另外，从汉语借词的情况来看，羌语支的语言普遍要比藏语多。以甘南藏语而论，基本条件相同，都与汉族交错杂居，但相对来说，甘南藏语中的汉语借词要比羌语支语言少得多。

在构词特点方面，羌语支语言与藏语也有明显的差别，首先，羌语支语言基本上没有藏语名词、形容词等词类具有的大量词尾。也很少在动词后加 tɕheʔ^{35}、taŋ^{55}、cəp^{35}等构词。其次羌语支大部分语言基本形容词词根采用叠音或双声形式。这一特点彝语支、藏语支语言都没有。例如：

汉义	羌语	尔龚语	木雅语
红	χn̥i^{31} n̥i^{33}	n̥ɤiŋn̥ɤi	ni^{55} ni^{33}
白	phʐi^{55} phʐi^{33}	phʐuphʐu	tʂhø^{55} tʂhø^{33}
黑	n̥i^{55} n̥i^{31}	n̥an̥a	n̥i^{55} n̥i^{33}
细	bʐi^{33} bʐi^{33}	tshotsho	tshe^{55} tshe^{55}
直	χtə^{55} （χ） tə^{55}	lthøthɯ	tɯ^{33} tɯ^{53}
短	tio^{33} tio^{33}	lɣilɣi	tshø^{55} tshø^{55}
稠	tɕe^{33} tɕe^{33}	spospo	ra^{33} ra^{53}
稀	ʐe^{33} ʐe^{33}	gʐɯgʐɯ	ndʐɯ^{33} ndʐɯ^{55}

在词汇比较中，同源词和异源词的百分比上，也明显看出羌语支语言彼此间比较接近，羌语支语言与藏语、彝语比较远。我们在词汇比较时各语言均选出一千五百至二千左右词义能对得上的常用词进行了初步比较，其中排除了明显的汉语借词和藏语借词。下面试列部分语言词汇比较的情况，以供参考。

羌语与羌语支语言以及藏语、彝语、景颇语词汇比较的情况：

比较语言	被比较语言	同源词（%）	异源词（%）
羌语	藏语	11	89
	彝语	13.7	86.3
	景颇语	11.7	88.3
	普米语	28.9	71.1
	嘉绒语	17.8	82.2
	木雅语	24.9	75.1
	尔龚语	26.1	73.9
	贵琼语	25.1	74.9
	尔苏语	21.4	78.6

木雅语和羌语支语言以及藏语、彝语词汇比较的情况：

比较语言	被比较语言	同源词（%）	异源词（%）
木雅语	藏语	15.4	84.6
	彝语	14.1	85.9
	羌语	24.9	75.1
	普米语	25.7	74.3
	尔龚语	18.1	81.9
	尔苏语	20.5	79.5
	嘉绒语	17.9	82.1
	纳木义语	22.7	77.3
	贵琼语	21.8	78.2
	史兴语	23	77

尔苏语和羌语支语言以及藏语、彝语词汇比较的情况：

比较语言	被比较语言	同源词（%）	异源词（%）
	藏语	11.9	88.1
尔	彝语	16.6	83.4
	羌语	21.4	78.6
	普米语	27.8	72.2
	尔龚语	20.1	79.9
苏	嘉绒语	17.5	82.5
	纳木义语	31	69
	贵琼语	24	76
语	史兴语	21.3	78.7
	扎巴语	21	79

在词汇比较中，我们发现，有相当一批词羌语支语言彼此是同源的，语音上有明显的对应关系，而与藏语不同源，或与彝语、景颇语不同源。例如：

	山羊	肺	白	红	绳子
羌语	tshie^{55}	tshu^{55}	phʐi^{55} phʐi^{33}	χȵi^{31} ȵi^{33}	bʐe^{33}
普米语	tshɤ^{55}	tshy^{13}	phʐə̃^{55}	ȵø^{55}	bʐə̃^{13}
嘉绒语	ʧhət	tərtshos	kəprɑm	kəwərnᴇ	təbrᴇ
尔龚语	tshə	rtshe	phʐuphʐu	ȵɣiŋȵɣi	sɯʐi
尔苏语	tshi^{55}	tshu^{55}	ə˞^{55}	ȵi^{55} ȵi^{55}	pʂɿ^{55}
史兴语	tshʅ^{55}	tsho^{55}	phʉ^{33}	hĩ^{35}	rɐ^{33}
纳木义语	tshʅ^{55}	ntshu^{33} phu^{55}	phu^{55} lu^{33}	ɬo^{55} xo^{33}	ʐʅ^{55}
藏语	ra^{35}	lo^{55}	ka^{55} po^{53}	mar^{55} po^{53}	thak^{53} pa^{53}
彝语	a^{22} lʅ^{33}	tshʅ^{31} mo^{31}	a^{33} tɕhu^{33} su^{33}	a^{22} n̥i^{33} su^{33}	dʑu^{55} ho^{31}
景颇语	pai^{31} nɑm^{33}	sin^{31} vop^{55}	phɹo^{31}	khje^{33}	sum^{33} ʒi^{33}

以上事实说明，羌语支语言相互间的同源词的百分比比藏、彝等语言高，一般都在百分之二十左右或二十以上，它们之间的同源关系密切，而羌语支语言与藏、彝等语言同源词一般都在百分之十五左右或十五以下，它们之间的同源关系要比羌语支内部的同源关系远一些。

（三）**语法方面**

羌语支语言有些语法现象与藏、彝等语言是基本一致的，但也有一些重要的语法范畴不同于藏语或彝语，这些不同于藏、彝等语言的语法现象，在羌语支内部却基本是一致的。有的语法范畴不仅语法意义和语法形式相同，而且表现语法形式的语音手段，也有明显的同源关系。另外，藏、彝等语言中也有一些重要语法现象不同于羌语支。下面简要介绍羌语支语言基本相同的一些语法现象，并与藏、彝语进行对照比较。

1. 名词的数和指小

羌语支语言都有在名词后加助词或附加成分表示复数的语法范畴，有的语言还有双数附加成分。羌语支语言还可在名词后加助词（这种助词有时往往是实词虚化来的，类似于汉语的“儿”或“子”）表示指小，加指小助词以后，往往使该名词附加了较小、较可爱的语法意义。羌语支语言所加的指小助词大部分都有同源，语音上有明显的对应关系。例如，羌语加 tʂuə^{31}，普米语加 tsy^{13}，嘉绒语加 tsɑ，贵琼语加 tsi^{53}，扎巴语加 tsɿ^{35}ka^{56}，木雅语加 tɕe^{53}或 tɕye^{53}。……藏语、彝语一般没有这一现象，彝语支语言有的有这一现象，但所加的助词一般没有明显的同源关系。

2. 量词及其用法

量词是汉藏语系语言的重要特征，大多数语言有比较丰富的量词。但是，在藏缅语族中，量词的发展是很不平衡的，一般彝语支和羌语支的语言量词比较丰富，藏语支和景颇语支的语言量词比较贫乏。甚至写藏语、景颇语语法的人，不把量词算作一个独立的词类。

在藏缅语族中，量词在使用上还有一个重要的特点。凡是量词比较贫乏的语言，它和数词结合的特点是量词在前，数词在后（其中包括名量词和动量词）。而量词比较丰富的语言，量词和数词结合的词序是数词在前，量词在后（也包括名量词和动量词）。藏语、景颇语属于前者，羌、彝语支的语言属于后者。但也有例外，就是前面提到的白马语，它既有丰富的量词，词序又和藏语、景颇语一致。这说明在量词这一点上白马语兼有羌语支和藏语支的某些特点。

羌语支语言的量词虽然在与数词结合的词序以及数量上与彝语支语言相同，但在使用上还有些不同，羌语支语言的量词一般不能在句中单独使用，它与数词结合得比较紧，有的语言基数词不能离开量词使用，而彝语的情况则不同，彝语的量词如其表示“一”数时，可以离开数词单独修饰名词。

3. 代词的格范畴

羌语支语言人称代词一般都有“格”语法范畴，多数语言分主格、领格和宾格三种，均采用词根元音或辅音的内部屈折变化的方式表达。各语言表达“格”范畴的语音形式都大同小异。藏语的领属形式和景颇语中的物主代词，与羌语支的领格形式类似，但藏、景颇语都没有宾格形式。彝语代词也有格，但表达格范畴的语音形式与羌语支不同，彝语一般用声调的高低来表达格语法范畴。

4. 动词的人称范畴

羌语支中，大部分语言动词有人称范畴，构成动词人称范畴的主要是在动词后加人称代词的缩减形式。人称一般分第一、第二、第三三个人称，数分单数和复数，有的语言还有双数。羌语支各语言人称范畴的构成由于和人称代词有密切关系，因此表达语法范畴的语音形式有明显的同源关系。在藏缅语族中，藏语支的语言一般不认为有人称范畴，有的人把“有”、“是”等实词虚化后固定加在动词后算作人称范畴，但它与羌语支语言中的人称范畴在语法意义、构成方式上都毫无关系。彝语支语言动词没有人称范畴。景颇语支动词的人称范畴与羌语支比较接近，构成方式上也明显地有起源上的共同性，另外，国外分布在缅甸北部、印度北部以及尼泊尔一带的藏缅语中，动词也有与羌语支和景颇语支相类似的人称范畴。

此外，在羌语支语言中，动词的人称、数范畴和时间范畴有着密切的关系，首先在形式上，表示人称范畴的附加成分与表示时间的附加成分往往交织在一起，形成了动词词根前后十分复杂的黏着体系。其次，用人称代词的不同部分兼用作表示不同时间的附加成分，例如羌语南部方言中有用人称代词的声母表示单数第二人称将来时和现在时，用人称代词的韵母表示过去时，而这些特点，在藏语支及彝语支中都是没有的。

5. 动词的互动范畴

羌语支语言动词普遍有互动范畴，各语言构成互动范畴往往都是用重叠动词词根的方式，各语言动词重叠后的语法意义、语音变化形式都基本相同。例如。

语言	动词	互动形式	意义
羌语	ʁuɑ^{33} 帮助	ʁuə^{31} ʁuɑ^{33}	互相帮助
普米语	qu^{55} 帮助	qɛ^{55} qu^{13}	互相帮助
嘉绒语	kɑtop 打	kɑŋɑtoptop	互相打
尔苏语	va^{155} 帮助	va^{155} va^{155}	互相帮助
扎巴语	tho^{55} 拉	tho^{55} tho^{55}	互相拉
贵琼语	ʐo^{33} 帮助	ʐo^{33} ʐo^{55}	互相帮助
尔龚语	ʁo 帮助	ʁoʁo	互相帮助
木雅语	ʁo^{55} 帮助	ʁo^{55} ʁo^{55}	互相帮助
纳木义语	ʁo^{55} 帮助	ʁo^{55} ʁo^{55}	互相帮助
史兴语	ʁo^{35} 帮助	ʁo^{33} ʁo^{55}	互相帮助

藏语动词一般很少重叠，即使重叠，也并不表示互动。彝语动词也没有互动范畴，彝语动词可以重叠，但重叠后语法意义不同，彝语动词重叠表示疑问。例如：

la^{33}	来	la^{33}la^{33}	来吗？
lɔ^{55}pɔ^{31}	帮助	lɔ^{55}pɔ^{31}pɔ^{31}	帮助吗？

彝语支及景颇语支的部分语言中有动词重叠表示互动范畴的，如纳西语、独龙语等。

6. 动词的趋向范畴

羌语支语言动词普遍都有趋向范畴，构成动词趋向范畴的是在动词前加各种不同的前加成分，表示行为动作朝着不同的方向进行。以羌语桃坪话 qa^{55}tue^{33} “抬” 为例：

tə^{31}—:	tə^{31}qə^{55}tue^{33}	抬上去，向上抬
ə^{ɹ31}—:	ə^{ɹ31}qə^{55}tue^{33}	抬下去，向下抬
zʅ^{31}—:	zʅ^{31}qə^{55}tue^{33}	抬过来，朝说话者这方抬来
dɑ^{31}—:	dɑ^{31}qə^{55}tue^{33}	抬过去，抬离说话者方向
χɑ^{31}—:	χɑ^{31}qə^{55}tue^{33}	抬出去，抬到外面去
u^{55}—:	u^{55}qə^{55}tue^{33}	抬进去，抬到里面去，向水源方抬
sʅ^{31}—:	sʅ^{31}qə^{55}tue^{33}	往斜下方抬，抬下去，向下游方抬
χgə^{31}—:	χgə^{31}qə^{55}tue^{33}	向后抬，向反方向抬

羌语支语言表示趋向范畴的前加成分有多有少，但其基本语法意义和表现形式是大体一致的，表示相同语法意义的前加成分在语音上有明显的同源关系。下面以表示方向上语法意义的前加成分为例，比较各语言趋向范畴的异同情况：

语言	动词	加向上的趋向前加成分	意义
羌语	qə^{55}tue^{33}　抬	tə^{31}qə^{55}tue^{33}	向上抬
嘉绒语	kɑ no　追	to nou	向上赶
普米语	sto^{55}　看	tə^{55}sto^{55}	朝上看
木雅语	χɯ^{33}　去	tɯ^{55}χɯ^{33}	上去
贵琼语	bu^{33}　背	thu^{33}bu^{33}	向上背
史兴语	pɛ^{55}　背	ʥi^{33}pɛ^{55}	向上背
尔苏语	vɛ^{55}　扛	dɛ^{55}vɛ^{55}	向上扛
纳木义语	dɛ^{35}　来	lo^{31}dɛ^{35}	上来
尔龚语	mbɯ rtshi　推	ʐəmbɯ rtshi	向上推
扎巴语	pu^{53}　拨	tə^{55}pu^{53}	向上拨

羌语支10种语言中表示向上的趋向前置多数有同源关系，其中史兴语、尔苏语、纳木义语虽有差别，但语音上有对应，尔龚语的差别较大，它的来源尚需研究。

由于趋向范畴与动词的时间、式范畴有密切关系，趋向范畴在语法体系中占有十分重要的地位，它是羌语支语言不同于藏缅语族其他语支的一个明显标志。

7. 存在动词的类别特征

存在动词的类别特征既与词汇有关，也与语法相联系。羌语支语言除了嘉绒语外，表示“有”、“在”概念的动词有多个（一般有五个），分别用不同的语音形式表示不同性质的事物存在于不同的客观状态之中，使用在同一场合表示相同意义的存在动词往往在语音上有对应关系，说明它们起源上的共同性。藏语支的存在动词没有类别特征。彝语支部分语言中存在动词有类似羌语支语言的类别特征，但在语音上不大看得出它们之间的同源关系。

8. 结构助词的特点

羌语支语言的结构助词都比较丰富，大多数语言都有限制、施动、受动、工具、处所、比较、从由等类，不少语言还有定指助词。各语言表示相同语法意义的结构助词在用法上基本相同，在语音上有明显对应关系，说明它们有起源上的共同性。藏语的结构助词比羌语支少，彝语支语言稍多一些，用法上也比较接近，但表示相同语法意义的助词往往在语音上没有对应关系，比起羌语支内部来要远一些。

综合上述语音、词汇、语法三方面的比较情况，羌语支语言在藏缅语族各语支的地位，从总特点来看，较多地接近彝语支。但是，由于羌语支语言是夹在汉藏或彝藏地区的中间地带，从语音特点和词汇特点来看，较多地受到藏语的影响（其实，接近彝语区的语言也明显地受到彝语的一些影响），因此，人们总是只看到部分羌语支语言中受藏语影响的非本质因素，主张把羌语支的某些语言划入藏语支，只要深入研究一下语言的本质特点，问题是比较容易解决的。

羌语支语言中争论最大的要算嘉绒语。除了嘉绒语应属于羌语支一种意见外，目前关于嘉绒语的系属问题还有两种不同意见。一种认为是藏语的方言，另一种认为是一个独立的语言，但应归入藏语支。

认为嘉绒语属于藏语方言的意见主要有两方面的原因：第一，目前嘉绒语中有一定数量的词与藏语比较接近，据金鹏先生等1957年比较，① 这部分词约占百分之三十七左右，这一部分词的复辅音系统和韵尾系统与藏文创制时期的语音结构十分相似；第二，出自于其他方面的原因。

对于第一种原因，只要全面了解一下藏语方言差别的情况和嘉绒语的本质特点，区别清楚哪些是互相影响后的借用，哪些是基础共同成分，问题是很容易解决的。至于第二种原因，也是不言而喻的，语言和民族不能画等号。在我国，一个民族操两种以上语言的例子是很多的，高山族、瑶族、景颇族、裕固族、门巴族都属于使用两种或两种以上语言的民族。

至于嘉绒语的支属问题，是可以深入探讨的一个学术问题，从现在掌握的材料看，它具有羌语支语言的许多重要特征。特别是基本词汇和语法特征，一些主要语法现象与羌语支语言有明显的同源关系。但是，在比较中，我们已发现，嘉绒语和羌语支语言之间的同源词是偏低的，一般都在百分之二十以下，语法上也有整个羌语支比较一致的现象，而嘉绒语不一致的，如存在动词的类别特征，基本形容词词根采取叠音形式等。

三　关于"博罗子"话

解放前关于西南民族研究方面的著作中，经常提到川西北有一种博罗子人，操博罗子话。《松潘县志》中所载汤兴顺给川督骆秉璋的条呈中就提到松潘所管辖的地区，人有四种，话有四类。其中有一种人就操博罗子话。解放初期，罗常培、傅懋勣合写的《国内少数民族语言文字的概况》一文中也提到："四川北部理番一带的'博罗子'……，因为我们没有做过调查，也没有参考材料，语言情况暂时无法叙述。"② 一九五六年夏，我出发去川西北进行少数民族语言的普查工作，临行前傅懋勣先生嘱咐我要注意对博罗子话的调查。

---

① 请参阅金鹏等《嘉绒语梭磨话的语音和形态》，载《语言研究》1957年第2期。

② 引自《中国语文》1954年12月22页。

1957 年夏，我在四川黑水县与松潘县接壤的小黑水地区找到了承认自己过去被称为“博罗子”的居民。于是，我们就记录了他们的语言。

所谓的“博罗子”，并不是族称，也不是本民族的自称，是过去官府及商人对居住在这一地区居民的称呼。这一名称的具体含义不十分清楚，但是，这一地区的少数民族认为，解放前，国民党反动派实行民族歧视和民族压迫，由于这一地区山高路险，常有土匪出没，打家劫舍，过往商人的财物经常被抢，官府认为是这一带居民干的，多次实行进剿。但因这一带少数民族猎手多，作战勇敢，枪打得准，反动派多次受到了挫折，于是博罗子的名气也就越传越广。

其实，“博罗子”人使用的语言，与整个黑水地区，乃至茂汶羌族自治县、汶川县、理县一带的羌语，是基本一致的。“博罗子”话仅是羌语北部方言的一个土语，即茨木林土语。我在《羌语简志》的方言部分已经提到，茨木林土语和南部方言代表点桃坪话的同源词占百分之五十八，与北部方言麻窝话的同源词占百分之八十四点八。下面试列部分同源词，以说明它们的一致性：

汉义	桃坪	麻窝	茨木林（“博罗子”）
头	qə^{33} po^{55} tʂʅ^{33}	qəpatʂ	qəpɑtʂə
耳朵	ȵi^{31} kie^{33}	nəku	nəkuə
牙齿	suə^{55}	ʂ ə	ʂ uə
手	i^{55}	ʤəpɑ	dʐipɑ
人	mə^{35}	nə	nə
汉族	ʁə^{33}	ʁəʴ	ʁəʴ
鱼	ʥʅ^{33}	ʁʥə	ʁzə
马	ʐu^{55}	ɹu	ɹu
树	pho^{55}	phəq	phu
布	bzʅ^{31} me^{33}	bi： mi	bə me
针	χe^{55}	χe	χe
云	χde^{33}	zdɤm	zdem
拃（量词）	tu^{33}	tɤ	tuə

续表

汉义	桃坪	麻窝	茨木林（“博罗子”）
轻	ʥy^{33}	gʐə tsu	gʐu
迟	ʁue^{33}	ʁlɑ	ʁlɑ
新	tshi^{55}	khsə	khsə
穿（衣）	guə^{33}	guə	gue
补（衣）	χpe^{33}	ʂpa	spa
看	tsia^{33}	tsi	tsie
吹（火）	phə^{33}	phɤ	phə

从上述 20 个同源词来看，声、韵完全相同的很少，多数是语音不同但有对应关系。从语法来看，茨木林土语与麻窝土语没有太大差别，仅少数表达语法范畴的语音形式上有不同。但茨木林土语和南部方言在语法上却存在着一定的差别，其程度相当于《羌语简志》中介绍的麻窝话和桃坪话之间的差别。

由上可知，所谓的“博罗子”（或称博倮子）话，并不是一种独立的语言，仅是羌语北部方言的一个土语。

大渡河流域

大渡河发源于青海，流经四川阿坝藏族自治州、甘孜藏族自治州、凉山彝族自治州后，进入乐山专区汇入岷江。大渡河的源流地区是藏语分布区，至阿坝州大小金川一带，则主要是嘉绒语分布区，大小金川往下至甘孜藏族自治州的泸定以上的一段地区为贵琼语分布区，泸定再往下至石棉、汉源、甘洛、越西一带，则是彝语、尔苏语的交错分布地区。本节拟着重介绍贵琼语和尔苏语的情况。

一　贵琼语

1980年，我们在四川甘孜藏族自治州调查少数民族语言。在一次座谈会上，康定县委办公室的负责同志告诉们我，在该县鱼通区的几个公社，有一些少数民族穿的服装和风俗习惯像羌族。他曾在这一地区工作多年，他认为与茂汶羌族自治县的羌族相比有不少相类似的地方。根据他的建议，于是我们对鱼通地区的少数民族的语言进行了初步的调查研究。

分布在鱼通地区的少数民族居民，自称 ɡui^{33} tɕhõ^{53}，“贵琼”是他们自称的译音。他们有自己的语言，与周围的汉语、藏语不同，与羌语的差别也很大。已不可能划入羌语的方言了。

操贵琼语的居民约有七千人，大部分居住在泸定县以上康定县境内的大渡河两岸的台地上，泸定县、天全县的西北部也有少量分布。其实，关于鱼通地区居民的语言、风俗不同于周围民族的情况，早有记载。1930年4月，有一支在康区进行社会调查的队伍经过鱼通时，在他们的日记中有这样一段记载：“鱼通为康定八区之一，其民语言风俗，都是自为风气，既不同于汉人，又不同于康民，简直等于另一民族了。”①

操贵琼语的居民主要和汉族杂居，但又分别聚居在不同的村寨之中。他们平时在家庭或村寨里使用自己的语言，外出则使用汉语。各公社的贵琼语比较一致，语音上有少量差别，但彼此都能听懂。贵琼语属汉藏语系藏缅语族，在同语族的语言中，基本词汇和语法构造更多地接近羌语，因此划入羌语支比较合适。下面以康定县鱼通区麦苯公社为代表，分语音、词汇、语法三方面简要介绍贵琼语的基本特点。

（一）语　音

1. 声母贵琼语有单辅音声母 43 个，分别列表举例说明如下：

p			t				k	q
ph			th				kh	qh
b			d				ɡ	
		ts		tʂ	tʃ	tɕ		
		tsh		tʂh	tʃh	tɕh		
		dz		dʐ	dʒ	dʑ		
	f	s		ʂ	ʃ	ɕ	x	
	v	z		ʐ	ʒ	ʑ	ɣ	
m			n			ȵ	ŋ	
			l					
			ɬ					
w						j		

① 董兆孚：《徼外旅痕》，载《边政》。

例词：

p：	pu^{53}	脓	ph：	phu^{53}	肝	b：	bu^{35}	背（柴）
m：	mʉ^{35}	吹	w：	wu^{55}wu^{33}	骨头	f：	fu^{33} tɕɑ^{33}	路
v：	vu^{33}ȵɑ^{53}	脸	ts：	tsɿ^{53}	血	tsh：	tshɿ^{55}tshɿ^{33}	挑选
dz：	dzɔ̃^{35}	话	s：	sɿ^{55}	磨（刀）	z：	zi^{35}	饭
t：	tũ^{35}	浇（水）	th：	tho^{55}	推	d：	dɔ^{35}	米
n：	nɔ^{35}	耳朵	l：	lɔ^{35}	倒塌	ɬ：	ɬɔ̃^{35}	放牧
tʂ：	tʂi^{53}	簸箕	tʂh：	tʂhɿ^{53}	草木灰	dʑ：	dʑɿ^{35}	是
ʂ：	ʂɿ^{55}	剥（皮）	ʐ：	ʐi^{35}	布	ʧ：	ʧɿ^{55}	水
ʧh：	ʧhɿ^{55}	几（个）	ʤ：	ʤɿ^{35}sɛ^{55}	青冈树	ʃ：	ʃɿ^{53}	牵
ʒ：	ʒɿ^{33}ʧɿ^{55}	四十	tɕ：	tɕɑ^{55}	补（衣）	tɕh：	tɕhɑ^{35}	欠
ʥ：	ʥɑ^{35}	肥	ȵ：	ȵɑ^{35}	眼睛	ɕ：	ɕi^{53}	皮肤
ʑ：	ʑi^{35}ʑi^{35}	后（副词）	j：	ji^{55}	走，去	k：	ki^{53}	卖
kh：	khi^{55}	含（口）	ɡ：	ɡi^{35}	甜荞	ŋ：	ŋi^{35}	喊
x：	xi^{33}	裤子	ɣ：	ɣi^{35}	笑	q：	qɑ^{55}	摘
qh：	qhɑ^{53}	根						

单辅音中，老年人口语中有混合舌叶音和小舌音，年轻人口语中舌叶音经常可变读为舌尖前或舌尖后的塞擦音或擦音，小舌音变读为舌根音。

贵琼语的复辅音声母主要是由前置鼻音加基本辅音构成，前置辅音既可以和清塞音、塞擦音相结合，也可和浊塞音、塞擦音相结合，还可和清送气塞音、塞擦音相结合。这一点与藏语或彝语支语言不同。藏语康方言及彝语支语言一般前置鼻音只和浊音相结合。贵琼语复辅音共有 21 个。举例如下：

np：	mɔ̃^{35}npɑ^{53}	腿肚子	nph：	nphɔ̃^{35}	输	nb：	nbu^{35}	马
nt：	mi^{33}ntɑ^{55}	火	nth：	nthɑ^{55}	织（布）	nd：	ndɑ^{55}	扔
nts：	ȵi^{33}ntsɿ^{53}	绿的	ntsh：	ntshɿ^{35}	赢	ndz：	ndzɿ^{55}	松香
ntʂ：	thu^{33}ntʂɿ^{35}	同志	ntʂh：	ntʂhuɛ̃^{53}	串（量词）	ndʐ：	ndʐue^{35}	流
ntʃ：	dĩ^{35}ntʃɿ^{55}	船	ntʃh：	ntʃhɿ^{55}	挤（奶）	ndʒ：	ndʒɿ^{35}	磨子

ntɕ：	mu^{55}ntɕɔ^{35}	木匠	ntɕh：	ntɕhɔ̃^{53}	跳（舞）	ndʑ：	ndʑu^{33}	变（天）
nk：	pa^{55}nku^{55}	饱	nkh：	mi^{55}nkhɔ̃^{55}	问	ng：	ngɑ^{35}	脚

贵琼语的单元音韵母有两套，一套是普通元音有 11 个。一套是鼻化元音有 8 个。鼻化元音出现的频率较高，没有韵尾。举例如下：

i：	mi^{53}	闭（眼）	e：	me^{53}	竹子	ɛ：	mɛ^{53}	药
ɑ：	mɑ^{35}xɑ̃^{53}	棉花	ɔ：	mɔ^{55}	帽	o：	tɕhyi^{35}mo^{55}	咳嗽
u：	tshø^{55}mu^{53}	侄女	ø：	mø^{33}xø^{53}	烟子	ʉ：	mʉ^{35}	吹
y：	tsy^{55} tsy^{33}	吮	ʅ：	ʂʅ^{55}	剥（皮）			
ĩ：	mĩ^{33}	名字	ẽ：	ʃẽ^{53}	弓	ɛ̃：	fɛ̃^{55}ji^{33}	翻译
ɑ̃：	xɑ^{33}mɑ̃^{55}tsi^{53}	慢慢地	ɔ̃：	mɔ̃^{35}	尸体	õ：	jõ^{55}kɛ̃	勇敢
ũ：	tũ^{35}	浇（水）	ỹ：	ỹ^{35}tõ^{35}	运动			

贵琼语的复元音主要由 i、u、y 作介音，组成较丰富的后响复元音。结合情况列表如下：

介音 \ 主要元音	i	e	ɛ	ɑ	ɔ	o	ẽ	ɛ̃	ɑ̃	ɔ̃
i		/			/	/		/	/	
u	/	/	/	/	/		/	/	/	/
y	/	/						/		

例词：

ie：	gie^{35}	好	iɔ：	sø^{55}piɔ^{53}	手表	io：	tɕhĩ^{55}lio^{33}	侵略
iɛ̃：	kiɛ̃^{53}	麦芒	iɑ̃：	liɑ̃^{33}khuɛ^{55}	凉快	ui：	xui^{53}	牙
ue：	mi^{33}kue^{53}	尾巴	uɛ：	nguɛ^{35}	磨（面）	uɑ：	quɑ^{33}sɑ^{55}	喜鹊
uɔ：	ʂuɔ^{53}	柏香	uẽ：	ji^{35}khuẽ^{55}	捆	uɛ̃：	suɛ̃^{35}	玩耍
uɑ̃：	ʃuɑ̃^{53}	锣	uɔ̃：	kuɔ̃^{55}	量（衣）	yi：	tɕhyi^{55}	种子

yɛ̃：yɛ̃^{53}tsɿ^{53} 菜园　　ye：ye^{33}nɛ̃^{33} 越南

贵琼语有4个声调。其调值及例词如下：

1. 高平55：	me^{55}u^{55}	再	ȵi^{55}	天	sɿ^{55}	磨（刀）
2. 中平33：	me^{33}	不	ȵi^{33}	揉皮子	sɿ^{33}	事情
3. 高升35：	me^{35}	门	ȵi^{35}	牛	suɛ̃^{35}	玩耍
4. 高降53：	me^{53}	竹子	ȵi^{53}	金子	sɿ^{53}	糠

（二）**词汇**

贵琼语的词汇中，单音节词占多数，以单音节词根合成新词是丰富语言词汇的重要途径之一。重叠词根、加词头词尾也是构词的重要手段。在合成词中，有按照各种关系组合起来的，也有以四音格式结合起来的。例如：

一般的合成词：

ʥɿ^{35}nɛ^{53}	小舌	ɣu^{33}mphø^{55}	石堆
舌　根部		石　堆	
sɛ̃^{33}pu^{53}	树	ȵɑ^{35}lũ^{55}	眼珠
树　棵		眼　个	
ni^{55}ni^{55}ʧɿ^{53}	奶汁	lɑ^{33}dʑo^{55}	手镯
奶　　水		手　镯	
sɔ̃^{55}zø^{35}	三角形	tsɿ^{55}zø^{35}	四方形
三　角		四　角	

加词头的：

ɑ^{55}pu^{53}	祖父	ɑ^{55}tsɿ^{53}	祖母
ɑ^{55}tɑ^{33}	父亲	ɑ^{55}mɑ^{33}	母亲
ɔ^{55}ʨo^{33}	叔叔、伯伯	ɑ^{33}ji^{55}	伯母
ø^{55}jø^{55}	姐姐	ɑ̃^{55}ku^{55}	舅舅

加词尾的：

khu^{33}ɬɔ̃^{33}wu^{55}	猎人	tʂʉ^{55}wu^{55}	乞丐
tʂɿ^{33}tɕa^{33}wu^{55}	皮匠	ʐi^{33}kø^{55}wu^{55}	裁缝
ʂɔ̃^{55}tɕhũ^{35}wu^{55}	铁匠	ɕu^{33}mu^{55}	辣的
xu^{33}mu^{55}	麻的	pɔ^{33}mu^{55}	热的

重叠词根的：

thɔ̃^{55}thɔ̃^{55}	湿的	tø^{33}tø^{55}	陡的
sɿ^{55}sɿ^{55}	凉快的	ŋɛ̃^{55}ŋɛ̃^{55}	小的
ze^{55}ze^{55}	尖的	ȵɛ̃^{33}ȵɛ	少的
lɔ^{33}lɔ^{33}	圆的	dɑ^{33}dɑ^{33}	大的

四音格式的联绵词：

ABAC 型：	ji^{33}ndʑy^{55}ji^{55}nɛ^{55}	进进出出
ABCB 型：	tshø^{33}lø^{33}mø^{55}lø^{33}	杂七杂八
AABB 型：	tɕhi^{55}tɕhi^{55}tɕhu^{55}tɕhu^{55}	形容说话声细小
ABCD 型：	pi^{55}ti^{55}pu^{55}tu^{55}	叽叽咕咕

ABCD 形式中 AB、CD 叠韵，AC、BD 双声。

从邻近的语言中借用，也是贵琼语丰富词汇的一种方式。贵琼语的借词主要来自汉语和藏语，其中汉语借词的比例要比藏语借词大一些。例如：

汉语借词：

jɑ^{55}tsɿ^{55}	鸭子	xõ ʂɔ^{33}	甘薯	jɑ̃^{33}y^{53}	洋芋
tɕhɛ^{33}tsɿ^{53}	茄子	jɑ^{55}jɑ^{55}	芽	jɑ^{33}pɑ^{55}	哑巴
se^{35}yɛ̃^{33}	社员	sɿ^{33}xui^{55}	石灰	so^{55}ji^{55}	蓑衣
wɑ^{55}tsi^{33}	袜子	ʃuɑ^{53}tsɿ^{33}	刷子	me^{33}	墨

藏语借词：

mĩ^{33}tɔ^{53}	花	pɛ̃^{53}	官	mɑ^{55}me^{55}	兵
gɔ̃^{55}nbɔ^{55}	箱子，棺材	kui^{55}tɕɛ^{53}	绸子	ʂo^{55}wu^{53}	纸
mɛ^{53}	药	lø^{55}mø^{55}	喇嘛	mi^{53}	酥油
nbɑ^{35}kho^{55}	面具	ja^{55}	犏牛	ɬø^{53}	神

（三）**语法**

分词类和句法两方面介绍。贵琼语的词类有名词、数词、量词、代词、动词、形容词、副词、助词、连词、情感词十类。词序和助词是表达语法意义的主要手段，也有形态成分，但不太丰富。现将几个主要词类的语法特点介绍如下：

1. 名词　名词有“数”语法范畴。在名词后加助词 ȵɑ^{33} 表示复数。例如：

mũ^{35}	人	mũ^{35}ȵɑ^{33}	人们
e^{55}le^{55}tsi^{33}	孩子	e^{55}le^{55}tsi^{33}ȵɑ^{33}	孩子们
tɕhi^{53}	山羊	tɕhi^{53}ȵɑ^{33}	山羊（复数）
sɛ̃^{33}pu^{53}	树	sɛ̃^{33}pu^{53}ȵɑ^{33}	树（复数）
xũ^{33}tshu^{55}	村子	xũ^{33}tshu^{55}ȵɑ^{33}	村子（复数）

另外，可在名词后加助词 tsi^{53} 表示该事物较小、较可爱。例如：

nbu^{35}	马	nbu^{35}tsi^{53}	小马驹
khu^{53}	狗	khu^{53}tsi^{53}	小狗崽
tshʅ^{55}tshʅ^{55}	麻雀	tshʅ^{55}tshʅ^{55}tsi^{53}	小麻雀
phɑ^{53}	猪	phɑ^{53}tsi^{53}	小猪崽

2. 数词和量词贵琼语的个位基数词一般不能脱离量词而单独使用，平时点数时，也往往都要带着量词。现将基数词一至十举例：

ta^{33}tɕa^{53}	一	ȵi^{33}tɕa^{53}	二	sɔ̃^{55}tɕa^{55}	三
tsʅ^{55}tɕa^{55}	四	ŋɛ̃^{35}tɕa^{55}	五	khɔ^{53}tɕa^{53}	六
ȵĩ^{55}tɕa^{55}	七	je^{55}tɕa^{55}	八	gui^{33}tɕa^{53}	九
sʅ^{55}tɕa^{55}	十				

数词连用，每位数词中间需加连词 lɛ^{33} “和”。例如：

ŋɛ̃^{35}　qhɔ^{53}　lɛ^{33}　sɔ̃^{55}　tɕɔ̃^{53}　lɛ^{33}　dʒu^{35}　dʑø^{35}　lɛ^{33}　gi^{35}
五　万　和　三　千　和　六　百　和　九
tʃʅ^{53}　lɛ^{33}　ŋɛ̃^{35}tɕa^{55}
十　和　五
五万三千六百九十五

序数词一般都借用汉语。例如：

ti^{35}ji^{33}	第一	ti^{35}sɛ̃^{55}	第三	ti^{35}sʅ^{35}	第四
ti^{35}wu^{53}	第五	ti^{35}pa^{33}	第八	ti^{35}tɕu^{53}	第九

倍数是在基数词后加 ȵe^{53} 构成。例如：

ȵi^{33}ȵe^{53}	二倍	sɔ̃^{55}ȵe^{53}	三倍	tsʅ^{55}ȵe^{53}	四倍
sʅ^{55}ȵe^{53}	十倍	ȵi^{33}dʑø^{35}ȵe^{33}	二百倍	ȵi^{33}tɕɔ̃^{53}ȵe^{53}	二千倍

分数往往说成是××份中××份。例如：

sɔ̃^{33}　xui^{55}　kø^{35}lɔ^{33}　te^{33}xui^{33}　　三分之一
三　份　中　份

ŋɛ̃^{33}　xui^{55}　kø^{33}lɔ^{33}　ȵi^{33}xui^{33}　　五分之二
五　份　中　二份

sʅ^{55}xui^{55}　kø^{33}lɔ^{33}　sɔ̃^{33}xui^{33}　　十分之三
十份　中　三份

约数有多种表达方式，常见的有以下几种：

（1）用两个相近的数词连用表示。例如：

mũ^{35} ŋɛ̃^{35} khɔ^{33} pi^{53} 人 五 六 个	五六个人
na^{33} ɳĩ^{55} je^{55} tɕɔ̃^{33} 鸡 七 八 只	七八只鸡
e^{55} le^{55} tsi^{33} ɳa^{33} si^{55} ŋɛ^{35} pi^{53} si^{55} khɔ^{33} pi^{53} 孩子 （助词）十 五 个 十 六 个	十五六个孩子

（2）在定数词后加 ɬa^{55}或 ɬa^{55}ɬa^{55}“多，余”表示。

te^{33}sɿ^{53} pi^{53} ɬa^{55}ɬa^{55} 十 个 余	十多个
dʑø^{35} ɬa^{55} 百 多	一百多

（3）在定数词后加 ʧɿ^{33}，表示“左右”或“××来个”的意思。例如：

te^{33}sɿ^{55} pi^{53} ʧɿ^{33} 十 个	十来个，十个左右
dʑø^{35}ʧɿ^{33} 百	一百来个，一百个左右

贵琼语的量词是很丰富的，数词 ta^{33}“一”和不同元音的量词连用时，其元音受后面量词的影响会发生和谐变化。例如：

te^{33}li^{53}	一两（a→e）
tɛ^{33}kuɛ^{53}	一斤（a→ɛ）
tø^{33}thø^{53}	一本（a→ø）
to^{33}bu^{53}	一背（东西）（a→o）
ta^{33}tɕa^{53}	一件（衣服）（a）

贵琼语的量词分名量词和动量词两类，量词和数词结合的词序是数词在前，量词在后。名量词如：

mũ^{35}	te^{33}	pi^{53}		一个人
人	一	个		
ʐɑ^{33}puɑ^{55}	tɑ^{33}	khɑ^{55}		一根绳子
绳子	一	根		
pi^{33}	tɑ^{33}	ʨɑ^{53}		一支笔
笔	一	支		
sɛ̃^{33}	to^{33}	bu^{53}		一背柴
柴	一	背		
tshi^{55}	tɛ^{33}	kuɛ^{55}		一斤盐
盐	一	斤		

动量词如：

tɑ^{33}	ʨo^{55}	lɑ^{35}	砍一刀
一	刀	砍	
tɑ^{33}	ʃo^{33}	jø^{55}jø^{55}	睡一觉
一	觉	睡	
tɑ^{33}	pho^{55}	nʥø^{55}	看一回
一	回	看	
sɔ̃^{33}	suɛ̃^{33}	te^{33}le^{55}	转三圈
三	圈	转	
te^{33}	ʨi^{55}	ʃɔ̃^{35}	尝一下
一	下	尝	

3. 代词分人称代词、指示代词、疑问代词、反身代词、泛指代词等类。分述如下：

（1）人称代词有单数、双数、复数、集体四类。第一人为双数、复数，集体人称代词有包括式和排除式的分别。例如：

	人称	单数	双数	复数	集体
一、	（排）	ŋø^{35}	ŋø^{35}ȵi^{33}pi^{53}	ŋɔ^{33}zi^{55}	ŋɔ^{33}ku^{55}
	（包）		ʥu^{55}ȵi^{33}pi^{53}	ʥu^{55}zi^{55}	ʥu^{55}ku^{55}
二、		nũ^{35}	nũ^{35}ȵi^{33}pi^{53}	nũ^{33}zi^{55}	nũ^{33}ku^{55}

三、　zø^{35}　zø^{35}ȵi^{33}pi^{53}　to^{33}zi^{55}　to^{33}ku^{55}

集体人称代词主要以家庭为一个集体单位，在句中使用时表达“我家”、“咱家”、“你家”、“他家”等不同概念。

（2）指示代词有 ti^{35}“这”、ji^{55}ki^{55}“那”两个，可以单独作句子成分。例如：

ti^{35} ʂə̃^{55}mɑ^{55} ʥʅ^{35}，ji^{55}ki^{55} ȵi^{55}xĩ^{55} ʥʅ^{35}.
这　白　是　那　红　是
这是白的，那是红的。

（3）疑问代词根据它代替的对象不同，有下列几种：
sø^{55}“谁”一般用来代替未知的人。
ʨø^{55}“什么”一般用来代替未知的物。
ø^{33}lø^{55}“哪儿”一般用来代替未知的处所。
ʈʂhʅ^{33}“几”、ɡɑ^{33}lɑ^{55}“多少”一般用来代替未知的数量。
e^{55}li^{55}wu^{55}“怎么样”一般用来代替未知的性质或状貌。
wu^{35}ʧʅ^{55}“何时”一般用来代替未知的时间。
（4）反身代词有 ʐõ^{35}“自己”，他可以和人称代词结合使用。例如：

ŋø^{35}ʐõ^{35}	我自己	ŋɔ^{33}zi^{55}ʐõ^{35}	我们自己	ŋɔ^{33}ku^{55}ʐõ^{35}	我家自己
nũ^{35}ʐõ^{35}	你自己	nũ^{35}zi^{55}ʐõ^{35}	你们自己	nũ^{35}ku^{55}ʐõ^{35}	你家自己
zø^{35}ʐõ^{35}	他自己	to^{33}zi^{55}ʐõ^{35}	他们自己	to^{33}ku^{55}ʐõ^{35}	他家自己

也可单独作句子成分。例如：

ʐõ^{35}　mɛ^{55}　sʅ^{33}　ʐõ^{35}　bi^{35}　lɔ^{53}.
自己（助词）　事情　自己　做　（后加）
自己的事情自己做。

（5）泛指代词有 ji^{55}nɑ^{55}“别人”、“人家”，ɡɛ̃^{33}nʥʅ^{55}“大家”两个。例如：

ti^{35} ji^{55}nɑ^{55} mɛ^{55}，ŋø^{35} mɛ^{55} mɛ^{33} ʐʅ^{35}.
这 人家（助词） 我（助词） 不 是
这是人家的，不是我的。

gɛ̃^{33}ndʐʅ^{55} mɛ^{55} sʅ^{33} gɛ^{33}ndʐʅ^{55} bi^{35} tɕɛ̃^{33}
大家 （助词） 事情 大家 做 （后加）
大家的事情大家做。

4. 动词有体、态、式、趋向等语法范畴。现分述如下：

（1）动词的体 动词有将行体、即行体、进行体、已行体、完成体等。分别在动词后加不同的后加成分构成。

a. 将行体 表示行为动作籍要进行，在动词后加 wu^{55}lɔ^{55}、wu^{55}lɑ^{33}或 wu^{55}zʅ^{33}构成，wu^{55}lɔ^{55}一般用在第一人称，wu^{55}lɑ^{33}一般用在第二人称，wu^{55}ʐʅ^{33}一般用在第三人称。例如：

ndʑo^{35}wu^{55}lɔ^{55} （我）将看
ndʑo^{35}（wu^{55}）lɑ^{33} （你）将看
ndʑo^{35}wu^{55}ʐʅ^{33} （他）将看

b. 即行体表示行为动作将立即进行，在动词后加 wu^{55}tɕi^{55}或 lu^{55}tɕi^{55}构成。例如：

bi^{35}wu^{55}tɕi^{55} 马上要做了
ndʑo^{35}lu^{55}tɕi^{55} 马上要看了

c. 进行体 表示行为动作正在进行。在动词后加 lɛ^{55}nɔ^{35}构成。例如：

ndʑo^{35}lɛ^{55}nɔ^{35} 正在看
tshɔ̃^{33}lɛ^{55}nɔ^{35} 正在下雨

d. 已行体 表示行为动作已经进行。在动词后加 lɛ^{55}构成。例如：

bi^{35}lɛ^{55} 做了

ndʑo^{35}lɛ^{55}　　看了

e. 完成体　表示行为动作不仅已经进行，而且已经完成。在动词后加 tshø^{55}lɛ^{55}或 tshø^{55}构成。

bi^{35}tshø^{55}lɛ^{55}　　做完了
kø^{35}tshø^{55}lɛ^{55}　　吃完了

（2）动词的态　分使动态和互动态两种。分述如下。

a. 使动态　是在动词后加 ku^{33}构成。例如：

tʂuɛ^{55}	（绳子）断	tʂuɛ^{55}ku^{33}	使断
si^{55}	（衣）破	si^{55}ku^{33}	使破
phɑ^{35}	裂开	phɑ^{35}ku^{33}	使裂开
bø^{35}	腐烂	bø^{35}ku^{33}	使腐烂

b. 互动态　是用重叠动词词根构成。例如：

di^{35}	打	di^{35}di^{35}	互相打
ʐo^{33}	帮助	ʐo^{33}ʐo^{55}	互相帮助
ndʑo^{35}	看	ndʑo^{35}ndʑo^{35}	互相看
dʐuɔ̃^{35}	骂	dʐuɔ̃^{35}dʐuɔ̃^{35}	互相骂

（3）动词的式　分命令式和祈使式两种。命令式动词用零形态表达。例如：

nũ^{35}　tɕhɑ^{35}！
你　　喝　　　　你喝！

nũ^{35}　mʉ^{35}！
你　　吹　　　　你吹！

祈使式有两种，一种是祈求第二人称允许第三人称进行某种活动，在动词后加 ku^{33}构成。

nũ^{35} zø^{35} wu^{33} ndʑo^{35} ku^{33}
你 他 （前加） 看 （后加）！
你让他看吧！

另一种是祈求第二人称允许第一人称进行某种活动，在动词后加 di^{33}lɛ^{33}khɔ̃^{55}构成。例如：

ŋø^{35} tɔ̃^{55}te^{55} dʑø^{35} mɑ^{33} ȵɔ̃^{35}，nũ^{35} ŋø^{35} mɛ^{55} ji^{35} dʑø^{35}
我 信 写 不 会 你 我 （助词） （前加） 写
di^{33}lɛ^{33}khɔ̃^{55}
（后加）
我不会写信，你帮我写一下吧！

（4）动词的趋向　在动词前加六个表示不同趋向语法意义的前加成分构成动词趋向范畴。这 6 个趋向前加成分是 thu^{33}、mi^{33}、wu^{33}、khø^{33}、ji^{33}、dɑ^{33}，分别举例如下：

a. thu^{33}——表示行为动作向空间或山势的上方进行。例如：

thu^{33}ji^{55}　上去
thu^{33}bu^{33}　往上背，背上去
thu^{33}ndʑo^{35}　朝上看

b. mi^{33}——表示行为动作向空间或山势的下方进行。例如：

mi^{33}ji^{55}　下去，下游方去
mi^{33}bu^{33}　往下背，背下去，往下游方背
mi^{33}ndʑo^{35}　朝下看，看下去，朝下游方看

c. wu^{33}——表示行为动作是以说话者为中心朝外进行的。例如：

wu^{33}ji^{55}　过去，走开
wu^{33}bu^{33}　背过去，背走
wu^{33}ndʑo^{35}　看过去

d. khø^{33}——表示行为动作朝水源方进行，有时还表示行为动作朝空间的里面进行。例如：

khø^{33}ji^{55}	进去，水源方去
khø^{33}bu^{33}	朝水源方背，背进去
khø^{33}ndʑo^{35}	朝水源方看，看进去

e. ji^{33}——表示行为动作是朝着说话者的方向进行的。例如：

ji^{33}ji^{55}	进来，往这边来
ji^{33}bu^{33}	背过来，往这边背
ji^{33}ndʑo^{35}	朝这边看，看过来

f. dɑ^{33}——表示行为动作由某地发出后又返回原地，或表示行为动作向反方向进行。例如：

dɑ^{33}ji^{55}	回来，朝回走
dɑ^{33}bu^{33}	背回来，朝回背
dɑ^{33}ndʑo^{35}	往回看，朝后看

动词的趋向范畴是贵琼语语法的一个重要特点，它与同语支语言表示相同语法意义的前加成分有明显起源上的共同性。

（5）存在动词有类别特征　存在动词共有 4 个，它们是 bʉ^{35}、nɔ^{35}、jɛ̃、qo^{53}，用在不同的场合，表示不同客观事物的存在。例如：bʉ^{35}表示不能随意移动物体的存在；nɔ^{35}表示有生命的动物或人的存在；jɛ̃^{55}表示可移动的物体的存在，qo^{53}用得较少，表示抽象事物或现象的存在。

（6）动词名物化　在动词后加助词 ji^{55}、lu^{53}、wu^{53}表示，加不同的名物化助词以后语法意义大体一致。例如：

Kø^{35}	吃	Kø^{35}ji^{55}（Kø^{35}lu^{53}、Kø^{35}wu^{53}）	吃的
tɕu^{55}	用	tɕu^{55}lu^{53}（tɕu^{55}ji^{55}、tɕu^{55}wu^{53}）	用的
tɕhɑ^{33}	喝	tɕhɑ^{33}wu^{53}（tɕhɑ^{33}ju^{55}、tɕhɑ^{33}lu^{53}）	喝的

5. 形容词 形容词在句中作谓语时有与动词相类似的特点，如可以加表体、使动态、趋向等语法范畴的附加成分，但形容词也有不同于动词的一些特点。如形容词作谓语表示程度加深时，可以重叠词根表示，也可在词根后加一叠音表示。但不管重叠也好，加垫音也好，最后均需加助词 tsi^{33}。例如：

重叠词根的：

lɔ̃^{55}	宽	lɔ̃^{55}lɔ̃^{55}tsi^{33}	宽宽的
xĩ^{55}	长	xĩ^{55}xĩ^{55}tsi^{33}	长长的
lɔ^{33}lɔ^{55}	圆	lɔ^{33}lɔ^{55}lɔ^{33}lɔ^{55}tsi^{33}	圆圆的
ȵ̥i^{55}xĩ^{55}	红	ȵ̥i^{55}xĩ^{55}ȵ̥i^{55}xĩ^{55}tsi^{33}	红红的

加垫音的：

dɔ^{35}	窄	dɔ^{35}ʧʅ^{55}tsi^{33}	窄窄的
jɑ^{33}	厚	jɑ^{33}kuɛ̃^{55}tsi^{33}	厚厚的
ʤʅ^{33}	薄	ʤʅ^{33}ʃɑ^{55}tsi^{33}	薄薄的
su^{55}	干（柴）	su^{55}ʨ̥ɔ̃^{55}tsi^{33}	干干的

6. 副词 副词在句中主要作状语。有下列几类：

（1）程度副词。如 ʈʂhʅ^{55} "很、最"，tsø^{55} "稍稍、比较" 等。

（2）时间副词。如 ʃʅ^{55} "先"，ʑ̥i^{35}ʑ̥i^{35} "后"，me^{55}to^{33} "刚刚"，nʥ̥o^{35}xi^{55} "马上"，me^{55}lɛ^{55} "现在" 等。

（3）范围副词。如 ɡiɔ̃^{33}ʥ̥ʅ^{55} "都"，je^{55} "也"，tsũ^{55}kũ^{33} "总共" 等。

（4）性状副词。如 xɑ^{33}mɑ^{55}tsi^{33} "慢慢地"，thɑ^{33}khi^{55}thɑ^{33}khi^{55}tsi^{33} "悄悄地" ɡie^{35}ɡie^{35}tsi^{33} "好好地" 等。

（5）语气副词。如 dɛ̃^{35} "反正"，e^{33}li^{55}wu^{33} "无论如何"，tɔ^{35}ti^{53} "到底" 等。

7. 助词 贵琼语的助词有限制、受动、工具、处所、比较、从由等类。现分述如下：

（1）限制助词 有 mɛ^{55}，加在名词或代词后，表示限制关系。例如：

dʑu^{55}zi^{55}	mɛ^{55}	sẽ^{55}xo^{55}	咱们的生活
咱们	（助词）	生活	
a^{55}pu^{53}	mɛ^{55}	pɑ^{55}li^{55}phø^{55}	爷爷的包头帕
爷爷	（助词）	包头帕	

（2）受动助词　有 lø^{55}、kɛ^{55}等，一般加在间接宾语后，表示行为动作的承受者。

例如：

a^{55}pu^{53}	e^{55}le^{55}tsi^{33}	kɛ^{33}	thø̃^{35}	tɑ^{33}pɔ^{53}	ȵõ^{35}lɛ^{55}.
爷爷	孩子	（助词）	糖	一包	买（后加）

爷爷给孩子买了一包糖。

mɑ^{55}me^{55}	ȵɑ^{33}	ŋɔ^{33}ku^{55}	lø^{55}	ji^{33}me^{55}	qɑ^{55}	lɛ^{55}.
解放军	（助词）	我家	（助词）	玉米	收	（后加）

解放军替我们家收玉米了。

（3）工具助词　有 kø^{33}（kø^{33}lɔ^{33}）、nɔ^{33}等，加在名词后，表示符为动作是使用该工具完成的。例如：

zø^{35}	ʧũ^{55}ʧũ^{55}	kø^{33}（kø^{33}lɔ^{33}）	ɑ^{33}ʐɑ^{53}	ȵõ^{35}.
他	盅盅	（助词）	酒	买

他用盅盅买酒。

si^{55}nɔ^{55}tshi^{55}	ɕɛ̃^{55}sɔ^{55}	nɔ^{33}	sɛ̃^{33}pu^{53}	lɑ^{35}	lɛ^{33}	lɔ^{35}	ku^{33}lɛ^{33}.
西脑奇（人名）	锯子	（助词）	树	锯	（后加）	断	（后加）

西脑奇（人名）用锯子把树锯断了。

（4）处所助词　有 lø^{55}、kø^{33}、lɔ^{33}等，加在处所名词后，分别表示不同的语法意义。例如：

a. lø^{55}表示“在××上”。例如：

pɔ^{35}tsɿ^{55}	lø^{55}	dʑø^{55}	wu^{53}	tɕø^{55}ɣo^{33}?
报纸	（助词）	写	（助词）	什么

报纸上写的什么？

b. kø^{33}表示“在××里”。例如：

ʧʅ^{53} kø^{33} jɔ̃^{33}ʨɑ^{55} pɑ^{55} lɛ^{55} ʥyi^{35} lɛ^{55}.
河 （助词） 木头 漂 （后加） 来 （后加）
河里漂来了木头。

c. lɔ^{33}表示“在××下”。例如：

ʨhɔ̃^{55} nɛ^{55} lɔ^{33} sɛ̃^{33}ʨhɑ^{55} ɡɑ^{33}lɑ^{55} jɛ̃^{55}.
墙 下面 （助词） 木板 很多 有
墙下面有很多木板。

（5）比较助词　有wɛ^{33}，加在名词、代词或其他词组后，表示被比较的对象。例如：

tshɛ^{33}wɛ^{53} ti^{35} ʨɑ^{33} ji^{55}ki^{55} ʨɑ^{33} wɛ^{33} ndzʅ^{35}.
衣服 这 件 那 件 （助词） 好看
这件衣服比那件衣服好看。
ʧʅ^{53}ȵi^{53} ɕi^{53} ȵi^{35} ɕi^{53} wɛ^{53} nʥuɔ̃^{35}.
鱼 肉 牛 肉 （助词） 好吃
鱼肉比牛肉好吃。

（6）从由助词　从由助词ȵi^{33}加在名词或代词后，表示行为动作从该处发出。例如：

ŋø^{35} pe^{33}ʨi^{55} ȵi^{33} xɛ^{55} mɛ^{55} ʥʅ^{35}.
我 北京 （助词） 来 （助词） 是
我是从北京来的。

句法　贵琼语的句子成分有主语、谓语、宾语、定语和状语，句子的基本语序是主—宾—谓。例如：

ŋø^{35} ȵi^{35} ɕi^{53} kø^{35} ʦhɑ^{33} ɡi^{35}.
我 （主） 牛肉 （宾） 吃 想（谓）
我想吃牛肉。

lɔ^{55}sɿ^{55} tiɛ̃^{35}jĩ^{55} ndʑo^{35} bɑ^{35}lɛ^{55}.
老师（主） 电影（宾） 看 去（后加）（谓）
老师看电影去了。

名词、代词作定语放在中心词的前面。例如：

nũ^{35} ji^{55}nɑ^{55} mɛ^{55} dɛ̃^{55} thɛ^{33} ʧhɿ^{55}.
你 别人（定）（助词） 东西 别 拿
你别拿别人的东西。

ɑ^{33}pu^{53} vu^{33}ȵɑ^{53} ȵi^{55}xĩ^{55} ŋi^{35}lɛ^{55}.
爷爷（定） 脸 红 （后加）
爷爷的脸红红的了。

形容词、数量词组作定语放在中心词的后面。例如：

zø^{35} ɑ^{33}ʐɑ^{53} tɑ^{33}dʐɔ̃^{35} tɕhɑ^{55}lɛ^{33}.
他 酒 一瓶（定） 喝（后加）
他喝了一瓶酒。

ɑ^{55}mɑ^{33} ŋø^{35}lø^{55} tshɛ^{33}wɛ^{53} sø^{55}pø^{55} tɑ^{33} tɕɑ^{55} khui^{55}lɛ^{55}.
妈妈 我（助词） 衣服 新（定语） 一 件（定） 缝（后加）
妈妈给我缝了一件新衣服。

状语的位置一般在谓语的前面，但比较灵活，有时可放在宾语前，有时甚至可以放到主语前面。例如：

nũ^{35} ʃɿ^{55} tɕhy^{35} ŋø^{35} ʑi^{35}ʑi^{35} xɛ^{55}.
你 先（状） 走， 我 后 来
你先走，我后来。

ʃɿ^{55}qɑ^{55} ŋø^{35} tshɛ^{33}xɛ̃^{53} tɕhɑ^{35} me^{55}lɛ^{55} ŋø^{35} mɑ^{33} tɕhɑ^{35}sɔ̃^{33}.
从前（状） 我 烟 抽，现在（状） 我 不 抽（后加）
从前我抽烟，现在我不抽了。

贵琼语的单句从语气分有陈述、疑问、惊叹、命令、祈使、判断等多种，分别举例说明如下：

1．陈述句　句子用陈述语气。例如：

ŋø³⁵mɛ⁵⁵　tshɛ³³wɛ⁵³　si⁵⁵lɛ⁵⁵.
我（助词）　衣服　破（后加）
我的衣服破了。

2．疑问句　有多种表达方式，句中有用疑问语气词的，有用疑问代词的，有用谓语肯定加否定的等等。举一例：

nũ³⁵　ʈʂhʅ⁵⁵　khɛ⁵³　ȵõ³⁵lɛ⁵⁵？
你　几　斤　买（后加）
你买了几斤？

3．惊叹句。例如：

ɑ³³jɑ³³！　ti³⁵　tshɛ³³wɛ⁵³　tɕɑ⁵⁵　wu³⁵　ndzʅ³⁵　jɑ³⁵！
啊呀　这　衣服　件　（前加）　好看　（语气词）
啊呀！这件衣服真好看呀！

4．命令句　句中动词都用命令式。例如：

nũ³⁵　jõ⁵⁵jõ⁵⁵　thu³³　bu⁵⁵　wɛ³³！
你　粮食　（前加）　背　来
你把粮食背上来！

5．祈使句　句中用祈使语气词或动词用祈使式。例如：

nũ³⁵　zø³⁵　wu³³　ndʑo³⁵ku³³！
你　他　（前加）　看（后加）
你让他看吧！

6．判断句　句中一般用判断动词。但肯定句的判断动词经常可以省略，否定句则不能省略。例如：

ŋø^{35} dʑɛ̃^{35} me^{33} ʐʅ^{55}.
我 汉族 不 是
我不是汉族。

复句有并列、偏正等两大类。并列复句一般不用连词连接，偏正复句一般用连词连接。各举一两例，以见一斑。并列复句。例如：

ti^{35} thɔ̃^{55}nte^{55} fũ^{55} nũ^{35} ŋø^{35} mɛ^{55} wu^{33} xi^{55} di^{55},
这 信 封 你 我 （助词） （前加） 念 （后加）
thɔ̃^{55}nte^{55} kø^{33} tɕø^{55} dʑø^{35} lɛ^{55}?
信 （助词）什么 写 （后加）
这封信你给我念一下，信里写了什么？
ŋø^{35} zi^{35} kø^{35} lɛ^{33} nɔ^{33}, zø^{35} mi^{33} xɛ^{55} lɛ^{55}.
我 饭 吃 （后加） （连词） 他 （前加） 来 （后加）
我吃饭的时候，他来了。

偏正复句。有各种关系的。举例如下：

ʐu^{33}ko^{55} mɔ̃^{35} tshɔ̃^{33}wi^{35}mɑ^{33}tsʅ^{33}ki^{55}dʑu^{55}zi^{55} khɛ^{55}xue^{35}bi^{35}wu^{55}lɔ^{55}.
如果 天 下雨 （连词） 咱们 开会 （后加）
（假定条件关系）
如果天下雨，咱们就开会。
jĩ^{55}we^{33} zø^{35} tʂhʅ^{55} pho^{35}ɳõ^{55} lɛ^{55}nɔ^{55}, so^{55}ji^{55} zø^{35} tʂhʅ^{55}
因为 他 很 饿 （后加） 所以 他 很
kø^{35} ko^{33}.
吃 （后加） （因果关系）
因为他很饿，所以他吃得很多。
ɕy^{55}zɛ̃^{33} mɔ̃^{35}tshɔ̃^{33} tʂhʅ^{55} zɛ̃^{53} lɛ^{55}no^{55}, tɛ̃^{53} ʂʅ^{35} zø^{35} ɣa^{35} ʂʅ^{35}
虽然 天 雨 很 下 （后加） 但是 他 还是
xɛ^{55}lɛ^{55}.
来（后加） （让步关系）
虽然天下着大雨，但是他还是来了。

ʥu^{55}zi^{55} me^{55}lɛ^{55} ɡie^{35}ɡie^{35}tsi^{33} kũ^{55}tso^{33}pɛ̃^{33}ȵi^{33} we^{35}te^{33}sɿ^{33}
咱们 现在 好好地 工作办 为的是
nɑ^{55}ji^{55}ʑi^{35}ʑi^{35} kø^{35} ʨhɑ^{55} tɔ^{55}ji^{55}ȵi^{55} ɡie^{35}. （目的关系）
今后 生活 更加 更加 好
咱们今天好好地工作，为的是今后生活得更好。

二 尔苏语

尔苏语又称多续语，日本语言学家西田龙雄在研究华夷译语中，发现有一种译语记录的是四川冕宁县的少数民族语言，因为在该译语中“西番”、“番人”、“番僧”、“番汉”、“番字”等条目的“番”字均译成“多续”，因而命名此语言为多续语，他对此译语进行了深入细致的构拟和比较研究，写成了数十万字的专著《多续译语研究》。经调查对比，他研究的多续语即尔苏语的多续方言（或称尔苏语中部方言）。

尔苏人分布在大渡河下游雅安地区的石棉、汉源，凉山彝族自治州的甘洛、越西、冕宁、木里，以及甘孜藏族自治州的九龙等县，约有人口两万。尔苏人自称 ɚ^{55}su^{55}，ɚ^{55}是“白”的意思，su^{55}是“人”的意思，因此，尔苏人的自称实际上是“白人”的意思。这和普米族的自称 pʐ̃ẽ^{55}mi^{55}“白人”是一个意思。

尔苏语分 3 个方言，方言之间差别很大，操东部方言的（即尔苏方言）分布在甘洛、越西、汉源、石棉一带，约有一万三千人。操中部方言的（即多续方言）分布在冕宁的东部地区，约有三千人。操西部方言的（即栗苏方言）分布在木里、九龙等县，约有四千人。

尔苏语属汉藏语系藏缅语族，尽管他受到彝语和藏语的一定影响，但在同语族的诸语支中，其基本词汇和语法结构与羌语支语言最接近，应属于羌语支。下面以凉山彝族自治州甘洛县玉田区则洛乡的尔苏语为代表，分语音、词汇、语法、文字等四方面，简要介绍尔苏语的特点。

（一）语音

1．声母 尔苏语有单辅音声母 42 个。分别列表举例如下。

p			t				k	
ph			th				kh	
b			d				ɡ	
		ts		ʈʂ	ʧ	ʨ		
		ts		ʈʂh	ʧh	ʨh		
		dz		ɖʐ	ʤ	ʥ		
m			n			ȵ	ŋ	
			l					
			ɬ					
	f	s	r	ʂ	ʃ	ɕ	x	h
	v	z		ʐ	ʒ	ʑ		
w						j		

例词：

p：	pɑ^{33}	升（量词）	ph：	phɑ^{55}	破（碗）	b：	bɑ^{33}ʈʂɛ^{55}	箩筐
m：	ma^{ɹ55}	吹	w：	wɑ^{55}	饱	f：	fu^{55}	大蒜
v：	vu^{55}	酒	ts：	tsɑ^{55}	挂	tsh：	tshɑ^{55}	件（衣服）
dz：	dzɑ^{55}	稻谷	s：	sɑ^{55}phɑ^{55}	奴隶主	z：	zɑ^{55}	百
t：	tɑ^{55}	旗子	th：	rɑ^{55}thɑ^{55}	磨子	d：	dɛ^{55}	织（布）
n：	nɑ^{55}ku^{55}	耳朵	l：	lɑ^{55}	肥料	ɬ：	ɬɑ^{55}	月（量词）
r：	rɑ^{55}	鸡	ʈʂ：	ʈʂɛ^{53}	称（动词）	ʈʂh：	ʈʂhɑ^{55}	鬼
ɖʐ：	ɖʐɑ^{55}	掉下	ʂ：	ʂɑ^{55}	小麦	ʐ：	ʐɛ^{33}ʐɛ^{33}	（水）流
ʧ：	ʧɑ^{55}	追、赶	ʧh：	ʧhɑ^{55}	城	ʤ：	ʤɑ^{55}	茶
ʃ：	ʃʅ^{55} n^{55}	七	ʒ：	ʒʅ^{55}	八	ʨ：	ʨi^{55}ʨi^{55}	剪
ʨh：	ʨhi^{55}	发（工资）	ʥ：	ʥi^{55}	大裤子	ȵ：	ȵi^{55}	金子
ɕ：	ɕɑ^{55}	香（烧的）	ʑ：	ʑo^{55}nɡɑ^{55}	跟前	j：	ji^{55}	房子
k：	kɑ^{55}	打	kh：	kho^{55}	晒	ɡ：	ɡo^{55}	爱
ŋ：	ŋɑ^{55}	饿	x：	xə^{55}	菌子	h：	hĩ^{55}hĩ^{55}	闻

有复辅音声母 32 个。分成 3 小类：

（1）前置辅音加基本辅音构成的。有 nph，nb、ntsh、ndz、nth、nd、

ntʂh、ndʐ、ntʃh、ndʒ、ntɕh、ndʑ、nkh、ng、hp、hts、htʂ、htʃ、hts．htɕ、bʐ 等 21 个。

（2）基本辅音加后置辅音构成的。有 ps、phs、bz、pʂ、phʂ、bʐ 等 6 个。

（3）前置辅音加基本辅音再加后置辅音构成的三合复辅音有：nphs、nbz、nphʂ、hbʐ、hps 等 5 个。

复辅音中的前置鼻辅音 n，其实际读音是与后面的基本辅音同部位。复辅音举例如下：

nb：	nba^{ɹ55}	（树）根	nph：	sɿ^{55}npha^{55}	嘴	ntsh：	ntshɑ^{55}	肝
ndz：	ndzɑ^{33}	汉族	nth：	nthuɑ^{55}	锋利	nd：	ndo^{55}	看见
ntʂh：	ɑ^{55}ntʂhɑ^{55}	筛子	ndʐ：	ndʐɛ^{33}ndʐɛ^{55}	发抖	ntʃh：	ntʃhɑ^{55}	裙子
ndʒ：	ndʒɿ^{55}ndʒɿ^{55}	改	ntɕh：	ntɕhi^{55}	啃	ndʑ：	ə^{ɹ33}ndʑi^{55}	腿
nkh：	nkhɑ^{55}	卖	ng：	ngɑ^{33}mɛ^{55}	衣服	hp：	hpa^{ɹ55}	撒（种子）
hts：	htsɛ^{33}	利息	ht：	htɑ^{55}	筋	htʂ：	htʂɿ^{33}pa^{55}	造谣
htʃ：	htʃɑ^{55}	寻找	htɕ：	htɕi^{55}	拿、背	hk：	hkɛ^{55}	老鹰
ps：	psɿ^{55}	剖	phs：	phsɿ^{55}	扔掉	bz：	bzɿ^{33}	蜜蜂
pʂ：	pʂɿ^{55}	绳子	phʂ：	phʂɿ^{55}	藏族	bʐ：	bʐi^{55}	日晕
nphs：	nphsɿ^{55}	吐	nbz：	nbzɿ^{55}	跨、埋	nphʂ：	nphʂɿ^{55}	（酒味）淡
nbʐ：	nbʐɿ^{55}	参观	hps：	hpsɿ^{55}	蚕匾			

2．韵母　有单元音韵母 17 个。其中基本元音 9 个，即 i、ɛ、a、ɑ、o、u、ə、y、ɿ。鼻化元音 6 个，ĩ、ã、ɑ̃、ũ、ə̃、ỹ。卷舌元音 2 个，印 aɹ、əɹ。分别举例如下：

i：	xi^{55}	竹子	ɛ：	xɛ^{55}	香	a：	xa^{55}	有（树）
ɑ：	xɑ^{55}	（有）关系	o：	xo^{55}	伸	u：	ku^{55}	舀
ə：	xə^{55}	菌子	y：	ly^{55}kuə̃^{55}	旅馆	ɿ：	htʃɿ^{33}	撕
ĩ：	hĩ^{55}hĩ^{55}	闻	ə̃：	tɕə̃^{33} ʂɛ^{55}	建设	ɑ̃：	tɑ̃^{55}yɑ̃^{33}	党员
ũ：	kũ^{55} ʂɛ^{33}	公社	ə̃：	ʐə̃^{33}mi^{33}	人民	ỹ：	ỹ^{55}tũ^{55}	运动
aɹ：	xa^{ɹ55}	熊	eɹ：	ə^{ɹ55}	白			

复元音韵母有23个。分三类：

（1）后响的复元音韵母有iɛ、iɑ、io、iã、iɑ̃、ui、uɛ、uɑ、uã、uɑ̃、uə̃、ua^{ɹ}、yɛ、yã、等14个。

（2）前响的复元音韵母有ɛi、ɑi、əi、ɑu、əu、ou等6个。

（3）三合复元音韵母有uɑi、iɑu、iəu等3个。分别举例如下：

iɛ：	xiɛ^{33}mɛ^{55}	（发）霉	iɑ：	liɑ^{55}	姑	io：	lio^{55}	度
iã：	iã^{55}	鸭子	iɑ̃：	liɑ̃^{33}khuɑi^{33}	凉快	ui：	ɡui^{33}	很
uɛ：	uʅ^{55}xuɛ^{55}	梯田	uɑ：	nkhuɑ^{55}	海	uã：	uã^{33}yã^{33}	团员
uɑ̃：	uɑ̃^{33}	鹅	uə̃：	tuə̃^{33}	吨	ua^{ɹ}：	kua^{ɹ55}	装
yɛ：	yɛ^{33}ndzɛ^{55}	自由	yã：	yã^{33}tsɛ^{33}	原则	ɛi：	jo^{55}tsɛi^{33}	自己
ɑi：	tsɑi^{55}	真的	əi：	xəi^{55}	锡	ɑu：	phɑu^{55}	炮
əu：	y^{55}thəu^{33}	芋头	ou：	zou^{55}	碗	uɑi：	xuɑi^{55}	鸟
iɑu：	ʂəu^{55}piɑu^{55}	手表	iəu：	ʈʂũ^{55}liəu^{33}	肿瘤			

3. 声调　有2个声调，一个高平，调值为55，一个中平，调值为33。举例如下：

（1）高平^{55}：	ntɕho^{55}	拍	tshɛ^{55}	喝	ndzɑ^{55}	炒
（2）中平^{33}：	ntɕho^{33}	生姜	tshɛ^{33}	洗	ndzɑ^{33}	汉族

（二）**词汇**

尔苏语的词汇是比较丰富的。尔苏人杂居于汉、彝、藏等民族之中，但他们使用的语言词汇中对羌语支语言来说，借词的比例相对是比较小的。尔苏语的基本词大都是单音节的，多音节的单纯词很少。用本民族语言材料构词，是尔苏语丰富语言词汇的主要途径。

尔苏语构词的方式有多种，其中以派生法、重叠法及合成法为最能产。下面介绍几种主要的构词方式：

1. 派生法　由词根加词头、词尾构成新词。例如：

ja^{33}—：	ja^{33}ndɛ^{55}	肥	ja^{33}ʐʅ^{55}	容易	ja^{33}li^{55}	好
dɛ^{55}—：	dɛ^{55}ȵi^{55}	红	dɛ^{55}dʐu^{55}	干燥	dɛ^{55}tʂhu^{55}	脏
ɑ^{55}—：	ɑ^{55}pu^{55}	祖父	ɑ^{55}ȵa^{55}	舅妈	ɑ^{55}dʑɑ^{55}	姐姐
—su^{55}：	lɛ^{55}ʂʅ^{55}su^{55}	工人	so^{55}so^{55}su^{55}	学生	htɕi^{33}nbɑ^{33}su^{55}	医生

2. 重叠法　用重叠词根构成新词。例如：

bu^{55}bu^{55}	沟	bo^{33}bo^{55}	平坝	pa^{ɹ55}pa^{ɹ55}	粮食
psʅ^{55}psʅ^{55}	板子	ȵu^{55}ȵu^{55}	秧苗	ʧhɑ^{33}ʃhɑ^{55}	喜鹊
so^{55}so^{55}	学习	tɕi^{55}tɕi^{55}	剪	luɑ^{55}luɑ^{55}	切
ngo^{55}ngo^{55}	拉	ʐo^{55}ʐo^{55}	写	ntshɛ^{55}ntshɛ^{55}	抬

3. 合成法　由词根与词根合成新词，这是尔苏语构词的主要方式，大部分词是采用这种方式构成的。合成词有各种关系：

并列关系的：	ʐʅ^{55}（买）+nkhɑ^{55}（卖）→ʐʅ^{55}nkhɑ^{55}	做生意
修饰关系的：	ʤo^{55}（水）+kɑ^{55}ə^{ɹ55}（乌鸦）→ʤo^{55}kɑ^{55}ə^{ɹ55}	鱼鹰
表述关系的：	dʐu^{33}（筋）+phu^{55}（翻转）→dʐu^{33}phu^{55}	抽筋
支配关系的：	ji^{55}（孩子）+ʤo^{55}（有）→ji^{55}ʤo^{55}	怀孕

4. 拟声法　模仿事物发出的声音构词。如：

xo^{55}xo^{55}	猫头鹰	kɑ^{55}po^{55}	布谷鸟	ɬɑ^{33}nphsʅ^{55}	山楂鸟
kɛ^{33}ŋ^{55}	打嗝	xɑ^{55}ŋ^{55}	打哈欠	suɑ^{33}suɑ^{33}	哗哗地

5. 四音联绵构词　常见有以下几种格式：

ABAC 型：	ma^{33}pu^{55}ma^{33}tshɛ^{55}	草草率率
ABCB 型：	si^{55}gɑ^{55}ə^{ɹ55}gɑ^{55}	山歌、民歌
AABB 型：	ku^{33}ku^{55}la^{55}la^{33}	结结巴巴
ABCC 型：	sɛ^{55}bu^{55}fiɑ^{33}fiɑ^{33}	气喘吁吁

从邻近民族语言中借用，也是尔苏语丰富语言词汇的一种方式。尔苏语中的借词主要来自汉语，约占百分之十。其次是彝语和藏语，约各占百分之二左右。分别举例如下：

（1）汉语借词：

kuɛ^{33}tɕɑ^{55}	国家	ko^{55}tɕo^{33}	裹腿	y^{55}thəu^{55}	芋头
fu^{33}tu^{33}	蚕豆	wə̃^{33}ʧɑ^{55}	蚊帐	kɑ^{33}ntsho^{55}	甘草

（2）藏语借词：

sɿ^{33}ngɛ^{55}	狮子	ʂou^{55}	纸	tɑ^{55}	旗子
ɡu^{55}	船	rɑ^{33}nbu^{33}tshi^{55}	大象	ɬɑ^{33}	神

（3）彝语借词：

i^{55}tshu^{55}	木勺	khu^{55}lɑ^{55}	汤勺	sɑ^{55}ti^{55}pu^{33}nba^{55}	一种酒坛
ɡɑ^{33}khu^{55}	糗糗	wɑ^{55}m̩^{55}	一种舀饭的工具	ɕou^{55}pu^{55}	背地咒人的方式

（三）语法

尔苏语是个有形态的语言。词序、助词、形态手段都是表达语法范畴所不可缺少的。下面分词类和句法两部分介绍。

尔苏语的词可分为名词、数词、量词、代词、动词、形容词、副词、助词、连词、情感词 10 类。现将主要词类的语法特点简介如下：

1. 名词　有下列语法特点：

（1）名词有“数”的语法范畴，分双数和多数，双数在名词后加 dzi^{55} 或 ʥɛ^{55}构成。例如：

pha^{55}ma^{55}	父母	pha^{55}ma^{55}dzi^{55}	父母俩
m̩^{55}phɑ^{55}	兄弟	m̩^{55}phɑ^{55}dzi^{55}	兄弟俩
tshi^{55}	山羊	tshi^{55}dzi^{55}	山羊（双数）
tʂho^{33}	狗	tʂho^{33}ʥɛ^{55}	狗（双数）

m̩^{55}tsɿ^{55}	猫	m̩^{55}tsɿ^{55}dʐε^{55}	猫（双数）

多数在名词后加 bε^{55}构成。例如：

nʥo^{55}kɑ^{55}	朋友	nʥo^{55}kɑ^{55}bε^{55}	朋友们
kã^{55}pu^{55}	干部	kã^{55}pu^{55}bε^{55}	干部们
tshi^{55}	山羊	tshi^{55}bε^{55}	山羊（多数）
nbo^{33}	马	nbo^{33}bε^{55}	马（多数）

（2）可在名词后加 ji^{55}表示该事物较小可爱。例如：

rɑ^{55}	鸡	rɑ^{55}ji^{55}	小鸡雏
tshi^{55}	山羊	tshi^{55}ji^{55}	小山羊羔
ba^{33}ʧɑ^{55}	刀子	ba^{33}ʧɑ^{55}ji^{55}	小刀儿
ndʐo^{33}	锅	ndʐo^{33}ji^{55}	小锅儿

（3）有十分丰富的方位名词。除了一般语言中常见的方位词，如上、下、左、右、前、后等外，还根据当地的山势、河流的位置分垂直上方、垂直下方、靠山方、靠水方、水源方、下游方、斜上方、斜下方，每个方位又分泛指、近指、远指、最远指。试列表如下：

方位	泛指	近指	远指	最远指
垂直上方	ʨho^{33}wo^{55}	thi^{33}ʨho^{33}wo^{55}	thi^{33}thi^{33}ʨho^{33}wo^{55}	tsɿ^{33}ʨho^{33}wo^{55}
垂直下方	ʧɑ^{33}ŋɑ^{55}	thɑ^{33}ʧɑ^{33}ŋɑ^{55}	thɑ^{33}thɑ^{33}ʧɑ^{33}ŋɑ^{55}	tsɿ^{33}ʧɑ^{33}ŋɑ^{55}
靠山方	kuε^{33}hε^{55}	thɑ^{33}kuε^{33}hε^{55}	thɑ^{33}thɑ^{33}kuε^{33}hε^{55}	tsɿ^{33}kuε^{33}hε^{55}
靠水方	ŋuε^{33}hε^{55}	thɑ^{33}ŋuε^{33}hε^{55}	thɑ^{33}thɑ^{33}ŋuε^{33}hε^{55}	tsɿ^{33}ŋuε^{33}hε^{55}
水源方	kuε^{33}phε^{55}	thɑ^{33}kuε^{33}phε^{55}	thɑ^{33}thɑ^{33}kuε^{33}phε^{55}	tsɿ^{33}kuε^{33}phε^{55}
下游方	ȵo^{33}phε^{55}	thɑ^{33}ȵo^{33}phε^{55}	thɑ^{33}thɑ^{33}ȵo^{33}phε^{55}	tsɿ^{33}ȵo^{33}phε^{55}
斜上方	ɡε^{33}hε^{55}	thɑ^{33}ɡε^{33}hε^{55}	thɑ^{33}thɑ^{33}ɡε^{33}hε^{55}	tsɿ^{33}ɡε^{33}hε^{55}
斜下方	ȵi^{33}hε^{55}	thɑ^{33}ȵi^{33}hε^{55}	thi^{33}thi^{33}ȵi^{33}hε^{55}	tsɿ^{33}ȵi^{33}hε^{55}

2. 数词和量词

（1）基数词　一至九如下：

tε^{55}	一	nε^{55}	二	si^{55}	三
ʐo^{33}	四	ŋua^{ɹ33}	五	ʈʂhu^{55}	六
ʃʅ^{55}n̩^{55}	七	ʒʅ^{55}	八	ngε^{33}	九

基数词 tε^{55} 与 ɑ、a 为主要元音的量词或其他音节结合时变 tɑ^{55}，在 tshε^{55}tshε^{55} “一十” 中变 tshε^{55}，在 tshε^{55}tsʅ^{55} “十一” 中变 tsʅ^{55}。三、十在语流中也有类似的变化。

多位数词连用，中间可加连词 la^{33} 连接。例如：

tɑ^{55}zɑ^{55}	la^{33}	tε^{55}	wo^{55}	一百零一个
一百	和	一	个	

（2）序数词　往往在基数词后加 wu^{55}gε^{55} 构成。如：

tε^{55}wu^{55}gε^{55}	第一	nε^{55}wu^{55}gε^{55}	第二	si^{55}wu^{55}gε^{55}	第三
ʈʂhu^{55}wu^{55}gε^{55}	第六	tshε^{55}tshε^{55}wu^{55}gε^{55}	第十	sɑ^{55}tshʅ^{55}wu^{55}gε^{55}	第三十

（3）分数　是在基数词后加 ngu^{55}kε^{55} 表示。例如：

ŋua^{ɹ33}ngu^{55}kε^{55}tε^{55}（bi^{55}）　　五分之一
五　　　　一

zɑ^{55}ngu^{55}kε^{55}sɑ^{55}tshʅ^{55}（bi^{55}）　　百分之三十
百　　　　三　十

（4）倍数　有两种表示法，一种在数词后加 ngu^{55}，另一种在数词后加 bi^{55}，bi^{55} 是早期汉语借词。两种并存并用。例如：

一倍	tε^{55}ngu^{55}	tε^{55}bi^{55}
五倍	gua^{ɹ33}ngu^{55}	gua^{ɹ33}bi^{55}

一百倍　tɑ^{55}zɑ^{55}nɡu^{55}　tɑ^{55}zɑ^{55}bi^{55}

（5）约数　有几种表示方法。有用两个相邻的数词连用表示的。例如：

tshɛ^{55}	ʐo^{33}	ɡua^{33}	wo^{55}	十四五个
十	四	五	个	

有在固定数词后加 ma^{33}zɛ^{55}“余”、“多”表示的。例如：

tshɛ^{55}	tshɛ^{55}	nbo^{55}ntsho^{55}	ma^{33}zɛ^{55}	十多元
一	十	元	余	

有在固定数词后加 mɑ^{33}kɑ^{33}“来”表示。例如：

mi^{55}	nɛ^{55}tshɿ^{55}	mɑ^{33}kɑ^{33}	wo^{55}	二十来只猴子
猴子	二十	（来）	个	

尔苏语的量词很丰富，分动量词和名量词。名量词主要和数词结合作定语，限制名词的量。例如：

su^{55}	tɛ^{55}	wo^{55}	一个人
人	一	个	
si^{55}pu^{55}	tɛ^{55}	pu^{55}	一棵树
树	一	棵	
ʂɿ^{55}	tɛ^{55}	pu^{55}li^{55}li^{55}	一块肉
肉	一	块	
ru^{33}tsi^{55}	tɑ^{55}	ntshɑ^{55}ntshɑ^{55}	一串辣椒
辣椒	一	串	

动量词在句中主要作补语。例如：

tɛ^{55}	sɿ^{55}	ʥi^{55}vɑ^{55}	慢一点
一	点	慢	
tɛ^{55}	nʤʅ^{55}	dzo^{55}ro^{55}	看一遍
一	遍	看	

tε^{55}	gu^{55}tsuɑ^{55}	ba^{55}ȵi^{55}	休息一会儿
一	会儿	休息	
nε^{55}	tɕhi^{55}	kɑ^{55}	打二顿
二	顿	打	

3. 代词　分人称代词、指示代词、疑问代词、泛指代词、反身代词等类。分别叙述如下：

(1) 人称代词　有单数、双数和多数。例如：

人称	单数		双数		多数	
第一人称	ɑ^{55}	我	ɑ^{55}dzi^{55}	我俩	ɑ^{55}rɿ^{55}	我们
第二人称	nε^{55}	你	nε^{55}dzi^{55}	你俩	nε^{55}rɿ^{55}	你们
第三人称	thε^{55}	他	thε^{55}dzi^{55}	他俩	thε^{55}rɿ^{55}	他们

第一人称双数和多数有包括式和排除式之分，双数包括式为 jo^{55}dzi^{55}，排除式为 ɑ^{55}dzi^{55}，多数包括式为 jo^{55}rɿ^{55}，排除式为 ɑ^{55}rɿ^{55}。

人称代词有"格"范畴，分主格、领格和宾格，用元音屈折变化表示。下面以单数人称代词的变化为例：

人称	主格	领格	宾格
第一人称	ɑ^{55}	εi^{55}或 ɑi^{55}	ɑ^{55}（vɑ^{55}）
第二人称	nε^{55}	ni^{55}或 nεi^{55}	nɑ^{55}（vɑ^{55}）
第三人称	tε^{55}	thi^{55}或 thεi^{55}	thɑ^{55}（vɑ^{55}）

人称代词的变化还可以加在亲属称谓名词的前面，表示人称领有。在这种情况下代词的变式，仅具有词头性质。例如：

ɑ^{55}ma^{55}	（我）妈	ɑ^{55}pu^{55}	（我）爷爷	ɑ^{55}dʑɑ^{55}	（我）姐姐
ȵɑ^{55}ma^{55}	（你）妈妈	ȵɑ^{55}pu^{55}	（你）爷爷	ȵɑ^{55}dʑɑ^{55}	（你）姐姐
thɑ^{55}ma^{55}	（他）妈	thɑ^{55}pu^{55}	（他）爷爷	thɑ^{55}dʑɑ^{55}	（他）姐姐

带 ɑ^{55}、ȵɑ^{55}、thɑ^{55}词头的亲属称谓名词，一般表达亲昵、友好、尊敬的感情，带词头的亲属称谓名词前仍可再加领格人称代词。例如：

$\varepsilon i^{55}\,\alpha^{55}\,ma^{55}$	我的妈妈	$\varepsilon i^{55}\,\alpha^{55}\,pu^{55}$	我的爷爷
$ni^{55}\,\eta\!\!\!\circ\alpha^{55}\,ma^{55}$	你的妈妈	$ni^{55}\,\eta\!\!\!\circ\alpha^{55}\,pu^{55}$	你的爷爷
$thi^{55}\,th\alpha^{55}\,ma^{55}$	他的妈妈	$thi^{55}\,th\alpha^{55}\,pu^{55}$	他的爷爷

（2）指示代词　有 3 个，分别为近指：$th\varepsilon^{55}$“这”，远指：$\alpha^{33}\,th\varepsilon^{55}$“那”，更远指：$\alpha^{33\to35}\,th\varepsilon^{55}$“那”。更远指是将远指的词头 α^{33} 的声调变成 α^{35} 构成的。指代词一般不单独作句子成分，需和量词结合使用。

（3）疑问代词　根据替代的对象不同，有下列几类：

a. 代人的疑问代词有 $s\eta^{55}$“谁”；

b. 代物的疑问单词有 $\alpha^{55}\,m\varepsilon^{55}$“什么”；

c. 代数量的疑问代词有 ʧho^{55} miα^{55}“多少”；

d. 代处所的疑问代词有 $kh\alpha^{55}$“哪儿”。

（4）泛指代词有两个，一个是 su^{55}“别人”、“人家”，另一个是 ȵo^{33} kuα^{33}“大家”。su^{55} 在句中有格的变化，主格为 su^{55}，领格为 sui^{55}，宾格为 $su\alpha^{55}$。

（5）反身代词　有两种构成方式，意义基本相同。一种是重叠人称代词的领格形式构成。如：

人称	单数	双数	多数
第一人称	$\varepsilon i^{55}\,\varepsilon i^{55}$	$\alpha^{55}\,dzi^{55}\,\alpha^{55}\,dzi^{55}$	α^{55} rʅ^{55} α^{55} rəi^{55}
	我自己	我俩自己	我们自己
第二人称	$ni^{55}\,ni^{55}$	$n\varepsilon^{55}\,dzi^{55}\,n\varepsilon^{55}\,dzi^{55}$	$n\varepsilon^{55}$ rʅ^{55} $n\varepsilon^{55}$ rəi^{55}
	你自己	你俩自己	你们自己
第三人称	$thi^{55}\,thi^{55}$	$th\varepsilon^{55}\,dzi^{55}\,th\varepsilon^{55}\,dzi^{55}$	$th\varepsilon^{55}$ rʅ^{55} $th\varepsilon^{55}$ rəi^{55}
	他自己	他俩自己	他们自己

另一种方式是在人称代词后加 $jo^{55}\,ts\varepsilon i^{33}$“自己”构成。例如：

$\alpha^{55}\,jo^{55}\,ts\varepsilon i^{33}$	我自己
$n\varepsilon^{55}\,dzi^{55}\,jo^{55}\,ts\varepsilon i^{33}$	你俩自己
$th\varepsilon^{55}$ rʅ^{55} $jo^{55}\,ts\varepsilon i^{33}$	他们自己

4．动词　动词有体、态、趋向、式等语法范畴。分述如下：

（1）体有将行体、即行体、进行体、现行体、已行体五种。将行体是在动词后加附加成分 $gɛ^{55}$ 构成，表示行为动作即将进行。例如：

$tuɑ^{55}xuɑ^{55}$　$tiã^{55}jĩ^{55}$　wo^{55}　$dzo^{55}ro^{55}$　$ji^{55}gɛ^{55}$.
今晚　电影　个　看　去（后加）
今晚要看电影去。

即行体是把将行的后加成分 $gɛ^{55}$ 的声调变成 $gɑ^{55\to13}$. 构成，表示行为动作立即进行或客观现象即将出现。例如：

$phi^{55}ndzɿ^{55}$　$kɛ^{55}$　$ʤo^{55}$　$mɑ^{33}ʤo^{55}$　$gɑ^{55\to13}$.
瓶子　（助词）　水　（前加）有　（后加）
瓶子里的水快没有了。

进行体在动词后加 $gɛ^{55}sɛ^{55}$ 构成，表示行为动作在持续进行中。例如：

$thɛ^{55}$　$ngɑ^{33}mɛ^{55}$　$tshɛ^{55}gɛ^{55}sɛ^{55}$.
他　衣服　洗（后加）
他在洗衣服

现行体是在动词后加 $tsɑ^{33}$（或 $tsɑ^{33\to13}$）构成，表示行为动作已经进行，但仍在持续中。例如：

$mɛ^{55}$　$ŋɛ^{33}ndɛ^{55}$　$tsɑ^{33\to13}$.
天　（前加）晴　（后加）
天晴了。

已行体是用动词韵母和声调的屈折变化表示的。动词末尾主要元音为 i、u 的，则在主要元音后加 ɑ，若为 o 的，则将 o 变成 u 后再加 ɑ，若为其他元音，则将主要元音变成 ɑ；声调一律由平调变低升。例如：

动词		已行体		动词		已行体	
dzi^{55}	刈（草）	dzia$^{55\rightarrow13}$	已刈了	nʈʂhu^{55}	蒸	nʈʂhua$^{55\rightarrow13}$	已蒸了
ʧo^{55}	煮	ʧua$^{55\rightarrow13}$	已煮了	ʈʂɛ^{55}	称	ʈʂa$^{55\rightarrow13}$	已称了
dzʅ^{33}	吃	dza$^{55\rightarrow13}$	已吃了	kua^{55}	脱	kua$^{55\rightarrow13}$	已脱了

（2）态有使动态和交互态两种。使动态有两种表达方式，一种是用动词辅音屈折变化的方式表达。例如：

动词		使动态	
bɛ^{33}ʤa^{55}	散开（行李）	phɛ^{33}ʧha^{55}	使散开
dzʅ^{33}	吃	tsʅ^{55}	使吃
hpu^{55}	变化	phu^{55}	使变化
ba^{55}	（碗）破	pha^{55}	使破

另一种方式是在动词后加 ʂu^{55}表示。例如：

动词		使动态	
ntshɛ^{55}	漏	ntshɛ^{55} ʂu^{55}	使漏
hkɛ^{55}	（棍子）断	hkɛ^{55} ʂu^{55}	使断
tsu^{55}	沸、开	tsu^{55} ʂu^{55}	使沸、使开

交互态是用重叠动词词根的方式表达。重叠时若动词词根为高平调，则第一音节一律变中平。例如：

动 词		交互态	
htsu^{55}	打	htsu^{33}htsu^{55}	互相打
gu^{55}	踢	gu^{33}gu^{55}	互相踢
nphsʅ^{55}	吐（口水）	nphsʅ^{33}nphsʅ^{55}	互相啐（口水）

（3）趋向范畴是在动词前加不同的前加成分构成。共有 dɛ^{55}、nɛ^{55}、khɛ^{55}、ŋɛ^{55}、khua^{ɹ33}、ŋua^{ɹ33}、ɳ̊u^{55}7 个，加在动词前面，分别表示行为动作朝着不同的方向进行。分述如下。

a. d$ɛ^{55}$—表示行为动作是向上进行的。例如：

v$ɛ^{55}$	扛	d$ɛ^{55}$v$ɛ^{55}$	向上扛，扛上去
ʥo^{55}	推	d$ɛ^{55}$ʥo^{55}	向上推，推上去
hto^{55}	跳	d$ɛ^{55}$hto^{55}	向上跳，跳上去

b. n$ɛ^{55}$—表示行为动作是向下进行的。例如：

v$ɛ^{55}$	扛	n$ɛ^{55}$v$ɛ^{55}$	向下扛，扛下去
ʥo^{55}	推	n$ɛ^{55}$ʥo^{55}	向下推，推下去
hto^{55}	跳	n$ɛ^{55}$hto^{55}	向下跳，跳下去

c. kh$ɛ^{55}$—表示行为动作是向水源方进行的，有时还可表示行为动作向里面进行的。例如：

v$ɛ^{55}$	扛	kh$ɛ^{55}$v$ɛ^{55}$	向水源方扛，向里面扛
ʥo^{55}	推	kh$ɛ^{55}$ʥo^{55}	向里推，推进去
hto^{55}	跳	kh$ɛ^{55}$hto^{55}	向水源方跳，向里面跳

d. ŋ$ɛ^{55}$—表示行为动作是向下游方进行的，有时还可表示行为动作是向外面进行的。例如：

v$ɛ^{55}$	扛	ŋ$ɛ^{55}$v$ɛ^{55}$	向下游方扛，向外面扛
ʥo^{55}	推	ŋ$ɛ^{55}$ʥo^{55}	向外推，推出去
hto^{55}	跳	ŋ$ɛ^{55}$hto^{55}	向下游方跳，向外面跳

e. khua^{ɹ33}—表示行为动作是向靠山方进行的，有时还可表示行为动作向左方进行。例如：

v$ɛ^{55}$	扛	khua^{ɹ33}v$ɛ^{55}$	向靠山方扛，向左边扛
ʥo^{55}	推	khua^{ɹ33}ʥo^{55}	向左边推，推到左边去
hto^{55}	跳	khua^{ɹ33}hto^{55}	向靠山方跳，向左边跳

f. ŋua^{ɹ33}—表示行为动作是向靠水方进行的，有时还可表示行为动作是向右进行的，例如：

vɛ^{55}　扛　ŋua^{ɹ33}vɛ^{55}　向靠水方扛，向右边扛
dʑo^{55}　推　ŋua^{ɹ33}dʑo^{55}　向右边推，推到右边去
hto^{55}　跳　ŋua^{ɹ33}hto^{55}　向靠水方跳，向右边跳

g. ȵu^{55}—表示行为动作是向后面或返回的方向进行的。例如：

vɛ^{55}　扛　ȵu^{55}vɛ^{55}　往回扛，扛回去
dʑo^{55}　推　ȵu^{55}dʑo^{55}　向后推，推到后面去
hto^{55}　跳　ȵu^{55}hto^{55}　向后跳，跳回去

（4）式有命令式、祈使式、疑问式、否定式 4 种。命令式是在动词前加前加成分构成，表示命令式的前加成分有 5 个，其中 4 个与趋向前加成分有关，但当其表命令式时，一般已无表趋向的作用。例如：

动词		命令式	
gu^{55}	踢	dɛ^{55}gu^{55}	（你）踢！
tsi^{33}tsi^{33}	切	nɛ^{55}tsi^{33}tsi^{33}	（你）切！
nphsʅ^{55}	吐	ŋɛ^{55}nphsʅ^{55}	（你）吐！
tʂho^{55}	射击	khɛ^{55}tʂho^{55}	（你）射击！
ʃʅ^{33}ɕo^{55}	擦	thɛ^{55}ʃʅ^{33}ɕo^{55}	（你）擦！

祈使式是在动词后加 ʂu^{55}构成。例如：

nɛ^{55}　ɑ^{55}　（vɑ^{55}）　ngɑ^{33}mɛ^{55}　tshɛ^{55}　ji^{55} ʂu^{55}.
你　我　（助词）　衣服　洗　去（后加）
你让我去洗衣服吧！

否定式分两种，一种用加附加成分 ma^{55}表示，ma^{55}既可加在动词前，也可加在动词后，但语法意义稍有不同。试比较：

tɑ^{55} ȵo^{55} tɕhy^{55}ʧã^{55} ma^{55} lɑ$^{55\rightarrow 33}$.
今天 区长 (前加) 来
今天区长没有来。
tɑ^{55} ȵo^{55} tɕhy^{55}ʧã^{55} lɑ^{55}ma^{55}gɛ^{55}.
今天 区长 来(后加)
今天区长不来了。

另一种用在动词前加 thɑ^{55} 的方式表示，thɑ^{55} 经常用在命令式动词作谓语的句子里，表示劝阻或禁止。例如：

nɛ^{55} suɑ^{55}khɑ^{55}thɑ^{55}tsɿ^{33}htsɿ^{55}.
你 人家(前加) 惹
你别去惹人家。

疑问式用在动词前后加附加成分 ɑ^{55} 的方式表示。加在动词前或后，其语法意义稍有不同。试比较如下：

tiã^{55}jĩ^{55} thɛ^{55} wo^{55} nɛ^{55} dzo^{55}ro^{55}ɑ^{55}gɛ^{55}?
电影 这 个 你 看 (后加)
这个电影你看吗?
tiã^{55}jĩ^{55} thɛ^{55} wo^{55} nɛ^{55} khɑ^{55} dzo^{55}ro^{55}?
电影 这 个 你 (前加) 看
这个电影你看了吗?

(5)存在动词有类别性特征，这种类别特征分别用不同的语音形式表示不同客观事物的存在。其中 ʤo^{55} 表示有生命的人或动物的存在；xa^{55} 表示不能随意移动物品的存在；ȵo^{55} 表示抽象事物的存在；bo^{55}；表示贵重物品或有价值物品的存在；ʤɑ^{55} 表示可移动物品的存在。例如：

ɑ^{55} jɑ^{55}dʐɛ^{55} nɛ^{55} wo^{55} ʤo^{55}.
我 孩子 两 个 有
我有两个孩子。

ʧo^{55}tsɛ^{55}　ʨho^{55}　nʤo^{55}ndzɿ^{55}　tɛ^{55}　pu^{55}　ʤɑ^{55}.
桌子　（助词）　书　一　本　有
桌子上有一本书。

5. 形容词　形容词有许多语法特征与动词相类似，但也有不同于动词的一些特征。例如相当多基本形容词采用重叠形式：

ʑu^{33}ʑu^{33}　窄　ndzɛ^{55}ndzɛ^{55}　浅　ȵi^{55}ȵi^{55}　少
maʴ^{55}maʴ^{55}　小　tsu^{55}tsu^{55}　直　ʤo^{55}ʤo^{55}　短

形容词若表示性质或程度加深时，根据形容词词根的不同情况，有多种表示方法，若形容词词根是双音节的非叠音词，则重叠词根。例如：

hkɑ^{55}ʥu^{55}　瘦　hkɑ^{55}ʥu^{55}hkɑ^{55}ʥu^{55}　瘦瘦的
bɑ^{55}bu^{55}　胖　bɑ^{55}bu^{55}bɑ^{55}bu^{55}　胖胖的
ba^{33}wɑ^{55}　光亮　ba^{33}wɑ^{55}ba^{33}wɑ^{55}　光亮亮的

若形容词词根为叠音词，则在形容词词根后加 kɑ^{55}kɑ^{55}或 lɑ^{55}lɑ^{55}表示程度的加深。例如：

ʤo^{55}ʤo^{55}　短　ʤo^{55}ʤo^{55}lɑ^{55}lɑ^{55}　短短的
ʐu^{33}ʐu^{33}　窄　ʐu^{33}ʐu^{33}kɑ^{55}kɑ^{55}　窄窄的

若形容词是带词头的双音节词，则重叠词头以后再加 kɑ^{55}或 lɑ^{55}。例如：

dɑ^{55}ntshuɑ^{55}　辣　dɑ^{55}ntshuɑ^{55}dɑ^{55}kɑ^{55}　辣辣的
khɛ^{55}nʧhɛ^{55}　快　khɛ^{55}nʧhɛ^{55}khɑ^{55}lɑ^{55}　快快的

6. 副词　根据意义和在句中的用法可分为以下几类：
（1）程度副词。如 tsɿ^{55} “最”，ɡui^{33} “很” 等。
（2）范围副词。如 mo^{55} “也”，tɛ^{55}ʧɛ^{55}ŋ̍^{55} “一起” 等

（3）时间副词。如 htɕi^{55} “永远”，thi^{55}xɑ^{55} “正在” 等。

（4）性状副词。如 zɑ^{55}zɑ^{55}ŋ̍^{55} “慢慢地”，mɑ^{55}mɑ^{55}sɑ^{33}sɑ^{33}ŋ̍^{55} “悄悄地” 等。

（5）语气副词。如 mo^{55}da^{33} “简直”，tɑu^{33}ti^{55} “到底” 等。

7. 助词　助词有限制、施动、受动、随同、工具、处所、比较、从由、定指等九 类。分述如下：

（1）限制助词 i^{55}加在名词限制语的后面，表示领属关系。例如：

ʂɑ^{33}pɑ^{33}	i^{55}	nʤo^{55}ndzʅ^{55}
沙巴	（助词）	书

沙巴的书

xi^{55}ma^{55}	i^{55}	ngɑ^{33}mɛ^{55}
妹妹	（助词）	衣服

妹妹的衣服

（2）施动助词 i^{55}kɛ^{55}一般用在间接宾语的句子中，加在施动者后面，强调其施动。例如：

ɑ^{55}	i^{55}kɛ^{55}	miɑ^{55}	tshɛ^{55}	phɑ^{55}tsʅ^{55}	xi^{53}ma^{55}	vɑ^{55}	thɛ^{55}	tɕhɑ$^{55\to13}$.
我	（助词）	脸	洗	帕子	妹妹	（助词）	（前加）	给

我把洗脸毛巾给妹妹了。

（3）受动助词 vɑ^{55}主要加在间接宾语后（少数直接宾语也加），强调该成分为承受动作者。如：

ɑ^{55}	nɑ^{55}	vɑ^{55}	ji^{55}tɕã^{55}	ɳo^{55}.
我	你	（助词）	意见	有

我对你有意见。

（4）随同助词 phɛ^{55}加在名词或代词后，表示随同主语同时从事某种活动。例如：

ȵi⁵⁵nuɑ⁵⁵ ɑ⁵⁵bɑ⁵⁵ phɛ⁵⁵ o⁵⁵ʤo⁵⁵ duɑ⁵⁵→¹³.
弟弟 爸爸 （助词） 西昌 去
弟弟跟爸爸到西昌去了。

（5）工具助词有 i⁵⁵、kɛ⁵⁵两个，kɛ⁵⁵一般用在容器作工具的名词后，i⁵⁵一般用在非容器作工具的名词后。例如：

thɛ⁵⁵ phə⁵⁵ndzɿ⁵⁵ kɛ⁵⁵ vu³³miɑ⁵⁵ tshɛ⁵⁵ ɡɛ³³.
他 盆子 （助词） 脸 洗 （后加）
他要用盆子洗脸。

ɑ⁵⁵mɑ⁵⁵ xɑ¹⁵⁵i⁵⁵ ŋɡɑ³³mɛ⁵⁵ ndʐɛ³³ ɡɛ⁵⁵.
妈妈 针（助词） 衣服 缝 （后加）
妈妈要用针缝衣服。

（6）处所助词有 ʨho⁵⁵、ʂɛ⁵⁵、kɛ⁵⁵等，加在名词后，分别表示不同的处所。其中 ʨho⁵⁵表示“在××上”，ʂɛ⁵⁵表示“在××处”，kɛ⁵⁵表示“在××里”，分别举一例如下：

ʧo⁵⁵tsɛ⁵⁵ ʨho⁵⁵ nʤo⁵⁵ndzɿ⁵⁵、kã⁵⁵pi⁵⁵、ʧũ⁵⁵ʧũ⁵⁵ ɑ⁵⁵nɛ⁵⁵ ɑ⁵⁵nɛ⁵⁵
桌子 （助词） 书 钢笔 盅盅 等 等
lɑ⁵⁵ ʤɑ⁵⁵.
都 有
桌子上有书、钢笔、茶盅等等。

ɑ⁵⁵zɿ⁵⁵ bzɿ³³ ɡu³³ bɛ⁵⁵ nbi⁵⁵ʐo⁵⁵ nbɑ¹⁵⁵ ʂɛ⁵⁵ ʤɑ⁵⁵.
我家 蜂 箱 （助词） 山脚 根 （助词） 在
我家的蜂箱在山脚下。

ʤo⁵⁵ kɛ⁵⁵ zu⁵⁵ jɑ³³mi⁵⁵ jɑ³³mi⁵⁵ tɛ⁵⁵bɛ⁵⁵ ʤo⁵⁵.
河 （助词） 鱼 多 多 一些 有
河里有许多许多鱼。

（7）比较助词有 ʨho⁵⁵，加在名词、代词或其他词组后，表示被比较的对象。例如：

rɑ^{55} ʂʅ^{55} vɛ^{55} ʂʅ^{55} ʨho^{55} jɑ^{33} maɹ^{55}.
鸡 肉 猪 肉 （助词） 好 吃
鸡肉比猪肉好吃。

（8）从由助词有 tɑ^{55} 和 ʤo^{55}i^{33} 两个，语法意义相近，加在名词或代词后，表示行为动作由该处发出。例如：

vu^{55}nuɑ^{55} mɛ^{55} kɛ^{55} ʤo^{55}i^{33} lɑ$^{55\to13}$
哥哥 部队 （助词） （助词） 来
哥哥从部队里来了。
nbi^{55}wo^{55}ʨho^{55} tɑ^{55} mi^{55} tɛ^{55} bu^{33} nɑ^{55} lɑ$^{55\to13}$
山（助词） （助词） 猴子 一 群 （前加） 来
从山上下来了一群猴子。

（9）定指助词有 nɛ^{55}，可加在许多词类和句子成分的后面，强调指出它在句子中的地位。如：

thɛ^{55} wo^{55} nɛ^{55} ba^{33}ʧɑ^{55} i^{55} khɑ^{55}kɑ^{55} tɛ^{55}.
这 个 （助词） 刀子 （助词） （前加） 砍
这个是用刀子砍的。

尔苏语的句子里有主语、谓语、宾语、定语、状语和补语。句子的基本语序是主—宾—谓。例如：

ɑ^{55} xi^{55}dzɛ^{55} rɑ^{33}dzɑ$^{55\to13}$.
我（主） 竹笋（宾） （前加）吃（谓语） 我吃竹笋了。

名词、代词作定语放在中心词前而。例如：

vɛ^{33} nuɑ^{55} i^{55} nʤo^{55}ndzʅ^{55}
哥哥(定) （助词） 书 哥哥的书
thi^{55} vu^{33}nʥi^{55}
他（定） 枕头 他的枕头

形容词、数量词组、指量词组作定语放在中心词的后面。例如：

ŋgɑ^{33}mɛ^{55} ʂo^{55}ʂo^{55} 干净衣服
衣服 干净（定）

ʂou^{55} tɛ^{55} phɑ^{55} 一张纸
纸 一 张（定）

nʤo^{55} ndzʅ^{55}thɛ^{55} pu^{55} 这本书
书 这 本（定）

状语的位置较灵活，一般都放在谓语前，有时可以放在宾语前，有时甚至可以放到主语前面去。例如：

nɛ^{55} ndo^{55}ndo^{33}ŋ^{55} khɛ^{55} so^{55}so^{55}. 你好好地学习。
你 好好地（状）（前加） 学习

tɑ^{55}ȵo^{55} ʨhy^{55}ʧã^{55} lɑ^{55}mɑ^{55}gɛ^{55}. 今天区长不来了。
今天 （状）区长 来（后加）

补语一般在谓语的前面。例如：

ɑ^{55} si^{55} nʥʅ^{55} khɛ^{55} dzo^{55}ruɑ$^{55\rightarrow13}$. 我看了三遍。
我 三 遍 （前加） 看

单句根据语气一般有陈述、疑问、命令、祈使、判断、惊叹等种，复句根据各分句之间的关系，可分为并列和偏正两类。每类复句中又可分为若干小类，其构成方式与羌语支其他语言相似，为节省篇幅，这里就不一一介绍了。

（四）文字

尔苏人通用汉文，与彝族杂居地区个别从事学校教育的老师学习了彝文。解放前有少数被称为 ʂu^{55} vaɹ^{55} “书伐尔”的人学过藏文，个别被称为 lɑ^{55}ma^{55} “喇嘛”曾去藏区寺院学习过佛教经典，现在仍有人保留有藏文经书，但只有为数极少的人会念，都不会讲，仅在从事宗教活动时使用。本民族中有一种被称为 ʂɑ^{33}pɑ^{55} “沙巴”的宗教活动者，他们世代相传一种用以卜卦的手抄彩色图画文字，此种文字与纳西族的东巴文相类似，我们把它称为“沙巴文”。

尔苏沙巴文起源于何时，文字本身并无记载，民间口头传说也不一致，有的说有十多代，有的说有几十代，还有的说，他们和诸葛亮打仗的时候就在马上驮了经书，打败了，跑不赢，把经书都扔了，现在留下的只是其中小一部分。我们从文字和宗教的关系来分析，以及沙巴文和东巴文在造字结构和表达形式上的相似特点判断，沙巴文的历史大概与东巴文相类似或稍晚一些。

尔苏人称沙巴文为 ndzɑ^{33}rɑ^{33}mɑ^{55}“扎拉玛”，传说还有一种比沙巴文更简明的文字叫 mi^{55}to^{55}ma^{55}“米朵曼”，但这种文字现在已失传。沙巴文为手写体，多数用竹笔或兽毛蘸上各种颜色，书写在很粗糙的但相当结实的纸上。就目前所能见到的沙巴文经书中，共出现红、黄、兰、白、黑、绿等六种颜色，不同的颜色有时表示不同的含义。如星星、月亮，画成黑色，表示不明亮、黯淡，引申不吉祥的意思，画成红色或白色则表示明亮，引申为吉祥如意。

沙巴文基本上已经脱离了图画的格局，跨入了文字的行列，它有以下几方面的特点：

1. 在不同的场合或不同的画面中，表示同一事物现象，有时虽然笔画多少不等，但其基本形式大体相同，即其形体和意义之间已经有了比较固定的关系。

2. 沙巴文经书虽然只限于从事宗教活动的沙巴才能看懂，但分布在不同地区的宗教活动者使用的各种沙巴文经书，表示同一客观事物的沙巴字其形体、读法都基本一致。我们在甘洛、汉源、石棉等地都发现了这种沙巴文经书，各地沙巴彼此并不来往，但他们对经书中沙巴字意思的解释和读法都是基本一致的，这就表明这种文字已经具有一定的社会性，有明显的约定俗成的解读规则，不是个人的随意创作。

3. 保留有一定数量的文献记载。根据本民族有关同志介绍，沙巴文经书种类很多，有好几十种，目前记得起书名的十多种，能保存下来的只有寥寥数种，我们在调查中发现了 ȵo^{55}ma^{55} ʂʅ^{55}tɑ^{55}“虐曼史答”、ko^{55}tshi^{53} ʂʅ^{55}tɑ^{55}“各齐史答”、ʂʅ^{55}phɑ^{55}mʤo^{55}ndzʅ^{55}“史帕卓兹”、ʈʂhɑ^{55}nbaɹ^{55} ʂuɑ^{55}

tɑ^{55} “昌巴尔刷答” 等经书，其中 ɳ̥o^{55} ma^{55} ʂ̥ʅ^{55} tɑ^{55}一书，就有三百六十幅图画经文。沙巴文保存了十分丰富的文化遗产，内容涉及历史、宗教、天象、历法、医药、语言、文字等许多方面，是研究尔苏人社会的极其宝贵的文化遗产。

尔苏沙巴文虽然已跨入了文字的行列，但它是刚从图画中脱胎出来的，它在许多方面还具有图画的特征，它是象形文字发展过程中的低级阶段形式，或者说是由图画向文字演变的过渡阶段形式。

雅砻江流域

雅砻江发源于青海唐古拉山脉和巴颜喀拉山脉之间的狭谷地带，由西北而东南，穿越整个四川甘孜藏族自治州，经由凉山彝族自治州，至渡口市境汇入金沙江。在四川境内，汇入雅砻江的较大支流有炉霍、道孚一带的鲜水河，有冕宁、西昌、会理一带的安宁河等。

雅砻江的源流青海地区以及甘孜藏族自治州的西北部地区，主要是藏语安多方言和康方言分布地区，至炉霍、新龙、丹巴、道孚一带，除了藏语分布以外，则是尔龚语分布地区，新龙往南，至雅江、理塘一带，是扎巴语和却隅语分布地区，再往南至康定西南部的沙德一带和九龙县的唐古一带，围绕贡嘎山的西麓和南麓，则是木雅语的分布地区，九龙往南，雅砻江进入凉山彝族自治州，流经木里、冕宁、盐源等县，雅砻江有一个大转弯，在这个大转弯处的河谷两岸分布着操纳木义语的居民，再往南，雅砻江即将与金沙江汇合的附近地区，即安宁河下游的米易县，有亚拉话分布，会理县有土里话的分布。这两种话究竟是某一通用语言的方言，还是一种独立的语言，因未作调查，本文暂不涉及。本节着重介绍尔龚语、扎巴语、木雅语和纳木义语的情况。

一 尔龚语

尔龚语主要分布在四川省甘孜藏族自治州的丹巴、道孚、炉霍、新龙等县，以及阿坝藏族自治州金川县的观音桥和埌塘县的上塘一带，使用该语言的人口约有三万五千左右。解放前，马长寿在他所著《嘉绒民族社会史》一文中，提到此语言不同于藏语，并命名此语言为“尔龚语”。李绍明同志在《唐代西山诸羌考略》一文中也提及此语言。他说：“革什咱、巴旺司居民操‘尔龚语（rgu），俗称道孚话，与哥邻语相近，又杂有霍尔语言……”[①]

本文仍沿用“尔龚”这一名称。但尔龚语不同于嘉绒语，虽然它在语音结构及某些语法特点上有与嘉绒语相同或相类似的地方，但他是一种既不同于藏语，也不同于嘉绒语的一个独立的语言。

美国明尼苏达大学（University of Minnesota）王士宗教授曾于一九六九年夏天在尼泊尔遇到了两个操尔龚语的居民，并记录了他们的语言。之后，在美国出版的“Monumenta serica”发表了他的论文《道孚语中藏语借词的复辅音》，[②] 经核对，他所指的道孚语（Stau language）就是尔龚语。

尔龚语属汉藏语系藏缅语族，在同语族的各语支中，尽管他受到了藏语的一定影响，但在基本词汇和语法构造方面，与羌语支的语言最接近，应属于羌语支。

操尔龚语的藏族自称 bøpa，他们的风俗习惯、宗教信仰等与藏族基本相同。尔龚语是他们的主要交际工具，干部和经常外出的人还兼通藏语和汉语。尔龚语有方言差别，丹巴县的尔龚语和道孚县的在语音上明显有一定差别，由于未作全面调查，目前还不可能提出划分方言土语的具体意见。下面拟根据丹巴县大桑区的尔龚语为代表，从语音、词汇、语法等方面简要介绍其特点。

（一）语音

1. 声母　尔龚语的声母可以说是现有汉藏语系语言最复杂的了[③]，它有单辅音声母 44 个，列表举例如下：

---

① 李绍明：《唐代西山诸羌考略》载《四川大学学报》1980 年第 1 期。

② Stephen S. Wang：《Consonantal Clusters of Tibetan Loanwords in Stau》载《Monumenta Serica》Vol. XXIX，19 70 －19 71.

③ 1980 年在甘孜州调查尔龚语，共记录二千多单词，由于尔龚语的语音极其复杂，音系中可能有遗漏。待以后补充调查后再纠正。

p			t			k	q	
ph			th			kh	qh	
b			d			g		
		ts		tʂ	tɕ			
		tsh		tʂh	tɕh			
		dz		dʐ	dʑ			
m			n		ȵ	ŋ		
			l					
			ɬ					
	f	s	ɮ	ʂ	ɕ	x	χ	
		sh			ɕh			
	v	z		ʐ	ʑ	ɣ	ʁ	ɦ
w					j			

举例如下：

p：	pa pa	蝴蝶	ph：	phiɯ so	外面	b：	bɯ ʑo	蛆
m：	mau	眼睛	w：	wo	房子	f：	kuŋ fəʴ	工分
v：	va	猪	ts：	kɛ tsɯ	东西	tsh：	tshɛ	山羊
dz：	dzo	桥	s：	sɛ tɕa	地	sh：	shɛvi	明年
z：	ze	塞	t：	ɛ te	哥哥	th：	thɛve	现在
d：	do pha	旁边	n：	nu nu	乳房	l：	lo ʁo	手指
ɬ：	ɬɯ	月	ɮ：	ɮi	豹子	tʂ：	tʂaŋ	干净
tʂh：	tʂhi tʂa	侵略	dʐ：	dʐɔ	积极	ʂ：	fan ʂen	翻身
ʐ：	ʐau	一	tɕ：	tɕe	帽子	tɕh：	tɕhi ʐi	骨头
dʑ：	dʑi dʑa	皮肤	ȵ：	ȵo	后面	ɕ：	ɕɯ	犏牛
ɕh：	ɕhɯ	奶	ʑ：	qha ʑa	野葡萄	j：	jɛ me	骗

k：	ko	年岁	kh：	khi	鸽子	ɡ：	ma ɡɯ	昨天
ŋ：	ŋuə	是	x：	nɡo xaɹ	缎子	ɣ：	ɣi	绵羊
q：	qa	山	qh：	qhɛ si	明天	χ：	χa zi	风
ʁ：	ʁo	帮助	ɦ：	ɦɛ su	肛门			

复辅音数量和形式都极其丰富，有 194 个，结合有一定规律，基本有以下几种形式：

a. 以 m 为前置辅音构成的复辅音有 22 个。即：mp、mb、mphʂ、mphɕ、mbʐ、mbl、mv、mts、mtsh、mdz、mt、md、mn、mtɕ、mtɕh、mdʑ、mȵ、mkh、mkhʂ、mkhl、mɡ、mŋ。

b. 以 w 为前置辅音构成的复辅音有 18 个。即：wb、wph、wm、wv、wdz、ws、wz、wth、wd、wn、wl、wʐ、wtɕh、wdʑ、wɕ、wʑ、wj、wŋ。

c. 以 v 为前置辅音构成的复辅音有 17 个。即：vts、vtsh、vdz、vs、vz，vt、vd、vl、vʐ、vtɕ、vtɕh、vdʑ、vɕ、vʑ、vj、vkh、vqhl 等。

d. 以 s 为前置辅音构成的复辅音有 26 个。即：sp、spʐ、sph、sphʂ、sphɕ、sm、sw、st、sth、sn、sʐ、stɕ、stɕh、sȵ、sk、skʐ、skh、skhʂ、sŋ、sx、sq、sqʐ、sql、sqh、sqhʂ、sqhl 等。

e. 以 z 为前置辅音构成的复辅音有 14 个。即：zb、zbʑ、zv、zd、zl、zʐ、zdʐ、zʑ、zk、zɡ、zɡʐ、zŋ、zr、zʁ 等。

f. 以 n 为前置辅音构成的复辅音有 27 个。即：nt、nth、nd、nl、ntsh、ndz、ns、nsh、nzʐ、nzɣ、ntʂh、ndʑ、nɕ、ntɕh、ndʑ、nç、nçh、nʑ、nk、nkʐ、nkh、nkhʂ、nɡ、nɡʐ、nɣ、nqh、nχ 等。

g. 以 l 为前置辅音构成的复辅音有 15 个。即：lp、lb、lm、lw、lv、ldz、lt、ld、lth、ltɕ、lk、lŋ、lχ、lɣ、lʁ 等。

h. 以 ʐ（实际音值接近 r）为前置辅音构成的复辅音有 28 个。即：ʐph、ʐphɕ、ʐb、ʐm，ʐw、ʐv、ʐts、ʐtsh、ʐdz、ʐz、ʐt、ʐth、ʐd、ʐl、ʐtɕ、ʐtɕh、ʐdʑ、ʐȵ、ʐʑ、ʐj、ʐk、ʐkh、ʐɡ、ʐɣ、ʐŋ、ʐq、ʐqh、ʐʁ 等。

i. 以 ɦ 为前置辅音构成的复辅音有 11 个。即：ɦm、ɦv、ɦt、ɦd、ɦn、ɦl、ɦʐ、ɦtɕ、ɦȵ、ɦj、ɦŋ 等。

j. 以塞音为基本辅音和擦音、边音结合的复辅音有 13 个。即：pʐ、phʂ、bʐ、phɕ、bʑ、bl、kʐ、khʂ、ɡʐ、qʐ、qhʂ、ql、qhl 等。

2. 韵母　单元音韵母共有 17 个，分两类，一类是普通元音，有 i、e、ɛ、a、ɔ、o、u、y、ø、ʉ、ɯ、ə、ɿ 等 13 个，另一类为卷舌元音，有 ɛʴ，aʴ、əʴ、ɯʴ等 4 个。分别举例如下：

i：	khi	鸽子	e：	zɡʐe	星星	ɛ：	tshɛ	山羊
a：	qa	山	ɔ：	sthɔ	豆子	o：	ko	岁、年
u：	lmu	雹子	y：	tɕhy	区	ø：	ndø	螯
ʉ：	sɿ dʉ	时间	ɯ：	ɬɯ	月	ə：	mə ka	害羞
ɿ：	zʐɿ	扫帚	ɛʴ：	wdzɛʴ	筷子	aʴ：	zdaʴ	盘子
əʴ：	ʐə məʴ	井	ɯʴ：	ndʑɯʴ	变化			

复元音韵母有 23 个，分前响、后响、三合等三类。前响的复元音有 ɛi、ai、ɛu、au、ɯu 等 5 个，后晌复合元音有 ie、iɛ、ia、iɔ、io、iɯ，iaʴ、ui、ue、uɛ，ua、uə，uɯ、yi、ye、yɯ16 个，三合复元音有 iau、iɔu、uɛi 等 3 个。

带辅音韵尾的韵母有 31 个。尔龚语有 m、n、ŋ、l 4 个韵尾，其中有不少韵尾是出现在汉语借词中。带 m 韵尾的韵母有 ɛm、am、əm、iam4 个，带 n 韵尾的有 in、en、ɛn、an、un、ən、yn、iən、uen、uən，yɛn、uɛn12 个，带 ŋ 韵尾的有 iŋ、aŋ、ɔŋ、oŋ、uŋ、əŋ、iaŋ、iɔŋ、uaŋ、uɔŋ10 个，带 l 韵尾的有 il、ɛl、al、əl、ɯl 5 个。

尔龚语中，只有习惯调，没有音位调。换句话说，词的读音虽有高低不同的差别，但在记录的两千多词中，并未发现声调有区别词义的作用。

（二）词汇

尔龚语的词，虽然词根多数为单音节，但作为独立运用的词，相对的来说单音节的却比较少。丰富语言词汇的主要方式是用本民族语言材料构成新词，从邻近民族语言中借用也是丰富语言词汇的途径之一。分述如下：

1. 用本民族语言材料构词。有以下几种方法：

（1）派生法　加词头词尾构成新词的。例如：

a pʉ	祖母	a ʑo	姨父	a pa	父亲
a mŋ̊i	祖父	a mɛ	母亲	a kiɯ	叔父、伯父
ʐkho ʐa	冷的	ʑo ʐa	香的	no ʐa	臭的
tshio ʐa	胖的	nqhi ʐa	瘦的	ʑɯ ʐa	宽的

（2）合成法　用两个或两个以上的词根合成新词。例如：

rŋa khɯ	猎狗	ʐkiɔŋ ʐʁo	跛子	ʁau ʁuə	针尖
ɕɛ vo	青稞酒	zu pu tɕɔ	健康	ʐɡiɔ vɕɯ	麦种
sqhɛ si	青冈树	va snəm	猪油	nu ʁuə	奶头

（3）重叠法　用词根重叠构词。例如：

nu nu	乳房	la la	岳母	ntɯu ntɯu	滴
wza wza	木匠	mbla mbla	光滑	lɣi lɣi	短
kɛʴkɛʴ	圆	wzɯ wzɯ	少	dau dau	小
mvɯ mvɯ	软	ɦnɛ ɦnɛ	暗	ʐʁo ʐʁo	弯

（4）拟声法　模仿事物发出的声音构词。例如：

ku ku	布谷鸟	tsi qɔ qɔ	啄木鸟	qaŋ laŋ	铃
ɛ thiau	打喷嚏	du du bʐi bʐi	斑鸠	ndʐi ska ska	喜鹊
vɛ ʐvi	蝙蝠	ʑy wa ʑy wa	哗哗地	ʁau ʁau	汪汪地

（5）四音联绵构词。有以下几种方式。

a. ABCB 型：	ʐɔ tɕhi nɔ tɕhi	搬来搬去
b. ABAC 型：	mə kɯ mə ka	羞羞答答
c. AABB 型：	bo bo ʐe ʐe	疯疯癫癫

另外还有一些四音联绵词，往往一、三和二、四音节分别谐声，一、二和三、四分别叠韵。

例如：

kɯ tɯ kɔŋ tɔŋ	指乱哄哄的声音
sɯ ɯ sɔ lɔ	形容动作迅速、果断
phɯ ɕɯ phu ɕu	形容悄悄地说耳语

2. 从邻近民族语言中借用。主要来自汉语和藏语。其中汉语借词要稍多于藏语借词。

（1）汉语借词。例如：

laŋ kua	南瓜	lau sʅ	老师	ko tɕi	裹腿
phu ɡe	被子	tɯ fu	豆腐	kɛ tsʅ	集市
la ʈʂu	蜡烛	ʂua taʅ	刷子	tshɛ tau	菜刀

（2）藏语借词。例如：

mə tɔ	花	sman ba	医生	ɡe ʨin	绸子
ɕhɛ nʥ̢i	鬼	lɛ ma	喇嘛	maɪ lva	酥油
ɡuŋ	价钱	tshuŋ khuŋ	商店	phɔ	工资

（三）语法

尔龚语语法范畴的主要表达方式是词序、助词和屈折形态，分词类和句法两个方面介绍。词类有名词、数词、量词、代词、动词、形容词、副词、助词、连词和情感词十类。现将主要词类的语法特点介绍加下：

1. 名词有数的语法特征，在名词后加 ȵ̥ɯ 表示复数。例如。

vdzi	人	vdzi ȵ̥ɯ	人们
nʥ̢ɯ nkha	客人	nʥ̢ɯ nkha ȵ̥ɯ	客人们
va	猪	va ȵ̥ɯ	猪（多数）

wo	房子	wo ȵɯ	房子（多数）
qhuə zi	碗	qhuə zi ȵɯ	碗（多数）

可在名词后加 lŋa 表示该事物较小、较可爱，lŋa 原意为孩子，此处已虚化。例如：

ʐɣi	马	ʐɣi lŋa	小马驹子
tshɛ	山羊	tshɛ lŋa	山羊羔
bəʴ zi	刀子	bəʴ zi lŋa	小刀
shɯ pho	树	shɯ pho lŋa	小树苗

2. 数词和量词，基数词一至十如下：

ʐau、ɛ	一	wne	二	wsu	三
wʑɛ	四	wŋuɛ	五	wtɕhau	六
sŋie	七	ɣiɛ	八	ŋgɛ	九
zʁa	十				

基数词"一"有两个，若和量词结合则用 ɛ，若结合成十一、二十一用 ʐau。

十位、百位数组成时，个位数在前，位数词在后。千位、万位数组成时，位数词在前，个位数在后。例如：

wsu sqha 三 十	三十	wsu ʐɣiɯ 三 百	三百
wŋuɛ sqha 五 十	五十	wŋuɛ ʐɣiɯ 五 百	五百
ŋgɛ sqha 九 十	九十	ŋgɛ ʐɣiɯ 九 百	九百
stɔŋ mphʂɔ wsu 千 三	三千	khʂɯ wsu 万 三	三万
stɔŋ mphʂɔ wŋuɛ 千 五	五千	khʂɯ wŋuɛ 万 五	五万

stɔŋ mphʂɔ	ŋgɛ	九千	khʂɯ	ŋgɛ	九万
千	九		万	九	

序数词一般使用汉语借词。但“第一”则用固有词 zɯ ŋui，zɯ ŋui 的原意为“开头”、“首先”的意思。例如：

ti sɛn　第三　　tiwu　第五　　ti pa　第八

倍数词则采用下列方式表示：

ndɔ ma	wsu	ʐgɯu	三倍	ndɔ ma	wŋuɛ	ʐgɯu	五倍
倍	三	个		倍	五	个	
ndɔ ma	zʁa	ʐgɯu	十倍	ndɔ ma	ʐgiɯ	ʐgɯu	一百倍
倍	十	个		倍	百	个	

分数的表示方法采用“××wɯ nɛ rʐtɛ ××wɯ”即“××份中××份”，例如：

wsu	wɯ	nɛ	ʐtɛ	ɛ	wɯ		三分之一
三	份	（助词）	中	一	份		
wŋuɛ	wɯ	nɛ	ʐtɛ	ɛ	wɯ		五分之一
五	份	（助词）	中	一	份		
ʁɛ wŋuɛ	wɯ	nɛ	ʐtɛ	wʑɛ	wɯ		十五分之四
十 五	份	（助词）	中	四	份		

约数有多种表示方法，常见的有用两个相邻的数词相连表示的。例如：

vdzi	wŋuɛ	wtɕhau	ʐgiau			五、六个人
人	五	六	个			
ʐɣi	ʁa	wʑɛ	ʁa	wŋuɛ	ʐgiau	十四、五匹马
马	十	四	十	五	匹	
tshɛ	wŋuɛ	sqha	wtɕhau	sqha	ʐgiau	五、六十只山羊
山羊	五	十	六	十	只	

还有用在定数词后加 mɯ tshɛ“余”构成的。例如：

ʐɣiɯ	ʐgɯu	mɯ tshɛ		一百多个
百	个	余		
wŋuɛ	sqha	ʐgɯu	mɯ tshɛ	五十多个
五	十	个	多	

尔龚语量词比较丰富，分名量词和动量词两类。名量词和数词结合时的词序是数词在前，量词在后。例如：

sɯ pho	ɛ	qha	一棵树	wʐɯ	ɛ	ʈʂhɛ	一滴水
树	一	棵		水	一	滴	
wzi	ɛ	vtɕɛ	一双鞋	biɛ no	ɛ	mtɔ	一块肉
鞋	一	双		肉	一	块	
ɕɔ vɯ	ɛ	lbɛ	一张纸	dʑi dɯ	ɛ	pɛ tɯ	一本书
纸	一	张		书	一	本	
vdzi	ɛ	ʁi	一个人	tshɛ	ɛ	ʐgiau	一只山羊
人	一	个		山羊	一	只	

名量词中，有一部分量词是借用名词表量的。例如：

vo	ɛ	ɕɛl dam	一瓶酒	si	ɛ	qɯl tɔ	一筐柴
酒	一	瓶		柴	一	筐	
mtsɔ wdʑo	ɛ	wni	一袋糌粑	ɕi	ɛ	wo pha	一升青稞
糌粑	一	口袋		青稞	一	升	

动量词比名量词少得多，动量词和数词结合修饰动词时其词序为数 + 量 + 动。常见的动量词有以下几个：

ɛ	li	dɛ	ɦɔ piɔ	看了一次
一	次	（前加）	看	
ɛ	ɕɯu	gɛ	ʐgɯ	睡了一觉
一	觉	（前加）	睡	

ɛ	khɛ˞	dɛ	vɯ	转了一圈
一	圈	（前加）	转	

3. 代词　分人称代词、指示代词、疑问代词、泛指代词、反身代词等类。现分述如下。

（1）人称代词　分单、双、多数。列表如下：

数 人称	单数	双数	多数
第一人称	ŋɛ	ŋɛ nɛ	ŋɛ ȵɯ
第二人称	ȵi	ȵi nɛ	ȵi ȵɯ
第三人称	χɯ	χɯ nɛ	χɯ ȵɯ

人称代词在句中使用，充当各种句子成分时，有格的变化，分主格、领格和宾格，分别用韵母屈折变化和结构助词的方式表达。现将各人称的格变化列表如下：

格 人称	数	主格	领格	宾格
单数	一	ŋa	ŋɛi	ŋɛ ke
	二	ȵɯu	ȵi	ȵi ke
	三	χɯu	χɯi	χɯ ke
双数	一	ŋɛ nɛu	ŋɛ nɛi	ŋɛ nɛ ke
	二	ȵi nɛu	ȵi nɛi	ȵi nɛ ke
	三	χɯ nɛu	χɯ nɛi	χɯ nɛ ke
多数	一	ŋɛ ȵɯu	ŋɛ ȵi	ŋɛ ȵɯ ke
	二	ȵi ȵɯu	ȵi ȵi	ȵi ȵɯ ke
	三	χɯ ȵɯu	χɯ ȵi	χɯ ȵɯ ke

(2) 指示代词　有两个，近指用 je“这”，远指用 ɛ lɯ“那”。在句中一般需和量词结合使用。例如：

je　thɯ　ŋi　ʐɛ，　ɛ lɯ　thɯ　mɯ　ŋi　ʐɛ.
这　个　好　(后加)　那　个　不　好　(后加)
这个好，那个不好。

(3) 疑问代词　根据它代替的对象不同，有以下几类：

代人的疑问代词用 sɯ。在句中有 sɯu（表示施动）、si（表示领属）、sɯ ke（表示受动）等不同形式。

代物的疑问代词用 ɛ tɕhɯ“什么”。

代处所的疑问代词用 lau 或 lo tho“哪儿”。

代数量的疑问代词用 χa zi“几”、“多少”。

代时间的疑问代词用 sʉ dʉ“何时”。

(4) 泛指代词　有 lma ȵɯ“别人”、a ʁe lɔ“大家”2 个，在句中使用时有“格”的语法变化，分主格、领格和宾格。列表如下：

格 / 泛指代词	主格	领格	宾格
lma ȵɯ“别人”	lma ȵɯu	lma ȵi	lma ȵɯ ke
a ʁe lɔ“大家”	a ʁe lɔu	a ʁe lɛ	a ʁe lɔ ke

(5) 反身代词　有 guə do 和 bɯ ʐaŋ 2 个，他们都能和人称代词结合。其中 bɯ ʐaŋ 不能单独作句子成分，它只能与人称代词结合使用。例如：

ŋɛ bɯ ʐaŋ　我自己　ȵi bɯ ʐaŋ　你自己
χɯ bɯ ʐaŋ　他自己　ŋɛ nɛ bɯ ʐaŋ　我俩自己
ȵi ȵɯ bɯ ʐaŋ　你们自己　χɯ ȵɯ bɯ ʐaŋ　他们自己

guə do 除与人称代词结合外，还能单独作句子成分。单独作句子成分时有“格”的变化。也分主格、领格和宾格三种。主格形式为 guə du（ou），领格形

式为 ɡuə de，宾格形式为 ɡuə do ke。

4．动词　动词有人称、数、时间、式、态、趋向等语法范畴，其表达方式有内部屈折变化、添加附加成分、重叠词根等方式。现分述如下：

（1）动词有人称、数的语法范畴，其基本形式如下：

人称	单数	复数
一	—u	— ŋ
二	—i	—n
三	v—ʐɛ（将）	v—ʐɛ（将）
	v—si（现、过）	v—si（现、过）

若动词词根为复辅音或单辅音 v，则第三人称不加前置辅音 v，若为其他辅音，则前面缀以 v—。例如：

汉义	动词	第三人称（将来时）
买	ʐɯ	vʐɯ ʐɛ
骑	tɕi	vtɕi ʐɛ
煮（饭）	vɯ	vɯ ʐɛ
坐	ndzo	ndzo ʐɛ
抱	lwɛ	lwɛ ʐɛ

动词加了表示人称和数的后加成分以后，词根韵母也会发生一些变化，由于韵母的情况不同，其变化的特点也有所不同。此外，动词的人称变化，在一定条件下还和宾语、定语发生一致关系，因篇幅限制，不一一举例说明了。

（2）动词有时间范畴，尔龚语动词的时间范畴使用时并不十分严格。其表达方式与人称、数也有一定的联系。时间分将来时、现在时和过去时三种，采用在动词词根加前加或后加成分以及词根内部屈折变化的方式表达。分述如下：

a. 将来时往往在动词前加前加成分 be、zɯ 等表达。例如：

汉义	动词	将来时（第一人称单数）
买	ʐɯ	be ʐɯu（我）将买
骑（马）	tɕi	zɯ tɕɯu（我）将骑（马）
剃（头）	vʑɛʴ	zɯ vʑɛu（我）将剃（头）

b. 现在时往往在动词前加前加成分 gɛ 表达。例如：

汉义	动词	现在时（第一人称单数）
买	ʐɯ	gɛ ʐɯu（我）正在买
骑（马）	tɕi	gɛ tɕhɯu（我）正在骑（马）
剃（头）	vʑɛʴ	gɛ vʑɛu（我）正在剃（头）

c. 过去时往往在动词前加前加成分 dɛ，同时在动词后加后加成分 si 表达。例如：

汉义	动词	过去时（第一人称单数）
买	ʐɯ	dɛ ʐɯusi（我）已买
骑（马）	tɕi	dɛ tɕhɯusi（我）已骑（马）
剃（头）	vʑɛʴ	dɛ vʑɛusi（我）已剃（头）

上述例词中，“骑”的将来时为不送气清音，现在时、过去时为送气清音，类似的情况如 quɛi 单数第一人称“挖”将来时为 zɯ quɛiu，现在时为 gɛ qhuɛiu 过去时为 dɛ qhuɛiu si。

（3）动词有式范畴，分命令式、祈使式、否定式等。分别用加前加成分或后加成分、词根元音屈折变化等手段表达。现分述如下：

a. 命令式　分单数和复数，采用动词词根的屈折变化和在动词前面或后面加附加成分的方式构成。动词词根的变化与人称范畴的变化相同，所加的前加成分则用表趋向的前加成分兼表命令。例如：

汉义	动词	单数命令式	多数命令式
喝（水）	thi	wɯ thi	wɯ thin
扫（地）	zʐɯ	dɛ zʐi	dɛ zʐən

背（柴）	mgo	dɛ mgui	dɛ mgon
吹（火）	wmɯ	ʐə wmi	ʐə wmən
切（菜）	tsaɛ	nɛ tsɛi	nɛ tsɛn（auŋ）
拔（草）	ʐɣin	ʐə ʐɣin	ʐə ʐɣin

b. 祈使式　分两种，一种是祈求第二人称允许第一人称施动，在动词后加附加成分 pha 构成。例如：

ȵi　ŋo　wen　ʐɛ，　ȵi　tshɛ zgɯ　ŋɛ　ke　dɛ ʐʁe pha.
你　病　有　（后加）你　衣服　我　（助词）（前加）洗（后加）
你有病，你的衣服让我洗吧！

另一个是祈求第二人称允许第三人称施动，用在动词词根前加前置辅音 s 或 z（清辅音或次浊辅音前加 s，浊辅音前加 z）的方式表达。例如：

汉义	动词	祈使式	
喝	thi	sthi	请让（他）喝
开	ʨi	sʨi	请让（他）开
穿（衣）	gi	zgi	请让（他）穿

若动词词根为复辅音，则不加前置辅音，而在动词后加附加成分 phi 表示。例如：

汉义	动词	祈使式	
背（柴）	mgo	mgo phi	请让（他）背
扫（地）	zʐɯ	zʐɯ phi	请让（他）扫
洗（衣）	ʐʁe	ʐʁe phi	请让（他）洗

c. 否定式　用在动词前加附加成分 mi、mɛ、ʥi 等构成。表否定的附加成分经常可插在其他前加成分与词根之间。例如：

dzi　mi mɯ.　　　　饭不熟。
饭　（前加）熟

dzi	thɛ vɛ	gɛ	mɛ	mɯ.	饭现在还没有熟。
饭	现在	(前加)	(前加)	熟	

mi、mɛ 一般用在陈述句中表示否定语气，dʑi 一般用在命令或祈使句中，表示劝阻或禁止。例如：

ɛ ʁe lɔu	dɛ	dʑi bo boŋ.	大家别忙!
大家	(前加)	(前加) 忙	
dɯ va	gɛ	dʑi thi.	请勿吸烟!
烟	(前加)	(前加) 吸	

（4）动词有态范畴，分使动态和互动态两种。使动态有两种表达方式，一种是用声母的屈折变化表达的。例如：

汉义	动词	使动	
(棍) 断	ʑɯ	çɯ	使断
(绳子) 断	bʐɛ	phʂɛ	使断
(衣) 破	bʐɯ	phʂɯ	使破
(树) 倒	le	ɬe	使倒
(水) 开	lʉ	ɮʉ	使开
滚动	dʑɛ vzɯ	tɕɛ vsɯ	使滚动

另一种是在动词后加附加成分 pɯ 的方式构成。例如：

汉义	动词	使动	
弯曲	ʐʁo	ʐʁo pɯ	使弯曲
打湿	ndɯ	ndɯ pɯ	使打湿
裂开	bia	bia pɯ	使裂开
卷起	ɬa	ɬa pɯ	使卷起

互动态用重叠动词词根构成。例如：

汉义	动词	互动	
打（人）	ʐa	ʐa ʐa	互相打架
啄（米）	ntsɔ	ntsɔ ntsɔ	互相啄
帮助	ʁo	ʁo ʁo	互相帮助
团结	mph ʂɛ	mph ʂɛ mph ʂɛ	互相团结

（5）动词有趋向范畴，在动词前加不同的前加成分，表示行为动作朝着不同的方向进行。尔龚语常见的有下列几种表趋向的形式：

a. ʐə－表示行为动作向上进行。例如：

mbɯ ʐtshi	推	ʐə mbɯ ʐtshi	向上推，推上去
skhɛ	赶，吆	ʐə skhɛ	向上赶，吆上去
ʑu wa	扔	ʐə ʑu wa	向上扔，扔上去

b. nɛ－表示行为动作向下进行。例如：

推	nɛ mbɯ ʐtshi	向下推，推下去
赶，吆	nɛ skhɛ	向下赶，吆下去
扔	nɛ ʑu wa	向下扔，扔下去

c. gɛ－表示行为动作向上游方进行，同时表示向里进行。例如：

推	gɛ mbɯ ʐtshi	向上游方推，向里推
赶，吆	gɛ skhɛ	向上游方吆，向里赶
扔	gɛ ʑu wa	向上游方扔，扔进去

d. wɯ－表示行为动作向下游方进行，同时表示向外进行。例如：

推	wɯ mbɯ ʐtshi	向下游方推，推出去
赶，吆	wɯ skhɛ	向下游方吆，向外赶
扔	wɯ ʑu wa	向下游方扔，扔出去

（6）动词的名物化，采用在动词后加助词的方式构成。表名物化助词的有 ʑɛ、je、ko、mie 4 个，其中 ʑɛ 用得最普遍。例如：

ŋgɯ ʑɛ	吃的	gɯ ʑɛ	穿的	thi ʑɛ	喝的
ȵʑi ʑɛ	垫的	stɕɛ ʑɛ	用的	ʐɛ ʑɛ	写的

ʑɛ 还可加在动宾词组的后面。例如：

tiɛn jin　lɛ　ʑɛ
电影　放　（助词）　　放电影的

wʐɯ　wɯ sɯ　ʑɛ
水　背　（助词）　　背水的

此外，je、ko、mie 虽然在用法上与 ʑɛ 相类似，但其语法意义稍有差别。试比较如下：

tiɛn jin　lɛ　ʑɛ
电影　放　（助词）　　放电影的（指机器等）

tiɛn jin　lɛ　je
电影　放　（助词）　　放电影的（指电、电线等）

tiɛn jin　lɛ　ko
电影　放　（助词）　　放电影的（指场地）

tiɛn jin　lɛ　mie
电影　放　（助词）　　放电影的（指人）

上面 4 个例子，第一例表示工具，第二例表示条件，第三例表示处所，第四例表示人物。其中第一、二例的助词用法比较接近，经常可以互换。

（7）存在动词有类别特征，分别用不同的语音形式表示客观事物存在于不同的客观状态之中。尔龚语共有 5 个存在动词。它们是：

wi 表示不能随意移动物体的存在。

dɯ 表示可移动物体或抽象事物或现象的存在。

ndʑɯ 表示客观事物存在于容器或一特定的空间范围之内。

dʑi 表示有生命的动物和人或人们认为有生命的东西的存在，如鬼神等。

ntɕho 表示被领有的事物的存在。

5. 形容词　尔龚语的形容词在句中作谓语时，与动词有许多共同的特点，但也有不同于动词的一些基本特点。如尔龚语中的基本形容词词根大都采用叠音形式。例如：

wtɕhɯʴ wtɕhɯʴ	酸	tɕhɯ tɕhɯ	甜	snia snia	苦
ʐzau ʐzau	辣	çhaʴ çhaʴ	快	çi çi	慢
ȵa ȵa	黑	ph ʂu ph ʂu	白	sqʐa sqʐa	粗（粉）
stɛu stɛu	细（粉）	nshio nshio	亮	ɦnɛ ɦnɛ	暗

尔龚语的形容词大都有叠音的藻饰语，当形容词后面跟上叠音的藻饰语以后，叠音形容词词根一般都丢失一个音节。例如：

ph ʂu saŋ saŋ	白花花	nshio ʁua ʁua	亮堂堂
tɕhɯ taŋ taŋ	甜丝丝	ʐŋɯ lɔŋ lɔŋ	绿油油
ʐgi kuaʴ kuaʴ	硬邦邦	ɦnɛ ku ku	暗呼呼

形容词在句中单独作主语或谓语时，需要和定指助词 thɯ 相结合。例如：

ŋɛi	ph ʂu ph ʂu	thɯ	vçe，	ȵaȵa	thɯ	mɯ	vçe.
我	白	（助词）	要	黑	（助词）	不	要

我要白的，不要黑的。

6. 副词　尔龚语中常见的副词有以下几类。

（1）程度副词，一般用来修饰形容词。例如：skiau“稍稍”，“比较”、gɯndɔ“很”、zɯ“最”、mɯ ŋai“太”等。

（2）范围副词。例如：ɛqai“一起”，“总共”、be“也”、stɛ“都”。

（3）时间副词。例如：ŋui“先”、ȵo“后”、thɛu thɛu“马上”、ɛ tsɯ tsɯ dzɔ“刚刚”、thɛ vɛ“现在”、ʐthən thɯ“正在”等。

（4）语气副词。例如：ŋɛ ma“一定”、zɯ ʐɛ“大概”、ɛ tɕhɯu dɛ vsi

be“无论如何”等。

（5）性状副词。例如：ʐguɛ di“悄悄地”、ŋuə me“好好地”、ʐywa ʐywa“哗哗地”、ʁua ʁua“哇哇地”等。

7. 助词　有限制、施动、受动、工具、处所、从由、比较、定指等类。分述如下。

（1）限制助词 je 加在名词或代词后，表示限制关系。例如：

kuŋ se　je　tho la tɕi　dɛ lɛn si.
公社　（助词）　拖拉机　（前加）烂（后加）
公社的拖拉机坏了。

（2）施动助词 wɯ 加在名词或代词后，强调他是行为动作的发出者。例如：

ɛ pu　wɯ　zu tɕu　dau dau　naŋ　dzi　gɛ vɯ si.
奶奶　（助词）　锅　小　（助词）　饭　（前加）做（后加）
奶奶用小锅做饭。

（3）受动助词 ke 加在名词或代词后，强调他是行为动作的承受者。例如：

ɛ pa　wɯ　me me　ke　dɛ vʐa si.
爸爸　（助词）　妹妹　（助词）　（前加）打（后加）
爸爸打妹妹了。

（4）工具助词有两个，一个是 naŋ，主要用在容器工具的后面，另一个是 tɕe，用在一般工具的后面。例如：

ŋa　phɛn dzɯ　naŋ　ntshɯ　ʐaŋ.
我　盆子　（助词）　脸　洗
我用盆子洗脸。

ɛ ma　wɯ　ʁau　tɕe　tshɛ zgɯu　gɛ vʐau si.
妈妈　（助词）　针　（助词）　衣服　（前加）缝（后加）
妈妈用针缝衣服。

（5）处所助词有多个，常见的有 tɕhi“在……下”、tɕha“在……上”、wo“在……里”等。例如：

sɯ pho tɕhi ʐɣi ɛ lʉ gɛ pʐau si.
树 （助词） 马 一 匹 （前加） 拴（后加）

树下拴了一匹马。

ȵi ʁuə tɕha ʁuə za ɛ lʉ dʑi ʐɛ.
你 头 （助词） 苍蝇 一 只 有（后加）

你头上有一只苍蝇。

ʑɯ wo mphʂi wnɛ qha dʑi ʐɛ.
田 （助词） 蛇 二 条 有（后加）

田里有两条蛇。

（6）从由助词 tɕe 加在名词或代词后，表示行为动作由该处起始。例如：

ŋa bʑa ŋguɯ tɕe ʐə lχuaŋ.
我 丹巴 （助词） （前加）来

我从丹巴来。

（7）比较助词 bɔ mȵa 加在名词或代词后，表示被比较的对象。例如：

ŋa ȵi bɔ mȵa skau bʑaŋ.
我 你 （助词） 高

我比你高。

（8）定指助词 thɯ 可以加在许多词类的后面，其主要作用是强调该成分在句中的地位。例如：

加在指示代词后：

je thɯ thɯ si tuŋ ɕi ŋuə? 这是谁的东西。
这 （助词） 谁 东西 是

加在形容词后：

ȵa ȵa　thɯ　bɔ mȵa　phʂu phʂu　thɯ　ndze.
黑　（助词）（助词）　白　（助词）　好看
白的比黑的好看。

下面拟从句子成分及语序、单句、复句三个部分简介尔龚语的句法。

1. 句子成分及语序　句子有主语、谓语、宾语、定语、状语五种成分，句子的基本语序是主语—宾语—谓语。例如：

ɛ pa　wɯ　me me　ke　ke　dɛ vʐa si.
爸爸（主）（助词）　妹妹（宾）（宾）（前加）打（后加）（谓）
爸爸打妹妹了。

定语的位置要看词性，名词、代词作定语一般放在中心词的前面。例如：

ɛ mȵi　je　tɕe　gɛ stɕo si.
爷爷（定）（助词）　帽子　（前加）脏（后加）
爷爷的帽子脏了。

ȵi　pə tʂɯ　ti ti　ke　ɛn　tshɛ　dɔ phiɛ phi!
你（定）　报纸　弟弟　（助词）　一　下　（前加）看（后加）
你的报纸让弟弟看一下！

形容词、数量词组作定语一般放在中心词的后面。例如：

ɕɛ ndzɯ　nɣiŋ　nɣi　mi mdze ʐɛ.
衣服　红　（定）（前加）好看（后加）
红衣服不好看。

χɯu　lŋa　ɛ　lʉ　zɔ　ntɕho ʐɛ.
他　孩子　一　个　仅　有（后加）
他只有一个孩子。

状语的位置较灵活，一般放在谓语的前面，也可放在宾语的前面，有的时间、处所状语可以放在主语前面。例如：

qa ʁuə wʐɯ ʑy wa ʑy wa nɛ lχua si.

山上 水 哗哗地 （状） （前加） 流 （后加） （在谓语前）

山上的水哗哗地流了下来。

lŋa ȵɯ ʐthən thɯ ʥi dɯ gɛ nli.

孩子 （助词） 正在 （状） 书 （前加） 念 （在宾语前）

孩子们正在念书。

qhɛ si ŋɛ nɛ ɛ qai kɛ ʂaŋ ntɕhɛ ʐɛ zɯ ɕaŋ.

明天（状） 我 俩 一 起 街上 玩 （前加） 去 （在主语前）

明天我俩一起去街上玩去。

2. 单句　根据单句表达的语气，可分为陈述、疑问、命令、祈使、惊叹、判断等多类，现分述如下：

（1）陈述句

sɯ pho tɕhi ʐɣi ɛ lʉ gɛ pʐau si.

树 （助词） 马 一 匹 （前加） 拴（后加）

树下拴了一匹马。

（2）疑问句。有多种表达方式，有句中用疑问代词表达的，有用疑问情感词表达的，有用动词疑问式表达的，也有用是非问表达的。下面仅举一例，以见一斑。

χɯ tɔ ti vʐɯ za mi vʐɯ ʐɛ?

他 到底 买 （情感词） （前加） 买（后加）

他到底买不买呢？

（3）命令句。句中动词都用命令式。例如：

ȵi ŋɛ ma dɛ ʑɛ!

你 一定 （前加） 来 　你一定要来！

（4）祈使句。句中动词一般使用祈使式。有时也可在句末用加表示祈使语气的情感词表达。

ȵi χai ŋɛ ke ɛ ntshɛ dɛ sxuaŋ!
你 鞋 我 （助词） 一 下 （前加）穿

你的鞋请让我穿一下吧！

（5）惊叹句。句中往往使用情感词。例如：

a ja! je mɔ ji ŋɛ ma mdze ʐɛ!
啊 唷 这 毛衣 实 在 好看 （后加）

阿唷！这毛衣确实好看！

（6）判断句。句中的判断动词一般不能省略。例如：

ŋɛ bʐa ŋguɯ vɛ ŋuaŋ.
我 丹巴 人 是

我是丹巴人。

3. 复句　分并列和偏正两类。并列复句一般不用连词连接，偏正复句多半需用连词连接。现分述如下：

（1）并列复句。例如：

je bɯʴ zi thɯ nthu tsɛ je ŋuə, ɛ lʉ bɯʴ zi thɯ
这 刀子 （助词） 肉 切 （助词） 是 那 刀子 （助词）

tshɛ tsɛ je ŋuə. （对比关系）
菜 切（助词） 是

这把刀子是切肉的，那把刀子是切菜的。

χɯ dɛ ɕɯ ȵo ŋa ʁa dɛ ntʂau. （时间先后关系）
他 （前加） 走 （连词） 我 门 （前加）锁

他走了以后，我把门锁了。

qa ʁuə sɯ pho wi ʐɛ, wzɯ za ɕɛ tshɛ ʥi ʐɛ. （层进关系）
山上 树 有 （后加） 猴子 很多 有（后加）

山上有树，还有许多猴子。

（2）偏正复句。例如：

χɯi vau ŋɛ ma dɛ wjɯ si tɕhɯ, dzi wɛ tshe ŋgɯ
他 肚子 很 （前加）饿（后加） （连词） 饭 很多 吃
zɛ.
（后加）

因为他肚子很饿，所以饭吃得很多。（因果关系）

mɛ ʐŋɯ mɛ ʑɛ me dɛ ŋuə zɯ, ŋɛ ȵɯu khɛ xue vaŋ.
天 雨 下 （连词） 我们 开 会

如果天下雨的话，我们就开会。（假定条件关系）

ŋɛ ȵɯu thɛ vɛ kuŋ tso ŋuə me gɯ vaŋ me thi lɛ nthɯ,
我们 现在 工作 好好地 （前加）做 （连词）
χɯi no sən xo gɛ gɛ gɔ jɛ. （目的关系）
以后 生活 更 （前加） 好

我们现在好好地工作，为的是今后生活得更好。

mɛ gɛ ʑɛ be, χɯ jɛ ʑɛ ʐɛ. （让步系关）
天 （前加）下 （连词） 他 还 来 （后加）

虽然天下着雨，可是他还是来了。

ȵɯu ʐɣi ŋuə me gɔ piɛ mde, lmɛ ȵi ʑɯ wo ɕɯ
你 马 好好地 （前加）看 （连词） 别人 田里的 去
ʐɛ ʐtshau ŋgɯ ʐɛ. （语气转折关系）
（后加）庄稼 吃 （后加）

你要把马好好地看好，否则会到别人田里去吃庄稼的。

二 扎巴语

扎巴语主要分布在四川甘孜藏族自治州的雅江、理塘、新龙、道孚等县。操这种语言的居民自称 pɐ^{35} tsɿ^{55} “博子”，约有一万五千人。周围操藏语的居民称他们为 ɦdra pa “扎巴”，称他们的语言为 ɦdra skad 扎巴语。本文沿用此称呼。

扎巴人是这一地区最早的居民，据西南民族学院上官剑壁从藏文资料证明："现今划的扎巴人，是木雅岗的最早居民，他们至今操着一种与周围地区的藏语和木雅语极不相同的扎话，上层知识分子会讲藏语官话，通用藏文。"① 经调查后初步对比，上官剑壁同志的意见是正确的。扎巴语既不同于藏语，也不同于木雅语和尔龚语，是分布在这一地区的一种独立的语言。经初步比较研究，扎巴语是汉藏语系藏缅语族中的一个语言，在同语族的各语支中，在基本词汇和语法构造方面与羌语支语言最接近，是属于羌语支的一个语言。

扎巴语是扎巴人的主要交际工具，他们在家庭或村寨中普遍使用，外出则使用藏语或汉语。扎巴语有方言差别。分布在新龙、理塘及雅江西部地区的属西部方言，分布在雅江北部及道孚一带（原属乾宁县）的属东部方言。下面分语音、词汇、语法等方面简要介绍扎巴语的特点：

（一）语音

扎巴语有单辅音声母 42 个。列表举例如下：

p			t			k	q	
ph			th			kh	qh	
b			d			g		
		ts		tʂ	tɕ			
		tsh		tʂh	tɕh			
		dz		dʐ	dʑ			
	f	s		ʂ	ɕ	x		h
		z		ʐ	ʑ	ɣ		ɦ
m̥			n̥		ȵ̥	ŋ̊		
m			n		ȵ	ŋ		
			l					
			ɬ					
			r					

① 上官剑壁：《四川的木雅人和西夏人》1981 年 8 月，西夏研究学术讨论会论文。

例词：

p：	pi^{55}	香（烧的）	ph：	phi^{55}	灰	b：	bɛ^{53}	埋
m̥：	m̥ɯ^{53}	人	m：	mu^{55}	天	f：	fi^{55}tɕi^{55}	飞机
ts：	tsɛ^{35}	他	tsh：	tshɿ^{53}	盐	dz：	dzɿ^{35}	是
s：	sai^{53}	血	z：	ze^{35}	胃	t：	tõ^{55}	吃
th：	thõ^{55}	肉	d：	du^{35}	饭	n̥：	n̥u^{53}	敢
n：	nu^{55}	牛奶	l：	le^{55}	土地	ɬ：	ɬai^{55}	跳蚤
r：	ri^{53}	撕	ʈʂ：	ʈʂɛ^{53}	土	ʈʂh：	ʈʂhɛ^{53}	鹰
ɖʐ：	ɖʐʅ^{53}	翅膀	ʂ：	ʂɛ^{35}	鞍子	ʐ：	ʐũ^{35}	鱼
tɕ：	tɕi^{53}	腰	tɕh：	tɕhɯ^{53}	狗	dʑ：	dʑi^{35}	裤子
ȵ̥：	ȵ̥e^{53}	（麦）穗	ȵ：	ȵe^{35}	你	ɕ：	ɕi^{55}	虱子
ʑ：	ʑi^{35}	水	k：	ku^{53}	牙	kh：	khi^{55}	晒
ɡ：	ɡi^{35}	马	ŋ̊：	ŋ̊e^{55}	金子	ŋ：	ŋu^{53}	会
x：	xu^{53}	雨	ɣ：	ɣa^{35}	门	q：	qo^{35}	钥匙
qh：	qhɛ^{53}	屎	h：	ha^{35}tɕe^{55}	木碗	ɦ：	ɦõ^{35}	鹅

有复辅音声母9个。它们是：pʐ、phʐ、bʐ、mb、nd、ŋɡ、ndz、ndʐ、ndʑ。

单元音分基本元音和鼻化元音两套。无辅音韵尾，无松紧元音和长短元音对立的情况。单元音有i、e、ɛ、a、o，u、y、ø、ə、ɐ、ɯ、ɨ、ɿ 13个。举例如下：

i：	tɕi^{53}	腰	e：	tɕe^{53}	生（孩子）	y：	tɕy^{53}	拧
ɛ：	mɛ^{53}	疮	a：	ma^{33}	麻	o：	mo^{35}fa^{35}	模范
u：	mu^{53}	弟弟	ɯ：	mɯ^{55}	天	ɐ：	mɐ^{35}	火
ø：	lø^{53}	种子	ə：	tsə^{53}	楔子	ɨ：	dʑɨ^{35}	裤子
ɿ：	dzɿ^{35}	是						

鼻化元音在固有词中大量出现。有ĩ、ỹ、ẽ，ø̃、ɛ̃、ã、õ、ũ、ə̃ 9个。

复元音韵母有前响，也有后响的，前响复元音较少，由主要元音和i、u韵尾构成，多半出现在汉语借词中，后响的复元音较多，由i、u、y介音加主要元音构成。

有 4 个声调。其调值及例词如下：

1. 高平55：	çi^{55}	虱子	ma^{55}	酥油
2. 高降53：	çi^{53}	蒜苗	ma^{53}	妈妈
3. 高升35：	çi^{35}	有	ma^{35}	不
4. 中平33：	çi^{33}	席子	ma^{33}	麻

（二）**词汇**

扎巴语的词汇，主要由单音节词和单音节合成的复合词组成，多音节的单纯词极少。丰富语言词汇主要有两种方式，一是根据本民族语言材料合成的新词。例如：

sui^{55}lu^{53} 磨 石	磨刀石	ʂ a^{35} ɳ̥e^{53} 麦 穗	麦穗
ɣuɛ^{35}le^{55} 熊 手	熊掌	ʐi^{35}re^{55} 水 槽	水槽
nu^{55} dʑe^{33} 牛奶 茶	奶茶	lu^{53}bu^{53} 石 堆	石堆
thu^{55} m̥ɯ^{53} 乞讨 人	乞丐	xõ^{55} m̥ɯ^{53} 外面 人	外人

第二种方式是从邻近民族语言中借用。借词主要来自两个方面，一方面是汉语借词，汉语借词大部分属于日常生活用语和新词术语。例如：

ʂua^{35}tsɿ^{55}	刷子	iã^{35}tɕe^{55}	肥皂	ma^{55}tʂã^{55}	马掌
la^{55}tsɿ^{53}	辣椒	ə^{ɹ55}tsɿ^{55}	木耳	wo^{55}kui^{55}	乌龟
tʂẽ^{35}fu^{55}	政府	kõ^{55}tʂhã^{35}	工厂	ke^{35}mĩ	革命

另一方面是藏语借词，宗教用语和生活用语占多数，也有少数新词术语。例如：

ma^{55}	酥油	le^{55}mi^{55}	喇嘛	ɡi^{35}tʂhu^{53}	徒弟、弟子
ba^{35}	面具	ɬa^{55}mo^{55}	仙女	mi^{35}ri^{53}	民族
ŋo^{35}lo^{35}pa^{53}	反动派	tshõ^{55}ti^{55}	坐意	lo^{35}se^{55}	新年

（三）语法

扎巴语的词类可分为名词、代词、数词、量词、动词、形容词、副词、助词、连词、情感词等 10 类。现将几个主要词类的语法特征简介如下：

1. 名词。有双数和多数。双数在名词后加助词 tse^{53}构成，多数在名词后加助词 ȵe^{55}构成。例如：

名词		双数		多数	
a^{55}lo^{55}	小孩	a^{55}lo^{55}tse^{53}	小孩俩	a^{55}lo^{55}ȵe^{55}	小孩们
ɡi^{35}tʂhu^{53}	徒弟	ɡi^{35}tʂhu^{53}tse^{53}	徒弟俩	ɡi^{35}tʂhu^{53}ȵe^{55}	徒弟们

名词可以重叠，重叠后表示“每”的语法意义。例如：

m̥ɯ^{53}	人	m̥ɯ^{53}m̥ɯ^{53}	每个人
a^{55}lo^{55}	小孩	a^{55}lo^{55}a^{55}lo^{55}	每个小孩

2. 数词和量词。基数词一至九如下：

tə^{35}	一	na^{35}	二	so^{55}	三
ʑi^{35}	四	ŋua^{55}	五	tʂhõ^{55}	六
n̥a^{55}	七	ɕyɛ^{55}	八	ɡɯ^{55}	九

序数词借用汉语或藏语。数词一般不能离开量词单独使用，数数目时，通常要带一个量词 tɕã^{53}“个”。二十以上的合成数词一般借用藏语。

量词很丰富，分名量词和动量词两类。数词和量词结合的词序是数词在前，量词在后。数量词组作定语修饰名词时放在中心词后面。例如：

tɕhi^{55}pi^{53}　tə^{35}　re^{35}　　一套衣服
衣服　一　套

ʂɐ^{53}	tə^{35}	sɐ^{35}	一桶小麦
小麦	一	桶	

修饰动词时，放在中心词的前面。例如：

na^{35}	ʥe^{53}	kə^{35}	tõ^{53}	吃两顿
二	顿	（前加）	吃	
so^{55}	kuɐ^{53}	lə^{35}	rɐ^{53}	打三次
三	次	（前加）	打	

3．代词。人称代词分单数、双数、集体和多数。双数、集体和多数有包括式和排除式之分。

包括式：	ə̃^{35}tse^{53}	咱俩	ə̃^{35}tshã^{53}	咱家	ə̃^{35}tsho^{53}	咱们
排除式：	ŋa^{35}tse^{53}	我俩	ŋa^{35}tshã^{53}	我家	ŋa^{35}tsho^{53}	我们

人称代词表示领有时，用词根屈折变化表示。例如：

ȵe^{35}	你	na^{35}a^{55}lo^{55}	你的孩子
tə^{35}（或 tsɛ^{35}）	他	ta^{35}（或 tsa^{35}）a^{55}lo^{55}	他的孩子

第三人称代词往往来源于指示代词。指示代词有 u^{55}tə^{53}“这”和 a^{55}tə^{53}“那”两个。疑问代词根据它所代替的对象不同，分别有代人的疑问代词 li^{35}“谁”、代物的疑问代词 də^{35}“什么”、代时间的疑问代词 le^{55}ʨi^{53}“何时”、代数量的疑问代词 tshɛ^{55}“几”、代处所的疑问代词 la^{35}“哪儿”等等。反身代词有两个，一个是 ȵõ^{35}，另一个是 ʑi^{35}。ȵõ^{35}一般和人称代词结合使用，表示反身。如：

ŋa^{35}ȵõ^{35}	我自己	ȵe^{35}ȵõ^{35}	你自己	tsɛ^{35}ȵõ^{35}	他自己

ʑi^{35}一般单独使用或与其他名词结合使用。例如：

gi^{35}	ʑi^{35}	le^{55}	tu^{53}.	马自己回来了。
马	自己	回	来	

4. 动词　动词有下列语法范畴：

（1）人称、数、时间范畴。用加附加成分和词根屈折变化等手段表达。下面以 tɐ^{55} “吃、喝” 为例，列表简介动词人称、数、时间的变化：

人称＼时间	数	将来时	现在时	过去时
单数	一	tõ^{55} dzʅ^{35}	tõ^{55} rə^{53}	kə^{55} tõ^{55} si^{53}
	二	tõ^{55} tʂʅ^{35}	tõ^{55} rɛ^{53}	kə^{55} tã^{55} si^{53}
	三	tɐ^{55} tʂʅ^{35}	tɐ^{55} rə^{53}	kə^{55} tɐ^{55} si^{53}
多数	一	thɛ^{55} dzʅ^{35}	thɛ^{55} rə^{53}	kə^{55} thɛ^{55} si^{53}
	二	thɛ^{55} tʂʅ^{35}	thɛ^{55} rɛ^{53}	kə^{55} thɛ^{55} si^{53}
	三	tɐ^{55} tʂʅ^{35}	tɐ^{55} rə^{53}	kə^{55} tɐ^{55} si^{53}

说明：

a. 动词将来时除词根本身屈折变化外，还加后加成分 dzʅ^{35} 或 tʂʅ^{35}，dzʅ^{35} 或 tʂʅ^{35} 是判断动词，此处已虚化。

b. 动词过去时除了加后加成分 si^{53} 外，还用趋向前加成分兼表过去。详见后面趋向范畴。

（2）态范畴。态范畴由使动态和交互态构成。使动态有两种表达方式，一种是用词根辅音或元音的屈折变化表达。例如：

辅音屈折变化：

动词		使动态	
te^{53}	垮	the^{53}	使垮
tʂue^{53}	断	tʂhue^{53}	使断
dʐu^{53}	掉	tʂu^{53}	使掉
ʂʅ^{55}	醒	tʂʅ^{55}	使醒

元音屈折变化：

动词		使动态	
phi^{53}	逃跑	phõ^{55}	使逃跑
ɡu^{53}	穿	ɡõ^{53}	使穿
la^{55}	倒	ɬõ^{55}	使倒（辅音也变化）

另一种是在动词词根后加附加成分 dʐy^{35}表达。例如：

动词		使动态	
dʐy^{35}	写	dʐy^{35}dʐy^{35}	使写
tʂua^{55}	哭	tʂua^{55}dʐy^{35}	使哭
pi^{53}	熄灭	pi^{53}dʐy^{35}	使熄灭

互动态是用重叠动词词根的方式构成的。例如：

动词		互动态	
tho^{55}	拉	tho^{55}tho^{55}	互相拉
kuɐ^{35}	骂	kuɐ^{35}kuɐ^{35}	互相骂
khõ^{35}	送	khõ^{35}khõ^{35}	互相送
tse^{55}	吵	tse^{55}tse^{55}	吵架
ɡu^{35}	换	ɡu^{35}ɡu^{35}	交换

（3）式范畴。分命令、祈使、疑问、否定等四种。分述如下：

a. 命令式。以动词词根内部韵母屈折变化的方式表达。例如：

动词		命令式	
tsɿ^{35}	洗	tsy^{35}	（你或你们）洗
ʑe^{53}	睡	ʑu^{53}	（你或你们）睡
tha^{53}	压	tho^{53}	（你或你们）压
so^{53}	捆	sõ^{53}	（你或你们）捆

b. 祈使式。在动词后加 rɐ^{53}，表示祈求第二人称从事集体活动。例如：

ȵe^{35} ŋa^{35} la^{35} ʥɯ^{35}ʥɯ^{35} tə^{35}tɕã^{55} kə^{35} ʥʅ^{35} rɐ^{53}.
你 我 （助词） 信 一封 （前加） 写 （后加）
你帮我写封信吧！

ȵe^{35} ʥe^{33} tõ^{55} rɐ^{53}.
你 茶 喝 （后加）
你喝茶吧！

c. 疑问式。在动词前加附加成分 ɛ^{35} 构成。前加成分 ɛ^{35} 有时可以插入其他前加成分和词根之间。例如：

tɕi^{35}	有	ɛ^{35}tɕi^{35}	有吗？
lə^{35}（前加成分）ɕu^{35}	去了	lə^{35}ɛ^{35}ɕu^{35}	去了吗？

d. 否定式。在动词前加 ma^{35}、mi^{35}、tɛ^{35} 构成。若该动词已带有其他附加成分，则否定式附加成分可插入其他附加成分与词根之间。例如：

tɐ^{55}	吃、喝	ma^{35}tõ^{55}	（我）不吃、喝
ɕɯ^{53}	去	tɛ^{35}ɕu^{53}	（你）别去
lə^{55}ɕu^{53}	去了	lə^{55}mi^{55}ɕu^{53}	（他）没有去
ɕu^{53}	去	ɕõ^{55}mi^{55}si^{53}	（我）不去了

（4）趋向范畴，趋向范畴用在动词前加各种不同的附加成分表达。表达趋向范畴的前加成分有：

a. tə^{55}—表示动作向上方进行。例如：

khõ^{55}	抱	tə^{55}khõ^{55}	向上抱
pu^{53}	拔	tə^{55}pu^{53}	向上拔
tu^{53}	卷	tə^{55}tu^{53}	向上卷

b. lə^{55}—表示动作向下方进行。例如：

khuɐ^{53}	挖	lə^{55}khuɐ^{53}	向下挖
pha^{53}	跳	lə^{55}pha^{53}	向下跳
khõ^{55}	抱	lə^{55}khõ^{55}	向下抱

c. kə^{55}—表示行为动作向内进行。例如：

thõ^{55}	吃、喝	kə^{55}thõ^{55}	吃进去
çe^{55}	看	kə^{55}çe^{55}	向里看
ŋ̥u^{53}	听	kə^{55}ŋ̥u^{53}	听进去

d. thə^{55}—表示行为动作向外进行。例如：

khõ^{35}	送	thə^{55}khõ^{35}	送出去
tʂhue^{53}	断	thə^{55}tʂhue^{53}	断（离开）
khi^{53}	晒	thə^{55}khi^{53}	晒出去

除了上述 4 个趋向前加成分外，还有 wə^{55}、khə^{55}、nə^{55}等，它们经常加在动词前表示过去时，兼有表趋向的作用，但使用时表趋向语法意义已不太明显。

（5）存在动词有类别特征。有 5 个存在动词，它们是 ʐʅ^{35}、tɕi^{35}、də^{35}、çi^{35}、wə^{53}，分别使用在不同的场合。ʐʅ^{35}一般表示有生命的动物或人的存在，tɕi^{35}一般表示客观事物存在于容器或一定的空间之中，də^{35}表示抽象事物的存在，çi^{35}表示被领有的事物或可移动事物的存在，wə^{53}一般表示不能任意移动物品的存在。

5. 形容词　形容词在句中作谓语时，有类似动词的某些语法特征。但形容词也有不同于动词的一些特点。例如，扎巴语中多数基本形容词用叠音形式（有的是双声，不叠韵）。例如：

khi^{55}khi^{55}	尖	ɬe^{55}ɬe^{55}	厚	thi^{55}thi^{55}	陡
se^{55}se^{55}	亮	xĩ^{55}xĩ^{55}	深	ŋ̥i^{55}ŋ̥i^{55}	红
m̥u^{55}m̥u^{55}	蓝	kho^{55}kho^{55}	美丽	qa^{55}qa^{55}	紧

ŋa^{55}ŋa^{55} 甜　　ʂy^{55}ʂy^{55} 薄　　ʐi^{55}ʐi^{55} 多

叠音形容词为了表示程度的加深，还可以再重叠。但重叠后需加附加成分 rə^{53}。例如：

ȵi^{55}ȵi^{55}ȵi^{55}ȵi^{55}rə^{53}　　红红的
ɬe^{55}ɬe^{55}ɬe^{55}ɬe^{55}rə^{53}　　厚厚的

但一部分表示颜色的形容词，当后面带上叠音的藻饰词以后，则叠音词根需脱落一个音节。例如：

ȵi^{55}ȵi^{55}　红　　ȵi^{55}tsã^{55}tsã^{53}　红彤彤
ŋã^{55}ŋã^{55}　黄　　ŋã^{55}xu^{55}xu^{53}　黄澄澄
tʂhõ^{55}tʂhõ^{55}　白　　tʂhõ^{55}si^{55}si^{53}　白花花

6. 副词　副词分下列几类。

（1）程度副词：dzɿ̃^{35}tsɿ^{53}　　很、太、最
tə^{35}tɕã^{55}mi^{55}tsɿ^{35}　　差不多
（2）范围副词：tə^{35}khi^{53}　　一起
rĩ^{35}tɕa^{53}　　全部、都
（3）时间副河：la^{55}ŋa^{53}　　先
tho^{55}ko^{53}　　现在
（4）性状副词：ma^{55}la^{55}la^{55}　　悄悄地
tʂho^{55}tʂho^{55}la^{35}　　快快地
（5）语气副词：tə^{35}mi^{55}le^{55}i^{55}　　无论如何
ŋo^{55}ma^{55}　　一定

7. 助词　主要有限制、施动、受动、处所、从由、比较等类。分别介绍如下：

（1）限制助词 ɣa^{35}加在名词或代词后，表示限制关系。例如：

ŋa^{35}　ɣa^{35}　se^{55}　　我的柴
我　（助词）　柴

a^{55}lo^{55}　ɣa^{35}　tɕhi^{55}pa^{53}　　小孩的衣服
小孩　（助词）　衣服

（2）施动助词 ȵi^{35}加在名词或代词后，表示行为动作由他发出。有时可加在表示工具的名词后，表示行为动作是使用该工具完成的。例如：

ŋu^{35} ʐʅ^{53}　ȵi^{35}　tʂhɛ^{55}tsʅ^{53}　tho^{55}　rə^{53}.
黄牛　（助词）　车子　拉　（后加）
黄牛拉车子。

ŋa^{35}　mau^{35}pi^{55}　ȵi^{55}　dʑɯ^{35}dʑɯ^{35}　dʐy^{35}rə^{35}.
我　毛笔　（助词）　字　写（后加）
我用毛笔写字。

（3）受动助词 la^{35}一般加在间接宾语后面，表示动作由他承受。例如：

kã^{55}pu^{55}　ȵi^{35}　ŋa^{35}　tsho^{53}　la^{35}　ndʐɛ^{35}　thə^{55}　khue^{55}　si^{53}.
干部　（助词）　我　们　（助词）　大米　（前加）　给　（后加）
干部给我们大米。

（4）处所助词有 to^{53}、ku^{35}、pu^{53}等几个，分别表示“在××上”、“在××里”、“在××下”。例如：

rʅ^{35}　to^{53}　ri^{35}de^{53}　ʐʅ^{35}.
山　（助词）　野兽　有
山上有野兽。

ʑi^{35}　ku^{53}　ʐũ^{35}　ʐʅ^{35}.
河　（助词）　鱼　有
河里有鱼。

tʂɛ^{55}　pu^{53}　ŋã^{55}　ɕi^{35}.
地　（助词）　金子　有
地下有金子。

（5）从由助词 ne^{35}加在名词后，表示行为动作由该处起始。例如：

ŋa^{35} pe^{55}tɕĩ^{55} ne^{35} lə^{35} ta^{35} dzʅ^{35}.
我 北京 （助词） 来 是
我是从北京来的。

（6）比较助词 sɐ^{55}加在名词或代词后，表示被比较的对象。例如：

a^{55} pa^{55} a^{55} mo^{55} sɐ^{55} so^{55} ko^{55} kɐ^{55} rə^{53}.
父亲 母亲 （助词） 三 岁 大（后加）
父亲比母亲大三岁。

扎巴语的句子有主语、谓语、宾语、定语、状语等五种成分，基本语序是主语—谓语—宾语。名词、代词作定语放在中心词前面，形容词、数量词组作定语放在中心词后面，状语的位置比较灵活，特别是时间状语，几乎可以放在谓语前面的任何一个位置。

三 木雅语

木雅语又称弭药语，是国内外学者都十分关注的语言，特别为研究西夏语文和西夏史的专家们所重视。到目前为止，国内外谈论西夏和木雅关系的文章很多，多数文章的基本观点都认为目前操木雅语的居民，和西夏人有密切的关系，有的文章甚至认为，木雅人是西夏灭亡后南迁的移民。

1980 年到 1981 年，我两次到四川西部地区贡嘎山周围进行语言调查，发现木雅人使用的语言确实与羌语、藏语、彝语均不相同，但从其总特点来看，接近羌语而与藏、彝等语言稍远是十分明显的。我初步认为，木雅语应是汉藏语系藏缅语族羌语支的一种独立语言。

木雅语分布在四川省甘孜藏族自治州的康定、九龙及雅安地区的石棉等县，基本上环贡嘎山主峰的东、南、西三面而居，使用人口约有一万五千人左右。分布在九龙弯坝、洪坝及雅安地区石棉县的木雅人自称 mu^{55} ɳa^{55}“木雅”，操木雅语东部方言，分布在康定县沙德区及九龙县汤古一带的木雅人自称 bo⁵⁵ pɑ⁵⁵，也有少数老年人自称 mɯ³³ ȵɛ⁵³ “木雅”的，他们操木雅语西部方言，西部方言受藏语影响较深，东部方言受汉语的影响较多。东部方言的居民一般不会讲藏语，只有少数从事宗教活动的人会讲几句半通不通的藏语，他们在家庭、村寨及居住地区以木雅语为他们的主要交际工具，干部和常出门的人会讲较流利的汉语。讲西部方言的居民除在家庭或村寨中使用木雅语外，大多数人会讲当地藏语（康方言），有少数学者还精通藏文，能流利地讲汉语的却极少。由于贡嘎山的阻隔，操两种不同方言的人彼此没有来往，甚至彼此并不知道对方的存在，他们的语言存在相当大的差别，但其基本词汇和语法构造是一致的。

我们对调查资料进行了初步的整理和分析，并将木雅语材料和《番汉合时掌中珠》中汉字注音的西夏语常用词进行对照，并与西田龙雄所著《西夏语研究》中所涉及的部分语法现象进行比较，得出如下印象：

1. 木雅语和西夏语在语音结构上比较接近，有较多的同源词，有相类似的语法特征，有的表示语法意义的前后缀，在语音上有明显的同源关系。因此，可以认为，木雅语和西夏语有较密切的亲属关系。

2. 木雅语和西夏语存在着一定的差别，这种差别的程度大致相当于羌语支各语言之间的距离，他们各有自己的基本词汇和语法构造，应该认为他们都是羌语支中的独立语言。从藏缅语族一些语言或方言目前的差异程度及他们分化过程的记载分析来看，如果认为木雅语和西夏语是由一种原始语言分化出来的话，那么这种分化过程绝对不止几百年的时间。例如云南贡山独龙族怒族自治县的独龙族和怒族使用的语言，根据传说，他们分化的时间约有三百年到四百年的时间，以同源词的比例看，他们之间的同源词在百分之八十以上，基本词汇和语法构造完全一致。再以云南丽江地区的纳西语西部方言和四川地区的东部方言比较，据说，他们分化的时间已近千年，但他们语言词汇的差别也仅三十至四十，换句话说，同源词有百分之六十至七十，基本词汇仍然是一致的。这样的例子还能举出一些。这些事例说明语言确实是比较稳固的，特别是他们的基本词汇和语法构造。木雅语和西夏语的情况则相反，据初步比较估计，他们的同源词肯定不会超过百分之三十，差异部分在百分之七十以上。这种差异程度决不可能是在几百年或一千年左右的时间内所能形成的。

3. 从木雅人目前所保存的风俗习惯、居住特点、原始图腾、服饰特点来看，与操羌语支语言的居民十分相似。此外，在木雅人的居住地区或其周围，并未发现一点儿西夏灭亡后南迁此地留下来的遗迹。

根据以上情况，木雅人不大可能是西夏灭亡后南迁的移民，但却很可能是吐蕃势力东进时未北徙的党项羌人的遗留。

下面拟以康定县沙德区六坝公社的木雅语为代表，简要介绍木雅语的语音、词汇、语法特点。

（一）语　音

1. 声母　木雅语有单辅音声母 42 个，分别列表举例说明如下：

p			t			k	q	
ph			th			kh	qh	
b			d			g	ɢ	
		ts		tʂ	tɕ			
		tsh		tʂh	tɕh			
		dz		dʐ	dʑ			
m			n		ȵ	ŋ		
			l					
	f	s		ʂ	ɕ	x	χ	h
	v	z		ʐ	ʑ	ɣ	ʁ	ɦ
w					j			

单辅音声母中 ʐ，可以自由变读为 r；tʂ，tʂh、dʐ 中有一部分词可以自由变读为 ʧ、ʧh、ʤ，但未发现两套音对立。

例词：

p：	pɐ^{35}	脓	ph：	pho^{55}	（量词）	b：	bɐ^{33}	浮出水面
m：	mɐ^{35}	母的	w：	wɐ^{53}	绳子	f：	fu^{55}fu^{55}	玉米核
v：	vɑ^{33}vɑ^{55}	蛋	ts：	tsɐ^{53}	鹿	tsh：	tsha^{53}	麻
dz：	dzi^{55}	柱子	s：	sa^{53}	血	z：	zɐ^{35}	花椒
t：	ta^{35}	帽子	th：	thɐ^{35}	骡子	d：	da^{35}	打（人）
n：	nɐ^{55}	敢	l：	lɐ^{35}	牛奶	ʈʂ：	ʈʂɛ^{35}	剪
ʈʂh：	ʈʂhuɐ^{35}	晒麦架	ɖʐ：	ɖʐɛ^{53}	声音	ʂ：	ʂa^{35}	青稞
ʐ：	ʐɐ^{35}	舌头	ʨ：	ʨɑ^{53}	北	ʨh：	ne^{55}ʨha^{53}	擦
ʥ：	ʥyɐ^{35}	水獭	ȵ：	ji^{35}ȵɐ^{35}	读	ɕ：	tu^{33}ɕɐ^{53}	说
ʑ：	ʑyi^{35}	猪	j：	thy^{55}jy^{55}	卖	k：	kuɐ^{55}	砍
kh：	khiɐ^{53}	霉烂	g：	gɐ^{35}	箱子	ŋ：	ŋe^{35}	五
x：	xɯ^{35}	牙、湖	ɣ：	ɣø^{35}	连枷柄	q：	qø^{35}	小麦
qh：	qhɐ^{33}qhɐ^{53}	干瘦	ɢ：	ɢɯ^{35}tø^{35}	拿着	χ：	χɐ^{35}	发霉
ʁ：	ʁɐ^{35}	汉族	h：	hɐ^{35}hɐ^{35}	快	ɦ：	ɦɛ^{35}vi^{33}	抬、扛

有复辅音声母 7 个，都是由浊塞音、塞擦音前面带同部位的鼻冠构成。举例如下：

mb：	mbɯ^{53}	粗糠	ndz：	ndzɯ^{53}	狐狸	nd：	ndɯ^{33}xɯ^{53}	豆子
nɖʐ：	nɖʐɯ^{53}	皮绳	nʥ：	nʥɯ^{53}	薄	ŋg：	ŋguɯ^{53}	穿
ŋɢ：	ŋɢɯ^{35}ʨe^{35}	牛轭						

2. 韵母 木雅语的韵母是比较复杂的，单元音韵母分 3 套，即基本元音 i、y、e、ɛ、a、ɑ、ɔ、o、u、ɯ、ɐ、ø，共 12 个。紧元音ɐ̱、a̱、ɯ̱，共 3 个。鼻化元音ĩ、ẽ、ɛ̃、ɑ̃、õ、ũ，共 6 个。紧元音在读音时不太稳定，带紧元音的词进入句子时，有时丧失其喉头肌肉绷紧的特征。木雅语韵母不分长短，但有些词读得长一些，有些词读得短一些，出现在某些声调中的元音读得长一些，某些短一些，一般出现在高升调的元音较长，高降调的元音较短。木雅语无韵尾。现分别举例如下：

单元音韵母共21个：

i：	ti^{53}	织（布）	y：	ty^{55}	（一）拳	e：	le^{35}	答应
ɛ：	thɛ^{53}	烤（粮）	a：	ta^{35}	帽子	ɑ：	tɑ^{53}	记号
ɔ：	ʐɔ^{35}nɯ^{53}	手指	o：	to^{35}	犁	u：	tu^{35}	毒
ɯ：	tɯ^{35}tɯ^{53}	平、直	ɐ：	tɐ^{35}	一	ø：	lø^{55}	个（碗）
ɐ̱：	ʐɐ̱^{35}	四、扫帚	a̱：	na̱^{55}na̱^{55}	光滑	ɯ̱：	nɯ̱^{35}	太阳
ĩ：	ɕĩ^{55}thõ^{53}	水果	ẽ：	tiɛ̃^{35}tẽ^{55}	电灯	ɛ̃：	kɛ̃^{55}tʂe^{55}	甘蔗
ã：	pɯ^{35}nã^{35}	背后	õ：	õ^{35}	鹅	ũ：	xũ^{33}ʂɔ^{55}	甘薯

复元音韵母共有21个，只有后响的，没有前响的，均由i、u、y作介音构成。举例如下：

ui：	kui^{53}	年、岁	ue：	tɯ^{33}tʂue^{35}	撒种	uɛ：	khi^{35}khuɛ^{35}	蒸
uɛ̃：	tʂuɛ̃^{55}	砖	ua：	ʁua^{35}	肩膀	uɑ：	ɣuɑ^{55}	揭开
uø：	khu^{33}kuø^{55}	知道	uɯ：	ʁuɯ^{53}	鱼	uɐ：	ti^{55}kuɐ^{55}	挂
ua̱：	thɯ^{55} kua̱^{55}	摘	yi：	khø^{35}dyi^{53}	脊背	ye：	ye^{35}nɛ̃^{33}	越南
yɛ：	ta^{33}tɕhyɛ^{55}	斗笠	yɛ̃：	ʂɛ^{55}yɛ̃^{33}	社员	yɐ：	ɕyɐ^{53}	八
yɐ̱：	dʑyɐ̱^{35}	水獭	yɯ：	tɕyɯ^{53}pɛ^{53}	第十	yø：	yø^{33}	想
iɛ̃：	tiɛ̃^{35}xua^{35}	电话	iã：	kɔ^{55}liã^{55}	高粱	ie：	ɡie^{35}	私人

3. 声调　木雅语共有4个声调，其中高升、高降对立的词比较多，高平、中平对立的词比较少，多半在双音节词中出现。现将4个声调的调序调值举例如下：

1. 高平55：	ʐɑ^{55}	出汗	ɣɯ^{33}ɣɯ^{55}	重	ni^{33}ni^{55}	深、少
2. 中平33：	ʐɑ^{33}	吠	ɣɯ^{33}ɣɯ^{55}	重	ni^{55}ni^{33}	红
3. 高升35：	ʐɐ^{35}	舌头	ɣɯ^{35}	种子	ni^{35}	脑髓
4. 高降53：	ʐɑ^{53}	（一）次	ɣɯ^{53}	独木梯	nɯ^{53}	西

（二）词汇

木雅语的词汇大都由单音词或单音节复合而成的合成词组成，多音节的单纯词比较少。方言中词汇上的差异比较明显，西部方言受藏语的影响比较大，词汇中政治术语、宗教用语以及日常生活中的部分用语大都借自藏语，藏语借词约占词汇总数的百分之十五左右。西部方言中也有汉语借词，但相对来说要少一些。另外操西部方言的居民主要从事牧业，兼事农业，因此反映牧区生活的词比较丰富。东部方言的情况则有所不同，操东部方言的居民主要从事农业，饲养少量的牛、羊、猪、鸡等是作为副业来经营的，因此，生活中反映农区生活的词比较丰富，而牧区生活用语则比较贫乏。同时，东部方言区离藏区较远，而与汉区较近，因此，受藏语的影响较小，而受汉语的影响大，词汇中藏语借词少而汉语借词多，约占词汇的百分之二十左右。

木雅语丰富语言词汇的主要方式是根据固有的语言材料构成新词。构词的方式大致有以下几种：

1. 派生法　在词根上加词头或词尾构成新词。例如：

ε^{55}mɐ^{53}	母亲	ε^{33}pu^{55}	伯父、叔父	ε^{33}ɣø^{35}	舅父
ε^{55}la^{55}	舅母	ε^{33}khi^{55}	哥哥、姐姐	thø^{55}ʐɐ^{33}	上面
mbε^{33}ɣɐ^{55}	下面	mi^{55}ɣɐ^{33}	左边	ʁɐ^{35}ʐɐ^{33}	右边

2. 合成法　用两个实词词根复合成新词。这是木雅语里最能产的构词类型。用这种构词方式构成的词最多。例如：

ʁɑ^{55}mi^{53}	疯子	mũ^{35}khɯ^{55}	烟子	pɯ^{33}vɯ^{53}	今年
疯　人		火　烟		今　年	
tshɯ^{55}ʁa^{35}	羊	ʁɐ^{35}lø^{33}	头	tshɯ^{55}pho^{55}	树
山羊 绵羊		头 个		树　棵	
ʁɐ^{35}mo^{33}	头发	mi^{55}tɕɯ^{53}	眼泪	vu^{35}lø^{33}	肚子
头 毛		眼　汁		肚子个	

3. 重叠法　用重叠词根的方式构成新词。

jɐ^{53}jɐ^{33}	歌	vɑ^{33}vɑ^{55}	蛋	tε^{33}tε^{55}	现在

mɛ^{33}mɛ^{55}	祖母	ʈʂa^{55}ʈʂa^{55}	喜鹊	vɐ^{35}vɐ^{35}	父亲

4. 四音联绵构词　这也是一种能产的构词类型。木雅语中的四音联绵词比较丰富，常见的格式有如下几种：

（1）ABCB 型：

ŋgɯ^{55}xɯ^{33}thɐ^{33}xɯ^{33}	进进出出	tɯ^{55}tɕhɯ^{33}nɐ^{33}tɕhɯ^{33}	拿上拿下
ŋgɯ^{33}zi^{55}thɐ^{33}zi^{55}	东倒西歪	phɐ^{33}tɕhø^{55}tshɯ^{33}tɕhø^{55}	醉的东倒西歪

（2）AABB 型：

ʂi^{55}ʂi^{55}ʂo^{55}ʂo^{55}	纵横交错	gɛ^{33}gɛ^{33}ɕi^{55}ɕi^{55}	高高兴兴
tho^{55}tho^{55}la^{33}la^{33}	慢慢吞吞	gi^{55}gi^{55}go^{33}go^{33}	高低不平

（3）ABAC 型：

ȵo^{35}de^{55}ȵo^{35}tshe^{33}	宽窄合适	ȵi^{35}thø^{55}ȵi^{35}mbɐ^{55}	不高不矮
ȵi^{35}ŋguɑ^{53}ȵi^{35}vɯ^{53}	软硬合适	ȵi^{35}ndza^{33}ȵi^{35}tsɐ^{53}	不冷不热

（4）AC、BD 双声，AB、CD 叠韵型：

ndzɯ^{35}rɯ^{33}ndzɐ^{33}rɐ^{35}	蓬头垢面	ndɯ^{55}gɯ^{33}nda^{33}qa^{33}	半稀半干
ʂɯ^{55}lɯ^{33}ʂɑ^{33}lɑ^{33}	破破烂烂	xɯ^{55}pɯ^{33}xɑ^{33}pɑ^{33}	落落大方

从邻近的民族语言中借用，也是木雅语丰富语言词汇的途径之一。木雅语中的借词主要来自藏语和汉语。藏语借词如：

gɯ^{35}mbɛ^{55}	寺庙	ge^{33}ge^{35}	老师	me^{33}to^{53}	花
tɑ^{53}	老虎	lɑ̃^{55}mbo^{55}tɕhi^{55}	象	lɛ^{53}	神
ndʐu^{35}	龙	dzo^{55}pø^{55}	县长	ma^{33}mi^{53}	兵、军队

汉语借词如：

kɔ^{55}liɑ̃^{55}	高粱	jɑ^{55}y^{35}	洋芋	lɐ^{33}phø^{55}	萝卜
tshõ^{55}tsɯ^{55}	葱	ja^{35}tsɯ^{53}	鸭	i^{55}mi^{33}	玉米
xũ^{33}ʂɔ^{55}	甘薯	pe^{33}tɕĩ^{55}	北京	tho^{55}lɑ^{55}tɕi^{55}	拖拉机

（三）**语法**

木雅语是有形态的语言，词序、助词、形态都是表达语法范畴的重要手段。下面分词类和句法两方面介绍木雅语的主要语法特点。木雅语的词根据意义、词在句中的功能以及它们的形态标志，可以分成名词、数词、量词、代词、动词、形容词、副词、助词、连词、情感词等 10 类。现将几个主要词类的语法特点介绍如下：

1. 名词　名词有数的语法范畴，在名词后加 nɯ^{33} 表示多数。nɯ^{33} 既可加在指人名词后面，也可加在其他动物名词或非动物名词的后面。如：

pɯ^{33}tshi^{55}	孩子	pɯ^{33}tshi^{55}nɯ^{33}	孩子们
ndʐu^{35}	朋友	ndʐu^{35}nɯ^{33}	朋友们
ʑyi^{35}	猪	ʑyi^{35}nɯ^{33}	猪（多数）
ɣui^{35}	马	ɣui^{35}nɯ^{33}	马（多数）
ɕɛ^{55}di^{55}	锅	ɕɛ^{55}di^{55}nɯ^{33}	锅（多数）
ɣɯ^{35}ndɯ^{33}	书信	ɣɯ^{35}ndɯ^{33}nɯ^{33}	书信（多数）

可在名词后加 tɕe^{53} 或 tɕye^{53} 表示小，加 tɕe^{53} 或 tɕye^{53} 的名词，一般表示较小、较可爱。例如：

tsɯ̱^{33}lɯ̱^{53}	猫	tsɯ̱^{33}lɯ̱^{53}tɕye^{53}	小猫儿
ŋguɯ^{35}	锅（小）	ŋguɯ^{35}tɕe^{53}	小锅儿
tɕo^{55}	勺	tɕo^{55}tɕye^{53}	小勺儿
ŋuɐ^{33}ʐø^{55}	壶	ŋuɐ^{33}ʐø^{55}tɕe^{53}	小壶儿

2. 数词和量词　木雅语的基数词一至十一般不能单独使用，平时数数目时，都要带上量词 lø^{53}。例如：

tɐ^{55}lø^{53}	一	nɯ^{55}lø^{53}	二	so^{55}lø^{53}	三
ʐɯ^{35}lø^{53}	四	ŋɑ^{55}lø^{53}	五	tɕhyi^{55}lø^{53}	六
ȵyi^{55}lø^{53}	七	ɕyɐ^{55}lø^{53}	八	ŋguɯ^{55}lø^{53}	九
ɦɛ^{33}kø^{53}lø^{53}	十				

十以上至十九的数词使用固有词，二十以上则使用藏语借词。例如：

ȵi^{33}ɕɯ^{55}thɛ^{33}mbɛ^{33}	二十	tʂu^{33}tɕyɯ^{53}	六十
dʑɛ^{35}thɛ^{33}mbɛ^{33}	一百	tʂu^{33}ʥɛ^{53}	六百

多位数词连用时，第一位数词后需加连词 ʐɯ^{33} “和” 连接。例如：

tʂhi^{53}	ŋguɯ^{55}	lø^{53}	ʐɯ^{33}	to^{55}ntʂhɑ^{55}	ʐɯ^{35}	lø^{53}	ȵi^{35}	dʑɛ^{53}
万	九	个	和	千	四	个	二	百

九万四千二百

序数词一般都借用藏语，但使用时需在藏语借词前加词头 a^{55}。例如：

a^{55}tɑ^{33}mbu^{53}	第一	a^{55}ȵi^{55}pɛ^{53}	第二
a^{55}dø^{35}mbɛ^{53}	第七	a^{55}tɕyɯ^{55}pɛ^{53}	第十

倍数有两种表示方法，一种是在 ndɑ^{35}lo^{53} “倍” 后面加数量词表示，这是由固有词构成的。另一种是借用藏语的数词后加 lo^{53}。试比较如下：

汉义	固有词构成		借用藏语
一倍	ndɑ^{35}lo^{53}	tɐ^{55}lø^{53}	tɕi^{53}lo^{53}
四倍	ndɑ^{35}lo^{53}	ʐɯ^{35}lø^{53}	ʑi^{35}lo^{53}
七倍	ndɑ^{35}lo^{53}	ȵyi^{55}lø^{53}	dø^{35}lo^{53}
九倍	ndɑ^{35}lo^{53}	ŋguɯ^{55}lø^{53}	gu^{35}lo^{53}

分数往往用 “××份中××份” 表示。例如：

ŋɑ^{55} tɯ^{55}mbɯ^{33} tɕhɐ^{33}kɯ^{55} nɯ^{55} tɯ^{55}mbɯ^{33}
五 份 中 二 份

五分之二

ɦɛ^{33}kø^{53} tɯ^{55}mbɯ^{33} tɕhɐ^{33}kɯ^{55} tɐ^{55} tɯ^{55}mbɯ^{33}
十 份 中 一 份

十分之一

约数有多种表示方法，有在定数词后加 khɑ^{33}ʈʂɑ^{55}“余、多”表示的，有用两个相邻的数词连用表示的。例如：

so^{55} dʑɛ^{53} khɑ^{33}ʈʂɑ^{55} 三百多
三 百 余

so^{55} ʐɯ̱^{35} lø^{53} 三、四个
三 四 个

ɦɛ^{33}ti^{55} ɦɛ^{33}nɯ^{55} lø^{53} 十一、二个
十一 十二 个

木雅语量词很丰富，分名量词和动量词两类。数词一般不能脱离量词单独作句子成分。数词 tɐ^{55}“一”和量词结合，要随量词韵母的主要元音发生和谐变化。（本文除专门叙述语音变化部分数词用变形外，其他地方一律标原形。）例如：

tɛ^{55}vɛ^{53} 一只（鸡） （ɐ－ɛ）
tø^{55}lø^{53} 一顶（帽子） （ɐ－ø）
ta^{55}tsa^{53} 一层（楼房） （ɐ－a）
tɑ^{55}pho^{55} 一把（扫帚） （ɐ－ɑ）
tɐ^{33}tshi^{55} 一句（话）（不变）
tɐ^{55}ɣɯ^{55} 一顿（饭）（不变）

数词和量词结合的词序是数词在前，量词在后，数量词组作定语限制名词时在中心词后面。例如：

tshɯ^{55}	tɐ^{55}	dʑɛ^{35}mɛ^{33}	盐一斤
盐	一	斤	
ndzɯ^{55}	tɐ^{55}	ɣɯ^{55}	饭一顿
饭	一	顿	

数量词作状语修饰谓语时，放在中心词的前面。例如：

tɐ^{55}	ʐɐ^{35}	khø^{33}jɛ^{53}	看一次
一	次	看	
so^{55}	ku^{55}	wɛ^{35}	转三圈
三	圈	转	

3. 代词　代词可分为人称代词、指示代词、疑问代词、泛指代词、反身代词等5类。现分述如下：

（1）人称代词　分单、双、多三数，第一、第二、第三三个人称，第三人称代词来源于指示代词。现列表如下：

人称＼数	单数	双数	多数
一	ŋɯ^{55}	ŋɯ^{33}nɯ^{55}nɯ^{33}	ŋɯ^{33}nɯ^{53}
二	nɛ^{55}	nɛ^{33}nɯ^{55}nɯ^{33}	nɛ^{33}nɯ^{53}
三	ɐ^{33}tsɯ^{55}	ɐ^{33}tsɯ^{55}nɯ^{33}	ɐ^{33}nɯ^{53}

双数和多数第一人称有包括式和排除式的区别。双数排除式用ŋɯ^{33}ni^{55}nɯ^{33}，包括式用jɐ^{33}nɯ^{55}nɯ^{33}，多数排除式用ŋɯ^{55}nɯ^{53}包括式用jɐ^{55}nɯ^{53}。

人称代词有格范畴，分主格、领格和宾格三种。采用词根韵母屈折变化和加后缀的方式表达。现列表如下：

	主格	领格	宾格
单数第一人称	ŋi^{55}	ŋgɛ^{35}ni^{33}	ŋgɛ^{35}
单数第二人称	nɛ^{55}i^{55}	nɛ^{55}ɣɯ^{35}ni^{33}	nɛ^{55}

单数第三人称	ɐ^{33}tsi^{55}	ɐ^{33}tsɛ^{35}ni^{33}	ɐ^{33}tsɛ^{55}
双数第一人称（排）	ŋɯ^{33}ni^{55}nɯ^{33}	ŋɯ^{33}nɛ^{55}ni^{33}	ŋɯ^{33}nɛ^{35}
双数第一人称（包）	jɐ^{33}ni^{55}nɯ^{33}	jɐ^{33}nɛ^{55}ni^{33}	jɐ^{33}nɛ^{35}
双数第二人称	nɛ^{33}ni^{55}nɯ^{33}	nɛ^{33}nɛ^{55}ni^{33}	nɛ^{33}nɛ^{55}
双数第三人称	ɐ^{33}tsi^{55}nɯ^{33}	ɐ^{33}tsɛ^{55}ni^{33}	ɐ^{53}tsɛ^{55}
多数第一人称（排）	ŋɯ^{33}ni^{55}	ŋɯ^{33}ni^{55}nɛ^{55}ni^{33}	ŋɯ^{33}nɯ^{55}
多数第一人称（包）	jɐ^{33}ni^{55}	jɐ^{33}ni^{55}nɛ^{55}ni^{33}	jɐ^{33}nɯ^{55}
多数第二人称	nɛ^{55}ni^{55}	nɛ^{33}nɛ^{55}ni^{33}	nɛ^{55}nɯ^{55}
多数第三人称	ɐ^{33}ni^{55}	ɐ^{33}nɛ^{55}ni^{33}	ɐ^{33}nɯ^{55}

（2）指示代词　仅有一个 ɐ^{55}tsɯ^{55}，与人称代词第三人称单数相同。它可单独在句中作句子成分。例如：

ɐ^{33}tsɯ^{55}　si^{33}vu^{33}　ti^{33}　ɐ^{33}tsɯ^{55}　ȵ̥i^{35}　si^{33}vu^{33}　ti^{33}.
这　好　（助词）　那　不　好　（助词）
这个好，那个不好。

（3）疑问代词　有代人的疑问代词，用 ɦɛ^{35}nɯ^{33} “谁” 表示。例如：

ɦɛ^{35}nɯ^{33}　xui^{33}　ʐɐ^{33}?
谁　来　（后加）
谁来了？

代物的疑问代词用 ɦɛ^{35}zɯ^{55} “什么” 表示。例如：

ɐ^{33}tsɯ^{55}　ɦɛ^{35}zɯ^{55}　ni^{33}?
这　什么　（助词）
这是什么？

代处所的疑问代词用 ɐ^{33}zɐ^{35} “哪儿” 表示。例如：

nɛ^{55}i^{55}　ɐ^{33}zɐ^{35}　thɐ^{33}　xu^{35}?　　你哪儿去？
你　哪儿　（前加）　去

代数量的疑问代词用 ɦε^{35}ti^{33} “几” 表示。例如：

nε^{55}i^{55} tshɯ^{55} ɦε^{35}ti^{33} dʑε^{35}mε^{33} khɯ^{33} tø^{53}?
你 盐 几 斤 （前加） 买
你买了几斤盐？

带性状的疑问代词用 ɦε^{35}ndi^{55} “怎样” 表示。例如：

ɐ^{33}tsε^{55} lε^{33}kε^{55} ɦε^{35}ndi^{55} ti^{33}?
他 工作 怎样 （助词）
他的工作怎样？

（4）泛指代词有 ndʑø^{33}nɯ^{55} “人家”、“别人”，de^{35}le^{33}、me^{33}me^{55} “大家”。例如：

ndʑø^{33}nɯ^{55} mɐ^{55} xɯ^{33} le^{33}!
人家 没 走 （情感词）
人家还没走呢！
ɐ^{33}tsɯ^{55} tɕε^{53}khε^{53} me^{33}me^{55} ɣε^{33} ni^{33}
这 东西 大家 （助词） （助词）
这东西是大家的。

（5）反身代词 一般用重叠人称代词的方式构成，重叠时，韵母的语音发生异化现象。例如：

单数	一	ŋɯ^{55}ŋe^{55}	我自己
	二	nɯ^{55}ne^{35}	你自己
	三	ɐ^{33}tsɯ^{55}tse^{35}	他自己
多数	一（排）	ŋɯ^{55}nɯ^{33}ŋe^{35}nε^{33}	我们自己
	一（包）	jɐ^{55}nɯ^{33}jɐ^{33}nε^{33}	咱们自己
	二	ne^{35}nɯ^{33}ne^{35}nε^{33}	你们自己
	三	tsɯ^{55}nɯ^{33}tse^{35}nε^{33}	他们自己

双数	一（排）	ŋɯ^{33}ni^{55}nɯ^{33}jɐ^{33}ɣø^{35}	我俩自己
	一（包）	jɐ^{33}ni^{55}nɯ^{33}jɐ^{33}ɣø^{35}	咱俩自己
	二	ne^{33}ni^{33}nɯ^{33}jɐ^{33}ɣø^{35}	你俩自己
	三	tse^{33}ni^{55}nɯ^{33}jɐ^{33}ɣø^{35}	他俩自己

另外，第三人称单数反身代词 ɐ^{33}tsɯ^{55}tse^{35}或 tsɯ^{55}tse^{35}还可加在名词后表示反身。例如：

ɣui^{35} tsɯ^{55}tse^{35} xui^{35} ʐɔ^{35}.
马 自己 回来 （后加）
马自己回来了。

4. 动词 动词有人称、数、时间、式、态、趋向等语法范畴，采用在动词前后加附加成分、词根内部声、韵、调的屈折变化等方式表达。现分述如下：

（1）动词的人称、数、时间。人称分第一、第二、第三人称，数分单数和多数，时间分将来、现在和过去。动词的人称、数、时间的变化已不太严格，试以动词 ndzɐ^{33} “吃”为例，列表说明其变化的大致情况：

时间 / 人称	数	将来时	现在时	过去时
单数	一	ndzɐ^{33}ŋɐ^{55}（ti^{55}）	ɦɛ^{33}ndzɐ^{55}po^{55}ni^{55}	ɦɛ^{33}ndzɐ^{33}ŋɐ^{55}
	二	ndzy^{33}ŋɐ^{55}	ɦɛ^{33}ndzɐ^{55}pɛ^{55}ni^{55}	ɦɛ^{33}ndzy^{33}
	三	ndzɐ^{33}ti^{55}	ɦɛ^{33}ndzɐ^{55}pi^{55}ni^{55}	ɦo^{35}ndzɐ^{33}rɑ^{33}
多数	一	ndze^{35}ŋɐ^{33}	ɦɛ^{33}ndzɐ^{55}pe^{55}ni^{55}	ɦɛ^{33}ndze^{33}ŋɐ^{33}
	二	ndze^{35}ŋɐ^{33}	ɦɛ^{33}ndzɐ^{55}pe^{55}ni^{55}	ɦɛ^{33}ndze^{35}
	三	ndzɐ^{33}ti^{55}	ɦɛ^{33}ndzɐ^{33}pi^{55}ni^{55}	ɦo^{35}ndzɐ^{33}rɑ^{33}

动词的人称变化除第一人称外，已不大能看出他和人称代词的关系，

动词将来时除用后加成分外，动词词根本身的韵母发生一定的变化，现在时、过去时的使用已不严格，其前加成分 ɦɛ³³ 大体一致，但现在时加了后加成 pi⁵⁵ni⁵⁵，不同的人称 pi⁵⁵ 的韵母还有一定变化，过去时除词根的变化还加前、后加成分。将来时的变化除表中所列的后加成分外，有时还加后加成分 xɐ³³，当动词加 xɐ³³ 以后词根元音则不再变化，其变化移至附加成分 xɐ³³ 上。以 tu³³ku⁵⁵ "背" 为例：

人称＼数	单数	多数
一	tu³³ku⁵⁵xo³³ŋɐ⁵⁵	tu³³ku⁵⁵xue³⁵ŋɐ⁵⁵
二	tu³³ku⁵⁵xuɛ³³ŋɐ⁵⁵	tu³³ku⁵⁵xue³⁵ŋɐ⁵⁵
三	tu³³ku⁵⁵ɕy³³ti⁵⁵	tu³³ku⁵⁵ɕu³³ti⁵⁵

动词的人称变化在一定条件下还和宾语发生一致关系，因篇幅限制，就不一一举例了。

（2）动词的式。分命令、祈求、疑问三类。现分述如下：

a. 命令式。命令式有单数和多数（包括双数）的区别。采取用动词词根韵母屈折变化的方式表达。变化的方式有如下几个方面：

①韵母主要元音为 y、ɐ、u、i、ɯ 等，单数命令式变 y，多数变 e。例如：

汉义	动词	单数命令式	多数命令式
背	tu³³ku⁵⁵	tu³³ky⁵⁵	tu³³ke⁵⁵
睡	khi⁵³	khy⁵³	khe⁵³
舀（水）	ɦɛ³⁵tu³³	ɦɛ³⁵ty³³	ɦɛ³⁵te³³
吃	ɦɛ³³ndzɐ³³	ɦɛ³³ndzy³³	ɦɛ³³ndze³³

②韵母主要元音为 ɛ、ɑ、a 等，单数命令式变 ɑ，多数变 e。例如：

汉义	动词	单数命令式	多数命令式
擦（桌子）	the^{33}sɛ^{35}	the^{33}sɑ^{35}	the^{33}se^{35}
戴（帽）	tɯ^{55}ta^{33}	tɯ^{55}tɑ^{33}	tɯ^{55}te^{33}
埋	uɑ^{33}pho^{55}phɑ^{33}	uɑ^{33}pho^{55}phɑ^{33}	uɑ^{33}pho^{55}phe^{33}

③韵母主要元音为 o、ø、ɔ 等，单数命令式变 ø，多数变 e。例如：

汉义	动词	单数命令式	多数命令式
赔偿	thĩ^{55}tshɔ^{53}	thĩ^{55}tshø^{53}	thĩ^{55}tshe^{53}
挖	ɦɛ^{33}qo^{53}	ɦɛ^{33}qø^{53}	ɦɛ^{33}qe^{53}（或 que^{53}）
援	ti^{55}nø^{55}	ti^{55}nø^{55}	ti^{55}ne^{55}

④韵母主要元音为 e 及部分 i、ɯ、ɐ 等，单数命令式变 ɛ，多数变 e。例如：

汉义	动词	单数命令式	多数命令式
骂	ɦɛ^{33}ŋe^{53}	ɦɛ^{33}ŋɛ^{53}	ɦɛ^{33}ŋe^{53}
切	nɐ^{33}tʂhi^{53}	nɐ^{33}tʂhɛ^{53}	nɐ^{33}tʂhe^{53}
吹	phɯ^{53}tɯ^{33}tɯ^{53}	phɯ^{53}tɯ^{33}tɛ^{53}	phɯ^{53}tɯ^{33}te^{53}
跳	tɯ^{55}tsɐ^{53}	tɯ^{55}tsɛ^{53}	tɯ^{55}tse^{53}

另外还有一些不规则的变化，就不一一举例说明了。

b. 祈求式。在动词后加 tshu^{55}构成。例如：

nɛ^{55}i^{55}	tu^{33}ku^{55}	me^{33}thɐ^{55}	tɐ^{33}，	ŋi^{55}	tu^{33}kɐ^{55}	tshu^{55}！
你	背	不动	（连词）	我	背	（后加）

你背不动的话，请让我背吧！

c. 疑问式。在动词前加附加成分 ɛ^{55}构成。例如：

ɐ^{33}tsɯ^{55}	ɛ^{55}	rɯ^{55}	ti^{33}？	他来吗？
他	（前加）	来	（后加）	

（3）动词的态。分使动和互动。分述如下：

a. 动词的使动用声母的屈折变化表达。有用带鼻冠的浊复辅音和不带鼻冠的清不送气辅音交替表示的。例如：

汉义	动词	使动
散开（行李）	ɦɛ^{35}mbɯ^{55}tɕɐ^{33}	ɦɛ^{35}pɯ^{55}tɕɐ^{33}
粘住	nɐ^{33}ndʑɯ^{53}	ne^{33}tɕɯ^{53}
断（棍子）	na^{33}ŋɢɐ^{55}	ne^{33}qɐ^{55}
崴（手、脚）	thɐ^{55}ŋguɐ^{55}	thɐ^{55}kuɐ^{55}

有用带鼻冠的浊辅音和不带鼻冠的清送气辅音交替表示的。例如：

汉义	动词	使动
散开（结子）	ɦɛ^{35}ŋɢo^{53}	ɦɛ^{35}qho^{53}
裂开	ɦa^{35}mbɑ^{33}	ɦa^{35}phɑ^{33}
燃烧	tɯ^{33}ndy^{55}	tɯ^{33}（ʁɯ^{33}）thy^{55}
断（绳子）	nɐ^{33}ndʐuɐ^{33}	ne^{33}ʈʂhuɐ^{33}

b. 互动或反复动作是用重叠动词根词的方式表达。例如：

汉义	动词	互动
帮助	khɯ^{33}ʁo^{55}	thɐ^{33}ʁo^{55}ʁo^{33}
等待	khi^{55}li^{55}	khi^{55}li^{55}li^{33}
推	thy^{55}ndy^{55}	thy^{55}ndy^{55}ndy^{55}
爱、喜欢	si^{55}	si^{55}si^{55}

还有一部分动词，其词根重叠后韵母要发生异化现象。例如：

汉义	动词	互动
骂	ɦɛ^{33}ŋe^{55}	ɦɛ^{33}ŋɯ^{55}ŋe^{33}
打	tɯ^{55}da^{33}	tɯ^{55}dɯ^{55}da^{33}
踢	tɯ^{55}tso^{33}	tɯ^{55}tsɯ^{55}tso^{33}
咬	tɯ^{55}vɐ^{33}	tɯ^{55}vi^{55}vɐ^{33}

（4）动词的趋向。动词的趋向范畴是在动词前加 6 个不同的趋向前加成分，表示行为动作朝着某一特定的方向进行。现将 6 个趋向前加成分的语法意义举例说明如下：

a. tɯ^{55}—表示行为动作是向上方进行的。例如：

tɯ^{55}tɕhɯ^{55}xɯ^{33}	背（孩子）上去，往上背（孩子）
tɯ^{55}dɛ^{53}	扔上去，向上扔
tɯ^{55}tɕɐ^{33}	抬上去，向上抬

b. nɛ^{33}—表示行为动作是向下方进行的。如：

nɛ^{33}tɕhɯ^{55}xɯ^{33}	背（孩子）下去，往下背（孩子）
nɛ^{33}dɛ^{53}	扔下去，向下扔
nɛ^{33}tɕɐ^{33}	抬下去，向下抬

c. ɣɯ^{33}—表示为动行作是朝着山谷中河流的水源方进行的。还可表示行为动作是向里进行的。例如：

ɣɯ^{33}tɕhɯ^{55}xɯ^{33}	向水源方背去，向里背
ɣɯ^{33}dɛ^{53}	向水源方扔，向里扔
ɣɯ^{33}tɕɐ^{33}	向水源方抬，向里抬

d. ɦɛ^{33}—表示行为动作是朝着山谷中流水的下游方进行的，还可表示行为动作是向外进行的。例如：

ɦɛ^{33}tɕhɯ^{55}xɯ^{33}	向下游方背去，向外背
ɦɛ^{33}dɛ^{53}	向下游方扔，向外扔
ɦɛ^{33}tɕɐ^{33}	向下游方抬，向外抬

e. thɐ^{55}—表示行为动作是朝着山谷中靠水的方向进行的，还可表示行为动作是离着说话者这一方向进行的。例如：

$thɐ^{55}tɕhɯ^{55}xɯ^{33}$ 向靠水方背，背过去

$thɐ^{55}dɛ^{53}$ 向靠水方扔，扔过去

$thɐ^{55}tɕɐ^{53}$ 向靠水方抬，抬过去

f. $ŋgɐ^{33}$—表示行为动作是朝着山谷中靠山的方向进行的，还可表示行为动作是向着说话者这一方进行的。例如：

$ŋgɐ^{33}tɕhɯ^{55}xɯ^{33}$ 向靠山方背，背过来

$ŋgɐ^{33}dɛ^{53}$ 向靠山方扔，扔过来

$ŋgɐ^{33}tɕɐ^{33}$ 向靠山方抬，抬过来

（5）动词的名物化　在动词后加 $ʐy^{33}$ 或 $ʐɐ^{33}$ 构成。$ʐy^{33}$ 一般加在动词后，$ʐɐ^{33}$ 一般加在宾动词组的后面。例如：

$ndzɐ^{33}ʐy^{33}$ 吃的　　$tɕhɯ^{55}ʐy^{33}$ 喝的

$ɦɛ^{33}khi^{55}ʐy^{33}$ 垫的　　$tɯ^{55}ŋguɯ^{33}ʐy^{33}$ 盖的

$tshɯ^{33}ʐø^{35}thɐ^{55}kuɐ^{55}ʐɐ^{33}$ 砍柴的

柴　砍

$ji^{35}tɐ^{53}nɐ^{33}ʁo^{55}ʐɐ^{33}$ 洗脸的

脸　洗

$ndʐɐ^{35}ndʐu^{55}nɐ^{33}da^{33}ʐɐ^{33}$ 打粮食的

粮食　打

（6）存在动词有 6 个。现将其用法介绍如下：

a. $ndʑɯ^{55}$ 一般用来表示有生命的事物的存在。$ndʑɯ^{55}$ 在句中使用时有人称变化。例如：

$ŋi^{35}$ $pɯ^{33}tshi^{55}$ so^{55} $lø^{55}$ $ndʑø^{35}$ $ŋɐ^{33}$.

我　孩子　三　个　有　（后加）

我有三个孩子。

$ɐ^{33}tsi^{55}$ $pɯ^{33}tshi^{55}$ $tɐ^{55}$ $gɛ^{55}$ $mɑ^{33}to^{55}$ $ɳi^{35}$ $ndʑy^{55}$.

他　孩子　一　个　仅　不　有

他只有一个孩子。

b. khuɯ^{55}表示事物存在于容器之中。例如：

ŋgɯu^{35} khu^{35} ndzɯ^{53} khuɯ^{55} ti^{33}.
锅 （助词） 饭 有 （后加）
锅里有饭。

c. ndɯ^{55}经常用来表示抽象事物的存在。例如：

ŋgɛ^{35} tø^{35}nda^{53} ndɯ^{55} ŋɐ^{33}.
我 事情 有 （后加）
我有事情。

d. mɯ̠^{55}经常用来表示可移动的物品的存在。例如：

ʈʂo^{35}tsɯ^{55} pu^{55} phɯ^{33}la^{55} tɐ^{33} zɯ^{55}zɐ^{33} m ɯ̠^{55}.
桌子 （助词） 碗 一 叠 有
桌子上有一叠碗。

e. ndʐe^{33}经常用来表示某一事物中包含有另一种不易分离的事物的存在。例如：

ɐ^{33}tsɯ^{55} mĩ^{33}tɕha^{55} le^{33} tu^{35} ndʐe^{33} ni^{33}.
这 菌子 （助词） 毒 有 （后加）
这菌子里有毒。

f. tɕɯ^{55}不经常使用，它往往用来表示被领有的事物的存在。例如：

ŋgɛ^{35} ta^{33}ji^{55} tɛ^{55} vɛ^{55} tɕɯ^{55} ŋɐ^{33}.
我 大衣 一 件 有 （后加）
我有一件大衣。

5. 形容词　木雅语的形容词有与动词相类似的语法特征，但也有一些明显不同于动词的特点。现分述如下：

（1）形容词中有很大一部分常用的基本形容词采用叠音或双声形式。例如：

ɣɯ^{33}ɣɯ^{53}	长	tshø^{33}tshø^{53}	短
de^{33}de^{55}	宽	tshe^{55}tshe^{55}	窄
ki^{33}kɐ^{53}	大	tsɯ^{55}tsɛ^{35}	小
ɣi^{33}ɣi^{55}	轻	ɣɯ^{33}ɣɯ^{55}	重
ʈʂhø^{55}ʈʂhø^{33}	白	ni^{55}ni^{33}	红

（2）可在形容词后加叠音形式的后附音节，使形容词带上某种感情色彩，若形容词词根为叠音词，则脱落一个音节。例如：

ʈʂhø^{55}sɑ̃^{55}sɑ̃^{55}	白花花	ni^{55}zɯ̱^{33}zɯ̱^{33}	红彤彤
ŋuɯ^{35}ɕyɛ^{33}ɕyɛ^{33}	蓝盈盈	ra^{33}kho^{55}kho^{33}	干爽爽
ko^{33}ŋo^{55}ŋo^{33}	弯弯曲曲	nɐ^{33}zɯ̱^{33}zɯ̱^{33}	黄澄澄
pɯ^{55}phɛ^{33}phɛ^{33}	灰溜溜	ʈʂhø^{55}xuɛ^{33}xuɛ^{33}	亮堂堂

（3）形容词一般不能在句中作主语或宾语，需和助词 tsɯ^{33} 连用。例如：

ɣɯ^{33}ɣɯ^{55} tsɯ^{33} ŋi^{55} tu^{33}kɐ^{55}, ɣi^{33}ɣi^{55} tsɯ^{33} nɛ^{55} i^{55} tu^{33}ky^{55}.
重 （助词） 我 背 轻 （助词） 你 （助词） 背
重的我背，轻的你背。

ŋi^{55} ʈʂhø^{55} ʈʂhø^{33} tsɯ^{33} xo^{33} ŋɐ^{33}, ȵi^{55} thɑ̃^{33}thɑ̃^{33} tsɯ^{33} ȵi^{35} xo^{33}.
我 白 （助词） 要（后加）黑 黢 （助词） 不 要
我要白的，不要黑黢黢的。

6. 副词　副词在句中主要作状语用，常见的有以下几类：

（1）程度副词有 tɕhi^{33}tɕha^{55} “很”、phu^{55}ŋgi^{33} “太”、kɯ^{33}rɛ^{55} “比较” 等。

（2）范围副词有 dɐ^{35}le^{35} “一起”、me^{33}me^{55} “都”、nɯ^{33} “也”、tɕhø^{33}dɐ^{55} “总共” 等。

（3）时间副词有 ty^{33}dʐɯ^{53}“经常”、nɔ^{35}nɔ^{35}nɯ^{33}“早就”、tɕhɯ^{53}“现在”、phu^{55}ŋgi^{33}“永远”、khɯ^{33}ɕɐ^{53}“马上”、tɕhɯ^{53}tɛ^{53}tɛ^{53}“刚才”、pɯ^{33}nɑ^{55}“以后”等。

（4）语气副词有 te^{33}te^{53}“一定”、ɑ^{33}to^{55}“大概”、ŋgɯ^{55}mɛ^{33}“反正”、mɛ^{33}tsɛ^{55}“到底，究竟”、ɛ^{55}me^{55}qho^{33}“根本”、ɦɛ^{33}zɯ^{55}tɯ^{33}te^{55}nɯ^{33}“无论如何”等。

（5）性状副词有 ʁo^{35}ʁo^{35}“慢慢地”、ŋɑ^{33}ŋɑ^{35}“好好地”、ɕyɑ^{35}ɕyɑ^{35}le^{33}“哗哗地”、zɯ^{33}zɯ^{55}va^{33}“悄悄地”等。

7. 助词　木雅语的助词很丰富，在句中表示各种语法意义，有些助词如表复数的已在前面作了简要介绍外，这里主要介绍结构助词。有下列几类：

（1）表示限制关系的助词有 ɣɛ^{33}。例如：

kõ^{55}ʂe^{33}　ɣɛ^{33}　tho^{55}lɑ^{55}tɕi^{55}　　公社的拖拉机
公社　（助词）　拖拉机

mi^{33}mi^{55}　ɣɛ^{33}　zɯ^{33}mbɐ^{55}　　妹妹的鞋
妹妹　（助词）　鞋

（2）表示施动的助词有 ji^{55}。例如：

vɐ^{33}vɐ^{55}　ji^{55}　ŋɯ^{55}　to^{55}　do^{53}　rɔ^{35} .
爸爸　（助词）　我　（前加）　打　（后加）
爸爸打我了。

mɛ^{33}mɛ^{55}　ji^{55}　ŋguɯ^{55}　tsi^{55}　khu^{35}　ndzɯ^{55}　khi^{55}　tsɯ^{33}　pi^{33}.
奶奶　（助词）　小　锅　（助词）　饭　（前加）　煮　（后加）
奶奶用小锅煮饭。

（3）表示受动关系的助词有 le^{33}。le^{33}一般加在充当间接宾语的受动者后面。例如：

tui^{35}tʂã^{53}　ji^{55}　lø^{33}de^{55}　le^{33}　ɕo^{55}vɯ^{55}　ŋɑ^{35}vɛ^{55}　thi^{55}　zi^{35}　rɔ^{35}.
队长　（助词）　罗堆　（助词）　钱　五元　（前加）　借　（后加）
队长向罗堆（人名）借了五元钱。

（4）表示工具的助词有 ji^{55}、khu^{35}两个，ji^{55}一般用在非容器名词的后面，khu^{35}一般用在容器名词的后面。例如：

ɐ^{33}tsi^{55} tshi^{33}vɯ^{55} ji^{55} tsɯ^{33}kɯ^{55} tshø^{53}rø^{35} thɛ^{33} kuɐ^{55} pi^{33}.
他 斧头 （助词） 用 柴 （前加） 砍 （后加）
他用斧头砍柴。

ŋi^{55} ɕi^{55}liẽ^{55}phẽ^{33} khu^{35} ji^{35}tɐ^{53} to^{55} ʁo^{33} po^{33}ŋɐ^{33}.
我 洗脸盆 （助词） 脸 （前加） 洗 （后加）
我用洗脸盆洗脸。

（5）处所助词有多个，它们是 pu^{55}、khu^{35}、tɕhɐ^{55}、qo^{53}、tɕhy^{33}等，现将其用法分述如下：

pu^{55}表示在××上面。例如：

ʈʂo^{53}tsɯ^{55} pu^{55} ɣɯ^{35}ndɯ^{33} so^{55} tɕɛ^{53} ro^{33} tɕɯ^{53} sɯ^{33}.
桌子 （助词） 书 三 本 （前加） 放 （后加）
桌子上放着三本书。

khu^{35}表示在××里面。例如：

ʈʂo^{53}tsɯ^{55} khu^{35} ɣɯ^{35}ndɯ^{33} so^{55} tɕɛ^{53} ɦɛ^{33} khɯ^{55} sɯ^{33}.
桌子 （助词） 书 三 本 （前加） 装 （后加）
桌子里装着三本书。

tɕhy^{33}表示在××下面。例如：

ʈʂo^{53}tsɯ^{55} tɕhy^{33} ɣɯ^{35}ndɯ^{33} so^{55} tɕɛ^{53} ro^{33} tɕɯ^{53}sɯ^{33}.
桌子 （助词） 书 三 本 （前加） 放 （后加）
桌子下放着三本书。

qo^{53}表示在××里，但其空间范围较大。例如：

ɐ^{33}tsɯ^{33} tɕɯ^{33} qo^{53} ʁuɐ^{35} kɛ^{33}ji^{55} khuɯ^{33} ti^{33}.
这 河 （助词） 鱼 许多 有 （后加） 这条河里有许多鱼。

tɕhɐ^{55}表示在某一物体里掺杂有另一物体。例如：

vɐ^{35}　tɕhɐ^{55}　mbɯ^{33}ʈʂɑ^{55}　khuɯ^{55} ti^{33}.
糌粑　（助词）　虫子　有（后加）
糌粑里有虫子。

（6）表示从由的助词有 tsɯ^{33}kɯ^{55}。例如：

ɐ^{33}tsɯ^{55}　mbo^{35}le^{33}　tsɯ^{33}kɯ^{55}　nɐ^{33} thi^{55} ni^{33}.
他　山上　（助词）　（前加）来（后加）
他从山上下来。

（7）比较助词有 ti^{33}。例如：

vɛ^{33}vɯ^{55}　mɛ^{33}mɛ^{55}　ti^{33}　kɛ^{35} ɕɛ^{55} dʐɑ^{33}　pɑ^{33}　ti^{33}.
爷爷　奶奶　（助词）　更胖　（后加）（后加）
爷爷比奶奶胖。

句法　分句子成分和语序、单句、复句三方面介绍木雅语的句法。

1. 句子成分和语序

木雅语的句子中包含有主语、谓语、宾语、定语、状语五种成分。句子的基本语序是主语—宾语—谓语。例如：

ɐ^{33}tsi^{55}　ndzɯ^{53}　ʁo^{33}　ndzɯ^{53} rɔ^{35}.
他（主）饭（宾）（前加）吃（后加）（谓）
他吃饭了。
vɐ^{33}vɐ^{55}　ji^{55}　mi^{33}mi^{55}　ɣɛ^{33}　to^{55} dɛ^{53} rɔ^{35}.
爸爸　（助词）妹妹（宾）（助词）（前加）打（后加）
爸爸打妹妹了。

名词、代词作定语放在中心词前面。例如：

tɕe^{55}tɕe^{33}　ɣɛ^{33}　tsi^{33}ŋguɯ^{55}　姐姐的衣服
姐姐（定）（助词）　衣服

ŋgɛ^{35} vɯ^{33}lø^{53}

我（定） 肚子

我的肚子

形容词、数量词组作定语放在中心词后面。例如：

tsi^{33}ŋguɯ^{55} ni^{55}ni^{33}

衣服 红（定）

红衣服

ʥɯ^{53} tɛ^{33} zɛ^{53}

裤子 一 条（定）

一条裤子

状语的位置较灵活，一般放在谓语前，有时可以放在宾语前，有的时间或地点状语可以放到主语的前面。例如：

tɐ^{33}tsɯ^{55}ndy^{33} ty^{33}ʥy^{53} mɯ^{35} nɐ^{33} qhɐ^{55} pi^{33}ni^{33}.

康定 经常（状） 雨 （前加）下（后加）

康定经常下雨。

ŋgɛ^{35} vɯ^{33}lø^{53} tɕhi^{33}tɕha^{55} to^{33} zo^{33} ti^{33}.

我 肚子 很（状） （前加）饿（后加）

我肚子很饿。

pɯ^{33}sɯ^{53} ɐ^{33}tsɯ^{55} ʈʂhɯ^{33}ʈʂhɯ^{55} thɐ^{33} ŋguɯ^{53} sɯ^{33}.

今天（状） 他 很（状） （前加）高兴（后加）

今天他很高兴。

2. 单句 根据句子的语气，单句可分为以下几类：

（1）陈述句 例如：

ŋguɯ^{35} khu^{35} ndzɯ^{53} khuɯ^{55} ti^{33}.

锅 （助词） 饭 有（后加）

锅里有饭。

（2）疑问句　有多种表达方式，有用疑问代词的，有用疑问语气词的，有动词用疑问式的，有用谓语肯定加否定的，有用选择方式表达的等等。仅举二例，以见一斑。例如：

nɛ^{55}ji^{55}	tshɯ^{55}	ɦɛ^{35}ti^{33}	dʑɛ^{35}mɛ^{33}	khɯ^{33}	tø^{53}?
你	盐	几	斤	（前加）	买

你买了几斤盐？

nɛ^{55}	gu^{33}ndo^{35}	ɦɛ^{33}	ndzɯ^{55}	tɯ^{33}ɦɛ^{35}	yø^{33}	tɯ^{33}	mɐ^{55}	yø^{33}?
你	牛肉	（前加）	吃	（前加）	想	（前加）	不	想

你想不想吃牛肉？

（3）命令句　动词一般使用命令式。例如：

nɛ^{33}ni^{55}	sɛ^{35}sɯ^{33}	ndɐ^{33}	qha^{55}	tshɯ^{33}rø^{35}	thɐ^{33}	kuɐ^{33}	rɔ^{35}	tɯ^{55}	xe^{33}!
你们	明天	山	上	柴	（前加）	砍	（后加）	（前加）	去

你们明天到山上砍柴去！

（4）祈求句　动词一般用祈求式。例如：

ŋi^{55}	tu^{33}kɐ^{55}	tshu^{55}!	请让我背吧！
我	背	（后加）	

（5）惊叹句　句中一般使用情感词。例如：

ɛ^{33}khɛ^{33}khɛ^{55}!	ŋgɛ^{35}	ɐ^{33}tsɯ^{55}	ji^{35}tho^{53}	nɑ^{35}	mbɑ^{55}	sɯ^{33}.
啊唷	我	这	瓷碗	（前加）	破	（后加）

啊唷！我的瓷碗破了。

（6）判断句　句中一般不用判断动词。例如：

ŋɯ^{55}	mɯ^{33}ȵɛ^{55}	vɯ^{53}	ni^{33}.
我	木雅	人	（后加）

我是木雅人。

3. 复句　可分为并列复句和偏正复句两类。每类又可分为若干小类。下面各举一二例：

（1）并列复句：

nɛ^{55}ji^{55} ɕɐ^{55}mi^{55} ndʑɛ^{35} ti^{33}， ŋi^{55} nɯ^{33} ɕɐ^{33}mi^{55} ndʑø^{35} ni^{33}.

你　眼镜　有　（后加）　我　也　眼镜　有　（后加）

你有眼镜，我也有眼镜。（对比方式）

ɐ^{33}tsɯ^{55} me^{53} ŋɑ^{33}ŋɑ^{55} tɐ^{33} gɛ^{53} thɐ^{33} nɛ^{33}rɛ^{33}， sui^{35}piɛ̃^{35} ɦɛ^{33}tɕu^{55} ndzy^{33}.

这　药　好好地　一　下　（前加）　放置　随便　（前加）　吃

这药你好好地放着，不要随便乱吃。（层进关系）

（2）偏正复句：

kɐ^{33}si^{55} mɯ^{35} nɑ^{33}qha^{55} thɐ^{55} jɐ^{33}ni^{55} khɛ^{55}xue^{33} khɯ^{33} tsho^{35}xui^{33}.

假如　雨　（前加）　下　（连词）　咱们　开会　（前加）　开去

如果天下雨的话，咱们就去开会。（假定条件关系）

ɐ^{33}tsɛ^{55} vɯ^{33}lø^{53} tʂhɯ^{33}tʂhɯ^{55} to^{33} zo^{35} thɐ^{55}ni^{55} ɐ^{33}tsi^{53}

他　肚子　很　（前加）　饿　（连词）　他

ndzɯ^{53} kɛ^{33}ji^{55} ɦo^{35} ndzɯ^{53} rɔ^{35}.

饭　很多　（前加）　吃　（后加）

因为他肚子很饿，所以他吃得很多。（因果关系）

tɕhɯ^{53} mɯ^{35} nɑ^{33} qha^{55} pi^{33} sɐ^{33}rɐ^{55} ɐ^{33}tsɯ^{55} tɕhɯ^{33}nɯ^{33} xui^{33} rɔ^{35}.

现在　雨　（前加）　下　（后加）（连词）　他　还是　来　（后加）

虽然天下雨，但是他还是来了。（让步关系）

四　纳木义语

纳木义语主要分布在四川省凉山彝族自治州的冕宁县、木里县、西昌县以及甘孜藏族自治州的九龙等县，约有五千人使用这种语言。各地操纳木义语的居民，基本上有两种相类似的自称，九龙、木里一带的自称 na^{55} mu^{55}zɿ^{55} “纳木兹”，冕宁、西昌、盐源等地的自称 na^{55}mu^{55}ʐi^{55} “纳木义”，这是同一名称的方音变体。本文使用的纳木义语的名称，也是根据自称的译音。

解放前，分布在这一带操普米语、尔苏语、纳木义语的居民统统被称为“西番”，在“西番”内部，又分大“西番”与小“西番”，其中大“西番”往往指操普米语的居民，而在小“西番”内部，则又分小“西番”和“西教”，小“西番”即指操纳木义语的居民，而西教则指操尔苏语中部或西部方言的居民。“小西番”与“西教”之间，在风俗习惯方面有相通之处，彼此可以通婚，但也存在着一些明显的差别。

我们分析了《冕宁县志》[①] 的记载，该县志将操尔苏语的居民称为“西番”，将操纳木义语的居民称为“貘狻”。例如：

“冕宁聚五方之民，西番、猓、貘狻……杂处其地……”

“西番性朴寡争，习良畏法遵化导，尚勤俭，男女均劳。妇女喜缉羊毛粗线，头插线车，腰带小篚筐以盛羊毛，出入走坐不停绳。……貘狻略与西番同旧称，其性刚朴，其俗鄙野，力田负苦，罕入城市。”

“西番男薙发（男女皆通汉音，类楚人），衣裤率同汉人而羊褐为多，间有披大衣领衣青布包头者，妇女头编细辫，总为一盘，青兰布包头，耳缀大环，身着青白布衫，肩镶红布或袭红褐羊皮，……住瓦屋板房，席地而寝，就地而食，食杂粮，间食稻米，无灶，安锅椿，近日亦有床、几、椅、凳、瓷器之属，客至，当面洗涤进之。……貘狻褐衣褐裤，或羊毛布大领左椎，富者着兰白布衫，青红毛布马褂，戴毡帽或青布包头。妇女亦服褐衣毛布，着祷者少，着裙者多，裙有青红紫绿布裙褐裙，腰系毛带，头饰海泡，喜绩麻与羊毛线，略同西番，居石屋，上覆以板。”

关于地望，《县志》也均分别有所记载：

酥州土千户姜文富（其祖姜喳于康熙四十九年投诚授职）管西番寨落四处（额即、我瓦、瓦杯、勒丫）。

架州土百户李正龙，（其祖里五）管西番寨落六处（架州、九卜、三代、擦拉、梳格、小打）。

……

① 《冕宁县志》共四册。十二卷，咸丰七年，李朗如撰。

耳挖沟土目达朝恩（其祖达安）管貘狻寨落五处（耳挖沟、黑箐沟、纳窝堡、长脚堡、绵纱湾）。

根据习俗和地望，县志所载西番的情况与操尔苏语的居民相同，所载“貘狻”的情况，与操纳木义语的居民大体一致，说明在很早以前，他们之间的界限就是很清楚的。但《县志》把操纳木义语的居民称为“貘狻”，与解放前对纳西族的称呼“摩些”、“摩梭”相混，这不能不说是个不小的错误，因为从目前操纳木义语的居民其风俗、语言等情况来分析，与纳西的差别是明显的，他们完全不像纳西族中的一个分支。

我们将纳木义语和藏，羌、彝等语言作了初步比较，它与藏语差别最大，其次是彝语，它与羌语支语言最接近，特别是尔苏、贵琼和史兴等语言，同源词多，一般都在百分之二十以上，语法特点接近，有许多语法范畴有起源上的共同性，因此，我初步认为，纳木义语应是汉藏语系藏缅语族羌语支的一个独立语言。

各县的纳木义语存在着一定的差别，主要表现在语音上，冕宁、盐源、西昌一带的纳木义语受汉语、彝语的影响较大，复辅音较少，有少量前置鼻音加基本辅音构成的复辅音，木里、九龙一带的纳木义语受藏语的影响较多，复辅音比前者为多。

使用纳木义语的居民在家庭、村寨都用本族语言进行交际，外出分别使用汉语、彝语和普米语。下面以凉山彝族自治州木里藏族自治县二区倮波公社的纳木义语为代表，简要介绍其语音、词汇、语法的特点：

（一）语音

1. 声母　纳木义语有单辅音声母42个，分别列表举例说明如下：

p		t			k	q
ph		th			kh	qh
b		d			ɡ	ɢ
	ts		tʂ	tɕ		
	tsh		tʂh	tɕh		
	dz		dʐ	dʑ		

m			n		ȵ	ŋ		
			l					
			ɬ					
	f	s		ʂ	ɕ	x	χ	h
	v	z		ʐ		ɣ	ʁ	ɦ
w					j			

单辅音声母 w、ɕ 主要出现在汉语借词中；半元音 j 摩擦音较重；ɬ 的边擦成分很轻，音值近似 l̥；在少数词中，k 与 q、kh 与 qh、ɡ 与 ɢ 可以自由变读。ɢ 只出现在复辅音声母中。

例词：

p：	pɛ^{ɿ35}	跳	ph：	phɛ̱^{33}	糠	b：	ba^{35}	发芽
m：	mɛ̱^{55}	粥	w：	ɕyɛ̃^{35}wə^{ɿ55}	漩涡	f：	fu^{53}	吹，飞
v：	va^{33}	猪	ts：	tsɛ^{55}	骑	tsh：	tshɛ^{55}	猜
dz：	dzɛ^{35}	饭	s：	sɛ^{33}	血	z：	zɛ^{33}zɛ^{55}	嫩
t：	tɛ^{33}tɛ^{55}	抱	th：	thɛ^{35}	别	d：	dɛ^{35}	来
n：	nɛ^{33}	好	l：	lɛ^{33}	量（衣）	ɬ：	ɬɛ^{33}	神
tʂ：	tʂɛ^{35}	漆	tʂh：	tʂha^{55}	鬼	dʐ：	dʐɛ^{53}	耙
ʂ:	ʂɛ^{33} ʂɛ^{55}	干净	ʐ：	ʐɛ^{55}	粪	tɕ：	tɕy^{35}	赶
tɕh：	tɕhi^{55}	他	dʑ：	dʑe^{53}	正确	ȵ：	ȵi^{55}	二
ɕ：	ɕɯ^{35}	锈	j：	jɛ^{33}	舔	k：	kɛ^{53}	改
kh：	khi^{53}	线	ɡ：	ɡɛ^{55}	熟	ŋ：	ŋa^{33}	敢
x：	xi^{33}	牙	ɣ：	ɣɛ^{35}	烤	q：	qɛ̱^{35}	舀
qh：	qhɛ^{33}	沟	ɢ：	ŋɢɛ^{33}	毒臭味	χ：	χa^{35}	开（门）
ʁ：	ʁɛ^{55} ʂʅ^{33}	拧	h：	hɛ̃^{33}	买	ɦ：	ɦɛ^{35}	浇（水）

复辅音声母有 23 个，分 3 类，一类是前置鼻音加基本辅音构成，基本辅音有清送气塞音、塞擦音和浊塞音、塞擦音，共构成 mph、mb、ntsh、ndz、nth、nd、ntʂh、ndʐ、ntɕh、ndʑ、ŋkh、ŋɡ、ŋqh、ŋɢ 等 14 个复辅音。

另一类是基本辅音加后置辅音构成，基本辅音为塞音，后置辅音为擦音。构成的复辅音有 phs、phʂ、bz、bʐ、mʐ 5 个。再一类是三合复辅音，有 mphs、mphʂ、mbz、mbʐ，等 4 个。举例如下：

mph：	mphɛ^{55}kɛ^{55}	筛子	mb：	mbɛ^{33}	尿	ntsh：	ntshɛ^{35}	记住
ndz：	ndzo^{33}	冰雹	nth：	nthɛ^{35}	咬	nd：	ndɛ^{35}	砍
ntʂh：	ntʂha^{55}	裙子	ndʐ：	su^{55}ndʐɛ^{55}	算	ntɕh：	ntɕhi^{55}	曾经
ndʑ：	ndʑy^{35}	螯	ŋkh：	ŋkhi^{33}	推	ŋg：	ŋgɛ^{55}ŋgɛ^{33}	拍
ŋqh：	ŋqhɛ^{33}	啃	ŋɢ：	ŋɢo^{55}pa^{55}	遗漏	phs：	sɿ^{33}phsɿ^{55}	树叶
phʂ：	phʂɛ^{35}	喜欢	bz：	bzɿ^{33}ŋgɛ^{33}	溢	bʐ：	bʐɿ^{33}	撕布声
mʐ：	mʐɛ^{53}	好吃	mphs：	mi^{33}mphsɿ^{55}	嘴	mphʂ：	mphʂi^{35}ŋgɛ^{33}	断（绳）
mbz：	mbzɿ^{35}	蜂子飞的声音						
mbʐ：	mbʐɿ^{33}	对妻子的普通称呼						

2. 韵母　纳木义语的韵母较复杂，单元音韵母共有 23 个，分四套，基本元音有 i、e、ɛ、a、ɔ、o、u、ə、y、ɿ 等 10 个，鼻化元音有 ĩ、ẽ、ɛ̃、ã、õ、ũ、ə̃、ỹ 等 8 个，卷舌元音有 əʴ、ɛʴ 2 个，紧元音有 ɛ̠、ɿ̠ 2 个，还有一个紧喉带卷舌的元音 ɛ̠ʴ。紧元音和卷舌元音出现的频率不高，鼻化元音多半出现在汉语借词中，ə 出现在舌根音后时音值近似 ɯ。ɔ 出现的频率低，多半出现在汉语借词中。现举例如下：

i：	li^{33}	裤子	e：	le^{33}le^{55}	卷	ɛ：	lɛ^{33}	手
a：	la^{35}	灰	ɔ：	lɔ^{35}	中毒	o：	lo^{55}	等待
u：	lu^{33}lu^{55}	包	y：	ly^{55}	个（量词）	ɿ：	sɿ^{35}	柴
ə：	ɣə^{33}	牛	ĩ：	hĩ^{33}	站	ẽ：	tiẽ^{35}tiẽ^{55}	电灯
ɛ̃：	hɛ̃^{33}	金子	ã：	hã^{33}hã^{35}	炒	õ：	tsõ^{55}li^{55}	总理
ũ：	hũ^{33}	毛	ỹ：	ỹ^{33}to^{55}	熨斗	ə̃：	phə̃^{33}phə̃^{55}	盆子
ɿ̠：	sɿ̠^{35}	知道	ɛ̠：	phɛ̠^{33}	糠	ɛʴ：	pɛʴ^{35}	跳
əʴ：	phʂəʴ^{35}	藏族	ɛ̠ʴ：	mɛ̠ʴ^{55}	捉			

复元音韵母有19个，都是后响的，由于没有韵尾，因此，没有前响的复元音和带辅音韵尾的韵母。后响的复元音都是由i、u、y介音加主要元音构成，以i作介音的复元音有ie、iɛ、iɔ、iə、iɛ̃、iã等6个，以u作介音的复元音有ui、ue、uɛ、ua、uɔ、uɛ^{ɹ}、uə^{ɹ}、uẽ、uɛ̃、uã等10个，以y作介音的有ye、yɛ、yɛ̃等3个。举例如下：

ie：	xie^{35}	海	iɛ：	miɛ^{55}	眼睛	iɔ：	hiɔ^{35}	百
iə：	ʂɿ^{33}liə^{33}	石榴	iɛ̃：	miɛ̃^{55}	棉花	iã：	tɕhĩ^{55}liã^{33}	清（水）
ui：	li^{55}ɡe^{33}tsui^{35}	退还	ue：	ʂɿ^{33}xue^{55}	石灰	uɛ：	ɣuɛ^{35}	扫
ua：	ʁua^{53}	汉族	uɔ：	suɔ^{53}	三十	uɛ^{ɹ}：	ɣuɛ^{ɹ55}	客气
uə^{ɹ}：	khuə^{ɹ55}	年	uẽ：	xuẽ^{55}li^{55}	浑（水）	uɛ̃：	tʂuɛ̃^{55}	砖
uã：	kuã^{55}m̃i^{33}	光明	ye：	ye^{55}nɛ̃^{33}	越南	yɛ：	sy^{33}syɛ^{33}	凉快
yɛ̃：	ɕyɛ̃^{55}tʂhuɛ̃^{33}	宣传						

3. 声调　有4个声调，其调值：（1）高平：55，（2）高降53，（3）中平33，（4）高升35。高升调的实际调值接近24，中平调经常可变读为低降31。例如：

1. 高平55：	vu^{55}	熊	sɿ^{55}（ly^{55}）	事情	ȵi^{55}mi^{55}	太阳
2. 高降53：	vu^{53}	酒	sɿ^{53}ly^{33}	土豆	ȵi^{53}	二
3. 中平33：	vu^{33}ȵi^{55}	肠子	sɿ^{33}sɿ^{55}	修理	ȵi^{33}	借（物）
4. 高升35：	vu^{35}	烧	sɿ^{35}	柴	ȵi^{35}	蒸

（二）词汇

纳木义语的词汇大多由单音节或单音节复合而成的合成词构成，多音节的单纯词比较少。用本民族语言材料构成新词是丰富语言词汇的主要方式，从邻近民族语言中借用也是丰富语言词汇的来源之一。

纳木义语构词方式有多种，其中派生法和合成法为最能产，下面分别举例介绍几种常见的构词方式：

1. 派生构词。有加词头、词尾等两种形式。加词头ɛ^{55}或a^{55}的，多半为亲属称谓名词。例如：

ε^{55}vu^{55}	祖父	ε^{55}ji^{55}	祖母
ε^{55}dε^{33}	父亲	ε^{55}nε^{55}	母亲
a^{55}ɣo^{55}	伯父	a^{33}tsɿ^{55}	叔父
a^{55}zɿ^{55}	舅母，岳母	a^{55}po^{33}	哥哥

加词尾 su^{55} 的。su^{55} 的原意为“人”，此处已虚化为一个构词成分。例如：

mi^{33}mi^{33}su^{55}	乞丐	hĩ^{55}qha^{55}su^{55}	猎人
ʂu^{55}ŋgε^{33}su^{55}	铁匠	tsho^{33}phie^{55}su^{55}	骗子
mphsɿ^{55}ȵε^{33}pi^{55}su^{55}	兔唇	bε^{33}tshɿ^{55}lε^{35}su^{55}	裁缝

2. 复合构词由两个实词词根复合成新词。例如：

sɿ^{55}ly^{55}	肝	fu^{33}ly^{35}	腰
t ʂʅ^{33}ly^{55}	胆	t ʂʅ^{33}ɦε^{55}	口水
ʐu^{55}bu^{55}	草堆	tshɿ^{33}ʑɿ^{55}	草粪
ɣə^{33}ȵy^{55}	牛奶	so^{55}dzɿ^{55}qho^{33}	三角形
lo^{55}ŋgu^{33}	石槽	lo^{33}tε^{55}	上身

3. 重叠构词。例如：

ndzu^{55}ndzu^{55}	冰	tʂha^{33}tʂha^{55}	喜鹊
ȵy^{55}ȵy^{55}	乳房，奶	tε^{55}tε^{55}	棍子
ʐʅ^{33}ʐʅ^{55}	字	ndʐʅ^{55}ndʐʅ^{33}	鼓
du^{55}du^{33}	块状物	tɕy^{33}tɕy^{35}	舂（粮食）

4. 拟声构词。例如：

χa^{55}χa^{55}mu^{55}	打哈欠	tʂu^{55}tʂu^{55}mu^{55}	接吻

kɛ^{55}kɛ^{55}sɿ^{55}	杜鹃	ɛ^{55}ntshy^{33}	打喷嚏
xa^{35}tsɿ^{55}tsɿ^{55}	老鼠	ã^{33}	鹅
bʐɿ^{33}	撕布声	mbzɿ^{35}	蜂子飞的声音

5. 四音联绵构词。有以下几种格式：

（1）ABCB 型：

tɕhi^{55}fu^{55}mi^{33}fu^{55}	飘来飘去，东飘西飘
tɕhi^{55}mbɛ^{35}mi^{33}mbɛ^{35}	来来往往

（2）ABAC 型：

tɕhi^{35}bi^{35}tɕhi^{35}dɛ^{35}	走来走去
jo^{55}ɡɛ^{33}jo^{55}pɛ^{35}	连唱带跳，又唱又跳

（3）ABAB 型：

nɛ^{55}ŋqhɛ^{35}nɛ^{33}ŋqhɛ^{35}	黑咕隆咚
ʂɿ^{55}qa^{33}ʂɿ^{55}qa^{33}	黄澄澄的样子

从邻近民族语言中吸收借词，也是纳木义语丰富词汇的一种方式，据初步分析，纳木义语中的借词主要来源于汉语，此外还有少量彝语借词和藏语借词，但占的比重都比较小。

汉语借词例：

la^{33}tʂu^{33}	蜡烛	fe^{33}tsɔ^{35}	肥皂
ʂua^{33}tsɿ^{55}	刷子	tʂhe^{55}tsɿ^{33}	车子
fe^{55}tɕi^{55}	飞机	kua^{33}miɛ̃^{55}	面条
ʂɿ^{33}xue^{55}	石灰	kua^{55}ntsha^{55}	棺材

藏语借词例：

mɛ^{33}mi^{33}	灯	nɡu^{33}	船
ʂa^{33}tʂhu^{33}	东	ni^{33}tʂhu^{33}	西
ʂu^{55}ɣu^{55}	纸	ɬɛ^{33}	神

彝语借词例：

no^{55}tsho^{33}	外人	jo^{33}tsho^{33}	自己人
lɛ^{33}ku^{55}tsho^{33}	匠人	sa^{55}	黑彝

（三）**语法**

纳木义语语法有自己的特点，有些特点与尔苏语比较接近。语序、助词是表达语法范畴的主要手段，有少数语法范畴用形态手段表达。下面分词类和句法两个部分介绍纳木义语语法的基本特点。

纳木义语的词可分为名词、数词、量词、代词、动词、形容词、副词、助词、连词、情感词等 10 类，现将主要词类的语法特点介绍如下：

1. 名词　有数的语法范畴，在名词后加附加成分构成。有生命名词后加 bɛ^{55}。例如：

ji^{33}χo^{55}	朋友	ji^{33}χo^{55}bɛ^{55}	朋友们
thõ^{33}tʂʅ^{35}	同志	thø^{33}tʂʅ^{35}bɛ^{55}	同志们
sy^{55}pu^{55}	老师	sy^{55}pu^{55}bɛ^{55}	老师们
ɣə^{33}	牛	ɣə^{33}bɛ^{55}	牛（复数）
mo^{55}	马	mo^{55}bɛ^{55}	马（复数）

无生命名词后一般加 ku^{33}表示，但有时也可用 bɛ^{55}。例如：

qha^{33}	碗	qha^{33}ku^{33}	碗（多数）
bi^{33}	桃子	bi^{33}ku^{33}	桃子（多数）
ɬɛ^{55}dʑi^{55}	桌子	ɬɛ^{55}dʑi^{55}ku^{33}	桌子（多数）
jy^{55}ly^{55}	房子	jy^{55}bɛ^{55}（或 ku^{33}）	房子（多数）

2. 数词和量词

基数词一至十如下：

tɕi^{33}	一	ȵi^{33}	二	so^{35}	三
zɿ^{33}	四	ŋa^{33}	五	qhu^{33}	六
ʂ̥ɿ^{33}	七	hĩ^{33}	八	ŋgu^{33}	九
χo^{33}	十				

多位数词连用，每个位数词之间均需加连词 lɛ^{33}。例如：

tɕi^{33} tu^{33} lɛ^{33} ŋa^{33} hiɔ^{53} lɛ^{33} qhuɔ^{33} lɛ^{33} ȵi^{53}
一 千 和 五 百 和 六十 和 二
一千五百六十二

tɕi^{33} ntshu^{33} lɛ^{33} ŋgu^{33} tu^{33} lɛ^{33} qhu^{33} hiɔ^{53} lɛ^{33} ŋɔ^{33} lɛ^{33} so^{53}
一 万 和 九 千 和 六 百 和 五十 和 三
一万九千六百五十三

序数和分数都借用汉语。例如：

ti^{35}i^{33}	第一	ti^{35}sɛ̃^{55}	第三
ti^{35}pa^{33}	第八	ti^{35}tɕə^{53}	第九
sã^{55}fẽ^{55}tʂɿ^{55}i^{33}	三分之一		

倍数在基数词后加 ʁu^{33}构成。例如：

tɕi^{33}ʁu^{33}	一倍	ȵi^{53}ʁu^{33}	二倍
zɿ^{33}ʁu^{33}	四倍	χo^{33}ʁu^{33}	十倍

约数有多种表示方法，常见的有用两个带量词的邻近数连用表示的。例如：

ȵi^{53} dʐ̥a^{55} so^{53} dʐ̥a^{55}　　二、三元
二 元 三 元

ʂ̥ɿ^{33} ku^{55} hĩ^{33} ku^{55}　　七、八个
七 个 八 个

$χo^{33}$	$ŋa^{33}$	qhu^{33}	ku^{55}			十五、六个
十	五	六	个			

有在固定数词后加 $ə^{ɹ53}ə^{ɹ33}$ “多、余”表示的。例如：

$tsho^{33}$	$tçi^{33}$	$hiɔ^{53}$	$ə^{ɹ53}ə^{ɹ33}$	ku^{33}		一百多人
人	一	百	多	个		
mo^{55}	$ȵɔ^{53}$	$ə^{ɹ53}ə^{ɹ53}$	ku^{33}			马二十多匹
马	二十	多	匹			

纳木义语量词比较丰富，分名量词和动量词两类。名量词中，有一些词用得特别广泛，如 ku^{33} 这个量词，既可用来表示“人”的量，例如：$tsho^{33}$（人）$tçi^{33}$（一）ku^{33}（个）“一个人”。也可用来表示其他动物的量。例如：mo^{55}（马）$tçi^{33}$（一）ku^{33}（匹）“一匹马”、$tʂhʅ^{33}$（狗）$tçi^{33}$（一）ku^{33}（条）“一条狗”等等。又如 ly^{55} 这个量词，一般用来表示块形或圆形的物体。例如房子、碗、石头、椅子、眼睛……都可以说 $tçi^{33}ly^{55}$ “一个”。同样 la^{55} “条”一般用来表示绳子、竹竿等条形物，$kɛ^{55}$ 一般用来表示能以一节一节数的段状物，dzy^{35} 用来表示成双成对的事物，pu^{35} 用来表示片形物……

但是，除了通用量词外，有不少客观事物还有其专有量词，以动物为例，许多动物既可用 ku^{33} 表量，但也有分得很细的专有量词。例如：

$ɣə^{33}$	$tçi^{33}$	$phɛ^{55}$				一头牛
牛	一	头				
$ha^{38}la^{55}$	$tçi^{33}$	$jɛ^{55}$				一只猫
猫	一	只				
zu^{55}	$tçi^{33}$	la^{55}				一条鱼
鱼	一	条				

名量词在句中和数词结合成数量词组作定语时，其词序为名词 + 数词 + 量词。动量词和数词结合成数量词组作状语时，其词序为数词 + 量词 + 动词。例如：

qha^{33}	tɕi^{33}	ly^{55}	一个碗（名—数—量）
碗	一	个	
tɕi^{33}	kie^{33}	ndo^{55}	见一次（数—量—动）
一	次	见	

3. 代词　分人称代词、指示代词、疑问代词、泛指代词、反身代词等5类。分述如下：

（1）人称代词　分三个人称，每个人称又分单数、双数和多数。双数和多数第一人称有包括式和排除式的区别。

	单数		双数		多数	
一（包）			a^{33}ku^{55}ȵi^{53}ku^{55}	咱俩	a^{33}χo^{33}	咱们
一（排）	ŋa^{55}	我	ŋa^{55}ku^{55}ȵi^{53}ku^{55}	我俩	ŋa^{33}χo^{33}	我们
二	no^{33}	你	no^{33}ku^{55}ȵi^{53}ku^{55}	你俩	no^{33}χo^{33}	你们
三	tɕhi^{55}	他	tɕhi^{55}ku^{55}ȵi^{53}ku^{55}	他俩	tɕhi^{55}χo^{33}	他们

人称代词在句中作句子成分时，无格的语法范畴。

（2）指示代词　有3个：分别为近指：tɛ^{55}"这"、远指：hɛ^{33}"那"、更远指：tʂho^{ɹ33}"那"。指示代词不能单独在句中作句子成分，一般需和量词结合使用。例如：

tɛ^{55}	ly^{55}	ŋa^{55}	ȵɔ^{33}	hɛ^{33}	ly^{55}	no^{33},	nɔ^{33}	tʂho^{ɹ33}	ly^{55}	tɕhi^{55}	ȵɔ^{33}.
这	个	我	（助词）	那	个	你	（助词）	那	个	他	（助词）

这个是我的，那个是你的，那个（更远）是他的。

（3）疑问代词　根据代替的对象不同，有以下几种：

a. 代人的疑问代词用khe^{55}"谁"。例如：

no^{33}	khe^{55}	dʑi^{53}?
你	谁	是

你是谁？

b. 代物的疑问代词用 fe^{55} “什么”。例如：

no^{33} fe^{55} le^{33}?
你 什么 拿
你拿的是什么？

c. 代数量的疑问代词用 qha^{55}ȵi^{55} “几”、“多少”。例如：

no^{33} qha^{55}ȵi^{55} khuə^{ɹ33}?
你 多少 岁
你多少年纪？

d. 代处所的疑问代词用 qho^{55} “哪儿”。例如：

no^{33} qho^{55} bo^{33}?
你 哪儿 去
你哪儿去？

e. 代性状的疑问代词用 qha^{55}tɛ^{55}tɛ^{33} “怎样”。例如：

tɕhi^{55} ȵi^{55} ŋgo^{53} qha^{55} tɛ^{55} tɛ^{33} ?
他 （助词） 病 怎样
他的病怎样了？

（4）泛指代词　有 jy^{33}χo^{55} “人家”、“别人” 和 a^{33}ka^{55}mu^{55} “大家” 两个，使用比较频繁。例如：

no^{33} jy^{33}χo^{55} qa^{33}zɿ^{55} thɛ^{55} lɛ^{33}.
你 别人 东西 （前加） 拿
你别拿别人的东西。
a^{33}ka^{33}mu^{55} dzɿ^{53}!
大家 吃
大家吃！

（5）在人称代词后加 y^{33}bi^{33}构成人称反身代词：

	单数	双数	多数
一（包）		a^{33}ku^{55}y^{33}bi^{33}	a^{33}χo^{33}y^{33}bi^{33}
		咱俩自己	咱们自己
一（排）	ŋa^{55}y^{33}bi^{33}	no^{33}ku^{55}y^{33}bi^{33}	ŋa^{55}χo^{33}y^{33}bi^{33}
	我自己	我俩自己	我们自己
二	no^{33}y^{33}bi^{33}	no^{33}ku^{55}y^{33}bi^{33}	no^{33}χo^{33}y^{33}bi^{33}
	你自己	你俩自己	你们自己
三	ʨhi^{55}y^{33}bi^{33}	ʨhi^{55}ku^{55}y^{33}bi^{33}	ʨhi^{55}χo^{33}y^{33}bi^{33}
	他自己	他俩自己	他们自己

非人称代称要表示反身时，用第三人称反身代词兼表。例如：

mo^{55}　ʨhi^{55}　y^{33}bi^{33}　dɛ^{35}ku^{55}.　　马自己回来了。
马　他　自己　回来

3. 动词　动词有体、态、式、趋向等语法范畴，均用形态手段表达。现简介如下：

（1）动词的体　动词有将行体，进行体、已行体、完成体、方过体、经验体等六种，分别在动词前后加附加成分表达。现分述如下：

a. 将行体　在动词后加 i^{33}表示。例如：

ʥɿ^{53}	吃	dzɿ^{53}i^{33}	将吃
ɣə^{33}	穿	ɣə^{33}i^{33}	将穿
mu^{55}	做	mu^{55}i^{33}	将做
ʂo^{55}	说	ʂo^{55}i^{33}	将说

表将行体的后加成分 i^{33}在实际读音上与词根结合得很紧，上述“吃”的实际音值为 ʥi^{53}“穿”为 ɣəi^{33}，“做”为 mui^{53}，“说”为 ʂoi^{53}。

b. 进行体　是在将行体动词后加 sɿ^{33}构成。

dzɿ^{53}	吃	dzɿ^{55}i^{33}sɿ^{33}	正在吃
ɣə^{33}	穿	ɣə^{33}i^{33}sɿ^{33}	正在穿
mu^{55}	做	mu^{55}i^{33}sɿ^{33}	正在做
ʂo^{55}	说	ʂo^{55}i^{33}sɿ^{33}	正在说

c. 已行体　在动词前加 mi^{33}、lo^{33}或 tɕi^{33}，在动词后加 ε^{33}或 a^{33}。例如：

dzɿ^{53}	吃	mi^{33}dzɿ^{53}ε^{33}	已吃了
ɣə^{33}	穿	lo^{33}ɣə^{33}ε^{33}	已穿了
mu^{55}	做	mi^{33}mu^{55}ε^{33}	已做了
ʂo^{55}	说	mi^{33} ʂo^{55}a^{33}	已说了

已行体前面加的附加成分是表趋向的前加成分，此处兼有表体的语法意义，每个动词前加什么前加成分，主要根据本民族的习惯，同该前加成分所表示的语法意义有关。后加成分加哪个，要根据动词的主要元音来决定，动词主要元音为 o、a 的，后加成分加 a^{33}，其余一律加 ε^{33}。

d. 完成体　在动词后加 pi^{55}tsε^{53}构成。例如：

dzɿ^{53}	吃	dzɿ^{53}pi^{55}tsε^{53}	吃完了
ɣə^{33}	穿	ɣə^{33}pi^{55}tsε^{53}	穿完了
mu^{55}	做	mu^{55}pi^{55}tsε^{53}	做完了
ʂo^{55}	说	ʂo^{55}pi^{55}tsε^{35}	说完了

e. 方过体　在动词后加 tɕhi^{33}qa^{53}构成。例如：

dzɿ^{53}	吃	dzɿ^{53}tɕhi^{33}qa^{53}	刚吃过
ɣə^{33}	穿	ɣə^{33}tɕhi^{33}qa^{53}	刚穿过
mu^{55}	做	mu^{55}tɕhi^{33}qa^{53}	刚做过
ʂo^{55}	说	ʂo^{55}tɕhi^{33}qa^{53}	刚说过

f. 经验体　是在动词后加 ntɕhi^{33}构成。例如：

ʣɿ^{53}	吃	ʣɿ^{53}ntɕhi^{33}	曾吃过
ɣə^{33}	穿	ɣə^{33}ntɕhi^{33}	曾穿过
mu^{55}	做	mu ^{33}ntɕhi^{33}	曾做过
ʂo^{55}	说	ʂo^{55}ntɕhi^{33}	曾说过

（2）动词的态　分使动和互动两种，使动态是在动词后加 ŋgɛ^{35}ha^{35}构成。例如：

bɛ^{33}lɛ^{55}	破（衣）	bɛ^{33}lɛ^{55}ŋgɛ^{35}ha^{35}	使破
mphʂɿ^{35}	断（绳）	mphʂɿ^{35}mphʂɿ^{35}ŋgɛ^{35}ha^{35}	使断
bzɿ^{35}	溢出	bzɿ^{33}ŋgɛ^{35}ha^{35}	使溢出
ʂɿ^{55}qa ^{33}	枯黄	ʂɿ^{55}qa^{33}ŋgɛ^{35}ha^{35}	使枯黄

互动态是用重叠动词词根的方式构成。例如：

ndy^{55}	打	ndy^{55}ndy^{55}	互相打
so^{55}	学习	so^{55}so^{55}	互相学习
mi^{55}	教	mi^{33}mi^{55}	互相教
dzu^{55}	连接	dzu^{55}dzu^{55}	互相连接

动词重叠，有时并不完全表达互相动作，而是表示动作反复进行。例如：

hũ^{35}	炒	hũ^{35}hũ^{35}	反复炒
ʐu^{55}	切	ʐu^{55}ʐu^{55}	反复地切
mphi^{55}	簸	mphi^{55}mphi^{55}	反复簸

（3）动词的式　有命令、祈使、否定、疑问等四种。分述如下：

a. 命令式用动词原形表示。例如：

no^{33}　ŋa^{55}　dɛ^{55}　ʂo^{55}！
你　我　（助词）　说
你对我说！

b. 祈使式　用在动词后加后加成分 $ʂʅ^{33}$构成。例如：

no^{33} $ŋa^{55}$ ly^{35} $ʂʅ^{33}$.
你 我 看（后加）
请你让我看吧！

no^{33} $tɕhi^{55}$ $ʂo^{55}$ $ʂʅ^{33}$.
你 他 说（后加）
你让他说吧！

c. 否定式　用在动词前加 ma^{55}表示行为动作尚未进行，在动词后加 $ma^{55}jɛ^{55}$表示行为动作将不进行，在动词前加 tha^{55}表示禁止或劝阻其进行。例如：

$ʂo^{55}ma^{55}jɛ^{55}$	不说
ma^{55} $ʂo^{55}$	没有说
tha^{55} $ʂo^{55}$	别说

d. 疑问式　在动词前面加 $ɛ^{55}$构成。例如：

no^{55} mi^{33} $ɛ^{55}$ $dzʅ^{53}$ $ɛ^{33}$?
你（前加）吃（后加）
你吃了吗？

（4）动词的趋向　纳木义语动词也有趋向范畴，构成趋向范畴的语法意义、形式和羌语支其他语言大体一致。但是，纳木义语动词的趋向范畴是羌语支语言中表现得最简单的，构成趋向范畴仅有 3 个前加成分。分别举例说明如下：

a. lo^{33}：加在动词前，表示行为动作是向上进行的。例如：

bi^{35}	去	$lo^{33}bi^{35}$	上去
$dɛ^{35}$	来	$lo^{33}dɛ^{35}$	上来
$pɛ^{33}$	拿	$lo^{33}pe^{33}$	向上拿

b. mi^{33}：加在动词前，表示行为动作是向下进行的。例如：

bi^{35}	去	mi^{33}bi^{35}	下去
dɛ^{35}	来	mi^{33}dɛ^{35}	下来
pɛ^{33}	拿	mi^{33}pɛ^{33}	向下拿

c. tɕhi^{33}：加在动词前，表示行为动作是在水平方向进行的。例如：

bi^{35}	去	tɕhi^{33}bi^{35}	过去
dɛ^{35}	来	tɕhi^{33}dɛ^{35}	过来
pɛ^{33}	拿	tɕhi^{33}pɛ^{33}	拿（来或去）

动词表示趋向时，除了用趋向前加成分外，经常在动词后加 bi^{35} “去”、dɛ^{35} “来” 辅助表示趋向。例如：

mi^{33}pɛ^{33}bi^{35}	拿下去	mi^{33}pɛ^{33}dɛ^{35}	拿下来
lo^{33}pɛ^{33}bi^{35}	拿上去	lo^{33}pɛ^{33}dɛ^{35}	拿上来
tɕhi^{33}pɛ^{33}bi^{35}	拿过去	tɕhi^{33}pɛ^{33}dɛ^{35}	拿过来

（5）动词名物化　在动词后加 wu^{33} 或 ji^{33} 构成。wu^{33} 一般加在单音节动词后，ji^{33} 多半加在动宾词组上，但并不严格，经常可以互换。例如：

加在动词后的：

ndʐʅ^{35}	喝	ndʐʅ^{35}wu^{33}	喝的
dzɿ^{35}	吃	dzɿ^{35}wu^{33}	吃的
ɣə^{33}	穿	ɣə^{33}wu^{33}	穿的
zy^{55}	用	zy^{55}wu^{33}	用的

加在动宾词组后的：

ʐo^{33}mbo^{33}	打粮食	ʐo^{33}mbo^{33}ji^{33}	打粮食的
ʐu^{55}qho^{55}	割草	ʐu^{55}qho^{55}ji^{33}	割草的

mi^{55}tsɛ^{35} 引火 mi^{55}tsɛ^{35}ji^{33}（或 wu^{33}） 引火的

（6）存在动词 有6个，分别表示不同性质的客观事物的存在或事物存在于不同的状态之中。分别介绍如下。

a. ʥʅo^{55}表示有生命的人或动物的存在。例如：

ŋa^{55} əɹ^{33} ȵi^{53} ly^{55} ʥʅo^{55}.
我 孩子 二 个 有
我有两个孩子。

ɬɛ^{33}ndʐʅ^{55} qo^{33} zu^{55} ʥʅo^{55}.
河 （助词） 鱼 有
河里有鱼。

b. nʥɛ^{33}表示不能随意移动的物品的存在。

nʥʅ^{33} ʨhi^{33}ɡɛ^{33} ɡɛ^{33}ku^{33}la^{55} dɛ^{55} qo^{33} ɦɛ^{ɹ33}qo^{33} ʨi^{33} ly^{55} ndzɛ^{33}.
水 那边 山上 （助词）（助词） 洞 一 个 有
河对面山上有一个山洞。

c. ʐʅ^{33}表示客观事物存在于容器或较大的空间之中。例如：

tho^{55}bu^{55} qo^{33}lo^{33} ʐo^{33} ʐʅ^{33}.
口袋 里面 粮食 有
口袋里有粮食。

d. ʥʅa^{35}表示可移动的事物的存在。例如：

ɬɛ^{55}ʥi^{55} pu^{33} wu^{55}dɛ^{35} qha^{33} ly^{55} ʥʅa^{35}.
桌子 张 （助词） 碗 个 有
桌子上有个碗。

e. ʥʅ^{55}ɡie^{55}表示抽象的事物或较贵重事物的存在。例如：

ŋa^{55} sɿ^{55} ʥʅ^{55}ɡie^{55}.
我 事情 有
我有事情。

ŋa^{55} jy^{55} ʨi^{33} ly^{55} ʥʅ^{55}ɡie^{55}.
我 房子 一 幢 有
我有一幢房子。

f. bo^{55}表示被主语领有的事物的存在。例如：

no^{33} xo^{55}ʈʂhɛ^{33} ɛ^{33} bo^{55}?
你 火柴 （前加）有
你有火柴吗?

5. 形容词　纳木义语的形容词有与动词相类似的语法特点，如它们可加表体、态、式和趋向的附加成分，但形容词也有一些不同于动词的语法特点。现分述如下：

（1）有不少基本形容词词根采用叠音或双声形式，这一特点似乎是羌语支语言的一个重要语法特征。例如：

nthɛ^{33}nthe^{55}	尖	ʁa^{55}ʁa^{55}	圆
qho^{55}qho^{55}	弯	dzy^{33}dzy^{55}	歪
ɡe^{33}ɡe^{55}	瘦	ʂɛ^{33}ʂɛ^{55}	干净
zɛ^{33}zɛ^{55}	嫩	khu^{55}khu^{55}	快
tso^{55}tso^{33}	湿	sy^{33}syɛ^{35}	凉快

（2）在形容词后加 de^{35}la^{33}，表示性质或状貌处在变化之中。例如：

ne^{35}	好	nɛ^{53}dɛ^{35}la^{55}	好起来了
da^{55}mo^{33}	高	da^{55}mo^{33}dɛ^{35}la^{33}	高起来了
khu^{55}khu^{55}	快	khu^{55}khu^{55}dɛ^{35}la^{33}	快起来了
da^{55}bəʴ^{33}	多	da^{55}bəʴ^{33}dɛ^{35}la^{33}	多起来了

（3）形容词可以重叠，重叠后表示程度的加深。带词头的形容词只重叠词根而不重叠词头，叠音词则双音节都可重叠。例如：

e^{33}hĩ^{55}	矮	ɛ^{33}ʦɿ^{55}ʦɿ^{55}	矮矮的
ɛ^{33}ʦɿ^{55}	小	e^{33}hĩ^{55}hĩ^{55}	小小的
da^{55}qhu^{55}	远	da^{55}qhu^{55}qhu^{55}	远远的
nthɛ^{33}nthɛ^{55}	尖	nthɛ^{33}nthɛ^{55}nthɛ^{33}nthɛ^{55}	尖尖的
ʂe^{33} ʂe^{55}	干净	ʂe^{33} ʂe^{55} ʂe^{33} ʂe^{55}	干干净净的

6. 副词　副词在句中主要用来作状语，大多数在谓语的前面，但也有少数副词状语可以放在谓语的后面。例如：

no^{33}　ȵi^{55}　bɛ^{33}tshɿ^{55}　tɛ^{55}　la^{55}　ɛ^{33}nda^{55}　ɬɛ^{35}ɬɛ^{35}.
你　（助词）　衣服　这　件　短　太
你的这件衣服太短了。

纳木义语副词常见的有以下几类：

（1）程度副词　作状语主要用来修饰形容词谓语。常用的有 zɿ^{35} “比较”、ʁo^{35} “很”、ɡa^{55}mu^{55} “最、特别” 等。

（2）范围副词　有 a^{33} mu^{55} “一起、都”、i^{33} ʨhi^{33} ni^{55} “总共”、ji^{55} “也” 等。

（3）时间副词　常用的有 ɛ^{33} mi^{55} thu^{33} “马上”、ɛ^{33} mi^{55} sɿ^{55} ȵɛ^{33} “刚才”、tha^{33}ʁo^{55} “早就”、tha^{33}ʁo^{55} “先” 等。

（4）语气副词　有 di^{33} zɿ^{33} mu^{55} “一定”、tsɛ^{35} “还要”、qɛ^{35} “或许、可能” 等。

（5）性状副词　nɛ^{35} nɛ^{35} mu^{55} “好好地”、ɛ^{33} zɛ^{33} zɛ^{55} mu^{33} “慢慢地”、qbɛ^{33}lɛ^{55}lɛ^{33}mu^{33} “悄悄地”、χo^{33}χo^{33}mu^{55} “哗哗地” 等。

7. 助词　有以下几类：

（1）限制助词　有 ȵi^{35}、i^{55}两个，ni^{55}主要用在单数人称代词作限制语的词组或句子中。例如：

ŋa⁵⁵ ȵi⁵⁵ a⁵⁵po³³
我 （助词） 哥哥　　我的哥哥

tɕhi⁵⁵ ȵi⁵⁵ qɛ⁵⁵dzy³³
他 （助词） 床　　他的床

no³³ ȵi⁵⁵ li³³ku³⁵
你 （助词） 裤子　　你的裤子

i⁵⁵一般用在名词或多数人称代词作限制语的词组或句子中。例如：

sy⁵⁵pu⁵⁵ i⁵⁵ ʁo⁵⁵ntho⁵⁵
老师 （助词） 帽子
老师的帽子

kõ⁵⁵ ʂe³³ i⁵⁵ tho⁵⁵la⁵⁵tɕi⁵⁵
公社 （助词） 拖拉机
公社的拖拉机

no³³χo³³ i⁵⁵ vu⁵⁵
你们 （助词） 酒
你们的酒

（2）受动助词　有 dɛ⁵⁵，加在名词或代词后，表示动作的承受者。例如：

tɕhi⁵⁵ ŋa⁵⁵ dɛ⁵⁵ mi³³ mbo³³ a³³.
他 我 （助词）（前加） 打 （后加）
他打我了。

ŋa⁵⁵ ɡu⁵⁵zɿ⁵⁵ dɛ⁵⁵ miɛ⁵⁵ tshɿ³³ wu³³ pha³⁵tsɿ⁵⁵ pu³³ ko³³i⁵⁵.
我 妹妹 （助词） 脸 洗 （后加） 毛巾 张 给（后加）
我要给妹妹一块洗脸毛巾。

（3）处所助词　有 qo³³、wu⁵⁵dɛ³³等。qo³³一般用来表示“在××里”。例如：

ɬɛ^{33}ndʐʅ^{55} qo^{33} zu^{55} dʐo^{55}.
河 （助词） 鱼 有
河里有鱼。

qa^{33}zʅ^{33} qo^{33} ndʐʅ^{55} zʅ^{33}.
水桶 （助词） 水 有
水桶里有水。

wu^{55}dɛ^{33}一般用来表示“在××上”。例如：

nɛ^{55}ŋkhɛ^{33}mu^{33} wu^{55}dɛ^{33} tʂu^{33} phu^{55}lu^{33} lo^{33} tsʅ^{55}dʐu^{55} hɛ^{55}.
天空 （助词） 云 白 （前加）起来（后加）
天上起白云了。

phĩ^{33}ko^{55} sʅ^{33}po^{55} po^{55} wu^{55}dɛ^{33} ly^{55}ly^{55} tsɛ^{35} la^{33}.
苹果 树 棵 （助词） 果实 结 （后加）
苹果树上结果实了。

另外，wu^{55}dɛ^{33}有时还可用在比较句中，表示被比较的对象。例如：

sʅ^{33}po^{55} tɛ^{55} po^{55} hɛ^{55} po^{55} wu^{55}dɛ^{33} jɛ^{35}da^{55} mo^{33} a^{33}.
树 这 棵 那 棵 （助词） 一点 高 （后加）
这棵树比那棵树高一些。

（4）从由助词 有 ȵi^{33}，经常加在处所或地点名词后面，表示行为动作由该处发出。例如：

ŋa^{55} o^{55}dʐo^{33} ȵi^{33} dʐu^{35}.
我 西昌 （助词） 来
我从西昌来。

no^{33} qho^{55} ȵi^{33} dʐu^{35}?
你 哪里（助词） 来
你从哪里来？

下面介绍纳木义语的句法。拟从句子成分和语序、单句、复句3个方面简要介绍句法特点。

1. 句子成分和语序 纳木义语的句子包括有主语、谓语、宾语、定语、状语等五种成分。句子的基本语序是主—宾—谓。例如：

ŋa^{55} ʁo^{55}ə˞^{55} li^{55} ku^{35}.
我（主）田（宾）犁 会（谓） 我会犁田。

no^{33} khe^{55} ʥi^{55}?
你（主）谁（宾）是（谓） 你是谁?

名词、代词作定语放在中心词的前面。例如：

no^{33} ȵi^{55} jɛ^{55}kɛ^{55}
你（定）（助词） 烟袋 你的烟袋

kõ^{55}ʂe^{33} i^{55} tho^{55}la^{55}tɕi^{55}
公社（定）（助词） 拖拉机 公社的拖拉机

形容词、数量词组作定语放在中心词后面。例如：

bɛ^{33}tshʅ^{55} ɬo^{55}χo^{33}
衣服 红（定） 红衣服

sʅ^{33}po^{55} tɕi^{33} po^{55}
树 一 棵（定） 一棵树

状语的位置较灵活，一般在谓语前面，有的可放在宾语前，还有的可放在主语前，个别的可以放在谓语的后面。例如：

ŋa^{55} di^{33}zʅ^{33} mu^{55} bi^{35}.
我 一定（状） 去
我一定去。

ŋa^{55} ɛ^{33}mi^{55}thu^{33} sʅ^{55} ʥʅ^{55}gie^{55}.
我 刚才（状）事情 有
我刚才有事情。

tɛ^{35}ȵi^{55} ŋa^{55}χo^{33} dzy^{55}i^{33}.
今天 我们 开会（后加）
今天我们要开会。

no^{33} ni^{35} bɛ^{33}tshʅ^{55} tɛ^{55} la^{55} ɛ^{33}nda^{55} ɬɛ^{35}ɬɛ^{35}.
你（助词） 衣服 这 件 短 太（状）
你的这件衣服太短了。

2. 单句　根据句子所表达的语气，单句大致可以分为以下几类。

（1）陈述句。例如：

ŋa^{55} əʴ^{33} ȵi^{53} ly^{55} dʐo^{55}.
我 儿子 二 个 有
我有两个儿子。

（2）疑问句。有多种表达方式，有句中用疑问代词表达的，有动词、形容词用疑问式表达的，有句中用疑问语气词表达的，有用肯定加否定表示疑问的，有用选择方式表示疑问的。下面举一二例，以见一斑。

no^{33} ŋo^{53}ly^{55} ʨhi^{33}ɛ^{33} nɛ^{35}?
你 病 （前加）好
你的病好了吗？
no^{33} qho^{55} ȵi^{33} dʐu^{35}?
你 哪儿（助词） 来
你从哪儿来？
no^{33} ɛ^{33} ŋa^{33} mɛ^{55} ŋa^{33}?
你 （前加） 敢 （前加）敢
你敢不敢？

（3）命令句。例如：

no^{33} jy^{33}χo^{55} qa^{33}zɿ^{55} thɛ^{55} lɛ^{33}!
你 别人 东西 （前加）拿
你别拿别人的东西！

（4）祈求句。例如：

no^{33} ʨhi^{55} ʂo^{55} ʂɿ^{33}.
你 他 说（后加）
你让他说吧！

（5）判断句。例如：

ŋa^{55} n̥i^{55} phu^{55}kɛ^{33} la^{55} ʂʅ^{55}qa^{33} la^{33} dʑi.
我 （助词） 被子 条 黄 条 是
我的这条被子是黄的。

（6）惊叹句。例如：

ɛ^{55}le^{53}！qa^{33}zʅ^{55} hɛ^{33} ly^{55} fe^{55} ly^{33} dʑi^{55} jɛ^{55}！
呀 东西 那 个 什么 个 是 （语气）
呀！那是什么东西呀！

（7）拟测句。例如。

tɕhi^{55} dɛ^{35} qɛ^{55} la^{33} pa^{35}！
他 来 或许（后加）（语气）
他或许来了吧！

3. 复句 分并列复句和偏正复句两类。

（1）并列复句

no^{33} tɛ^{55}mu^{33} tshʅ^{55} n̥i^{33} ʂɛ^{33}ʂɛ^{55}，ŋa^{55} tɛ^{55}mu^{33} tshʅ^{55} n̥i^{33} mɛ^{55} ʂɛ^{33} ʂɛ^{55}.
你 这样 洗 （助词） 干净 我 这样 洗 （助词）（不） 干 净
你这样洗干净，我这样洗不干净。

ŋa^{55} lɛ^{33}ɡɛ^{33} ndzu^{55} ɛ^{33}， tɕhi^{55} mi^{33}ɡɛ^{33} ndzu^{55} ɛ^{33}.
我 上面 住 （后加） 他 下面 住 （后加）
我住在上面，他住在下面。

（2）主从复句

tɛ^{33}ȵi^{55} hĩ^{55} ŋɛ^{35}, lo^{33}tsɿ^{33} mu^{55} bi^{35} mɛ^{55}ə˞^{55} ŋɡɛ^{35}.
今天 雨 下 活路 做 去（前加） 能
因为今天下雨，所以不能去干活儿了。

za^{55} dzy^{55} bɛ^{33}lɛ^{55} sɛ^{33}, sɿ^{55}tsɛ^{33} dzy^{55} mi^{33} hɛ̃^{33} lo^{33} ɣə^{33} i^{33} mo^{53}!
鞋 双 破（连词） 新 双（前加）买（前加）穿（后加）（语气词）
如果鞋子破了，就买一双新的穿吧！

金沙江流域

金沙江是长江的上游，发源于青海省玉树藏族自治州。金沙江在青海境内称通天河，进入与四川交界地带才改称金沙江。金沙江通过四川西部甘孜藏族自治州与西藏自治区交界地带，由北至南，进入云南省德钦、中甸地区，然后突然改变走向，由南而北，形成一个大转弯，至宁蒗县的北端，又突然向南，形成另一个大转弯，然后缓缓向东，穿越云南与四川交界的崇山峻岭，于宜宾地区进入四川，然后注入长江。

金沙江上游，都是藏语分布区，流经云南中甸、丽江、宁蒗等县时，除有藏语分布外，两岸还分布有操白语、傈僳语、彝语、普米语的居民，在宁蒗县北部金沙江向南的大拐处，有一条较大的支流注入金沙江，其上游称无量河，中游称水洛河，下游称冲天河，在水洛河两岸，居住着操史兴语的居民，这种语言，与周围的藏语、普米语、纳西语都有明显的差别。另外，在金沙江的两个拐弯处，如云南的维西、丽江、宁蒗、永胜、华坪等还存在着一些复杂的语言情况，因尚未作调查，本文暂不涉及。本节拟着重介绍分布在水洛河两岸的史兴语和在木里、宁蒗、兰坪等地的普米语。

一　史兴语

史兴语主要分布在四川凉山彝族自治州木里藏族自治县一区水洛河及其下游冲天河两岸的台地上，使用人口约有两千左右。他们自称 ʂʅ^{55}hĩ^{55}“史兴”，和他们杂居的有普米族、纳西族、彝族等。过去地方志及有人写的著作中曾提到木里地区有一种“虚米”。例如，日本语言学家西田龙雄在他所著《多续译语研究》第 21 页的小注中有这样一段话：“盐源、盐边的县境，旧称‘盐源九所’，地域包括：1. 木里安抚司，所属六种少数民族：

喇嘛、呷迷、约古、虚迷、么些、西番。2. 瓜别安抚司……”① 木里县操普米语的居民自称为 phʐə̃^{55}mi^{55}“普米”，对使用藏语（康方言）的居民称 ka^{35}mi^{55}“呷米”，对操尔苏语西部方言的居民称 bu^{35}lã^{55}mi^{55}“布兰米”，对操史兴语的居民称 ɕy^{55}mi^{55}“虚米”。因此，上述“虚米”这一名称的来源是操普米语的居民对操史兴语的居民的称呼。

操史兴语的居民自己认为：“我们的话不标准，是藏语和纳西语混合的结果。”其实并非如此，经初步分析，史兴语是藏缅语族羌语支中的一个独立语言，只不过他们受到藏语、普米语、彝语、纳西语的一些影响，语言中吸收了一些邻近语言的借词而已。

史兴语使用的范围较小，仅在家庭或聚居的村落中使用，外出使用普米语或汉语。史兴语内部比较一致，没有方言差别。一九七九年八月至九月，四川省民委凉山州和渡口市民族识别工作组曾了解到在盐边县新坪一带有称为“世袭”的居民，从他们的自称来看，与“史兴”十分接近，彼此居住的地点也不十分遥远，他们的语言是与纳西语有关还是与史兴语有关，因未调查，不敢妄加推论。下面以木里县水洛公社的史兴语为代表，简要介绍其语音、词汇和语法方面的特点。

（一）语音

1. 声母　史兴语的单辅音声母比较复杂，共有 52 个。分别列表举例说明如下：

p		t				k		q
ph		th				kh		qh
b		d				g		ɢ
	ts		tʂ	tʃ	tɕ			
	tsh		tʂh	tʃh	tɕh			
	dz		dʐ	dʒ	dʑ			
Φ	s		ʂ	ʃ	ɕ	x	χ	h

① 引自西田龙雄《多读译语研究》第 21 页，日本松香堂 1973 年出版。

β	z		ʐ	ʒ	ʑ	ɣ	ʁ	ɦ
m		n			ɲ	ŋ		
m̥		n̥						
		l						
		ɬ						
		r						
w			ɹ		j			

有几点说明：

（1）Φ、β 有其变体 f、v，后者主要出现在汉语借词中，读音尚不稳定，故合并于 Φ、β。

（2）清化鼻音只有m̥　n̥，未发现 ɲ̊、ŋ̊，可能因记的词少（二千左右），所以尚未出现。

（3）ɢ 未单独作声母，一般前面都带同部位的鼻音 N，有些音出现的频率很低，如 ŋ、χ、ʃ 等。

单辅音例词：

p：	pɛ^{55}（ji^{55}）	漂浮	ph：	phɛ̃^{55}	脸	b：	bɛ^{35}	水蛭
m：	mɛ^{35}	天	m̥：	ʁo^{33}m̥ɛ^{33}m̥ɛ^{55}	下身	Φ：	Φĩ^{55}	粮食
β：	βɛ^{55}	牙齿	w：	wɛ̃^{33}ji^{55}	对、正确	ts：	tsi^{55}	锁
tsh：	tshɛ^{55}	量（衣）	dz：	dzɛ^{53}	吃	s：	sɛ^{55}	血
z：	zɛ^{35}	洗	t：	tiɛ^{35}	旗子	th：	thɛ̃^{35}	裙子
d：	duɛ^{55}	线	n：	niɛ^{55}	奶	n̥：	n̥i^{55}sɛ̃^{33}	桦树
l：	lɛ^{55}	狼	ɬ：	ɬe^{35}	风	r	rɛ^{55}	笑
tʂ：	tʂɛ^{55}	爪	tʂh：	tʂhũ^{35}	凿	dʐ：	dʐɑ^{35}	敌人
ʂ：	ʂɛ̃^{55}	水獭	ʐ：	ʐy^{35}	猴子	ɹ：	ɹuɛ^{35}	铜
ʧ：	ʧuɛ^{55}	汗	ʧh：	ʧhʅ^{55}	卖	ʤ：	ʤuɛ^{35}	朋友
ʃ：	ʃuɛ^{55}ji^{55}	淘气	ʒ：	ʒu^{55}	抢	ʨ：	ʨɛ^{55}	星星
ʨh：	ʨhe^{55}sɛ̃^{33}	腰	ʥ：	ʥɛ^{55}	水	ɲ：	ɲɛ^{35}	火
ɕ：	ɕɛ^{55}mi^{33}	虱子	ʑ：	ʑɛ^{33}zi^{55}	左	j：	jɛ^{33}zi^{55}	右

k：	ke^{55}	老鹰	kh：	khɛ^{55}	蹄	g：	giɛ^{35}	茄子
ŋ：	ŋɐ^{55}	我	x：	xiɛ^{35}	金子	ɣ：	ɣɛ̃^{35}	脖子
q：	qɛ^{55}	搬	qh：	qhɛ^{55}nɯi^{55}	痰	ɢ：	nɢɛ^{35}	剪
χ：	χuɛ̃^{55}jĩ^{55}	平	ʁ：	bu^{33}ʁɛ̃^{55}	缺口	h：	hɛ̃^{55}hɛ^{33}	切
ɦ：	ɦuɛ^{35}	牛						

复辅音声母较少，有6个，都是浊塞音、塞擦音前面带同部位鼻冠构成。也有少量清送气塞音、塞擦音前面带同部位鼻冠的现象，但只出现在第二音节，未发现在第一音节出现，而且第一音节往往有鼻化音或鼻音韵尾，我们把它看作是语音的连读变化，不把它看作是复辅音。例如：

喉咙	ɣɛ̃^{33}thiɛ^{35}	→	ɣɛ̃^{33}nthiɛ^{35}
星期	ɕĩ^{55}tɕhi^{55}	→	ɕĩ^{55}ȵtɕhi^{55}
半天	mɛ̃^{53}qhɑ^{33}	→	mɛ̃^{35}Nqhɑ^{33}

复辅音例词：

nb：	nbu^{35}	抬	nd：	ndo^{55}ʁe^{55}	跛子	ng：	nguɛ^{33}jĩ^{55}kĩ^{55}	答复
nɢ：	nɢɛ^{35}	剪	ndʐ：	ndʐi^{55}	和气	ndʑ：	mɛ^{55}ndʑɑ̃^{55}	听见

2. 韵母　有单元音韵母21个，分两套，一套是基本元音，一套是鼻化元音。基本元音有i、e、ɛ、ɑ、ɔ、o、u、y、ɐ、ɯ、ɿ等11个，鼻化元音有ĩ、ẽ、ɛ̃、ɑ̃、ɔ̃、õ、ũ、ỹ、ɯ̃等9个，还有1个卷舌元音ə˞。

关于单元音韵母，有以下几点说明；

（1）史兴语中有一个鼻音尾ŋ，主要出现在后元音后面，但读音不稳定，经常可读成鼻化，故音系中一律作鼻化元音处理。

（2）基本元音中有些读得短一些，有些读得长一些，读短元音的字多半出现在高平或高降调，而且后面有喉塞尾，因未出现对立，故音系中未作长短元音处理。有少数词的元音读得较紧，与彝语支语言的紧喉音相似，但出现频率低，未发现对立，音系中也未作独立音位处理。

（3）õ、ũ在许多词中可以混读，在部分词中不混，音系中分为两个音位。

（4）ɯ 的实际音值接近 ɤ，有时靠近 ə，y 出现在唇音后的实际音值接近 ʉ。

单元音韵母例词：

i：	li^{33}pu^{55}	身体	e：	le^{55}mi^{33}	跳蚤	ɛ：	lɛ^{55}	狼
ɑ：	ʂɑ^{53}	虎	ɔ：	lɔ^{55}tɕhɑ̃^{55}	歌	o：	lo^{35}	再
u：	lɑ^{33}lu^{55}	规矩	y：	ly^{55}	放牧	ɐ：	rɐ^{35}	绳子
ɯ：	khɯ^{35}	根	ʅ：	rʅ^{55}	牛皮	ə˞：	dʑɑ^{33}ə˞^{55}	沟
ĩ：	gĩ^{55}	熊	ẽ：	dẽ^{35}	地	ɛ̃：	ɛ̃^{55}	绵羊
ɑ̃：	ʂɑ̃^{55}	清（水）	ɔ̃：	rɔ̃^{35}	马	õ：	dʐõ^{35}lɑ^{55}	坡
ũ：	rũ^{35}	蛆	ỹ：	kuɔ̃^{55}ỹ^{33}	光荣	ɯ̃：	rɯ̃^{55}	刈（草）

复元音韵母有 27 个，分两类，一类是后响的，另一类是前响的，以后响的为主，前响的很少。后响的复元音由 i、u、y 介音加主要元音构成。带 i 介音的复元音有：ie、iɛ、iɑ、iɔ、io、iu、iɯ、iɛ̃、iɑ̃9 个，带 u 介音的复元音有：ui、ue、uɛ、uɑ、uɯ、uɐ、uɛ̃、uɑ̃、uɔ̃、uɯ̃10 个，带 y 介音的复元音有 yi、ye、yɛ、yɛ̃4 个。前响的复元音只有 ei、ɛi、ɯi 3 个。上述各类复元音中的 ɯ 实际读音接近 ə，故根据其实际读音来处理其复元音的性质，有三合复元音 uɛi1 个。举例如下：

ie：	bie^{35}	猪	iɛ：	xiɛ^{35}	金子	iɑ：	liɑ^{55}ȵi^{33}	输
iɔ：	tɛ^{35}piɔ^{35}	代表	io：	io^{55}ɕo^{55}	脾气	iu：	liu^{55}	来
iɯ：	tsʅ^{35}iɯ^{33}	自由	iɛ̃：	tiɛ̃^{35}	电	iɑ̃：	kɔ^{55}liɑ̃^{33}	高粱
ui：	tui^{55}	骡子	ue：	due^{55}	浑（水）	uɛ：	ɹuɛ^{35}	铜
uɑ：	ʁuɑ^{35}ly^{55}	生气	uɯ：	guɯ^{33}yɛ^{35}	瓦板	uɐ：	qhuɐ^{55}	角
uɛ̃：	quɛ̃^{55}	哭	uɑ̃：	kũ^{35}tɕhi^{55}thuɑ̃^{33}	共青团	uɔ̃：	kuɔ̃^{55}ỹ^{33}	光荣
nɯ̃：	suɯ̃^{55}	肝	yi：	a^{33}yi^{55}	哥哥	ye：	hɑ^{55}lye^{33}	种子
yɛ：	yɛ^{33}	叶子	yɛ̃：	dʐɯ̃^{55}yɛ̃^{35}pũ^{35}	垃圾	ei：	mei^{35}	沙子
ɛi：	tɕhi^{55}pɛi^{53}	什么	ɯi：	bɯi^{35}	断（绳子）	uɛi：	tsuɛi^{55}	犏牛

3. 声调　史兴语有4个声调，其调值大致如下。（1）高平：55，（2）中平：33，（3）高升：35，（4）高降：53。高降调出现在浊音中时实际音值接近341，高升调出现在全浊音中时音值接近14，中平调在单音节词中出现的频率低，在多音节词中出现得频率较高。举例如下：

（1）高平55：	mɛ^{55}	没有	bũ^{55}	堆
（2）中平33：	mɛ̃^{33}	听	bu^{33}bu^{33}	花
（3）高升35：	mɛ^{35}	天	bũ^{35}	粗
（4）高降53：	mɛ̃^{53}	日（量）	bie^{35}bu^{53}	猪崽

（二）**词汇**

史兴语的词汇是比较丰富的，而且有其一定的特点，有些特点不大同于周围的语言。例如，由于他们一贯有种植水稻的习惯，因此，有关这一方面的词比较丰富。另外，在史兴语中，还出现有一定数量的早期汉语借词，操史兴语的居民根据居住环境，过去基本上不与汉族接触，可是为什么语言有受汉语影响的痕迹。这些现象都值得深入研究。

史兴语的词汇以单音节词和由单音节复合而成的合成词为主，多音节的单纯词比较少。丰富语言词汇的主要方式是用本民族语言固有的词汇材料构成新词。其构词形式以词根合成为主，兼用一些其他方式。常见的构词方式有下列几种：

1. 派生构词。词根加词头词尾构成新词。加词头的。例如：

ɑ^{33}ȵɛ^{55}	伯母	ɛ^{33}guɐ^{35}	舅舅
ɑ^{33}yi^{55}	哥哥、姐姐	ɑ^{33}bɑ^{55}	父亲
ɑ^{33}ʤuɛ^{55}	祖母	ɑ^{33}βu^{55}	伯父

加词尾的。例如：

kɔ^{53}hĩ^{55}	匠人	qhuɐ^{55}hĩ^{55}	小偷
bi^{33}zi^{33}hĩ^{55}	外人	mi^{53}hĩ^{55}	乞丐

ɡuɛ^{55}βɛ^{33}hĩ^{55}	猎人	qho^{33}hĩ^{55}	亲戚

2. 复合构词。例如：

khuɐ^{55}hɔ̃^{33}	疯狗	tshɿ^{55}ã^{33}	山羊羔
lyɛ^{55}khĩ^{33}	麝香	lie^{55}yɛ^{35}	手掌
tɕye^{33}due^{53}	茶渣	ʥɛ^{55}hũ^{33}	泉水
jũ^{33}ʁo^{55}	石堆	li^{55}mi^{55}	母獐子

3. 拟声构词。以模仿事物发出的声音构成新词。例如：

qɑ^{55}qɑ^{55}	喜鹊	so^{55}je^{55}	锯子
tsi^{55}	锁	dɑ^{55}qũ^{33}	鼓
xuɑ^{53}xuɑ^{53}se^{33}	哗哗地	ũ^{55}ũ^{55}bɐ^{33}	嗡嗡地

4. 叠音构词。例如：

bu^{33}bu^{33}	花	ȵu^{55}ȵu^{55}	乳房
pɑ^{33}pɑ^{55}	背子	zo^{33}zo^{55}	很
hɛ̃^{55}hɛ̃^{55}	切	duɛ^{33}duɛ^{55}	架子
ʂuɛ^{33}ʂuɛ^{33}	涮	mɑ^{55}mɑ^{55}	母亲

从邻近的民族语言中吸收借词，也是史兴语丰富语言词汇的途径之一。史兴语中的借词来源较复杂，但占的比重最多的是汉语借词，其次是藏语借词。有少量纳西语、彝语和普米语的借词。因数量不多，暂不举例介绍。

汉语借词中有早期借入的，语音上适应了史兴语的特点，也有一定的构词能力。例如：

rɔ̃^{35}liu^{55}	马料	其中 liu^{55} "料" 为借词。
thu^{55}	桶	鼻音韵尾已无痕迹。
je^{55}	烟	鼻音韵尾已无痕迹。
tsi^{55}	漆	保持尖音。

$\text{qo}^{33}\text{tse}^{35}$	辣椒	保持尖音。

近期汉语借词，基本上从四川话借入，语音上仍保留当地汉语的读音。例如：

ʈʂu⁵⁵ ɕi³³	主席	tsũ⁵⁵ li⁵⁵	总理
ʂʅ³³ xue⁵⁵	石灰	wɑ⁵⁵ tshu³³	挖锄
fei³³ tsɔ³⁵	肥皂	tiɛ̃³⁵ xuɑ³⁵	电话
lɑ³³ ʈʂu³³	蜡烛	jɑ̃³³ xo⁵³	火柴

藏语借词大多属宗教用语、生活用语和政治用语。例如：

gũ⁵⁵ be³³	庙	mɑ⁵⁵ mi⁵⁵	兵
mi³³ ri⁵⁵	民族	n̥ɑ⁵⁵ tshɛ⁵⁵	墨
lɑ⁵⁵ mɯi⁵⁵	喇嘛	gi³³ ʈʂhu⁵⁵	徒弟、弟子
bɑ⁵⁵	面具	mɑ³³ ȵi³³ kɔ̃³⁵	念珠

（三）**语法**

词序和助词是史兴语语法的主要表达方式，只有少数语法范畴是用形态手段表达的。下面分词类和句法两部分简要介绍史兴语语法的主要特点。

词类有名词、数词、量词、代词、动词、形容词、副词、助词、连词、情感词等十类。仅将几个主要词类的语法特点简介如下：

1. 名词　可在动物名词后加助词 rɯ⁵⁵ mi⁵⁵ 表示复数。例如：

gi³³ ɣĩ⁵⁵	老师	gi³³ ɣĩ⁵⁵ rɯ⁵⁵ mi⁵⁵	老师们
zɐ³³ mi⁵⁵	孩子	zɐ³³ mi⁵⁵ rɯ⁵⁵ mi⁵⁵	孩子们
jĩ⁵⁵ ɣũ⁵⁵	老人	jĩ⁵⁵ ɣũ⁵⁵ rɯ⁵⁵ mi⁵⁵	老人们
tshʅ⁵⁵	山羊	tshʅ⁵⁵ rɯ⁵⁵ mi⁵⁵	山羊（多数）
rɔ̃³⁵	马	rɔ̃³⁵ rɯ⁵⁵ mi⁵⁵	马（多数）

表复数助词不能加在无生命的事物名称后面。

2. 数词和量词。一至十的基数词除“一”以外，一般不能离开量词使用。一至十基数词如下：

dʑĩ^{35}	一	ȵɛ^{33}ko^{35}	二	sɐ^{55}ko^{33}	三
ʒuɐ^{33}ko^{35}	四	ɦɑ̃^{55}ko^{33}	五	tɕho^{55}ko^{33}	六
sɛ̃^{55}ko^{33}	七	ɕyi^{55}ko^{33}	八	ɡuɐ^{33}ko^{35}	九
qɛ^{55}ko^{33}	十				

其中“一”与百、千及量词结合时其韵母失去鼻化性质，出现在“十一”后面时变为 tɛ^{55}。例如：

dʑi^{33}ɕɛ^{55}	一百	dʑi^{33}ko^{53}	一个	qɛ^{55}tɛ^{55}	十一

二、三也有一些变化。现将其出现在十位数和百位数中的变化列举如下：

qɛ^{55}ȵi^{55}	十二	nɐ^{33}ʁɛ^{53}	二十	ȵi^{33}ɕɛ^{55}	二百
qɛ^{55}sũ^{55}	十三	sɐ^{55}qɛ^{55}	三十	sũ^{55}ɕɛ^{55}	三百

基数词多位连用，合成一个较大的数目时，每个位数词之间，需加连词 ȵi^{55}。例如：

ɦɑ̃^{55}qɛ^{33} ȵi^{55} sɐ^{55} ko^{33}　　五十三
五十　和　三　个

tʂhʅ^{55}tshu^{55} dʑĩ^{35} ȵi^{55} ɡuɐ^{33} tɕhũ ȵi^{55} tɕho^{55} ɕɛ^{55} ȵi^{55} ɦɑ̃^{55} qɛ^{55} ȵi^{55}
万　一　和　九　千　和　六　百　和　五　十　和
ȵɛ^{33} ko^{35}
二　个
一万九千六百五十二

序数词借用藏语的 tɔ̃^{33}pu^{55} “第一”，然后再加上固有的数词构成。例如：

tɔ̃^{33}pu^{55}ʥĩ^{35} 第一　　tɔ̃^{33}pu^{55}ȵɛ^{33}ko^{35} 第二

tɔ̃^{33}pu^{55}ʒuɐ^{33}ko^{35} 第四

计算日子的序数词用固有词 ɬi^{33}tshi^{55}后面再加基数词再加量词 mɛ̃^{53}“日”表示。例如：

ɬi^{33}tshi^{55}ʥi^{33}mɛ̃^{53}	初一	ɬi^{55}tshi^{55}ȵɛ^{33}mɛ̃^{53}	初二
ɬi^{33}tshi^{55}ɦɑ̃^{35}mɛ̃^{53}	初五	ɬi^{55}tshi^{55}qɛ^{55}mɛ̃^{53}	初十

倍数用数词后加 lu^{35}表示。例如：

ʥi^{33}lu^{35}	一倍	sũ^{55}lu^{35}	三倍
ʒuɐ^{33}lu^{35}	四倍	ʥi^{33}ɕɛ^{55}lu^{35}	一百倍

分数有两种表示方法。一种说成是“××”份分出“××份”。例如：

sũ^{55} ʁu^{55} lɛ^{33} wɛ^{33} ʥi^{33} ʁu^{55}
三 份 分 出 一 份
三分之一

qɛ^{55} ɦɑ̃^{35} ʁu^{55} lɛ^{33} wɛ^{33} ʒuɐ^{33} ʁu^{55}
十 五 份 分 出 四 份
十五分之四

另一种说成“××份里××份”。例如：

ɦɑ̃^{35} ʁu^{55} nɔ̃^{55} ʥi^{55} ʁu^{55}
五 份 里 一 份
五分之一

qɛ^{55} ȵi^{55} ʁu^{55} nɔ̃^{55} ɦɑ̃^{35}ʁu^{55}
十 二 份 里 五份
十二分之五

约数也有多种表示方法。常见的有用两个相邻的数词连用表示的。连用后再加 rɛ̃^{33}。例如：

ȵi^{33} sũ yɛ̃^{55}rɛ̃
二 三 元
二三元

hɛ̃^{55} ɦɑ̃^{35} tɕho^{55} ko^{33} rɛ̃^{33}
人 五 六 个
五六个人

rɔ̃^{35} sɐ^{55} qɛ^{55} ʐuɐ^{33} qɛ^{55} rɛ̃^{33}
马 三 十 四 十
三四十匹马

有用在数词后加 me^{33}zɑ^{35} "多、余、不止" 表示的，有时加了 me^{33} zɑ^{35}以后，还可再加 rɛ̃^{33}。例如：

hĩ^{55} nɐ^{33} ʁɛ^{53} me^{33} zɑ^{35}
人 二 十 多 不止
二十多人

sɑ^{55}zɯ̃^{55} ɦɑ̃^{35} qɛ^{33} zɯ̃^{55} me^{33} zɑ^{35} rɛ̃^{33}
树 五 十 棵 多 不止
五十多棵树

史兴语的量词比较丰富，分名量词和动量词两类。名量词经常和数词或指示代词结合使用。其词序是数词或指示代词在前，量词在后。例如：

dʑi^{33}zɯ̃^{55}	一棵（树）	hɛ^{55}zɯ̃^{55}	这棵
dʑi^{33}rɛ̃^{35}	一条（蛇）	hɛ^{55} rɛ̃^{35}	这条
dʑi^{33}ly^{55}	一件（衣）	hɛ^{55}ly^{55}	这件
dʑi^{33}Φĩ^{35}	一粒（米）	hɛ^{55}Φĩ^{35}	这粒

也可单独用在名词后，表示数量为"一"，并有定指作用。例如：

ȵi^{55} ji^{55} nɯ̃^{55}ɡu^{33} ly^{55} lɛ^{55} dɯ̃^{33}hɛ^{55} ʥɑ̃^{33}.
你 （助词） 衣服 件 （前加）短 （后加）
你的衣服短了。

动量词比名量词少得多，但用得很广泛。常见的动量词有 ʥ̢ũ^{55} “次、回、遍”、Φɛ̃^{55} “顿” 等。它和数词结合使用时，词序为数词在前，动量词在后。动量词和数词组成的词组，在句中作状语时放在谓语的前面。例如：

ŋɑ^{55} ʥi^{33} ʥ̢ũ^{55} su^{55} sɿ^{33}.
我 一 遍 数 （后加）
我数了一遍。

3. 代词　分人称代词、指示代词、疑问代词、泛指代词和反身代词五类。分述如下：

（1）人称代词　分单数、双数、多数和集体四类，每类都有三个人称，双数、多数、集体第一人称有包括式和排除式的区别。现列表如下：

人称 \ 数		单数	双数	多数	集体
一	排	ŋɑ^{55}	ŋɑ^{55}ʥɿ^{55}	ŋɛ^{55}rɛ̃^{55}	ŋɑ^{33}u^{55}
	包		ɔ̃^{55}ʥɿ^{55}	ɔ̃^{55}rɛ̃^{55}	ɔ̃^{33}u^{55}
二		ȵi^{55}	ȵi^{55}ʥɿ^{55}	ȵɛ^{55}rɛ̃	ȵi^{33}u^{55}
三		thi^{55}	thɛ^{55}ʥɿ^{55}	thɛ^{55}rɛ̃^{55}	thɛ̃^{33}u^{55}

人称代词在句中使用时单数第一、二、三人称有用元音的屈折变化表示格的语法意义。但使用不甚严格。有时用，有时不用。使用时分主格、领格和宾格。其变化情况大致如下：

格 / 人称	主格	领格	宾格
第一人称	ŋɑ⁵⁵	ŋɛ⁵⁵	ŋo⁵⁵
第二人称	ȵi⁵⁵	ȵɛ⁵⁵	ȵo⁵⁵
第三人称	thi⁵⁵	thɛ⁵⁵	thɑ⁵⁵

（2）指示代词　有近指和远指之分，根据它指示的对象不同，大致可分为以下几类：

a. 指物的指示代词，分单数和复数，单数近指用 hɛ⁵⁵rʅ⁵⁵ “这个”，远指用 thɛ⁵⁵rʅ⁵⁵ “那个”，多数近指用 hɛ⁵⁵rɛ̃⁵⁵ “这些”，远指用 thɛ⁵⁵rɛ̃⁵⁵ “那些”。

b. 指处所的指示代词，近指用 ɑ³³lɑ⁵⁵ “这儿”，远指用 ɑ³³tɛ⁵³ “那儿”。

c. 指性状的指示代词，近指用 hɛ⁵⁵βɛ³³rʅ³³ “这样”，远指用 thi⁵⁵βɛ³³rʅ³³ “那样”。

（3）疑问代词　疑问代词有多个，分别用来代替不同的对象。分述如下：

a. ȵi⁵⁵ “谁” 用来代替人。例如：

ȵi⁵⁵　ȵi⁵⁵　ʁɛ̃³³　ji⁵⁵？
你　谁　喊　（后加）
你在喊谁？

b. tɕhi⁵⁵ “什么”、“几”，既可用来代替物，也可用来代替数量，代替数量时一定要与量词结合使用。例如：

ȵi⁵⁵　tɕhi⁵⁵　sɐ⁵³　wo³³.
你　什么　知道　（语气词）
你知道什么（代物）呀？
ȵi⁵⁵　pɑ³³li⁵⁵　tɕhi⁵⁵　mɛ̃⁵³　liɛ⁵⁵？
你　到达　几　天　来
你来了几（代数量）天了？

c. ze^{55}ji^{33} “多少” 用来代替未知的数量。例如：

hɛ^{55} nũ^{55}gu^{33} dʑi^{33} ly^{55} hɛ^{55} phɐ^{55} ze^{55}ji^{33} wɛ̃ ji^{55}?
这 衣服 一 件 这 价 多少 是 （后加）
这件衣服是多少钱？

d. zɑ^{35} “哪里” 用来代替未知的地点或处所。例如：

ȵi^{55} zɑ^{35} bi^{53} ji^{33}?
你 哪里 去 （后加）
你哪里去？

e. zi^{35} “怎样” 用来代替未知的性状。例如：

ȵi^{55} ji^{55} gɔ̃^{35} zi^{35} li^{33} ji^{33}?
你 （助词） 病 怎样 来 （后加）
你的病怎样了？

（4）泛指代词　泛指代词有两个，一个是 hĩ^{55} “人家”，另一个是 lɑ^{33} wɑ^{55} “大家”。hĩ^{55}原意为“人”，此处兼为泛指。例如：

ȵi^{55} hĩ^{55} tsɑ̃^{55} thɑ^{55} ʑu^{55}!
你 别人 东西 （前加）拿
你别拿别人的东西！

hɛ^{55} lɑ^{33} wɑ^{55}me^{55} sɐ^{53} hĩ^{55} wɛ̃^{33} ji^{55}.
这 大家 （前加） 认识 人 是（后加）
这是个大家都不认识的人。

（5）反身代词　反身代词只有一个ĩ^{35} “自己”，一般加在名词后，表示反身。他很少使用在代词后。例如：

o^{55} ĩ^{35} liɛ^{33} ɕɛ^{53} hɛ^{55}dʑɑ̃^{33}.
鱼 自己 （前加） 死 （后加）　　鱼自己死了。

4. 动词　有体、式、态、趋向等语法范畴，大都用添加前加或后加成分构成，少数用词根屈折变化表达。现分述如下：

（1）动词的体　分将行体、进行体、已行体、完成体、经验体 5 种，分别在动词后加附加成分表达。分述如下：

a. 将行体　在动词后加 we^{55}或 we^{55}dʐʅ^{35}表示，一般 we^{55}加在第一二人称的动词后面，we^{55}dʐʅ^{35}加在第三人称后面。例如：

dzɛ^{53}	dzɛ^{53}we^{55}	dzɛ^{53}we^{55}dʐʅ^{35}
吃	（我、你）将吃	（他）将吃
ɡu^{55}	ɡu^{55}we^{55}	ɡu^{55}we^{55}dʐʅ^{35}
穿	（我、你）将穿	（他）将穿
bɛ^{35}	bɛ^{35}we^{55}	bɛ^{35}we^{55}dʐʅ^{35}
做	（我、你）将做	（他）将做

b. 进行体　在动词后加 ji^{55}表示。例如：

ʂɯ̃^{53}	看	ʂɯ̃^{55}ji^{55}	正在看
dzɛ^{53}	吃	dzɛ^{53}ji^{55}	正在吃
bɛ^{35}	做	bɛ^{35}ji^{55}	正在做

c. 已行体　在动词后加 tɕɛ^{53}sɿ^{33}、sɿ^{33}或 tɕyɛ^{53}表示。tɕɛ^{53}sɿ^{33}或 sɿ^{33}经常加在第一、二人称的动词后面，tɕyɛ^{53}经常加在第三人称的动词（均不分数）的后面。例如：

ʐʅ^{35}	睡	ʐʅ^{35}tɕɛ^{53}sɿ^{33}	（我、你）已睡	ʐʅ^{35}tɕyɛ^{53}	（他）已睡
jɛ^{55}	买	jɛ^{55}tɕɛ^{53}sɿ^{33}	（我、你）已买	jɛ^{55}tɕyɛ^{53}	（他）已买
ʂɯ̃^{55}	看	ʂɯ̃^{55}sɿ^{33}	（我、你）已看	ʂɯ̃^{55}tɕyɛ^{53}	（他）已看

d. 完成体　在动词后加 tshɑ^{55}hɑ^{35}sɿ^{33}表示。例如：

dzɛ^{53}	吃	dzɛ^{53}tshɑ^{55}hɑ^{35}sɿ^{33}	吃完了

ʂɯ̃^{55}	看	ʂɯ̃^{55}tshɑ^{55}hɑ^{35}sɿ^{33}	看完了
bɛ^{35}	做	bɛ^{35}tshɑ^{55}hɑ^{35}sɿ^{33}	做完了

e. 经验体在动词后加 ʥɛ^{53}表示。例如：

dzɛ^{53}	吃	dzɛ^{53}ʥɛ^{53}	曾吃过
ʂɯ̃^{55}	看	ʂɯ̃^{55}ʥɛ^{53}	曾看过
gu^{55}	穿	gu^{55}ʥɛ^{53}	曾穿过

（2）动词的式　有命令、祈求、疑问、否定等四种。分述如下：

a. 命令式。动词一般用原形，既无前加，也无后加。例如：

ȵi^{55}　dzɛ^{53}！
你　吃
你吃！

ȵɛ^{55}rɛ̃^{55}　ʂɯ̃^{55}！
你们　看
你们看！

b. 祈求式。在动词后加 ɕi^{55}或 ɕi^{55} ʁo^{55}构成。祈求第二人称允许第三人称施动用 ɕi^{55}，允许第一人称施动用 ɕi^{55}ʁo^{55}。例如：

ȵi^{55}　thɑ^{55}　pu^{55}，　thɑ^{55}　sɿ^{33}　pu^{55} ɕi^{55}.
你　（前加）　说　他　（助词）　说（后加）
你别说了，让他说吧！

ȵi^{55}　ʂɯ̃^{55}me^{55}　rɛ̃^{55}，　ŋo^{55}　sɿ^{55}　ʂɯ̃^{55} ɕi^{55}ʁo^{55}.
你　看　（后加）　我　（助词）　看（后加）
你不要看了，让我看吧！

c. 疑问式。分两种，对即将进行的动作表示疑问，一般在动词前加 ɛ^{55}（或 ɑ^{55}，有时也可加在后面），对已经进行的动作表示疑问，一般在动词后加 ɛ^{55}（或 ɑ^{55}）。例如：

ɔ̃^{55}　rɛ̃^{55}　mɛ̃^{53}　khɛ^{55}xui^{55}gɑ^{55}　ɑ^{55}　wɛ̃^{33}？
咱　们　今天　开会（前加）　是
咱们今天是要开会吗？

thi^{55} ȵo^{55} lɑ^{55} dzi^{35} ɛ^{55}ʨyɛ^{53}?
他 你 （助词） 打（后加）
他打了你吗？

d. 否定式。有三种表示方法，一种是在动词前加 me^{55}，表示“没有”、“尚未”的意思。例如：

ŋɑ^{55} me^{55} ʂɯ̃^{55}. 我没有看。
我 （前加） 看

第二种是在动词后加 me^{55}（或 mu^{55}）表示“将不”、“不要”的意思。例如：

thi^{55} ʂɯ̃^{55} mu^{55}βi^{55}（we^{55}）. 他（将）不看。
他 看 （后加）

第三种是在动词前加 thɑ^{55}，表示禁止或劝阻，一般用在第二人称。例如：

ȵi^{55} hĩ^{55} tsã^{55} thɑ^{55} ʐu^{55}!
你 别人 东西 （前加） 拿
你别拿别人的东西！

（3）动词的态　态分自动、使动和互动 3 种，分别用加后加成分、声母屈折变化、重叠词根等方式表达。现分述如下：

a. 自动　若强调行为动作是自身进行或完成的，要在动词后加 hɛ^{55} ʥã^{33}。例如：

ɕɛ^{53}	死	ɕɛ^{53}hɛ^{55}ʥã^{33}	（自己）死
due^{35}	问	due^{35}hɛ^{55}ʥã^{33}	（自己）问
zɛ^{35}	洗	zɛ^{35}hɛ^{55}ʥã^{33}	（自己）洗
gu^{55}	穿	gu^{55}hɛ^{55}ʥã^{33}	（自己）穿

b. 使动　有两种表示方法，一种是用动词词根声母发音方法的屈折变化表示的。例如：

ʁɛ̃^{35}	（棍）断	χɛ̃^{35}	使断
bɛ^{33}rɛ^{33}	（衣）破	pɐ^{33}rɛ^{33}	使破
by^{55}	（结子）散开	phy^{55}（tɕu^{53}）	使散开
qho^{33}ʐũ^{33}	穿孔	qho^{33}tʂhũ^{33}（tɕu^{53}）	使穿孔

另一种是在动词后加附加成分 tɕu^{53}表示的。例如：

quɛ̃^{55}	哭	quɛ̃^{55}tɕu^{53}	使哭
ʁuɑ^{35}ly^{55}	生气	ʁuɑ^{35}ly^{55}tɕu^{53}	使生气
tɕɛ^{55}	裂开	tɕɛ^{33}tɕu^{53}	使裂开

c. 互动　用重叠动词词根，并在重叠动词后加附加成分 dɛ^{55}的方式表达。词根重叠时，第一音节的韵母要发生异化现象，动词词根韵母主要元音为 ɑ、o 的，则前一音节的韵母为 ɑ，若为其他元音的，则一律用 ɛ。另外，词根的声调也有一定的变化。例如：

ɡe^{55}	拉	ɡɛ^{33}ɡe^{55}dɛ^{55}	互相拉
kĩ^{55}	交换	kɛ^{33}kĩ^{55}dɛ^{55}	互相交换
hũ^{55}	踢	hɛ^{33}hũ^{55}dɛ^{55}	互相踢
due^{35}	问	dɛ^{33}duɛ^{35}dɛ^{55}	互相询问
ʁo^{35}	帮助	ʁɑ^{33}ʁo^{55}dɛ^{55}	互相帮助
ɳ̥ɑ̃^{35}	推	ɳ̥ɑ̃^{33}ɳ̥ɑ̃^{33}dɛ^{55}	互相推

（4）动词的趋向　动词的趋向范畴是在动词前加 6 个不同的趋向前加成分构成。6 个趋向前加成分是 dʑi^{33}、miɛ^{33}、qho^{33}、by^{33}、liɛ^{33}、tɕhi^{33}，他们加在动词前，分别表示行为动作朝着 6 个不同的方向进行，现将其语法意义分别举例说明如下：

a. dʑi^{33}加在动词前表示行为动作是朝着山势的上方或流水的上游方进行

的。例如：

ɡe^{55}	拉	ʥi^{33}ɡe^{55}	向上拉，向上游方拉
ʂɯ̃^{55}	看	ʥi^{33} ʂɯ̃^{55}	朝上看，朝上游方看
ȵã^{35}	推	ʥi^{33}ȵã^{35}	向上推，向上游方推
tsɑ^{55}	跳	ʥi^{33}tsɑ^{55}	向上跳，向上游方跳

b. miɛ^{33}加在动词前，表示行为动作是朝着山势的下方或流水的下游方进行的。例：

ɡe^{55}	拉	miɛ^{33}ɡe^{55}	向下拉，向下游方拉
ʂɯ̃^{55}	看	miɛ^{33} ʂɯ̃^{55}	朝下看，朝下游方看
ȵã^{35}	推	miɛ^{33}ȵã	向下推，向下游方推
tsɑ^{55}	跳	miɛ^{33}tsɑ^{55}	向下跳，向下游方跳

c. qho^{33}加在动词前，表示行为动作是由外向里进行的。例如：

ɡe^{55}	拉	qho^{33}ɡe^{55}	拉进去，向里拉
ʂɯ̃^{55}	看	qho^{33} ʂɯ̃^{55}	朝里看，看进去
ȵã^{35}	推	qho^{33}ȵã^{35}	推进去，向里推
tsɑ^{55}	跳	qho^{33}tsɑ^{55}	跳进去，往里跳

d. by^{33}加在动词前，表示行为动作是由里向外进行的。例如：

ɡe^{55}	拉	by^{33}ɡe^{55}	拉出去，朝外拉
ʂɯ̃^{55}	看	by^{33} ʂɯ̃^{55}.	看出去，朝外看
ȵã^{35}	推	by^{33}ȵã^{35}	推出去，向外推
tsɑ^{55}	跳	by^{33}tsɑ^{55}	跳出去，朝外跳

e. liɛ^{33}加在动词前，表示行为动作是由某地发出又返回原地，或者表示行为动作是朝着说话者这一方进行的。例如：

ge^{55}	拉	liɛ^{33} ge^{55}	拉回来，拉过来
ʂũ^{55}	看	liɛ^{33} ʂũ^{55}	往回看，看过来
ɳ̥ã^{35}	推	liɛ^{33} ɳ̥ã^{35}	推回来，推过来
tsɑ^{55}	跳	liɛ^{33} tsɑ^{55}	往回跳，跳过来

f. tɕhi^{33}加在动词前，表示行为动作是朝离开说话者的方向进行的。例如：

ge^{55}	拉	tɕhi^{33} ge^{55}	拉走，拉过去
ʂũ^{55}	看	tɕhi^{33} sũ^{55}	看过去
ɳ̥ã^{35}	推	tɕhi^{33} ɳ̥ã^{35}	推走，推过去
tsɑ^{55}	跳	tɕhi^{33} tsɑ^{55}	跳过去

（5）动词的名物化　动词表示名物化是在动词后加助词表示。表名物化助词有两个，一个是 tɕi^{55}，另一个是 gɯ^{55}，tɕi^{55}不仅可加在动词后，而且可以加在词组后，gɯ^{55}一般不加在词组后。加 tɕi^{55}或 gɯ^{55}语法意义基本相同。例如：

dzɛ^{53}	吃	dzɛ^{53} tɕi^{55}、dzɛ^{53} gɯ^{55}	吃的
gu^{55}	穿	gu^{55} tɕi^{55}、gu^{55} gɯ^{55}	穿的
tɕhĩ^{55}	喝	tɕhĩ^{55} tɕi^{55}、tɕhĩ^{55} gɯ^{55}	喝的
khɔ̃^{33}	垫	khɔ̃^{33} tɕi^{55}、khɔ̃^{33} gɯ^{55}	垫的

sũ^{55}　tɕe^{33}　tɕi^{55}
柴　砍　（助词）　　砍柴的

tɕhĩ^{55}　qo^{33}　tɕi^{55}
门　开　（助词）　　开门的

（6）存在动词　有 4 个，即：ji^{35}、dʑã^{55}、khuɐ^{53}、dzɛ^{33}，分别表示客观事物不同的存在状态，或不同客观事物的存在。分述如下：

a. ji^{35}表示有生命的动物或人的存在。例如：

ŋɑ^{55} zɐ^{33}mi^{55} ȵɛ^{33} ko^{35} ji^{35}.
我 孩子 二 个 有
我有两个孩子。

ʥɔ̃^{33} lɑ^{55} by^{55}zɿ^{33} ji^{35}.
床 （助词） 苍蝇 有
床上有苍蝇。

b. ʥɑ̃^{55}的用法较广，主要用在可移动物体、贵重物体、抽象物体的存在。例如：

thɛ^{33} u^{55} ɦũ^{55} ʥɑ̃^{55} ji^{55}.
他 家 银子 有 （后加）
他家有银子。

ŋɑ^{55} ʈʂu^{33}wɑ^{55} ʥɑ̃^{55} ji^{55}.
我 事情 有 （后加）
我有事情。

c. khuɐ^{53}一般表示事物存在于容器中或某一事物包含在另一事物中。例如：

qho^{55}pɑ^{33} nɔ̃^{55} ʥɛ^{55} khuɐ^{53} ji^{55}
盆子 （助词） 水 有 （后加）
盆子里有水。

tshɑ̃^{35}qhu^{55} nɔ̃^{55} hɑ^{55} khuɐ^{53} ji^{55}.
口袋 （助词） 粮食 有 （后加）
口袋里有粮食。

hɔ̃^{55}ʥɛ^{55} nɔ̃^{55} tshɐ^{55} ɛ^{55} khuɐ^{53} ji^{55}?
汤 （助词） 盐 （前加） 有 （后加）
汤里有盐了吗？

d. dzɛ^{33}一般表示不能任意移动或分离的事物的存在。例如：

tɕhy^{55}by^{55} dʐ̩ũ^{55} lɑ^{55} rɛ^{33}qhũ^{55}tʂũ^{55} dzɛ^{33} ji^{55}.
对面 山 （助词） 岩洞 有（后加）
对面山上有个岩洞。

sɑ^{55}zɯ̃^{55} ʁo^{33} lɑ^{55} dʑyɛ^{55}dʑyɛ^{55} dzɛ^{33} ji^{55}.
树 上 （助词） 果子 有（后加）
树上有果子了。

5. 形容词 史兴语的形容词在句中使用时有与动词相类似的语法特点，但形容词也有一些与动词不同的语法特点。现简要叙述如下：

（1）史兴语有一定数量的基本形容词词根采用叠音形式，这种叠音形式的形容词，有的往往带有某种词头。例如：

ɑ^{33}tshẽ^{33}tshe^{55}	窄的	ɛ^{33}tsi^{33}tsi^{55}	小的
ɛ^{33}by^{33}by^{55}	浅的	lɛ^{33}dʑyɛ^{33}dʑyɛ^{55}	歪的
ɑ^{33}jɔ̃^{33}jɔ̃^{55}	轻的	bɐ^{33}lo^{33}lo^{55}	软的

也有不带词头的。例如：

gue^{55}gue^{55}	弯的	due^{33}due^{35}	横的
bu^{33}bu^{33}	花的	sɔ̃^{55}sɔ̃^{55}	辣的

（2）有一部分表示颜色的形容词，经常可以带重叠音节的藻饰词，表示人们对颜色的感情。藻饰词不能离开形容词单独使用。例如：

hĩ^{35} liɛ^{33}liɛ^{33} 红扑扑
红 （扑扑）
ɕɑ^{55}qo^{55}qo^{55} 黄灿灿
黄 （灿灿）
hũ^{33} tʂy^{33}tʂy^{33} 蓝莹莹
蓝 （莹莹）

phy^{33} ʨe^{33} ʨe^{55}　　白花花
白　（花花）
hĩ^{33}　biɛ^{33}biɛ^{55}　　黑糊糊
黑　（糊糊）

（3）形容词在句中使用，表示其性质或状貌在发生某种变化时，在后面加 lɛ^{55}表示。加 lɛ^{55}以后，仍可再加表示态和体的后加成分。例如：

ŋɑ^{55}　tuɛ^{55}　hĩ^{55}　sɑ^{55}zɯ̃^{55}　mɑ^{55}rɔ̃^{35}　lɛ^{33}hɛ^{55} ʥã^{33}.
我　种　（助词）　树　高　（后加）
我种的树高起来了。
ŋɛ^{55}　ji^{55}　gɔ̃^{35}　lɛ^{55}　lɛ^{33}ji^{55}.
我　（助词）　病　好　（后加）
我的病好起来了。

6. 副词　史兴语的副词有多类，仅将常见的分类列举如下：

（1）程度副词　主要用来修饰形容词谓语。有：ɕɛ^{33}ɕe^{55} “很、最”，ɕi^{33}ʑi^{55} “太”，zo^{33}zo^{55} “很、特别”，rɛ^{33}ʁɛ^{55} “稍稍、比较” 等等。

（2）范围副词　有：lɑ^{33}wɑ^{55}　“都、全”，lɑ “也”，lɑ^{33}wɑ^{55}rɿ^{33} “总共、一起”，tse^{55} “仅、只有”。

（3）时间副词　有：ri^{55} “现在、刚刚”，ʁo^{33}ru^{33} “先”，ʥo^{33}la^{35} “后”，ʥi^{33}tshɿ^{55}nɔ̃^{55} “永远”，lo^{35} “又、再”，ʈʂhã^{33}βu^{55} “马上、立刻”，ʨyi^{55}se^{55} “常常、经常”。

（4）语气副词　有：ɑ^{55}jĩ^{55}mɑ^{33}jĩ^{55} “无论如何”，zo^{33}zo^{55} “一定”，gɔ̃^{33} “可能、也许”，lɛ^{55}ʥi^{55} “大概、或许”。

（5）性状副词　一般都有状语标志 se^{33}。例如：bɐ^{55}ly^{55}bɛ^{33}se^{33} “慢慢地”，rɛ^{33}βɛ^{55}se^{33} “好好地”，ɛ^{33}zi^{55}βɛ^{33}se^{33} “悄悄地”，xuɑ^{53}xuɑ^{53}se^{33} “哗哗地”。

7. 助词　主要介绍结构助词。史兴语的结构助词根据它在句子中的作用，大致可以分为以下几类：

（1）表示限制关系的助词。在名词或代词后加 ji^{55}表示限制关系。例如：

ŋɛ^{55}rɛ̃^{55}　ji^{55}　hɑ^{55}
我们　（助词）　粮食　　我们的粮食

ŋɛ^{55}　ji^{55}　ɑ^{33}yi^{55}
我　（助词）　哥哥　　我的哥哥

kũ^{55} ʂe^{33}　ji^{55}　tho^{55}lɑ^{55}tɕi^{55}
公社　（助词）　拖拉机　　公社的拖拉机

hɛ̃^{33}pɑ^{55}　ji^{55}　ʁɔ̃^{33}hɔ̃^{35}
汉族　（助词）　帽子　　汉族的帽子

（2）表示受动的助词。在名词或代词后加 sɿ^{33} 表示动作的承受者。例如：

thi^{55}　ŋɑ^{55}　sɿ^{33}　ʐɛ^{35}　dʑi^{33}　ke^{33}　kĩ^{55} we^{55}.
他　我　（助词）　酒　一　瓶　给（后加）
他要给我一瓶酒。

ŋɑ^{55}　nɛi^{55}mi^{33}　sɿ^{33}　lɑ^{33}rɛ^{55}　dʑi^{33}　tʂhu^{55}　kĩ^{55} we^{55}.
我　妹妹　（助词）　毛巾　一　张　给（后加）
我要给妹妹一块毛巾。

（3）表示工具的助词。有两个，一个是 nɔ̃^{55}，一般加在容器工具的后面，另一个是 rɿ^{33}，加在其他工具的后面。例如：

ŋɑ^{55}　ʂã^{35}bɛ̃^{55}　nɔ̃^{55}　hɑ^{55}　bɛ^{35} we^{55}.
我　铁锅　（助词）　饭　做（后加）
我将用铁锅做饭。

thi^{55}　bi^{55}mi^{33}　rɿ^{33}　syi^{55}　hɛ^{55} ji^{55}。
他　斧头　（助词）　松明　劈（后加）
他在用斧头劈松明子。

（4）表示处所的助词。有两个，一个是 lɑ^{55}，表示“在××上”。例如：

tɕhy^{55}by^{55} dʐ̨ũ^{55} lɑ^{55} rɛ^{33}qhũ^{55}tʂũ^{55} dʑĩ^{33} dzɛ^{33} ji^{55}.
对面 山 （助词） 岩洞 一个 有 （后加）
对面山上有一个岩洞。

dʑɔ̃^{55} lɑ^{55} by^{55}zɿ^{33} ji^{35}.
床 （助词） 苍蝇 有
床上有苍蝇。

另一个是nɔ̃^{55}，表示“在××里”。例如：

qho^{55}pɑ^{33} nɔ̃^{55} jã^{33}y^{55} khuɐ^{53} ji^{55}.
盆子 （助词） 洋芋 有 （后加）
盆子里有洋芋。

tshã^{35}qhu^{55} nɔ̃^{55} hɑ^{55} ji^{55}.
口袋 （助词） 粮食 有（后加）
口袋里有粮食。

（5）比较助词。表示比较的助词有li^{55}βɛ^{55}和sɿ^{33}hɑ^{55}两个，加在名词或代词后，表示被比较的对象，其中li^{55}βɛ^{55}用得比较普遍。例如：

thi^{55} ŋɑ^{55} li^{55} βɛ^{55} duɐ^{35} ji^{55}.
他 我 （助词） 大 （后加）
他比我大。

tɕhɛ^{55}by^{55} hɑ^{55} e^{55}by^{55} li^{55}βɛ^{55} bɛ̃^{35} ji^{55}.
今年 粮 去年 （助词） 多 （后加）
今年的粮食比去年多。

ȵi^{55} ji^{55} qhɐ^{55} ŋɑ^{55} sɿ^{33}hɑ^{55} duɐ^{35}ji^{55}.
你 （助词） 年龄 我 （助词） 大（后加）
你的年龄比我的大。

（6）表示从由的助词。有ȵi^{55}，加在名词或代词后，表示行为动作从该处发出。例如：

ɑ^{33}lɑ^{55} ȵi^{55} tɕhi^{33} tʂhe^{55}tʂɛ̃^{35} i^{33} kũ^{55} li^{55} ɹɑ^{55} ɦũ^{33} wɛ̃^{33}ji^{55}.
这儿 （助词） 汽车站 一 公 里 路程 是（后加）
从这儿到汽车站是一公里路程。

下面简要介绍史兴语的句法。分句子成分和语序、单句、复句3个部分。

1. 句子成分和语序。史兴语的句子成分包括主语、谓语、宾语、定语、状语等5种成分。句子的基本语序是主语—宾语—谓语。例如：

ŋɑ^{55} tʂu^{33}wɑ^{55} dʑɑ̃^{55} ji^{55}.
我（主） 事情（宾） 有（后加）（谓语）
我有事情。

ɑ^{33}yi^{55} dʑɛ^{55}ɚ^{55} liɛ^{33} bɛ^{35} çɑ̃^{33} ji^{55}.
哥哥（主） 水沟（宾） （前加）修（后加）（谓）
哥哥在修水沟。

定语的位置根据词性的不同，有不同的变化。一般名词、代词作定语放在中心词的前面。例如：

kũ^{55} ʂe^{33} ji^{55} tho^{55}lɑ^{55} tɕi^{55} tɕhũ^{55} sɿ^{33}.
公社（定） （助词） 拖拉机 来（后如）
公社的拖拉机来了。

ŋɛ^{55} ji^{55} gɔ̃^{35} lɛ^{55} lɛ^{33} ji^{55}.
我（定） （助词） 病 好 （后加）
我的病好起来了。

tɕhɛ^{55}by^{55} hɑ^{55} e^{55}by^{55} li^{55}βɛ^{55} bɛ̃^{35} ji^{55}.
今年（定） 粮食 去年 （助词） 多（后加）
今年的粮食比去年多。

形容词、数量词组作定语放在中心词的后面。例如：

ŋɑ^{55} nɛi^{55}mi^{33} sɿ^{33} lɑ^{33}rɛ^{55} dʑi^{33} tʂhu^{55} kĩ^{55} we^{55}.
我 妹妹 （助词） 毛巾 一张（定） 给（后加）
我要给妹妹一块毛巾。

sɛ^{33}rɛ^{35} βɑ^{33} lɑ^{55} qho^{55} bu^{33}bu^{33} ʥĩ^{33} ʥã^{55} ji^{55}.
桌子 上 （助词） 碗 花（定） 一 有 （后加）
桌子上有一个花碗。

状语的位置一般在谓语的前面，个别的可以放在谓语的后面。总的说，比较灵活，有的时间或地点的状语可以放在主语的前面。例如：

ȵi^{55} rɛ^{33}βɛ^{55} se^{33} pu^{55}！
你 好好地 （状） 说
你好好地说！
ȵi^{55} ɛ^{33}zi^{55}βɛ^{33}se^{33} thɛ^{55} sɿ^{33} pɑ^{55}ʁo^{33}！
你 悄悄地（状） 他 （助词） 讲
你对他悄悄地讲！
ri^{55} ŋɑ^{55} ʈʂu^{33}wɑ^{55} ʥã^{55} ji^{55}.
现在（状） 我 事情 有 （后加）
我现在有事。

2. 单句　根据句子的语气和结构，单句可以分为以下几种：
（1）陈述句。例如：

o^{55} ĩ^{35} liɛ^{33} ɕɛ^{53}hɛ^{55} ʥã^{33}.
鱼 自己 （前加）死 （后加）
鱼自己死了。

（2）命令句。例如：

ȵi^{55} hĩ^{55} tsã^{55} thɑ^{55} ʐu^{55}！
你 别人 东西 （前加） 拿
你别拿别人的东西。

（3）疑问句。例如：

ȵi^{55} ʨhi^{55} sɐ^{53} wo^{33}？
你 什么 知道 （语气词）
你知道什么呀？

（4）祈求句。例如：

ȵi^{55}　tha^{55}　sɿ^{33}　pu^{55}　ɕi^{55}！
你　他　（助词）　说（后加）
你让他说吧！

（5）惊叹句。例如：

ɑ^{55}le^{55}！　ȵi^{55}　hɛ^{55}ɡi^{55}ʥi^{33}　bɛ̃^{35}　ji^{55}！
啊唷　你　这么　多（后加）
啊唷！你这么多！

（6）判断句。例如：

ŋɑ^{55}　hɛ̃^{33}pɑ^{55}　wɛ̃^{33}　ji^{55}.
我　汉族　是　（后加）
我是汉族。

3. 复句。分并列和主从两种，并列复句一般不用连词连接。各分句之间的关系也比较松散。常见的并列复句有：

（1）对比句。例句：

ŋɑ^{55}　ʁo^{33}　lɑ^{55}　dzũ^{55}　ji^{55}　thi^{55}　thiɛ^{35}　dzũ^{55}　ji^{55}.
我　上面　（助词）　住（后加）　他　下面　住（后加）
我在上面住，他在下面住。

（2）承接句。往往由前一句引出后一句来。例如：

hɛ^{55}　ȵi^{55}　mɛ̃^{53}　liɛ^{33}　jĩ^{55}ji^{55}　sɑ^{55}，　zũ^{55}　liɛ^{33}　wɛ̃^{33}　ji^{55}.
这　二　天　（前加）热　（后加）　树　出芽　是　（后加）
这两天热了，树出芽了。

（3）递进句。例如：

kũ^{55}sɿ^{55} nɔ̃^{55} biɛ̃^{33}tshɛ^{55} dʑã^{55} ji^{55}， lo^{35} ʐɛ^{35} dʑã^{55} ji^{55}。

公司 （助词） 肉 有（后加） 又 酒 有（后加）

公司里有肉，还有酒。

主从复句。前后分句一般都有连词连接，因此结构关系比较严紧。也有的主从复句不用连词的。不用连词的主从复句结构上比用连词的要松散一些。根据主句和分句之间的关系，常见的有以下几类：

（1）让步关系的主从复句，一般用连词 ʐo^{33}la^{33}。例如：

thi^{55} gɔ̃^{35} dʑã^{55} ʐo^{33}la^{33}， kũ^{55}tso^{33} hɛ^{33}ʂɿ^{33} ʁa^{35} tɕhy^{55} ji^{55}.

他 病 有 连词 工作 还是 坚持 干（后加）

他虽然有病，但仍坚持工作。

hɛ^{55} tsɔ̃^{55} hɛ^{55} ra^{55} rɪ^{33} ra^{55} ji^{55}， phɐ^{55} duɛ^{35}ji^{55}.

这 东西 这 好 （连词） 好（后加） 价 多（后加）

这东西好虽然好，但贵了一点。

（2）因果关系的复句。例如：

ŋa^{55} gɔ̃^{35} ji^{55}， ro^{35} dɔ̃^{55} me^{55}ji^{55}.

我 病 （后加） 走 能 （后加）

因为我病了，不能走了。

（3）假定条件关系的复句。一般用连词 βu^{55}ʐo^{33}或 ʐo^{33}连接前后分句。例如：

zo^{55} liɛ^{33} bɐ^{33}rɛ^{33} βu^{55}ʐo^{33}， ŋa^{55} ʂɛ̃^{33}hĩ dʑi^{33} pɐ^{55} jɛ^{55} we^{55}.

鞋 （前加） 破 （连词） 我 新 一 双 买（后加）

如果鞋子破了的话，我将买一双新的。

（4）表示时间先后的复句，一般用连词 lɛ^{33}连接分句。例如：

Φui^{55} miɛ^{33} za^{55} tsha^{55} lɛ^{33}， qha^{33}ɕa^{35} tua^{53} rɛ̃^{55} we^{55}.

雨 （前加） 下 （后加） （连词） 玉米 点 种（后加）

天下雨以后，再点种玉米。

有时主句和分句的动作几乎是同时发生的，也用连词 $lɛ^{33}$连接。例如：

$ŋɑ^{55}$	$hɑ^{55}$	$dzɛ^{53}$	$lɛ^{33}$,	thi^{55}	$ɑ^{33}lɑ^{55}$	$tɕhũ^{55}$	$sɿ^{33}$.
我	饭	吃	（连词）	他	这儿	来	（后加）

我吃饭的时候，他来这儿了。

二 普米语

普米语通行在云南省兰坪、宁蒗、维西、永胜、丽江等县，这一部分操普米语的普米族约有两万二千人左右。四川木里藏族自治县、盐源县、九龙县自称 $phʐõ^{55}mə^{53}$的藏族，也使用普米语。三县加起来，约有近三万人。

据历史记载，普米族原来是古羌人中的一支，聚居在青藏高原，是青海、甘肃、四川北部的游牧部落，后来逐步南迁。约在公元七世纪以前，他们已分布在今四川越西、汉源、冕宁、石棉、九龙一带，是邛、雅地区的主要民族之一。十三世纪以后，普米族继续南迁，进入云南的金沙江两岸。一九六四年我们在云南省兰坪县调查普米语时，老人们在民间口头传说中，以及某些历史故事中，经常讲述到他们由四川向云南迁移的经过，有的甚至能具体指出，他们的祖先是居住在今木里县的某地，经过了曲折的道路，几代人甚至十几代人的变迁，才定居到现在兰坪县河西区一带的。

不管分布在四川各地的也好，分布在云南各地的也好，凡操普米语的居民，都有相同的自称。云南的一般自称为 $phʐə̃^{55}mi^{55}$，四川的有 $phʐõ^{55}mə^{53}$、$tʂhõ^{55}mi^{53}$等，其中 $phʐə̃^{55}$、$phʐõ^{55}$、$tʂhõ^{55}$都是同一词的方音变体，都是“白”的意思，mi^{55}、$mə^{53}$等都是“人”的意思，因此，“普米”二字，意译应是“白人”。

普米语的特点，已有专文简述，本节拟着重讨论普米语的支属问题和云南、四川两地的普米语同异的情况。

（一）普米语的支属问题

前面已经提到，普米语应属汉藏语系藏缅语族羌语支。提出划分羌语支，除了历史原因外，最主要的是通过初步比较研究，发现羌语支语言不仅语音结构接近，语法范畴相同或相近，表达语法范畴的语音形式有明显的同源关系，而且同源词多，对应关系严紧。本节不打算广泛地介绍普米语与同语族其他语言的全面关系，拟就同源词及其语音对应关系，简要介绍普米语与羌语支内部，特别是羌语的对应情况。

我们在进行词汇比较中，除发现普米语北部方言受到藏语较多的影响，南部方言受到汉语较多影响外，相当一批词与羌语支语言有同源关系。现将比较的情况列表如下：

比较语言	被比较语言	同源词（%）	异源词（%）
普米语	羌语	28.9	71.1
	嘉绒语	19.4	80.6
	木雅语	25.7	74.3
	贵琼语	27	73
	尔龚语	21.3	78.7
	扎巴语	23.1	76.9
	尔苏语	27.8	72.2
	纳木义语	26.5	73.5
	史兴语	25.9	74.1
	藏　语	15.1	84.9
	彝　语	14.3	85.7

虽然各语言参加比较的词汇多少不一，但由于参加比较的词都是基本词，因此，这个数字在一定意义上来说还是能说明一些问题的。首先羌语支内部同源词百分比数都高于羌语支以外的藏语和彝语，这说明羌语支内部的这些语言有一部分常用词，彼此同源，语音上有明显对应关系，而这些词与这个语支以外的语言不同源。

其次，我们在比较中还发现，不管各语言比较的词是多少，同源词的数量也有一些差别，这种差别是比较小的，甲语言和乙语言同源的词，往往也同时同源于丙语言和丁语言。例如，在参加比较的一千五百至二千个常用词中，有的语言参加比较的词有超过二千的，羌语支内部同源词数总是在四百至六百之间，比的词多，最多的也超不过六百个同源词，比的词少（只要不少于一千五百），同源词最少也不低于四百左右。而羌语支语言与彝语或藏语的词汇比较中，参加比较的词数量大体相仿，但同源词（非借词）的绝对数大大低于羌语支内部，一般在二百五十至三百之间，突破三百的情况比较少（个别语言除外，如嘉绒语与藏语的比较），如果再增加比较词数，可能在复合词中有些参加合成的基本词有同源的，但总的来说，同源的绝对数增加得不会太多。

再一方面，也是十分重要的一方面，羌语支语言内部同源词的语音对应关系明显，规律整齐，而羌语支语言与彝语、藏语同源词的对应关系不明显、规律不整齐，下面试就普米语和羌语词汇比较中的主要对应关系作简要介绍。

1. 普米语中以 s－为前置辅音的复辅音，和羌语中以 χ－为前置辅音的复辅音相对应。在比较中，属于有这方面对应关系的同源词有 31 个。择要举例如下：

对应情况	普米语（箐花）	羌语（桃坪）	汉义
sp－χp	spy^{13}	$χpu^{55}$	脓
st－χt	stu^{55}	$χtə^{55}$	直
sd－χd	$sdĩ^{55}$	$χde^{33}$	云
sk－χk	$skɯ^{55}$	$χkə^{55}$	大蒜
sq－χq	sqo^{55}	$χqɑ^{33}$	煮

2. 普米语中以 s－为前置辅音的复辅音，和羌语中的单辅音相对应。在比较中，属于有这方面对应关系的同源词有 24 个。择要举例如下：

对应情况	普米语（箐花）	羌语（桃坪）	汉义
sp－p	spi^{55}	pu^{33}	肚子
sb－b	sbu^{55}	bo^{341}	堆

sd – d	sdĩ^{55}	də^{33}	（天）阴
sʤ – ddʑ	sʤɛ̃^{55}	dʑy^{33}	轻
skh – kh	skhiɯ^{13}	（mə^{31}）khuə^{55}	烟子
sk – q	skie^{13}	qu^{33}	害怕
sq – ʁ	sɡø^{13}	ʁo^{341}	石头

3. 普米语中的单辅音与羌语中带 χ – 前置辅音的复辅相对应。在比较中，属于有这一方面对应关系的同源词有 28 个。择要举例如下：

对应情况	普米语（箐花）	羌语（桃坪）	汉义
m – χm	ma^{55}	χmə^{33}	毛
t – χt	to^{13}	χte^{33}	吠
tʂ – χtʂ	tʂə^{55}	χtʂə^{55}	苦胆
ȵ – χȵ	ȵø^{55}	χȵi^{31}ȵi^{33}	红的
ŋ – χŋ	ŋãu^{55}	χŋu^{55}	银子
m̥ – χm	m̥ɤ^{13}	χmi^{55}	忘记
n̥ – χn	qɑ^{13}n̥ɑ^{55}	（tsho^{55}）qhɑ^{33}χne^{33}	痰

4. 普米语和羌语中带 z、ʐ、ʒ 等后置辅音的复辅音互相对应的情况。在比较中，属于有这一方面对应关系的同源词有 16 个。择要举例如下：

对应情况	普米语（箐花）	羌语（桃坪）	汉义
pʒ – pz	pʒi^{55}	pzɿ^{33}	肠子
pʐ – bʐ	pʐɛ^{13}	bzɿ^{33}	（绳子）断
b – bz	by^{55}	bzɿ^{33}	薄
bʐ – b	bʐõ^{13}	bo^{341}	天花

上述二、三、四，三组对应关系的例词说明，普米语和羌语的复辅音，其前置辅音和后置辅音都在变化中，变化的主要特征是脱落，因此，出现了彼此以单辅音和带前后置辅音的复辅音相对应的情况，同时也可大致看出，普米语中的清化鼻音m̥、n̥与复辅音前置辅音对基本辅音的影响有关。

5. 普米语和羌语中塞音声母的互相对应情况。其中有不同发音部位的塞音和不同发音方法的塞音的互相对应。在比较中，属于有这方面对应关系的同源词有 14 个。择要举例如下：

对应情况	普米语（箐花）	羌语（桃坪）	汉义
p – b	pã^{13}	bɑ^{341}	赔偿
kh – k	khõ^{55}	ko^{55}ko^{33}	里面
q – k	ʐɑ^{55}qɑ^{31}	ʐɑ^{31}kie^{33}	骨头
k – q	thə^{31}ko^{55}	tə^{31}qɑ^{55}	胜利
ɡ – q	ɡõ^{55}	qo^{55}	弯

6. 普米语的擦音和羌语中同部位的塞擦音相对应。在比较中，属于这方面的对应关系的同源词有 17 个。择要举例如下：

对应情况	普米语（箐花）	羌语（桃坪）	汉义
s – tsh	sɑũ^{13}	tshi^{55}	三
ʂ – tʂh	ʂuɛ^{13}	tʂhe^{55}	八
ʐ – dʐ	ʐɑ^{55}	dʐə^{33}	锅
ʃ – tʃh	ʃɤ^{55}	tʃhʅ^{33}	肉
ʒ – dʒ	ʒɛ^{55}	dʒʅ^{33}	四

7. 普米语和羌语在塞擦音方面互相对应的情况。其中包括不同发音部位的对应和不同发音方法的对应。在比较中，属于这方面对应关系的同源词有 30 个。择要举例如下：

对应情况	普米语（箐花）	羌语（桃坪）	汉义
tʃ – ts	tʃə^{55}	tsuə^{33}	水
dz – ts	dzã^{13}	tsɑ^{33}	骑（马）
dʒ – dz	dʒə^{55}	dzʅ^{33}	鱼
ts – tʂ	pe^{31}tsə^{55}	pɑ^{31}tʂuə^{55}	花
tʃh – tʂh	tʃhɛ̃^{13}	tʂhɑ^{33}	铺

ts – ʧ	tsɿ^{55}	ʧə^{33}	个（量词）
ʣ – ʤ	dzə^{55}	ʤɿ^{33}	吃
dʐ – ʥ	dʐo^{55}ʃə^{55}	ʥu^{341} χtʂi^{31}	臭虫
ʤ – ʥ	ʤõ^{13}	ʥo^{33}	洞

8. 普米语和羌语中的擦音互相对应的情况。其中主要是不同发音部位的对应。属于这一方面对应关系的同源词有 35 个。择要举例如下：

对应情况	普米语（箐花）	羌语（桃坪）	汉义
ʂ – s	ʂy^{55}	suə^{55}	牙
ʒ – z	ʧə^{31}ʒə^{13}	tsuə^{33}zɿ^{31}	水牛
s – ʂ	sə^{55}sə^{31}	ʂe^{55}	生的
s – ʃ	sɤ^{13}	ʃe^{55}	死
s – ç	ʂə̃^{55}	çi^{55}	铁
ɣ – ʁ	ɣuɑ̃^{55}	ʁuɑ^{33}	五

9. 普米语中的清化鼻音与羌语中非清化鼻音相对应，普米语中的 n 与羌语中的 ȵ 相对应。在比较中，属于这一方面对应关系的同源词有 11 个。择要举例如下：

对应情况	普米语（箐花）	羌语（桃坪）	汉义
m̥ – m	m̥iɛ̃^{55}	mi^{33}	（饭）热
n̥ – n	n̥i^{55}	nə^{31}χuɑ^{55}	白天
n – ȵ	ni^{13}	ȵi^{55}	二

10. 普米语中的鼻化元音与羌语中非鼻化元音相对应。在比较中，属于这方面对应关系的同源词有 53 个。择要举例如下：

对应情况	普米语（箐花）	羌语（桃坪）	汉义
ə̃ – i	phʐə̃^{55}	phʐi^{55}	白
ə̃ – e	bʐə̃^{13}	bʐe^{33}	绳子

iɛ̃ – ie	siɛ̃ ^{13}	sie ^{33}	柴
uɑ̃ – uɑ	ɣuɑ̃ ^{33}	ʁuɑ ^{33}	五
õ – o	ʤõ ^{13}	ʥo ^{33}	洞
ĩ – ə	sdĩ ^{55}	də ^{33}	（天）阴
ĩ – e	sdĩ ^{55}	xde ^{33}	云
ə̃ – ɑ	pə̃ ^{13}	bɑ ^{341}	赔偿
ɛ̃ – ɑ̃	ʧhɛ̃ ^{13}	ʈʂhɑ ^{33}	铺（被）
õ – uɑ	ɣõ ^{55}	ʁuɑ ^{33}	钻入
iɛ̃ – i	m̥iɛ̃	mi ^{33}	熟

这种对应情况说明，羌语的鼻音韵尾已基本消失，而普米语的韵尾也在消失之中，仅留下了韵母鼻化的痕迹。

11. 普米语中的 i 与羌语的 i 相对应。在比较中，属于这种对应关系的同源词有 11 个。择要举例如下：

普米语（箐花）	羌语（桃坪）	汉义
ni ^{13}	ȵi ^{55}	二
li ^{55}	li ^{33}	搓（绳）
ʂi ^{13} ʂi ^{13}	tshi ^{55}	新
ʂi ^{55}	ʈʂhi ^{55}	百

12. 普米语中的 i 韵母与羌语中的 u 韵母相对应。属于这种对应关系的同源词有 9 个。择要举例如下：

普米语（箐花）	羌语（桃坪）	汉义
pi ^{55}	pu ^{65}	升
ʈʂhi ^{55}	ʈʂhu ^{55}	切
mʐi ^{13}	mɑ ^{31} ʐu ^{33}	菌子
spi ^{55}	pu ^{55}	肚子

13. 普米语中的 o 韵母与羌语中的 e 韵母相对应。属于这种对应关系的

同源词有 9 个。择要举例如下：

普米语（箐花）	羌语（桃坪）	汉义
do^{13}	de^{341}	脊背
to^{13}	χte^{33}	吠
qho^{55}	χe^{55}	针
to^{55}	qɑ^{31}te^{33}	上面

14. 普米语中的 ə 韵母与羌语中的 ʅ 韵母相对应。属于这种对应关系的同源词有 17 个。择要举例如下：

普米语（箐花）	羌语（桃坪）	义汉
sə^{55}	sʅ^{55}	知道
ʈʂhə^{55}	sʅ^{55}	染
dzə^{55}	ʤʅ^{33}	吃
tsə^{55}	ʧʅ^{33}	个（量词）
ʤə^{55}	dzʅ^{33}	鱼

15. 普米语中的 ɑ 韵母与羌语中的 i 韵母相对应。属于这种对应关系的同源词有 8 个。择要举例如下：

普米语（箐花）	羌语（桃坪）	汉义
mɑ^{55}	mi^{55}	不
ɲ̥ɑ^{13}	ɲ̥i^{55}ɲ̥i^{31}	黑
stɑ^{13}	ʈʂi^{33}	钉（动词）

以上 15 个方面的对应关系，是比较整齐的，另外还有一些比较零散的对应关系，这里就不一一列举说明了。在这里，我们仅列举了普米语和羌语同源词的部分语音对应关系，摆出一部分材料，主要想通过这一例证说明羌语支语言内部词汇比较的语音对应的大致情况。这里因篇幅限制，我们不可能列出普米语同所有同语支、同语族语言的比较材料，也不可能列

出普米语同羌语进行全面比较的情况，只能从上述材料表示，我们从事了这方面的比较工作，从比较中得出了一些看法，这些看法包括：

（1）普米语在同语族的语言里确实与羌语最接近，它们单辅音的互相对应、复辅音的特点和变化情况、介音、主要元音和韵尾的特征，都明显地表示出它们起源上的共同性。甚至还显示出它们在自身演变和发展过程中所经历的变化方式都是比较相似的。

（2）在普米语同本语支的其他语言的互相比较中，尽管对应关系的具体内容因各语言语音特点的不同而有一定差别，但对应关系的整齐性、一致性是基本相同的，这种一致性反映了羌语支内部同源关系的特征。同样，包括普米语在内的羌语支语言（嘉绒语除外）与藏语、彝语等羌语支以外的语言相比较，其同源词的对应关系不严密，如与藏语的同源词有的需要通过七世纪以来的藏文所反映的语音材料，才能辨别是否有对应关系。[①] 由此可见，普米语属羌语支语言的论据是较充分的，同藏语、彝语的关系较羌语支为疏远是明显的。

（3）同源词的语音对应关系是说明语言发生学上远近的重要标志，但并不是唯一标志，还要结合语法范畴和构成语法范畴的语法意义的比较，特别是语法形式和表现语法形式的语音手段是否有同源关系，在这方面，我们从比较中发现，普米语同羌语支语言在许多语法范畴和特点方面比较接近，而不同于藏语支或彝语支语言，例如动词的人称范畴和时态范畴，动词的互动范畴，动词的趋向范畴，形容词的叠音词根，存在动词的用法，量词的特点，结构助词的用法及其特点等等，这一方面，有的已写成专文，有的需要进一步研究。同时我们认为，语言亲属关系的远近，还要参考使用该语言的人民的历史，这样的结论才有科学性，才站得住脚。

（二）川、滇两省普米语的同异情况

云南、四川两省的普米语，存在着一定的差别，大致可以分为两个方言，即南部方言和北部方言。但两个方言区的分界线并不以省界为准，云

---

① 有关此问题较详细的情况，请参阅拙作《羌语支属问题初探》该文载《民族语文研究文集》189—225 页，青海人民出版社 1982 年 6 月出版。

南省宁蒗彝族自治县永宁区拖七一带普米族使用的语言，与四川省木里县一区桃巴一带的语言十分接近，彼此可以自由交际，应属同一方言。而宁蒗县新营盘区的普米语则与维西、兰坪一带的大体一致，可划为南部方言。南、北两个方言内部，还存在着一定的差别，可各分若干土语。

本节不拟着重描述普米语方言土语之间的差别，因为这一方面已有较详细的论述。

已经发表的《普米语概况》[①] 和即将出版的《普米语简志》都介绍了普米语两个方言的差别。在这里我想着重介绍一下普米语方言之间的一致性。

普米语虽然通行于两省，划分为两个方言，操不同方言的人彼此见面时也许不一定能用普米语立即进行交际，但他们的基本词汇和语法构造是一致的。下面拟简要介绍普米语中两个方言（北部方言以木里桃巴为代表，南部方言以兰坪箐花为代表）常用词的一致性和基本语法的一致性，至于语音上的同异，在介绍常用词语音对应情况时附带作一些介绍。

1. 词汇方面的一致性

普米语两个方言的常用词，我们进行过多次比较，由于每次比较的词数量不一致，因此得出的结论也不完全相同，陆绍尊同志在写《普米语概况》和《普米语简志》的过程中，比了三千个常用词，其中有同源关系的一千七百八十个，占总数的 59%，不同源的有一千二百二十个，占总数的 41%。这次写这篇文章的过程中，我又作了一次比较，以简志附录词汇为主要依据，比较了一千个左右最常用的词，其中同源词有六百八十多个，占 68%，异源词 320 左右，占 32%。

两次比较虽然结果不完全一致，但仔细想起来，道理是很明显的，我比的词少，挑选的是最常用的词，其中基本词的比例大，肯定同源的多，因此百分比就要高一些，相反，比的词多，一些不很常用的词也参加比较，就会出现更多的方言词，同源词的绝对数虽然也能增加，但从百分比来看，就必然要下降。从这两次比较的结果大致可以说明问题，普米语的方言差别是不小的，但它们的一致性也是十分明显的。这主要表现在以下几个方面：

（1）语音完全相同或大体相同的基本词占一定比例，在这次比较的 680

① 参阅陆绍尊《普米语概况》载《民族语文》1980 年第 4 期。

多个常用词中有 70 多个，占同源词总数的 12% 左右。这些语音相同的词，有单音节的，也有双音节的。单音节的同源词在语音分布上有各种发音部位和发音方法的。分别举例说明如下：

a. 双唇部位的。例如：

南部方言（箐花）	北部方言（桃巴）	汉义
pi^{55}	pi^{53}	油炸
pɐ^{55}	pɐ^{53}	开（花）
po^{55}	po^{55}	下面
phu^{13}	phu^{35}	价钱
bɑ^{13}	ba^{35}	秧子
bu^{55}	bu^{55}	虫子
bõ^{55}	bõ^{55}	有（事情）
mɐ^{55}	mɐ^{35}	火
mɑ^{13}	ma^{35}	不
m̥ə^{13}	mə^{35}	吹

b. 舌尖前部位的。例如：

南部方言	北部方言	汉义
tsõ^{55}	tsõ^{35}	踢
tsi^{13}	tsi^{35}	剁（肉）
tsə^{55}	tsə^{53}	个（量词）
tsu^{55}	tsu^{53}	刺
tshiõ^{55}	tshiõ^{35}	短
tshi^{13}	tshi^{35}	盐
tshɛ^{55}	tshɛ^{53}	量（衣）
dzi^{55}	dzi^{35}	砌
dzə^{55}	dzə^{53}	吃
si^{55}	si^{53}	压
sɛ^{13}	sɛ^{35}	杀

c. 舌尖中部位的。例如：

南部方言	北部方言	汉义
ti^{55}	ti^{53}	嚼
to^{55}	to^{55}	上面
ti^{13}	ti^{35}	一
də^{13}	də^{35}	是
diu^{13}	diu^{35}	侄子
ɬi^{13}	ɬi^{35}	月亮
ɬo^{13}	ɬo^{35}	前额

d. 卷舌部位的：

南部方言	北部方言	汉义
tʂi^{13}	tʂi^{35}	骡子
tʂə^{55}	tʂə^{55}	苦胆
tʂhɛ^{55}	tʂhɛ^{53}	撕（布）
tʂhə^{55}	tʂhə^{53}	脚
tʂhu^{13}	tʂhu^{35}	六
dʐu^{13}	dʐu^{35}	雁
dʐə^{13}	dʐə^{35}	星星
dʐə^{55}	dʐə^{55}	掉（下来）
ʂã^{55}	ʂã^{55}	长

e. 舌面前部位的。例如：

南部方言	北部方言	汉义
tɕi^{13}	tɕi^{13}	秤
ȵi^{55}	ȵi^{53}	下（蛋）
ȵi^{55}	ȵi^{53}	发芽

f. 舌根部位的。例如：

南部方言	北部方言	汉义
kui^{55}	kui^{53}	饱
ko^{55}	ko^{35}	年
ko^{55}	ko^{53}	胜利
khuɑ^{13}	khua^{35}	碗
khu^{55}	khu^{53}	要
ɡui^{55}	ɡui^{55}	雨
xɛ^{55}	xɛ^{53}	谁
ɣo^{13}	ɣo^{35}	老虎
ɣo^{55}	ɣo^{53}	鼠

g. 复辅音方面和双音节方面的。例如：

南部方言	北部方言	汉义
phʐɑ^{55}	phʐa^{53}	果实
kõ^{13}tsõ^{55}	kõ^{35}tsõ^{53}	青稞
pɐ^{13}tsə^{55}	pɐ^{35}tsə^{53}	花
mɐ^{13}tsə^{55}	mɐ^{35}tsə^{55}	猫
i^{55}tsə^{55}	i^{55}tsə^{53}	孙子
a^{55}pu^{55}	a^{55}pu^{55}	祖父
ɬɑ^{13}tsə^{55}	ɬa^{35}tsə^{35}	手指
sə^{55}sə^{55}	sə^{55}sə^{55}	生的
põ^{13}põ^{13}	põ^{35}põ^{35}	叔父

上面7组例子至少可以说明两个问题，第一，普米语南部方言与北部方言确有一定数量语音上基本相同的词。第二，各种不同部位和各种不同方法都出现语音上相同的词，这说明方言之间在语音系统上是很接近的。其中南部方言的高平，北部方言分化成高平高降，南部方言的低升，相当于北部方言的高升，南部方言的后ɑ，相当于北部方言的前a，这仅仅是使

用符号上的不一致，实际音值是大体一致的。

（2）语音不同但有对应关系的同源词占80%多。普米语南、北方言之间语音上的对应关系是比较严密的，这与两个方言在语音上的发展变化有一定关系，下面举常见的声、韵母语音对应若干条，以见一斑。

a. 南部方言塞擦音有舌尖前、卷舌、舌叶和舌面前四套，北部方言只有3套，南部方言的舌叶音在北部方言大部分合并于舌面音，少部分合并于卷舌音。如南部方言的舌叶音与北部方言的舌面前音的对应情况：

①ʧ 与 ʨ 对应。例如：

南部方言（箐花）	北部方言（桃巴）	汉义
ʧə^{55}	ʨi^{53}	水
ʧɑ^{55}	ʨa^{53}	土
ʧu^{55}	ʨu^{55}	酸的
ʧə̃^{13}	ʨĩ^{35}	儿童

②ʧh 与 ʨh 对应。例如：

南部方言	北部方言	汉义
ʧhə^{13}	ʨhi^{35}	脱（衣）
ʧhɛ̃^{55}	ʨhĩ^{35}	铺（床）
ʧhɑ̃ũ^{55}	ʨhã^{53}	下（雨）
ʧhɛ̃^{13}	ʨhĩ^{35}	晒（太阳）

③ʤ 与 ʥ 对应。例如：

南部方言	北部方言	汉义
ʤuə̃^{13}	ʥuã^{35}	亮
ʤə^{55}	ʥɨ^{53}	鱼
ʤi^{55}	ʥi^{35}	浸（种子）

④ʃ 与 ɕ 对应。例如：

南部方言	北部方言	汉义
ʃɐ^{53}	ɕə^{53}	小麦
ʃi^{55}	ɕi^{53}	虱子
ʃə^{55}	ɕɨ^{53}	去、走

⑤ʒ 与 ʑ 对应。例如：

南部方言	北部方言	汉义
ʒə̃^{55}	ʑã^{55}	炒
ʒə^{13}	ʑi^{35}	睡
ʒø^{13}	ʑɛ^{35}	有、在
ʒɛ̃^{55}	ʑẽ^{35}	粪
ʒə^{55}	ʑɨ^{55}	多

⑥南部方言有少部分舌叶音合并于卷舌音的。例如：

南部方言	北部方言	汉义
ʧho^{13}	ʈʂho^{35}	读
ʤɛ̃^{13}	ʥɛ̃^{35}	（粥）稀
ʒãũ^{55}	ʐã^{55}	绵羊
ʒɛ^{55}	ʐɐ^{55}	四
ʃɑ^{13}py^{55}	ʂa^{35}pʉ^{53}	玩耍
ʃɑ^{13}	ʂa^{35}	笑
ʃə^{55}	sei^{53}	升起
ʃɤ^{55}	ʂə^{53}	肉

b. 南部方言有小舌音，北部方言没有，南部方言的小舌音在北部方言大部分归并在舌根音中。下面分别举例说明它们的对应情况：

①q 与 k 对应。例如：

南部方言	北部方言	汉义
qo^{55}ʐɑ^{55}	ko^{55}ro^{53}	喊

qa^{13}tsɛ^{13}	ka^{35}tse^{35}	小
qã^{55}	kɛ̃^{53}	脖
qa^{55}stiɛ̃	ka^{55}tĩ^{55}	脖子
qa^{55}stiɛ̃^{55}	ka^{55}tĩ^{55}	十
quɑ^{55}	kuɐ^{53}	牛

②qh 与 kh 对应。例如：

南部方言	北部方言	汉义
qho^{55}	khu^{53}	头
qhɑ^{13}	kha^{35}	舌
qho^{55}	kho^{35}	针（缝衣的）
qho^{55}	khʉ^{55}	尖

③ɢ 与 ɣ 对应。例如：

南部方言	北部方言	汉义
ɢu^{55}	ɣu^{55}	干燥的

c. 南部方言的部分单辅音与北部方言的单辅音相对应。这也反映了一些单辅音音位的变化情况。现择要列举几种：

①南部方言的 ʐ 与北部方言的 r 对应。例如：

南部方言	北部方言	汉义
ʐə^{55}	rə^{35}	先
ʐo^{55}	ro^{53}	鸡
ʐɤ	rə^{53}	皮肤
ʐi^{55}	ri^{53}	剃（头）
ʐã^{55}	rɛ̃^{55}	汤
ʐə^{55}tsə^{13}	rə^{55}tsə^{53}	刀子
ʐɑ^{55}	re^{53}	锅
ʐɛ̃^{55}	rẽ^{53}	肿

②南部方言的 ɣ 与北部方言的 ŋ 相对应。

南部方言	北部方言	汉义
ɣã^{55}	ŋɛ^{55}	金子
ɣuã^{55}	ŋuɐ^{55}	五
ɣɛ̃^{13}	ŋɛ^{55}	黄的

③南部方言的部分 ʂ 声母与北部方言的部分 ɕ 声母相对应。例如：

南部方言	北部方言	汉义
ʂɛ^{13}	ɕə^{35}	汉族
ʂɑ^{13}	ɕɛ^{55}	老的
ʂi^{13} ʂi^{13}	ɕi^{55}ɕi^{55}	新的
ʂuɛ^{13}	ɕyɐ^{35}	八
ʂə̃^{55}	ɕĩ^{55}	铁

d. 南部方言带 s 前置辅音的复辅音和部分带 ʐ、ʒ 后置辅音的复辅音，在北部方言已读成单辅音，这说明普米语中的复辅音正处在简化和消失的过程中，现将主要对应关系举例说明如下：

①南部方言的 sp 与北部方言的 p 对应。例如：

南部方言	北部方言	汉义
spy^{55}	pʉ^{53}	雪
spõ^{55}ɣõ^{13}	pu^{55}jã^{53}	肾
spi^{55}	pi^{35}	肚子
spy^{13}	pɛ̃^{55}	脓
spõ^{55}	põ^{55}	官
spo^{56}	po^{55}	宽

②sph 与 ph 相对应。例如：

南部方言	北部方言	汉义
sphi^{13}	phi^{35}	歪
sphɛ^{13}	phiɛ^{35}	补（衣）
sphã^{13}	phiɛ^{35}	水蛭
sphø^{13}	phʉ^{35}	耳屎

③sb 与 b 相对应。例如：

南部方言	北部方言	汉义
sbõ^{55}	bõ^{55}	棵（量词）
sbu^{55}	bu^{53}	堆
sbiɛ̃^{55}	bĩ^{53}	尿
sba^{55}	ba^{53}	掷

④st 与 t 相对应。例如：

南部方言	北部方言	汉义
stĩ^{55}	tiã^{55}	千
sto^{13}（bo^{55}）	ta^{55}	疮
stɑ^{13}	ta^{35}	钉（动词）
sto^{55}	to^{53}	看
stu^{55}	tu^{55}	直

⑤sth 与 th 相对应。例如：

南部方言	北部方言	汉义
sthɑ^{13}	thɐ^{35}	滴
sthø^{13}	thø^{35}	借

⑥sd 与 d 相对应。例如：

南部方言	北部方言	汉义
sdãũ^{13}	dõ^{35}	陡、坡

sdĩ^{55}	dĩ	浮（在水面）
sdi^{13}	di^{35}	撒（种子）
sdã^{13}	do^{35}	跨
sduə^{13}	duɐ^{35}	问

⑦sk 与 k、x 相对应。例如：

南部方言	北部方言	汉义
skiɯu^{13}	kəu^{35}	蚊帐
skiɯu^{55}	ku^{53}	偷
skɯ^{55}	kɯ^{55}	辣
skiɛ^{13}	xiɐ^{35}	害怕
skø^{55}	xuɛ^{53}	盖子
skiu^{55}	xu^{55}	旋转
skiu^{55}	xu^{35}	背（柴）
ski^{55}	xi^{53}	卖

⑧skh 与 x、ç 相对应：例如：

南部方言	北部方言	汉义
skhɛ̃^{55}	xĩ^{55}	水獭
skhyɛ^{55}	xuɐ^{53}	心脏
skhi^{55}	xi^{53}	钥匙
skhiɑ̃u^{13}	xiã^{13} tʂə^{53}	裹腿
skhi^{55}	çi^{55}	汗

⑨sɡ 与 ɣ、ɡ 相对应。例如：

南部方言	北部方言	汉义
sɡyɛ̃^{55}	ɣuẽ^{35}	高
sɡiɑ^{55}	ɣiɛ^{35}	爱

sɡim^{55}	ɣi^{55}	九
sɡyɛ̃^{13}	ɣuẽ^{35}	马
sɡyɛ^{13}	ɡuə^{53}	狐狸
sɡi^{13}	ɡi^{35}	过（河）

⑩sq 与 x、k 相对应。例如：

南部方言	北部方言	汉义
sqɑ̃ũ^{55} mi^{55}	xã^{55} ma^{55}	疯子
sqo^{55}	xo^{53}	煮（饭）
squa^{55}	xue^{55}	哭
sqɑ^{13}	xa^{35}	咬
sqa^{55} ʂã^{55}	kiɛ^{55} ʂā^{53}	屁

⑪sɢ 与 ɣ 相对应。例如：

南部方言	北部方言	汉义
sɢo^{55}	ɣo^{35}	山顶

⑫sʧ、sʧh 与 ɕ、ʂ 相对应。例如：

南部方言	北部方言	汉义
sʧɑ^{55}	ɕɛ^{53}	砍
sʧɯu^{55}	ɕu^{35}	拧（毛巾）
sʧyɛ̃^{55}	ɕyẽ^{53}	午饭
sʧə^{55}	ɕə^{55}	窄
sʧə^{55}	ʂə^{53}	跳
sʧhɛ^{13}	ʂɛ^{35}	喂（鸡）
sʧhə^{55}	ɕĩ^{35}	站

⑬sʤ 与 ʑ、ʐ 相对应。例如：

南部方言	北部方言	汉义
sʤɑ^{13}	ʑa^{35}	口水
sʤɛ̃^{55}	ʑĩ^{35}	轻
sʤə^{55}	ʑɨ^{35}	裤子
sʤɛ̃^{13}	ʑɛ̃^{35}	仓库
sʤɛ^{13}pu^{55}	ʑɛ^{55}po^{53}	腋下
sʤə^{13}	ʐə^{35}	漏
sʤã^{13}	ʐɛ̃^{35}	指甲

⑭pʒ、phʒ 与 tɕ、ph、tɕh 相对应。例如：

南部方言	北部方言	汉义
pʒi^{55}	tɕyi^{55}	肠子
pʒɑ^{55}	tɕɛ^{35}	裂开
phʒɯ^{13}	phø^{35}	吐（口水）
phʒi^{55}	tɕhyi^{55}	好
phʒɑ^{13}	tɕyɛ^{35}	猪

⑮bʒ 与 dʑ、b 相对应。例如：

南部方言	北部方言	汉义
bʒɑ^{55}	dʑyɛ^{55}	低
bʒi^{55}	dʑyi^{55}	烂（瓜）
bʒɛ̃^{13}	bẽ^{35}	飞

⑯南部方言部分带 ʐ 后置辅音的复辅音在北部方言中后置辅音脱落。例如：

南部方言	北部方言	汉义
mʐɐ^{55}	mɐ^{53}	竹子
mʐi^{13}	mi^{35}	菌子
bʐã^{13}	bɛ̃^{35}	根

e. 韵母的对应情况。仅将常见的几种对应关系举例说明如下：

①南部方言的 y 与北部方言的 ʉ 相对应。例如：

南部方言	北部方言	汉义
by⁵⁵	bʉ⁵³	太阳
dzy¹³	dzʉ³⁵	稠密
tsy⁵⁵	tsʉ⁵³	儿子
sy⁵⁵	ʂʉ⁵³	牙
py⁵⁵	pʉ⁵³	喝
tʂhy⁵⁵	tʂhʉ⁵³	（兽）角
by¹³	bʉ³⁵	糖

②ə, ə̃与 i、ĩ或 ɨ 相对应。例如：

南部方言	北部方言	汉义
ʧə⁵⁵	tɕɨ⁵³	水
ʒə⁵⁵	ʑɨ³⁵	多
sʤə⁵⁵	ʑɨ³⁵	裤子
ʤə¹³	dʑɨ³⁵	腰
ʧhə¹³	tɕhi³⁵	脱（衣）
tsə⁵⁵	tsi⁵³	挤（奶）
tə¹³	ti³⁵	那
ʒə¹³	ʑi³⁵	睡
ʂə̃⁵⁵	ɕĩ⁵⁵	铁
ʧə̃¹³	tɕĩ³⁵	儿童

③ɤ 与 ə 相对应。例如：

南部方言	北部方言	汉义
ʃɤ⁵⁵	ʂə⁵³	肉
sɤ¹³	sə³⁵	死

zɤ^{13}	rə^{53}	皮肤
tshɤ^{13}	tshə^{35}	胖

④a 或 ã 与 ɛ 或 ɛ̃ 相对应。例如：

南部方言	北部方言	汉义
ja^{55}spɑ^{55}	jɛ^{55}pa^{55}	烟
tɕha^{55}	tɕhɛ^{55}	锋利
na^{55}	nɛ^{53}	裙子
qã^{55}	kɛ̃^{53}	脖子
ʐã^{55}	rɛ̃^{55}	汤
suã^{55}	suɛ̃^{55}	父亲
sʤã^{13}	ʐɛ̃^{35}	爪

⑤ɑu 或ãũ与 o、õ 或 ã 相对应。例如：

南部方言	北部方言	汉义
sɑu^{13}	so^{85}	麻
tãũ^{55}	tõ^{55}	梨
sãũ^{13}	sõ^{35}	三
ŋãũ^{55}	nõ^{55}	银子
sdãũ^{13}	dõ^{35}	坡、陡
sqãũ^{55}mi^{13}	xã^{55}ma^{55}	疯子
tʂhãũ^{55}	tshã^{55}	快
ʒãũ^{55}	ʐã^{55}	绵羊
ʧhãũ^{55}	tɕhã^{53}	下（雨）

2. 语法方面的一致性

普米语南、北两个方言的差别，主要表现在一般词汇上和语音上，基本词汇和语法是比较一致的。这主要表现在两个方言基本词汇大部分是有同源关系的，语法特征是相同或大体相同的。特别是反映普米语重要特征的语法现象是大体一致的。本节不拟详细说明南北方言语法上的一致性，仅举几个反映普米语特征的主要语法现象作简要对比，说明它们的一致性。

（1）南北方言名词都有“数”语法范畴，数分双数和多数。两个方言表示“数”语法意义的附加成分基本相同或语音上对应。例如“双数”南部方言用 zã^{55}，北部方言用 zã^{53}。

南部方言	北部方言	汉义
mi^{55}zã^{55}	mə^{53}zã^{53}	人（双数）
ʧə̃^{13}zã^{55}	tɕĩ^{35}zã^{53}	孩子（双数）
sgyɛ̃^{13}zã^{55}	ɣuẽ^{35}zã^{53}	马（双数）
mɐ^{13}tsə^{55}zã^{55}	mɐ^{35}tsə^{55}zã^{53}	猫（双数）

“多数”南部方言用 ʐə^{55}，北部方言用 rə^{53}。例如：

南部方言	北部方言	汉义
mi^{55}ʐə^{55}	mə^{53}rə^{53}	人们
ʧə̃^{13}ʐə^{55}	tɕĩ^{35}rə^{53}	孩子们
sgyɛ̃^{13}ʐə^{55}	ɣuẽ^{35}rə^{53}	马（多数）
mɐ^{13}tsə^{55}ʐə^{55}	mɐ^{35}tsə^{55}rə^{53}	猫（多数）

（2）人称代词都有格语法范畴，表示格范畴的语法意义、语音手段大体一致。试以单数第一、二人称主格和领格形式作一简要比较。

人称、数、格	南部方言	北部方言	汉义
单数第一人称主格	ɛ^{55}	ɐ^{13}	我
单数第一人称主格	ɑ̃^{55}	ɑ^{13}	我的
单数第二人称主格	nɛ^{13}	ȵe^{13}	你
单数第二人称主格	nɑ̃^{13}	ȵɑ^{13}	你的

（3）第一人称的人称代词都有包括式和排除式的分别，其表现形式也大体一致。举例如下：

人称、数、格	南部方言	北部方言	汉义
第一人称双数包括式	ɛ̃^{13}zã^{55}	ẽ^{35}zã^{53}	咱俩
第一人称双数排除式	ɛ^{13}zã^{55}	ɐ^{35}zã^{53}	我俩
第一人称多数包括式	ɛ̃^{13}ʐə^{55}	ẽ^{35}rə^{53}	咱们
第一人称多数排除式	ɛ^{13}ʐə^{55}	e^{35}ra^{53}	我们

（4）南、北两个方言在反身代词的构成方式上基本相同，都是用重叠人称代词的方式。例如：

人称和数	南部方言	北部方言	汉义
单数第一人称	ɛ^{55}ɑ̃^{55}	ɐ^{55}ɐ^{13}	我自己
单数第二人称	nɛ^{13}nɑ^{55}	ȵe^{13}ȵe^{13}	你自己
多数第一人称（包）	ɛ̃^{13}ʐə^{55}ɛ̃^{13}ʐə^{55}	ẽ^{35}rə^{53}ẽ^{35}rə^{53}	咱们自己
多数第二人称	nɛ^{13}ʐə^{55}nɛ^{13}ʐə^{55}	ȵe^{13}rə^{53}ȵe^{13}rə^{53}	你们自己

（5）南、北两个方言在量词的用法及数词和量词的结合方面大体一致。普米语南北方言都有一定数量的量词，北部方言比南部方言要更丰富一些，量词和数词结合成数量词组时，其词序都是数词在前，量词在后。例如：

南部方言	北部方言	汉义
tə^{55}tsə^{55}	tə^{35}tsə^{53}	一个（人）
一个	一个	
tə^{55}phʐɯ^{13}	tə^{35}phʐə^{53}	一双（鞋）
一双	一双	
tə^{55}sbõ^{55}	tə^{35}bõ^{53}	一棵（树）
一棵	一棵	
tə^{55}sthɑ^{13}	tə^{35}thɐ^{35}	一滴（水）
一滴	一滴	

（6）两个方言动词有相类似的表示人称、数、时间语法范畴的语尾变化。下面以“吃”dzə^{55}或dzə^{53}为例，简要对比南北两个方言动词的变化

情况：

a. 将来时：

数	人称	南部方言	北部方言	汉义
单数	一	dzə^{55} ʃe^{55}	dzə^{53} ʂa^{53}	（我）将吃
	二	dzə^{55} ʃo^{55}	ʥə^{53} ʂo^{53}	（你）将吃
	三	dzə^{55} qa^{55}	dzə^{53} ke^{53}	（他）将吃
复数	一	dzə^{55} ʃə̃^{55}	dzə^{53} ʂa^{53}	（我们）将吃
	二	dzə^{55} ʃə̃^{55}	ʥə^{53} ʂo^{53}	（你们）将吃
	三	dzə^{55} qa^{55}	dzə^{53} ke^{53}	（他们）将吃

b. 现在时：

数	人称	南部方言	北部方言	汉义
单数	一	dzə^{55} ʐõ^{55}	dzə^{53} rõ^{53}	（我）正在吃
	二	dzə^{55} ʐu^{55}	ʥə^{53} rõ^{53}	（你）正在吃
	三	dzə^{55} ʐɯu^{55}	dzə^{55} rə^{55}	（他）正在吃
多数	一	dzə^{55} ʐuə̃^{55}	dzə^{53} rõ^{53}	（我们）正在吃
	二	dzə^{55} ʐuə̃^{55}	ʥə^{53} rõ^{53}	（你们）正在吃
	三	dzə^{55} ʐɯu^{55}	dzə^{53} rə^{53}	（他们）正在吃

c. 过去时：

数	人称	南部方言	北部方言	汉义
单数	一	khə^{13} ʥiɛ̃^{55} sã^{55}	khə^{35} ʥə^{53} sõ^{53}	（我）已吃
	二	khə^{13} dziɯu^{55} si^{55}	khə^{13} ʥə^{53} sõ^{53}	（你）已吃
	三	khə^{13} dzy^{55} ʂi^{55}	khə^{35} ʥu^{35} si^{53}	（他）已吃
多数	一	khə^{13} ʥĩ^{55} si^{55}	khə^{35} ʥə^{53} sẽ^{53}	（我们）已吃
	二	khə^{13} dzĩ^{55} si^{55}	khə^{13} ʥə^{53} sẽ^{53}	（你们）已吃
	三	khə^{13} dzy^{55} si^{55}	khə^{35} ʥu^{35} si^{53}	（他们）已吃

（7）两个方言动词都有趋向语法范畴，表趋向语法范畴都采用在动词前加各种附加成分构成。南北方言构成趋向范畴的各种前加成分，不仅语法意义一致，而且语音形式上也大体一致。试列表比较如下：

南部方言		北部方言		汉义
前加成分	举例	前加成分	举例	
tə^{55}—	tə^{55}sto^{55}	tə^{55}—	tə^{55}to^{53}	向上看
nə^{13}—	nə^{13}sto^{55}	nə^{13}—	nə^{13}to^{53}	向下看
thɛ^{13}—	thɛ^{13}sto^{55}	thə^{13}—	thə^{13}to^{53}	看过去
də^{13}—	də^{13}sto^{55}	də^{13}—	də^{13}to^{53}	看过来
khə^{13}—	khə^{13}sto^{55}	khə^{13}—	khə^{13}to^{53}	向外看
xɛ^{13}—	xɛ^{13}sto^{55}	xə^{13}—	xə^{13}to^{13}	向里看

（8）两个方言都有用声母屈折变化表示使动的语法特征。其表现形式和变化特点基本相同。试比较如下：

	南部方言	北部方言	汉义
动词	bʐɛ^{13}	bʐə^{35}	（绳子）断
使动	phʐɛ^{13}	phʐə^{35}	（绳子）使断
动词	dʐɯ^{55}	dʐe^{55}	（衣服）破
使动	tshɯ^{55}	tʂhe^{55}	（衣服）使破

（9）两个方言都有用重叠动词词根表示互动的语法特征。重叠的方式大体一致。例如：

	南部方言	北部方言	汉义
动词	tsiɯu^{55}	tsu^{55}	打
互动	tsɛ^{55}tsɯu^{13}	tsə^{55}tsu^{55}	互相打
动词	phʐɛ^{55}	phʐɛ^{55}	遇见
互动	phʐɛ^{55}phʐɛ^{55}	phzɛ^{55}phʐɛ^{55}	相遇

（10）两个方言动词的命令式都用动词词根韵母的屈折变化表示，变化的方式也大致相同。试比较如下：

	南部方言	北部方言	汉义
动词	dzə^{55}	dzə^{53}	吃
单数命令式	dziɯu^{55}	dzu^{53}	（你）吃
动词	thiɛ̃^{55}	thiẽ^{53}	喝
单数命令式	thiãũ^{55}	thiõ^{53}	（你）喝
动词	ʃə^{55}	ɕi^{53}	去、走
单数命令式	ʃõ^{55}	ɕõ^{53}	（你）走、去

（11）两个方言动词都有祈求式，构成祈求式所加的附加成分大体一致。试比较如下：

	南部方言	北部方言	汉义
动词	dzə^{55}	dzə^{53}	吃
祈求式	dzə^{55}ku^{55}	dzu^{53}ko^{55}	请吃吧！
动词	i^{13}	ju^{35}	来
祈求式	i^{13}ku^{55}	ju^{35}ko^{55}	请来吧！

（12）两个方言存在动词都有类别范畴，不同类别的存在动词在用法上大体一致，表示相同意义的存在动词有明显的同源关系。例如：

南部方言	北部方言	意义
1. bõ^{55}	bõ^{35}	表示被领有事物的存在
2. kui^{55}	kui^{53}	表示事物存在于容器中
3. ʒø^{55}	ʐɛ^{35}	表示有生命动物或人的存在
4. diãũ^{13}	diõ^{35}	表示不能随意移动物品的存在
5. sta^{55}	te^{53}	表示可移动物品的存在
6. ʂə^{13}	ɕi^{35}	表示抽象事物的存在

（13）两个方言的结构助词大致相同，用法也很相似。试比较如下：

助词种类	南部方言	北部方言
限制助词	ɡɑ^{13}，ʐɑ^{13}	ɣa^{35}
施动助词	ɡue^{55}iɛ^{13}，zue^{55}iɛ^{13}	ne^{35}
受动助词	bie^{55}，tɕi^{55}	pe^{53}
比较助词	to^{55}	to^{55}
处所助词	khu^{13}，ɣu^{13}，nɑ̃ũ^{13}	khu^{35}，nũ^{35}

其余在句法结构方面，两个方言都基本相同，说明两个方言虽然存在着一定的差别，但它们之间的一致性是十分明显的，不能认为他们分居两省，甚至在一起不一定能马上听懂对方的话，就得出是两种不同语言的结论。

澜沧江流域

澜沧江发源于青海省和西藏自治区，其上游地区都是操藏语的居民，澜沧江由西藏自治区东南部进入云南德钦、维西一带时，除了通行藏语外，还分布有傈僳语、纳西语、白语等，并杂有少量操独龙语的居民。再往下游至兰坪县界，除了有上述语言分布外，还通行有怒族的一个支系语言柔若语。兰坪再往下游，则是彝语、傈僳语、白语的交错分布地区，至下游，语言情况更加复杂，除藏缅语族的语言外，还有壮侗、苗瑶语族的语言，甚至有南亚语系孟高棉语族佤德昂语支的语言分布。

一 柔若语

我国怒族人口约二万三千（1983 年），主要分布在云南省怒江傈僳族自治州的福贡、贡山、兰坪、泸水等县。迪庆藏族自治州的维西县和西藏自治区的察隅县也有少量分布。此外，缅甸联邦所属克钦邦的恩梅开江和迈立开江流域也有怒族，人口约一万。①

我国怒族使用四种不同的语言。② 贡山县、维西县、察隅县的怒族约五千人，使用独龙语。福贡县的怒族自称 $ɑ^{31}nuŋ^{55}$ “阿依”，约六千人，使用

---

① 参阅 J. T. O. Barnard：《A Handbook of the Rǎwang Dialect of the Nong Language》概况部分第 10 页，1934 年仰光出版，并参阅 Robert and Betty Morse：《Oral Tradition and Rawang Migration Routes》载 G. H. Luce 纪念文集卷一，195—204 页，瑞士出版。

② 据国外资料介绍，缅甸境内的怒族使用五种不同的语言，即：1. Gvnong “古怒”；2. Tangsarr “唐萨尔”；3. Nong “侬”；4. Lungmi “龙米”；5. Rvwang “日旺”。其中日旺语即独龙语，其余四种因未见到有关材料，尚不能肯定它们与国内怒族语言的关系。现在可以肯定的是，我国境内的怒苏语、阿侬语在国外都有分布，详情请参阅 Robert H. Morse：《Syntactic Frames for the Rvwang (Rawang) Verb》，见《Lingua》15 (1965)，338 页。

阿侬语。泸水和部分福贡县的怒族自称 nu^{35} su^{35} “怒苏”，约八千人，使用怒苏语。兰坪县、泸水县的怒族，自称 zɑu^{55} zou^{33} “柔若”，约二千五百人，使用柔若语。

操柔若语的怒族主要分布在兰坪县兔峨区的澜沧江两岸，即兔峨、吾批江、碧鸡岚、果力、江末、小村、松坪等村镇。泸水县鲁章乡的部分村寨，也有少量操柔若语的居民。

柔若语内部比较一致，兰坪地区澜沧江两岸的柔若语在语音上稍有差别，但彼此完全可以通话。经初步比较研究，柔若语属汉藏语系藏缅语族彝语支。本文用兰坪县兔峨乡的语言材料简要介绍怒族柔若语的语音、词汇和语法。

（一）**语音**

1. 声母　共 23 个。列表如下：

p			t		k	ʔ
ph			th		k	
		ts		tɕ		
		tsh		tɕh		
m			n	ȵ	ŋ	
	f	s		ɕ	x	
	v	z			ɣ	
			l			

（1）声母例词：

p	pɑ̱u^{13}	丛（量词）	pɛ̃^{33}	堆（量词）
f	tɕi̱^{53} fu̱^{13}	世界	fɛ^{55}	疟疾
ph	phɑu^{53}	叶子	phɑ^{53}	呕吐
v	vɑu^{31}	肚子	vɛ^{53}	客人
m	me̱i^{13}	面粉	mɑ^{35}	毛

ts	tsu^{55}	饭	tsɑ̱^{33}	小米
tsh	tshɿ^{33}lou^{33}	燕麦	tshe^{33}	十
ȵ	ȵɑu^{31}	你	ʔɑu^{31} ȵou^{55}	山尖
s	sɛ̱^{53}	树	suɑ^{33}	趟（量词）
ɕ	ɕi^{31}	果核	ɕyi^{31}	血
z	zɑu^{33}	麦子	zu̱^{55}	贝母
k	ki^{55}	星星	kɛ̱^{33}	汗
t	tɑu^{35} tɑu^{35}	坝子	tɑ̱^{53}	毒
kh	khɑu^{33}	竹子	khɑ^{53}	六
th	tho^{33}	拃（量词）	thu̱^{13}	桶（量词）
ŋ	ŋɑ^{53}	吠	ŋɑ^{55}	霜
n	nu^{31}nɑ^{35}	牛奶	nɛ̱^{53}	二
x	xu^{31}	肌肉	xou^{53}	哪
l	lɑu^{33}	裤子	lɑ̱^{53}	石头
ɣ	ɣɛ^{33}	水	ɣõ^{35}	蛇
tɕ	tɕi̱^{13}	金子	tɕɛ̱^{55}	云
ʔ	ʔɑu^{53}	猪	ʔe^{35}	碗
tɕh	tɕhi^{31}	屎	tɕhɛ̃^{53}	山羊

（2）声母说明：

1）出现在低降调中的清塞音、清塞擦音实际上读浊音。例如：“语言” po^{31}→bo^{31}；“山” ʔɑu^{31}tɯ^{31}→ʔɑu^{31}dɯ^{31}；“九” kɯ^{31}→gɯ^{31}。出现在中平、高升调中的部分清塞音、塞擦音也可自由变读为浊音。

2）x 与 i、e、ɛ、u、ɯ 等元音拼读时音值不变，与 ɑ、ɔ 等元音相拼时读［h］。

3）p、ph、m 等双唇辅音与高元音 i 相拼时，在部分词里可以自由变读为［tɕ］、［tɕh］、［ȵ］。如：“蜂” piou^{31}⇌tɕou^{31}；“坛子” phiõ^{33} lɛ^{31}⇌tɕhõ^{33} lɛ^{31}；“眼睛” miou^{53}lɛ^{31}⇌ȵou^{53}lɛ^{31}。

4）n 与 l，s 与 ɕ 在部分词中可以自由变读。例如：“土” lɑ^{55}mɑ^{35}⇌nɑ^{55}mɑ^{55}；“事情” sɿ^{31}vu^{31}⇌ɕi^{31}vu^{31}。

5）汉语中的 ʈʂ、ʈʂh、ʂ在柔若语中大都读成［tɕ］、［tɕh］、［ɕ］。

2. 韵母　共 79 个。其中单元音韵母 29 个，复元音韵母 50 个。没有带辅音韵尾的韵母。

（1）单元音韵母分普通元音、紧喉元音、鼻化元音、鼻化紧元音 4 类。

普通元音 i e ɛ ɑ o u ɯ ə y ɿ；紧元音i̱ e̱ ɛ̱ ɑ̱ o̱ u̱ ɯ̱ ə̱ ɿ̱；鼻化元音 ĩ ẽ ɛ̃ ɑ̃ õ ə̃ ỹ；鼻化紧元音ĩ̱ ẽ̱ ɛ̱̃。

1）单元音韵母例词：

i	i^{55}	酒	tɕi^{31}	麻
e	ʔe^{35}	整齐	ne^{33}	红
ɛ	vɛ^{53}	客人	kɛ^{55}	苦胆
ɑ	pɑ^{53}	呕吐	khɑ^{53}	六
o	ŋo^{31}	五	tho^{33}	拃（量词）
u	xu^{31}	肉	phu^{33}	白的
ɯ	khɯ^{31}	偷	mɯ^{33}	菌子
ə	mə^{35}	太阳	le̱^{13}tɕhə^{33}	围腰
y	y^{55}bɑ^{31}	口袋	tɕhy^{31}	区
ɿ	sɿ^{33}ȵɑ^{55}	儿童	tsɿ^{55}	（一）点儿
i̱	mi̱^{13}	母的	tɕi̱^{55}	请
e̱	ne̱^{33}	七	ȵɑ^{53}me̱^{13}	睡
ɛ̱	tɕɛ̱^{33}	信任	lɛ̱^{33}	青苗
ɑ̱	kɑ̱^{53}	害怕	ŋɑ̱^{53}	啃
o̱	ɣo̱^{53}	织（布）	tɕo̱^{33}	哄骗
u̱	ku̱^{53}	弯（腰）	pu̱^{13}	凸的
ɯ̱	tsɯ̱^{53}	紧的	tɕɯ̱^{53}	溺爱
ə̱	xə̱^{13}	涂、敷	khɛ^{33}tɕə̱^{33}tɑu^{33}	顶门棍
ɿ̱	xɑ̱u^{13}sɿ̱^{13}	棉絮	vɑ̱^{13}tsɿ̱^{31}	袜子
ĩ	pĩ^{33}	脓	ʔĩ^{31}	矮的
ẽ	sẽ^{31}	肝	ɣẽ^{33}	汤、汁
ɛ̃	ʔɛ̃^{33}	瓶子	sɛ̃^{31}	三

ɑ̃	ʔɑ̃[33]	菜	gɑ̃[31]	筋
õ	ʔõ[55]khɯ[33]	（牛）角	lõ[33]	两（量词）
ə̃	ʔə̃[55]	硬的	tə̃[13]	磕（头）
ỹ	kɑi[31]fɑ̃[55]tɕỹ[31]	解放军	ỹ[31]nɛ̃[31]	云南
ĩ̠	vɑu[31]ʔĩ̠[33]	肚脐眼	ʔĩ̠[33]lɛ[31]	柜子
ẽ̠	ʔẽ̠[33]	会	vẽ̠[33]	抽（筋）
ɛ̠̃	tsɛ̠̃[13]	双（量词）	tɕɛ̠̃[33]	汤

2）单元音韵母说明：

①i 出现在喉塞音声母后面时，实际音值为［ɪ］；e 的实际音值接近［ᴇ］；ɛ 的实际音值接近［æ］；ɑ 的实际音值接近［ᴀ］；o 的实际音值接近［ᴜ］；u 的实际音值接近［ʉ］，出现在双唇、唇齿、舌尖前塞音、塞擦音、擦音后面时，有明显的齿化现象，音值近似［v̩］。

②单元音 y 主要出现在汉语借词中，固有词中的 y 经常读成［yi］。鼻化元音 ỹ 仅出现在汉语借词中。

③紧喉元音主要出现在 53 调和 13 调中。

④鼻化元音在语流中经常脱落，在青年人的口语中更为明显。

⑤i－、u－、y－都带有较重的摩擦，音值近似［ji］、［wu］、［ɥy］。

⑥辅音 ŋ 自成音节也可以作韵母，作韵母时有明显的唇化作用，其实际音值为［ŋ̩］或［ŋv̩］。如 ʔŋv̩[33]“种（菜）”。

（2）复元音韵母　分后响、前响和三合三类。

1）后响复元音最多，共 37 个，列表如下：

主要元音／介音	i	i̠	e	e̠	ẽ	ẽ̠	ɛ	ɛ̠	ɛ̃	ɛ̠̃	ɑ	ɑ̠	ɑ̃	o	o̠	õ	ɯ	ə̠
i			/	/			/	/	/		/	/	/	/	/	/	/	
u	/		/	/	/		/	/	/	/	/	/	/	/	/			/
y	/	/	/	/	/	/	/	/	/				/		/			

后响复元音例词：

ie	ie^{31}iɑ^{33}	亲戚	ie̱	pie̱^{13}	破烂	iɛ	tɕõ^{53}phiɛ^{35}	茶饼
iɛ̱	niɛ̱^{53}	怀疑	iɛ̃	phiɛ̃^{53}	光滑	iɑ	miɑ^{33}	快
iɑ̱	iɑ̱^{33}	八	iɑ̃	miɑ̃^{31}	马	io	io^{31}	拖沓
io̱	io̱^{33}	药	iõ	piõ^{53}	茶	iɯ	iɯ^{31}	种子
ui	sui^{31}fu^{31}	水壶	ue	ŋue^{33}	银子	ue̱	khue̱^{13}	空闲
uẽ	suẽ^{55}tɕɛ̃^{55}	办法	uɛ	ʔõ^{55}ʔuɛ^{31}	猫头鹰	uɛ̱	uɛ̱^{13}	旧的
uɛ̃	ŋuɛ̃^{55}	木炭	uɛ̱̃	ʔɑ^{31}ʔõ^{33}ʔuɛ̱̃^{13}	中间	uɑ	pɑu^{55}ʔuɑ^{55}	青蛙
uɑ̱	tsuɑ̱^{33}	皱的	uɑ̃	ʔuɑ̃^{55}	罐（量词）	uo	yi^{53}uo^{33}	团结
uo̱	ȵɑ̱^{53}uo̱^{13}	害羞	uə̱	tshuə̱^{53}	坐	yi	yi^{55}	脏
yi̱	mi^{31}kyi̱^{13}	火炭	ye	lye^{33}	背（物）	ye̱	tɕye̱^{33}mo^{33}khɑ^{53}	篾子
yẽ	tɕhyẽ^{55}	千	yẽ̱	yẽ̱^{53}	扫（地）	yɛ	tɕyɛ^{31}	开始
yɛ̱	ʔou^{53}ʔyɛ̱^{31}liɛ^{31}	蝌蚪	yɛ̃	tɕyɛ̃^{33}tɛ^{33}	扫帚	yɑ̃	ɕyɑ̃^{31}lou^{31}	方便
yo̱	tɕyo̱^{13}	拳（量词）						

说明：

①复元音韵母中紧喉元音经常影响不紧喉元音，听觉上是整个韵母都有点紧。例如 ie̱ 的实际音值接近［i̱e̱］，uɛ̱ 接近［u̱ɛ̱］。

②两个高元音相结合，把它当作后响复元音，是根据它的实际音值。一般后一个元音比前一个元音读得重一点，响亮一点，并且舌位稍低一点。如 iɯ 的实际音值近似［iə］，ui 的音值接近［uɪ］。

③i、u、y 介音处在音节开头时，除了有较重的摩擦外，u 介音还有明显的唇化作用，实际音值接近［ʋ］，例如 uɛ̱^{13} “旧的”，实际音值为［ʋɛ̱^{13}］。

2）前响复元音韵母较少，仅 7 个，出现频率比后响的低。由主要元音加韵尾 i、u 构成。它们是 ei、e̱i、ɑi、ou、ɑu、ɑ̱u、ɑ̃u。

前响复元音例词：

ei	pei^{55}mu^{31}	贝母	e̱i	me̱i^{13}	面粉	ɑi	kɑi^{31}fɑ̃^{55}tɕỹ^{31}	解放军

ou	ʔou^{31}	荞麦	ɑu	sɑu^{33}	假的	ɑ̱u	tɕɑ̱u^{33}	煮
ɑ̃u	tɕɑ̃u^{31}	节						

说明：

①带 -i 韵尾的前响复元音在固有词中出现得频率极低，它主要出现在汉语借词中。

②带 -u 韵尾的前响复元音，其韵尾的音值比较模糊，如 ɑu 的实际音值接近［ɑɔ］，ou 的实际音值为［ov］。

3）三合复元音韵母共 6 个：iou、iɑu、uei、uɑu、yɑu、uɑi。例词如下：

iou	iou^{55}	百	iɑu	miɑu^{35}iɑ^{33}	妻子	uei	tsuei^{35}	秤
uɑu	uɑu	凶恶	yɑu	tɕyɑu^{13}	草	uɑi	luɑi^{55}	球形

3. 声调　有 6 个声调，其调值分别为高平 55，中平 33，高降 53，低降 31，高升 35，低升 13。例词如下：

高平55：	vu^{55}	虫叫声	ŋue^{55}	磨子
中平33：	vu^{33}	肠子	ŋue^{33}	银子
高降53：	vu^{53}	鼠	ŋue̱^{53}	瞥（一眼）
低降31：	vu^{31}	（动物）发情	ŋue^{31}	蒸
高升35：	vu^{35}	蛋	ŋue^{35}	漩涡
低升13：	vu̱^{13}	个（量词）	ŋue̱^{13}	钩、挂

说明：

1）高平调的实际调值接近 44，中平调接近 22，低升调为 213 或 113。

2）高降调和低升调中主要出现紧元音韵母，但也有少量高降或低升调的音节韵母并不紧，这也许反映了在部分词中，元音松紧对立的现象正在消失。高降调的韵母紧而短，调值近似 54。

3）有丰富的连读变调现象。

4. 音节　柔若语的音节多数由声母和韵母加声调构成。也有一些音节没有声母，但都有韵母和声调。声母都由一个音素构成，韵母最多能由三个音素构成。构成韵母的可以是元音，也可以是辅音。一个音节最多能有 4 个音素，最少只有 1 个音素。

以 F 代表辅音，Y 代表元音，柔若语的音节共有以下七种类型：

（1）	Y	i^{55}	酒	ɛ̱^{13}tə^{33}	绿豆
（2）	YY	iɯ^{31}	种子	ie^{31}iɑ^{33}	亲戚
（3）	YYY	iou^{31}	痒	uɑu^{31}	凶恶
（4）	FY	pĩ^{33}	脓	mo^{33}	细（粉）
（5）	FYY	tshuɛ̱^{53}	脆的	tɑu^{33}	串（量词）
（6）	FYYY	piou^{53}	垮	liou^{53}	舔
（7）	FF	ʔŋ̩^{33}	大蒜	ʔŋ̩^{31}	答应

（二）**词汇**

下面从词汇的一般特点、词汇的分类、构词方式和借词四个方面来介绍柔若语的词汇。

1. 词汇的一般特点

柔若语的词汇比较丰富，借词的比例相对来说不算大。词汇中单音节词和由两个音节组成的合成词占大多数，多音节的单纯词比较少。

有一定数量的基本词与同语族、同语支的语言有同源关系。例如：

汉义	柔若语	彝语①	景颇语②	羌语	藏文③
火	mi^{31}	mu^{31}tu^{55}	wan^{31}	mi^{33}	me
眼睛	miou^{53}	ȵɔ^{33}dzɿ^{31}	mjiʔ^{31}	mi^{55}	mig
耳朵	nã^{55}sẽ^{55}	n̥ɯ^{31}po^{33}	na^{33}	ȵi^{31}kie^{33}	rna
鱼	ŋo^{33}	hɯ^{33}	ŋa^{55}	dzɿ^{33}	ȵa
狗	khyi^{31}	khɯ^{31}	kui^{31}	khuə^{55}	khji

① 彝语材料引自陈士林等编《汉彝词典》，1979 年，国际音标根据该书附录转写。
② 景颇语材料引自刘璐《景颇语简志》，民族出版社 1984 年版。
③ 藏文材料引自金鹏主编《藏语简志》，民族出版社 1983 年版。

盐	tshou^{33}	tshɯ^{33}	tʃum^{31}	tshɿ^{33}	tshuɑ
月亮	lɑu^{35}	ɬo^{31}bo^{31}	ʃă^{33}ta̱^{33}	ɕy^{33}ɕya^{55}	zlaba
三	sɛ̃^{31}	sɔ^{33}	mă^{31}sum^{33}	tshi^{55}	gsum
五	ŋo^{31}	ŋɯ^{33}	mă^{31}ŋa^{33}	ʁuɑ^{33}	lŋa
重	le^{31}	a^{33}lɿ^{33}	li^{33}	dzɿ^{33}	ldʑidpo
苦	khou^{31}	khɯ^{33}	kha^{55}	qhɑ^{55}	khatig
吃	tsou^{31}	dzɯ^{33}	ʃa^{55}	dʒɿ^{33}	za
飞	piɑu^{33}	dʑi^{33}	pje̱n^{33}	dʑe^{241}	ɦphur
我	ŋo^{55}	ŋa^{33}	ŋai^{33}	ŋɑ^{55}	ŋa

在柔若语中，有些概念分得比较细，例如“打”就有多种说法：tuɑ^{33}“（用棍子）打”，tho^{33}“（用石头）打”，tsɑ̱^{33}“（敲）打（物件）”，pɑ^{53}“打（人）、打（粮食）”，sɑ̱^{53}“（往死里）打”，xo^{31}pɛ^{53}“打（野兽）”。再如“挖”也有几种说法：kɑu^{33}“（用锄头）挖”，khuɑ^{53}“挖（洋芋）”，uɛ̱^{53}“挖（坑）”。

在柔若语中，有一定数量的名动同音词，例如“花”与“开”都是vɑ̱^{53}，“霹雳”与“打闪”都是tɕha^{53}，“烟子”和“熏”都是tɕhã^{55}，“秤”和“称”都是tsuei^{35}，“梦”和“做梦”都是mɑu^{53}，“蛋”和“下（蛋）”都是vu^{35}。……此外动词与量词、名词与量词也都有同音的情况。

2. 词汇的分类

柔若语的词汇可以从不同的角度进行分类。

（1）根据音节的多少，可以分为：

1）单音节词：phɑu^{53} 叶子 vɑu^{31} 肚子 tsou^{31} 吃

2）双音节词（这类词占的比重最大）：ɕyi^{13}li^{33} 梨 phɑ^{31}te^{33} 拴

3）多音节词：nɑ^{55}mɑ^{13}khu̱^{53}lu̱^{53} 垃圾 lou^{53}ve^{31}piou^{31} 北

（2）根据词的构成，可以分为：

1）单纯词：tɕyi^{55} 牙 mi^{31} 火

ki^{55} 星星 kou^{35}pu^{33} 布谷鸟

2）合成词：lou^{53}sẽ^{55} 指甲　　tɛ̱^{33}khɑu^{31}　口水

iɛ^{55}lɛ^{31}　房子　　sɛ̱^{53}tsẽ̱^{31}　　树

（3）根据词义的相对关系，可分为同义词、同音词、多义词、反义词等。

1）同义词　指意义相同或基本相同而语音不同的词。例如：piou^{31}ɣẽ^{33}、xẽ^{35}tu^{53}都是“蜜糖”的意思，前者是固有词，后者为当地白语借词。tshu^{55}、tshõ^{31}tsɿ^{31}都是“葱”的意思，前者是汉语早期借词，后者是汉语近期借词。

2）同音词　指语音相同，意义完全不同的词。例如：“布衣服”、“藤子”、“分”、“响声”、“名字”、“埋葬”等都是 mi^{33}。“吹”、“多”、“小坛子”、“熟”等意思都是 mi̱^{53}。

3）多义词　一般指一词多义，各意义之间有一定联系的词。例如：tshɑ^{55}po^{13}有“书”、“纸”、“文字”、“信”、“文化”等意义。

4）反义词　指意义相反或对立的词。例如：

ʔɑ^{31}tɯ^{55}　上面　　ʔɑ^{31}thiɛ^{31}　下面　　ŋɯ^{33}　哭　　ɣie^{33}　笑

3. 构词方式

分派生和复合两种，以复合为主。

（1）派生法　加词头或虚词构词。常见的有以下几类：

1）加词头 ʔɑ^{33}构成亲属称谓名词：

ʔɑ^{33}iou^{33}　祖母　ʔɑ^{33}pu^{13}　祖父　ʔɑ^{33}pɑu^{13}　父亲　ʔɑ^{33}piɛ^{31}　嫂嫂

2）表示平辈或小辈的亲属称谓在后面加 iɑ^{33}：

kɛ̱^{13}iɑ^{33}　弟弟　tɕi̱^{33}iɑ^{33}　外甥　yi^{31}iɑ^{33}　孙子　miɑu^{35}iɑ^{33}　妻子

3）在动词或形容词词素后加 su^{33}，表示从事某种活动或者具有某种特性的人，su^{33}原意为“人”，此处已虚化，相当于汉语中的“者”。例如：

ʔɑu^{33}su^{33} 瞎子 vu^{31}su^{33} 疯子 xu^{31}tɕɑ̃^{55}su^{33} 猎人 mɯ^{33}su^{33} 笨蛋

4）在名词词素后加各种虚化的量词。这类词十分丰富。根据物体的形状和性质，可以加各种类型的虚化量词。常见的有：

①表圆形或块形的物体，在名词后加 lɛ^{31}。例如：

ʔou^{55}tu^{31}lɛ^{31} 头 kɛ^{55}lɛ^{31} 苦胆 pu^{31}lɛ^{31} 核桃

②表扇形的物体，在名词后加 phɑu^{53}。例如：

nɑ̃^{55}se^{55}phɑu^{53} 耳朵 tshuẽ^{55}phɑu^{53} 肺 tõ^{55}phɑu^{53} 翅膀

③表条形或以条计算的物体，在名词后加 kõ^{55}。例如：

ŋo^{33}kõ^{55} 鱼 mĩɑ^{31}kõ^{55} 马 nu^{31}kõ^{55} 牛

④表示流质物体，在名词后加 khɑu^{31}或 ɣẽ^{33}。例如：

ɕi^{31}khɑu^{31} 尿 tɛ̱^{33}khɑu^{31} 口水 miou^{53}ɣẽ^{33} 泪 tɕõ^{53}ɣẽ^{33} 茶

⑤表家禽、家畜、飞禽走兽等，在名词后加 ʔõ^{33}（牛、马等例外）。例如：

ŋɑu^{55}ʔõ^{33} 鸟 ɣõ^{35}ʔõ^{33} 蛇 vɑu^{33}ʔõ^{33} 熊 khyi^{31}õ^{33} 狗

⑥表一般物件或不便于搬动的物体等，在名词后加 vu̱^{13}。例如：

nɑ^{55}ti^{55}vu̱^{13} 额 vu^{33}vu̱^{13} 肠子 tɕhi^{33}tsɛ̱^{55}vu̱^{13} 膝盖

⑦表树木、竹子、花草等，在名词后加 tsẽ̱^{31}。例如：

sɛ̱^{53}tsẽ̱ 树 khɑu^{33}tsẽ̱^{31} 竹子 pẽ^{35}tsẽ̱^{31} 棉花草

⑧表犁、锄、刀等农具、工具，在名词后加 khɑ^{53}。例如：

khɑu^{31}khɑ^{53} 犁　mĩɑ^{31}khɑ^{53} 刀　xɑu^{33}pɑu^{35}khɑ^{53} 斧子

⑨表示物件成双成对的，在名词后加 tsɛ̃^{35}。例如：

miou^{53}tɕi^{35}tsɛ̃^{35} 眼睛　nɑ̱^{13}tsɛ̃^{35} 乳房

⑩表凹陷或空洞型的物体，在名词后加 tõ^{31}。例如：

kɯ^{55}lɯ^{55}tõ^{31} 腋　tɕhi^{31}tõ^{31}tõ^{31} 肛门

⑪表示一节一节的物体，在名词后加 tɕãu^{31}。例如：

lou^{53}ɣɛ^{31}tɕãu^{31} 手臂　tɕhi^{31}ɣɯ^{31}tɕãu^{31} 小腿

lou^{53}ɣɛ^{31}ȵɑ^{55}tɕãu^{31} 前臂

（2）复合法　由两个或两个以上的实词词素复合成新词。根据词素之间的关系，可分为：

1）并列关系：

pɑu^{13} “父亲” + mɛ^{55} “母亲” →pɑu^{13}mɛ^{55} 父母

kɛ̱^{13} “弟、妹” + vɛ̱^{53} “客人” →kɛ̱^{13}vɛ̱^{53} 亲戚

2）修饰关系。中心词素在前的：

ɣõ^{35} “蛇” + nou^{53} “黑” →ɣõ^{35}nou^{53} 乌蛇（有毒）

tɕõ^{53} “茶” + luɑi^{55} “球形” →tɕõ^{53}luɑi^{55} 沱茶

中心词在后的：

lou^{53} “手” + sẽ^{55} “爪” →lou^{53}sẽ^{55} 指甲

vu^{33} “鬼” + mi^{31} “火” →vu^{33}mi^{31} 磷火

3）支配关系：

tɕhi^{33}	“脚”	+ kẽ^{33}	“套”	→tɕhi^{33}kẽ^{33}	鞋
lou^{53}	“手”	+ ʔuɛ^{33}	“箍”	→lou^{53}ʔuɛ̃^{33}	戒指

4）表述关系：

mɯ^{31}	“天”	+ pɑ^{55}	“震动”	→mɯ^{31}pɑ^{55}	打雷
vɑu^{31}	“肚子”	+ gɛ̃^{31}	“恨”	→vɑu^{31}gɛ̃^{31}	生气

4. 借词　主要从当地汉语、白语和傈僳语借入，数量并不大，约占总词汇的百分之十左右。

（1）汉语借词。早期借词的语音与目前当地汉语差别较大。例如：

tɕõ^{53}	茶	tshu^{55}	葱	tshɑu^{33}xɑu^{55}	窗
tho^{35}	桶	mə^{33}	墨	tɕɑ^{55}tsɿ^{31}	桌子
tɕu^{33}	筷子	tsu^{55}	灶	tɕõ^{31}	白
tsuɛ̱^{33}	罪				

近期借词和新词术语的语音特点与当地汉语基本一致。例如：

fei^{31}tɕi^{31}	飞机	səu^{31}tɕhɑ̃^{31}	手枪
kuɛ^{35}tɕɑ^{31}	国家	ɕĩ^{55}	信
pei^{55}mu^{31}	贝母	xuo^{35}	货（物）
tɕi^{31}tɕhi^{55}	机器	pei^{31}tɕĩ^{55}	北京

（2）白语借词和傈僳语借词。

白语：	tɯ^{31}xɯ^{31}	草果	te^{53}tho^{35}	喂猪桶
	tɕi̱^{53}fu̱^{13}	世界	ɕi^{31}vu^{31}	事情
傈僳语：	lɑ^{33}xɑu^{33}	麝香	tɕhɑu^{33}	米
	zɑu^{33}	麦子		

（三）语法

1. 词类　分名词、数词、量词、代词、动词、形容词、副词、助词、情感词和连词。

（1）名词　有以下语法特点：

1）在名词后加助词 tə^{35} 表示多数。tə^{35} 相当于汉语的“们”，但比“们”用得广泛。它不仅可加在指人名词后。例如：

nou^{33}su^{33}	病人	nou^{33} su^{33} tə^{35}	病人们
vɛ^{53}	客人	vɛ^{53} tə^{35}	客人们
xei^{35}	汉人	xei^{35} tə^{35}	汉人们

还可加在指动物的名词后表示多数，但不能加在指非生物的名词后。例如：

mĩɑ^{31}	马	mĩɑ^{31} tə^{35}	马（多数）
nu^{31}	牛	nu^{31} tə^{35}	牛（多数）

2）在名词后加词尾 ȵɑ^{55} 表示指小，ȵɑ^{55} 原意为 su^{33}ȵɑ^{55}iɑ^{33}“孩子”一词的词根，此处已虚化，相当于汉语的“子”、“儿”。例如：

khyi^{31}	狗	khyi^{31}ȵɑ^{55}	狗崽
mĩɑ^{31}	刀子	mĩɑ^{31}ȵɑ^{55}	小刀子
sɛ̱^{53}	树	sɛ̱^{53}ȵɑ^{55}	树苗

名词加 ȵɑ^{55} 后，还附带有说话人对该事物的亲切、爱昵等感情色彩。

3）表示动物的性别，在名词后加不同的词素。例如：

ʔu^{53}	鸡	ʔu^{53}phõ^{35}	公鸡	ʔu^{53}mi̱^{13}	母鸡
khyi^{31}	狗	khyi^{31}lou^{31}	公狗	khyi^{31}mi̱^{13}	母狗
ʔɑu^{53}	猪	ʔɑu^{53}dõ^{31}	公猪	ʔɑu^{53}mi̱^{13}	母猪

其中表示雄性的 lou^{31} 用得比 phõ^{35}、dõ^{31} 广泛。另外，具有生育能力的还需在表示性别的词素后加 pɛ̃^{31} 或 tɛ̠^{13}。例如：

nu^{31}	牛	nu^{31}lou^{31}pɛ̃^{31}	公牛	nu^{31}mi̠^{13}tɛ̠^{13}	母牛
iɑ̃^{33}	绵羊	iɑ̃^{33}lou^{31}pɛ̃^{31}	公绵羊	iɑ̃^{33}mi̠^{13}tɛ̠^{13}	母绵羊

4）亲属称谓名词有人称领属范畴，构成方法是在名词前加人称领属词头。① 例如：

汉义	第一人称	第二人称	第三人称
母亲	ŋu^{55}mɛ^{55} 或 ʔɑ^{33}mɛ^{55}	ȵu^{31}mɛ^{55}	tu^{35}mɛ^{55}
	（我）母亲　（我）母亲	（你）母亲	（他）母亲
父亲	ŋu^{55}pɑu^{35} 或 ʔɑ^{33}pɑu^{35}	ȵu^{31}pɑu^{35}	tu^{35}pɑu^{35}
	（我）父亲　（我）父亲	（你）父亲	（他）父亲

带人称领属词头的亲属称谓名词前，仍可再加相应的人称代词作定语。例如：

ŋo^{55}ze^{55}	ŋu^{55}mɛ^{55}（或 ɑ^{33}mɛ^{55}）	我的母亲
tu^{31}ze^{55}	tu^{31}mɛ^{55}	他的母亲
ȵɑu^{31}ze^{55}	ȵu^{31}mɛ^{55}	你的母亲

（2）数词

1）基数词

tɯ^{31}	一	nɛ̠^{53}	二	sɛ̃^{31}	三	yi^{31}	四
ŋo^{31}	五	khɑ^{53}	六	ne̠^{33}	七	iɑ^{33}	八
kɯ^{31}	九	tshe^{33}	十	iou^{55}	百	tɕhyẽ^{55}	千
ȵou^{53} 或 tshʅ^{31}	万						

① 人称领属词头与人称代词有关。试比较：

词头与代词＼人称	第一人称	第二人称	第三人称
人称领属词头	ŋu^{55} 或 ʔɑ^{33}	ȵu^{31}	tu^{35}
人称代词	ŋo^{55}	ȵɑu^{31}	tu^{35}

多位数词相连时，词序与汉语相同。但第一位数词后一般需加连词 lɑ^{31}。例如：

tɯ^{31} tshɿ^{31} lɑ^{31} ŋo^{31} tɕhyẽ^{55} sɛ̃^{31}iou^{55} ŋo^{31} tshe^{33} nɛ̱^{53}
一　万　和　五　千　三百　五　十　二
一万五千三百五十二

tɯ^{31} tɕyẽ^{55} lɑ^{31} kɯ^{31} iou^{55} iɑ^{33} tshe^{33} ŋo^{31}
一　千　和　九　百　八　十　五
一千九百八十五

百位以下数词连用则不用再加连词 lɑ^{31}。例如：

sɛ̃^{31} tshe^{33} nɛ̱^{53}　三十二　　ŋo^{31} tshe^{33} ŋo^{31}　五十五

2）倍数　在数词后加 fu^{55}表示倍数。如：

tɯ^{31} fu^{55}　一倍　　ŋo^{31} fu^{55}　五倍
kɯ^{31} fu^{55}　九倍　　nɛ̱^{53} iou^{55} fu^{55}　二百倍

3）序数　借用汉语。例如：

ti^{55}i^{31}　第一　　ti^{55}ɑ^{53}　第二　　ti^{55}tɕou^{53}　第九

4）约数　有几种表示方法。有用两个相邻的数相连表示的。例如：

ŋo^{31} khɑ^{53} iɑ^{33}　　五六个（人）
五　六　个

ne̱^{33} iou^{55} iɑ^{33} iou^{55}　　七八百
七　百　八　百

tshe^{33} nɛ̱^{53} tshe^{33} sɛ̃^{31} iɑ^{33}　　十二三个
十　二　十　三　个

yi^{31} tshe^{33} ŋo^{31} tshe^{33} iɑ^{33}　　四五十个
四　十　五　十　个

个位、十位数词相连表示约数，一般需加量词，百位以上数词相连则可省去量词。

也可以在数词后加 dʑi̠“左右”表示约数。例如：

kɯ^{31}iɑ^{33}dʑi̠^{55}　　九个左右　　tshe^{33}iɑ^{33}dʑi̠^{55}　　十来个

tɯ^{31}iou^{55}iɑ^{33}dʑi̠^{55}　　一百来个

或在数词后加 tɯ^{55}tə^{31}“不止”、“余”表示。如数词已带量词，则 tɯ^{55}tə^{31}一般加在量词之后。例如：

sɛ̃^{31}tshe^{33}iɑ^{33}tɯ^{55}tə^{31}　三十多个　　nɛ̠^{53}tɕyẽ^{55}iɑ^{33}tɯ^{55}tə^{31}　二千多个

5）分数　用“××分中××分”的方式表示，中间用助词 kɑ^{55}连接。例如：

sɛ̃^{31}fu^{55} kɑ^{55} tɯ^{31} fu^{55}　三分之一　　tshe^{33}fu^{55} kɑ^{55} sɛ̃^{31}fu^{55}　十分之三

（3）量词

量词很丰富。分名量词和动量词两类。名量词可以不和数词结合直接修饰名词。不带数词的名量词与名词结合使用时，其数为“一”。例如：

tu^{35}　mi^{33}　kɯ^{55}　ʔõ^{55}tsu^{31}　xu^{55}zɑu^{31}.
他　衣服　件　卖掉　（助词）　　他把衣服卖了。

ŋo^{55}　mĩɑ^{31}　khɑ^{53}　ɕi^{31}　ʔɑ̃^{33}　ɣɛ^{55}　o^{31}.
我　刀子　把　（助词）　菜　切　（助词）　　我在用刀子切菜。

动量词一般不能单独使用，必须和数词连用。例如：

tshɑ^{55}po^{13}　ʔɑ^{55}tshuɛ̃^{55}　ŋo^{55}　tɯ^{31}piɛ̃^{53}　ŋɛ^{55}　ko^{55}zɑu^{31}.
书　这本　我　一遍　看　（助词）
这本书我看过一遍了。

ŋo^{55}　nɛ̃^{31}phĩ^{33}　nɛ̠^{53}　xɑ̃^{35}　ie^{55}　ko^{55}zɑu^{31}.
我　兰坪　二　次　去　（助词）　　我到兰坪去过两次了。

（4）代词　分人称、指示、疑问、反身、泛指五类。

1）人称代词　分单数、双数、集体、多数四类。每类都有三个人称，第一人称双数、集体和多数分包括式和排除式。列表如下：

数／人称	单数	双数		集体		多数	
		包括式	排除式	包括式	排除式	包括式	排除式
第一人称	ŋo^{55}我	ʔɑ^{31}pe^{55}nɛ̱^{53}iɑ^{33}咱们俩	ŋo^{55}pe^{55}nɛ̱^{53}iɑ^{33}我们俩	ʔɑ^{31}pe^{55}mou^{35}咱家	ŋo^{55}mou^{35}我家	ʔɑ^{31}pe^{55}咱们	ŋo^{55}pe^{55}我们
第二人称	ȵɑu^{31}你	nɯ^{55}tə^{13}nɛ̱^{53}iɑ^{33}你们俩		nɯ^{31}mou^{35}你家		nɯ^{55}tə^{13}你们	
第三人称	tu^{35}他	tɯ^{55}pe^{55}nɛ̱^{53}iɑ^{33}他们俩		tɯ^{55}mou^{35}他家		tɯ^{55}pe^{55}他们	

表中的集体人称代词以家庭为单位，这类代词在一些藏缅语族语言中经常使用。其中第二、三人称是在单数人称代词后加 mou^{35}构成，单数人称代词语音上发生一定变化。第一人称用单数人称代词，而包括式则用复数人称代词加 mou^{35}构成。另外，双数各人称还有俗称与雅称之别，俗称在多数人称代词后用 nɛ̱^{53}iɑ^{33}，雅称则用 nɛ̱^{53}ȵi^{55}。

2）指示代词　有近指和远指两类，近指用 ʔɑ^{55} “这”，远指根据当地山势地理的方位分水平方、上方、下方，每个方位又分一般指和更远指。这类指示代词，汉语无确切的词表达。列表如下：

方位			一般指示代词	处所指示代词
近指			ʔɑ^{55}	ʔɑ^{55}kɑ^{55}
远指	上方	一　般	vou^{55}	vou^{55}kɑ^{55}
		更　远	vou^{55}vou^{55}	vou^{55}vou^{55}kɑ^{55}
	下方	一　般	mou^{55}	mou^{55}kɑ^{55}
		更　远	mou^{55}mou^{55}	mou^{55}mou^{55}kɑ^{55}
	水平方	一　般	xou^{35}	xou^{35}kɑ^{55}
		更　远	tɕɯ^{55}	tɕɯ^{55}kɑ^{55}

表中的上方经常兼用来指流水的上游方，下方兼指下游方。一般指示代词在句中使用时，必须和量词结合。如 ʔɑ^{55}iɑ^{33} “这个（指人）”，xou^{35}iɑ^{33} “（平地远处的）那个”，vou^{55}iɑ^{33} “（上面的）那个”，mou^{35}iɑ^{33} “（下面的）那个” 等等。处所指示代词由一般指示代词和表示处所的助词结合而成，在句中可以单独使用。例如：

ʔɑ^{55}kɑ^{55}　nɛ^{31}　ou^{55}o^{55}，vou^{55}kɑ^{55}　nɛ^{31}　sɛ̠^{53}kɑ^{35}kɑ^{35}，vou^{55}vou^{55}kɑ^{55}
这儿　（助词）　村子　那儿　（助词）　森林　那儿（更远）
nɛ^{31}　ʔɑu^{31}ȵ̥ou^{55}ȵ̥ou^{55}.
（助词）　山顶
这儿是村子，那儿是森林，那儿（更远）是山顶。

3）疑问代词　根据代替的不同对象，可分为：①代人的 khɛ^{35} “谁”；②代物的 se^{55}iɑ̃^{35} “什么”；③代处所的 xou^{53} “哪儿”；④代数量的 xuɑ^{31} “多少”；⑤代状貌的 xo^{55}sə̃^{31} “怎样”。代替人、处所等的疑问代词都可以重叠，重叠后表示多数。例如：

ȵ̥ɑu^{31}　nɛ̃^{31}phĩ^{33}　te^{55}　e^{31}nɛ^{53}　khɛ^{35}khɛ^{35}　o^{31}　ŋɛ^{55}　o^{35}　nɛ^{53}？
你　兰坪　到达（助词）　谁谁　见（助词）　（语气）
你到兰坪以后，看见了哪些人？
ȵ̥ɑu^{31}　xou^{53}pɛ̃^{13}　xou^{53}pɛ̃^{13}　te^{55}　ko^{55}　ɛ^{31}？
你　哪儿　哪儿　到（助词）（语气）
你到过哪些地方？

4）反身代词　采用人称代词重叠形式构成，重叠后中间插入 sɑ̃^{31}。例如：

ŋo^{55}	我	ŋo^{55}sɑ̃^{31}ŋo^{55}	我自己
ȵ̥ɑu^{31}	你	ȵ̥ɑu^{31}sɑ̃^{31}ȵ̥ɑu^{31}	你自己
tu^{35}	他	tu^{35}sɑ̃^{31}tu^{35}	他自己
ʔɑ^{31}pe^{55}mou^{35}	咱家	ʔɑ^{31}pe^{55}mou^{35}sɑ̃^{31}ʔɑ^{31}pe^{55}mou^{35}	咱家自己
ŋo^{55}mou^{35}	我家	ŋo^{55}mou^{35}sɑ̃^{31}ŋo^{55}mou^{35}	我家自己

nɯ^{31}mou^{35}	你家	nɯ^{31}mou^{35}sã^{31}nɯ^{31}mou^{35}	你家自己
tɯ^{55}mou^{35}	他家	tɯ^{55}mou^{35}sã^{31}tɯ^{55}mou^{35}	他家自己
ʔɑ^{31}pe^{55}	咱们	ʔɑ^{31}pe^{55}sã^{31}ʔɑ^{31}pe^{55}	咱们自己
ŋo^{55}pe^{55}	我们	ŋo^{55}pe^{55}sã^{31}ŋo^{55}pe^{55}	我们自己
nɯ^{55}tə^{13}	你们	nɯ^{55}tə^{13}sã^{31}nɯ^{55}tə^{13}	你们自己
tɯ^{55}pe^{55}	他们	tɯ^{55}pe^{55}sã^{31}tɯ^{55}pe^{55}	他们自己

普通名词表示反身意义时，在名词后加由第三人称代词构成的反身代词。例如：

sɛ̲^{53}dzẽ̲^{33}dzẽ̲^{33} tu^{35}sã^{31}tu^{35} ɕi^{55} zɑu^{31}.
树棵 他自己 死（助词）
树自己死了。

5）泛指代词 有 tɯ^{31}mɑ^{55} “别人”、u^{35}mɑ^{55} “大家”、tɕɑ^{53}tə^{35} “人家、别人”、khɛ^{35}ti^{35} “各人” 等。

（5）动词 动词有体、式、态等语法范畴。

1）体分将行体、进行体、已行体、完成体、曾行体五种：

①将行体在动词后加助词 xɛ̃^{31}，表示行为动作即将进行。例如：

xɑ^{31}mu^{55} ŋo^{55} lɑ^{35}ʔou^{53} lou^{31} nɯ^{55} xɛ̃^{31}.
明天 我 山上 去（助词）（助词）
我明天要上山去。

②进行体在动词后加助词 o^{31}，表示行为动作正在进行。有时可与 xɛ̃^{31} 连用。例如：

ʔɑ^{33}mɛ^{55} ʔɑ^{55}ɑ^{31} ɕi^{31} mi^{33} pho^{55} o^{31}.
妈妈 针（助词）衣服 补（助词）
妈妈在用针补衣服。

tu^{35} tsu^{55} tsou^{31} o^{31}xɛ̃^{31}.
他 饭 吃（助词）
他在吃饭。

③已行体在动词后加助词 zɑu^{31}，表示行为动作已经进行。例如：

ʔɑ^{55}ȵi^{55} ɕɑ̃^{31}tsɑ̃^{31} iɑ^{33} thɑ^{31}po^{31}xo^{31} tɯ^{31} ʔõ^{33} pɑ^{53} uo^{35} zɑu^{31}。
昨天　乡长　个　野牛　一　只　打　着（助词）
昨天乡长打着一只野牛。

④完成体在动词后加助词 ʔĩ^{55}zɑu^{31}，表示行为动作已经完成。例如：

tɯ^{55}pe^{55} iu^{55} ȵo^{31} ʔĩ^{55}zɑu^{31}。
他们　田　犁　（助词）
他们犁完田了。

⑤曾行体在动词后加助词 ko^{55}，表示曾经进行某种动作。例如：

tu^{35} pei^{31}tɕĩ^{55} te^{55} ko^{55}zɑu^{31}。
他　北京　到　（助词）
他到过北京。

2）式　分命令、祈求、疑问等 3 类：

①命令式　一般用动词原形，但也有少数动词用韵母的屈折变化表示的。这可能是一种古语的残存现象。例如：

汉义	动词	命令式（不分数）
坐	ȵi^{55}	ȵe^{55}（你或你们）坐
给	pi^{31}	pie^{31}（你或你们）给
吹	mi̲^{53}	mi̲e̲^{53}（你或你们）吹
洗	tɕhi^{31}	tɕhe^{31}（你或你们）洗

动词命令式的元音屈折变化，主要发生在以 i 作主要元音的韵母上，动词的声母为舌面辅音时，韵母由 i 变 e，其他辅音后则由 i、i̲、变 ie、i̲e̲。其他韵母一般不发生屈折变化。

②祈求式　在动词后加助词 ɑ^{31}tsu^{53}或 ŋɯ^{55}表示。例如：

ŋo^{55} ɑ^{31} ie^{55} ɑ^{31}tsu^{53}！　　请让我去吧！
我（助词）去（助词）
tu^{35} ɑ^{31} tɕhi^{31} ŋɯ^{55}！　　请让他洗吧！
他（助词）洗（助词）

ɑ^{31}tsu^{53}一般在祈求第二人称允许第一人称进行某种活动时用，ŋɯ^{55}一般在允许第三人称进行某种活动时用。

③疑问式　在动词前加词头 tɑ^{53}表示。例如：

ȵɑu^{31} tsu^{55} tɑ^{53}tsou^{31}？　你吃饭吗？
你　饭（词头）吃

3）动词的态　有使动、互动两种形式：

①使动的表示方法是在动词前加不同的虚化动词。这些虚化动词用来表使动时，有的在语音上发生了一定的变化。例如：

汉义	动词	使动①	
破（衣服）	ɑ^{55}	xɑ^{31}ɑ^{55}	（使）破
断（绳子）	tɯ^{53}	tɑu^{31}（tɔ^{31}）tɯ^{53}	（拉）断
破（碗）	kɑ^{55}	pɑ（ɯ）^{31}kɑ^{55}	（打）破
垮	piou^{53}	uɑ^{31}piou^{53}	（弄）垮
死	ɕi^{55}	mu^{31}ɕi^{55}	（整）死

表示使动的虚化动词不管原动词是什么声调，表使动时都读得稍轻、稍短。

②互动的表示方法是在动词后加助词 tɕɑ̃^{55}。例如：

tɑu^{53}	拉	tɑu^{53} tɕɑ̃^{55}	互相拉
i^{31}	骂	i^{31} tɕɑ^{55}	互相骂

① 表示使动主要有五种形式，它是否来自动词前缀，还是实词虚化的结果，有待进一步研究。其中 tɑu^{31}、pɑ（ɯ）^{31}、mu^{31}有词汇意义，xɑ^{31}、uɑ^{31}的词汇意义不明显。

mu^{31}ku^{31} 帮助　mu^{31}ku^{31} tɕɑ̃^{55} 互相帮助

4）动词的名物化　在动词后加助词 ɕi^{55}、xou^{53}、tɛ^{53}表示。例如：

tsou^{31} ɕi^{55} 吃的　vɑ^{53} ɕi^{55} 穿的　phɑ^{35} xou^{53} 盖的
zɛ̃^{31} xou^{53} 用的　ʔõ^{55} tɛ^{53} 卖的　tsə̃^{13} tɛ^{53} 驮的

这三个表名物化的助词在语法意义上稍有区别，ɕi^{55}、xou^{53}加在动词后，表示用来“做××用的”，其中 ɕi^{55}只加在动词后，而 xou^{53}既可加在动词后，还可加在形容词后。tɛ^{53}除了起名物化的作用外，还有一定的指示作用，它加在动词后，表示“作××用的那个”。另外它们都可以加在宾动词组后面。例如：

khɑ^{31}phõ^{35} xou^{53} 开门的　tshou^{33}khɑ^{53} tɛ^{53} 装盐的
门　开　盐　装

（6）形容词　形容词有以下特点：

1）形容词表示性质、程度的加深，不采用词根重叠法，而采用后附成分的方法。如：

ne^{33}	红	ne^{33}ɕi^{31}ɕi^{31}	红红的
yi^{55}	黄	yi^{55}khɯ^{33}khɯ^{33}	黄黄的
khou^{31}	苦	khou^{31}ti^{33}ti^{33}	苦苦的
tɕhɯ^{33}	甜	tɕhɯ^{33}tɕɑ^{35}tɕɑ^{35}	甜甜的
phiɛ̃^{53}	光滑	phiɛ̃^{53}lɑ^{35}lɑ^{35}	光光滑滑的
lɑ^{31}	圆	lɑ^{31}lyɛ̃^{35}lyɛ̃^{35}	圆圆的

2）形容词在句中单独作主语或宾语时，需在形容词后加助词 xou^{53}。例如：

ŋo^{55} ne^{33} xou^{53} ve^{31}uo^{35} zɑu^{31}，tu^{35} phu^{33} xou^{53} ve^{31}uo^{35} zɑu^{31}.
我 红（助词） 买着 （助词）他 白 （助词） 买着 （助词）
我买了个红的，他买了个白的。

3）在形容词后加助词ĩ^{33}表示性质、状貌在发展变化中。例如：

tu^{35} nou^{33} tɛ^{31}tɯ^{55} v u̠^{13} ie^{55} ĩ^{33} zɑu^{31}.
他 病 那 个 好（助词）（助词）
他的病好起来了。

ȵɑu^{31} phɑ^{31}nɑ^{35} lɛ^{31} ne^{33} ĩ^{33} zɑu^{31}.
你 脸 个 红（助词）（助词）
你的脸红起来了。

也有在形容词后加虚化动词lɛ^{35}（lɛ^{35}原意为“来”）表示的。例如：

mə^{35} lɛ^{31} tshɯ^{55}lɛ^{35} uo^{35} zɑu^{31}.
天 个 热（虚动）着（助词）
天热起来了。

（7）副词　有以下几类：

1）范围副词　如tə^{31}tɕhɑ^{55}“都”，i^{35}ɕu^{31}“一起”，ʔɛ^{31}“也”等。

2）时间副词　如khɑ^{31}mɑ^{35}“马上”，tɕhɯ^{53}“先”，thɑ^{35}“后”等。

3）程度副词　如kẽ^{55}“最”，xo^{55}ɕi^{35}“很”，xɑ^{35}“很”等。

4）性状副词　如ʔɑ^{31}zɑ^{55}zo^{31}“慢慢地”ʔɑ^{31}tshu^{53}mɯ^{35}me^{35}“悄悄地”等。

5）语气副词　如khɯ^{31}tɕhɯ^{53}“几乎”，tə^{31}tɕi^{55}“一定”，tu^{35}“可能、也许”等。

6）否定副词　如ʔɑ^{31}“不、没”，tə^{31}“别”等。

副词作状语大多数在谓语的前面，但也有少数副词作状语时在谓语的后面。如“很”字有三个，xo^{55}ɕi^{35}作状语在动词前，nɑu^{35}、xɑ^{35}作状语在谓语后。其中nɑu^{35}用来修饰动词谓语，xɑ^{31}用来修饰形容词谓语。例如：

tu^{35} tsou^{31} nɑu^{35} zɑu.
他 吃 很 了
他吃多了。

tɯ^{55}mou^{35} iɛ^{33} kɯ^{55} su^{33}ȵɑ^{55}iɑ^{33} mi̠^{53} xɑ^{35} zɑu^{31}.
他家 家（助词） 小孩 多 很（助词）
他家里有很多孩子。

（8）助词 分结构助词、定指助词、谓语助词、表多数助词、名物化助词等，其中谓语助词、表多数助词、名物化助词前面已提到了，这里简要介绍结构助词和定指助词。

1）结构助词有以下几类：

①领属助词 有 ze^{55}，加在名词或代词后，表示领属关系。例如：

ʔɑ^{33}mɛ^{55} ze^{55} mi^{33} kɯ^{55} 妈妈的衣服
妈妈（助词）衣服 件

ŋo^{55} ze^{55} tɕhɑ^{31}pɑ^{55} 我的钱
我（助词） 钱

在句中，领属助词一般可以省略，但如领有物被省略，领属助词则不能省略。如：

ŋo^{55} ze^{55} 我的 ve^{31}iɯ^{55} ze^{55} 哥哥的
我（助词） 哥哥（助词）

xu^{31}tɕɑ̃^{55}su^{33} ze^{55} 猎人的
猎人（助词）

②受动助词 有 ɑ^{31}，一般只加在作间接宾语的名词或代词后面。例如：

ŋo^{55} ze^{55} ve^{31}iɯ^{55} ŋo^{55} ɑ^{31} tɕhɑ^{31}pɑ^{55} nɛ̠^{53}pɑ^{55} pi^{31}li^{31} o^{31}.
我（助词） 哥哥 我（助词） 钱 二元 给来（助词）
我哥哥给我两元钱。

ŋu^{55}mɛ^{55} kɛ̠^{53}miɛ^{35}iɑ^{33} ɑ^{31} mi^{33} tɕhi^{31} ie^{55} ŋɯ^{55}.
母亲 妹妹（助词）衣服 洗 去（助词）
我母亲让妹妹去洗衣服。

③工具助词　有 ɕi31，加在名词后，表示行为动作是使用该工具进行的。例如：

ŋu55kɑ31iɑ33 ʔe35　le55　ɕi31　mɑu35 khɑ53tɑu31.
弟弟　碗（助词）（助词）油　装着
我弟弟用碗装油。

ʔɑ33mɛ55 ʔɑ55ɑ31　ɕi31　mi33 pho55　o31.
妈妈　针（助词）衣服　补（助词）
我妈妈用针补衣服。

④处所助词有 kɯ55、kɑ̃55、nɛ55 等，加在名词后，分别表示“在××里”、“在××上”等不同意义。如：

khõ31khõ31　kɑ̃55　ŋo33 ȵi55.
河　（助词）鱼　有
河里有鱼。

nɯ31 mou35 iɛ33 kɯ55　xuɑ31 iɑ33 ȵi55　ɛ31?
你　家　家（助词）几　个　有（语气）
你们家里有几个人？

pi55ȵɛ35　nɛ55　nu31 lɑ31 tɕhɛ̃53 ȵi55.
坝子（助词）牛　和　羊　有
坝子上有牛和羊。

⑤从由助词　有 ɕi53，加在名词后，表示行为动作从该处发出。例如：

tu35 nɛ̃31 phĩ33　ɕi53　lɛ35.　　他从兰坪来。
他　兰　坪（助词）来

⑥比较助词　有 tɯ35tho53，加在名词或代词后，表示被比较的对象。例如：

ŋo55 ȵɑu31 tɯ35tho53 ŋo31 v ɑ̱53 i31.　　我比你大五岁。
我　你（助词）五　岁　大

ʔɑ^{55}v ɑ^{53} tsu^{55}və^{35} ʔɑ^{55}n ɛ^{53} tɯ^{35}tho^{53} uo^{35}. 今年的粮食比去年多。

今年 粮食 去年 （助词） 多

2）定指助词　定指助词有 nɛ^{31}，加在名词或代词后，表示行为动作表述的对象。例如：

ŋo^{55} nɛ^{31} xei^{35}zou^{33}， ȵɑu^{31} nɛ^{31} zɑu^{55}zou^{33}， tu^{35}

我 （助词） 汉族 你 （助词） 柔若人 他

nɛ^{31} le^{35}su^{55}zou^{33}.

（助词） 傈僳族

我是汉族，你是柔若人，他是傈僳族。

（9）情感词　有两类，一类大部分放在句前表述各种感情，即通常说的叹词。例如：

表示惊讶的： ʔe^{35}！tɕu^{55}iɑ^{33} khɛ^{35}iɑ tɯ^{31}iɑ^{33}？ 哎！那是谁？

哎 那个 谁个 一个

表示痛楚的： ʔɑ^{55}iou^{55}！nou^{33} xɑ^{35} zɑu^{31}！ 啊唷！痛得很！

啊唷 痛 很 （助词）

另一类放在句末，即通常说的语气词。如：

表示叮咛的： ȵɑu^{31} ʔɑ^{31}zɑ^{55}zo^{31} su^{31} pɑu^{35}！ 你慢慢地走吧！

你 慢慢地 走（语气）

表示惊叹的： tu^{35} tshɑ^{55}po^{13} lɛ^{31} ʔẽ^{33} lou^{31}！ 他会写字喽！

他 字 写 会 （语气）

表示疑问的： ȵɑu^{31} xou^{53} xɑ̃^{35} lɛ^{35} ɛ^{31}？ 你什么时候来？

你 哪 时间 来（语气）

（10）连词　接连词和词组的用 lɑ^{31} “和”。例如：

tɕhɛ̃^{53} lɑ^{31} iɑ̃^{33} 山羊和绵羊

山羊 和 绵羊

ɣɛ³³ khɑ⁵³ xou⁵³ lɑ³¹ tshou³³ khɑ⁵³ xou⁵³ 装水的和装盐的
水 装 （助词）和 盐 装 （助词）

连接句子的连词在句法部分介绍。

2. 句法 分句子成分、单句和复句 3 部分介绍。

(1) 句子成分有主语、谓语、宾语、定语和状语。分述如下：

1) 句子的基本语序为主—宾—谓。如：

ŋo⁵⁵ tshɑ⁵⁵ po¹³ lɛ³¹ ʔɑ³¹ ʔẽ³³. 我不会写字。
我（主） 字 （宾）写 不 会（谓）

2) 名词、代词作定语放在中心词前。例如：

tu³⁵ ze⁵⁵ mi³³ kɯ⁵⁵ 他的衣服
他（定）（助词）衣服 件

ie³¹iɑ³³ ze⁵⁵ iɯ³¹ 亲戚的种子
亲戚（定）（助词）种子

形容词、数量词组作定语放在中心词后。例如：

miɑ̃³¹ phu³³ 白马
马 白（定）

sui³¹pi³¹ sɛ̃³¹ ʔɑ⁵⁵ 三支水笔
水笔 三 支（定）

指量词组作定语既可放在中心词前，也可放在中心词后。例如：

tshɑ⁵⁵po¹³ ʔɑ⁵⁵tshuɛ̃⁵⁵ 这本书
书 这本（定）

tɕɯ⁵⁵ sɛ̃³¹ʔɑ⁵⁵ sui³¹pi³¹ 那三支水笔
那 三支（定） 水笔

3) 名词、数量词作状语在中心词前，副词状语多数在中心词前，少数在中心词后。如：

ʔɑ^{31}pe^{55}nɛ^{53}iɑ^{33}　xɑ^{31}mu^{55}　s̱ɛ^{53}　ʔuɛ^{55}　ie^{55}.
咱们俩　明天（状）柴　砍　去
咱们俩明天砍柴去。

tu^{35}　pei^{31}tɕ̱ĩ^{55}　tɯ^{31}xɑ̃^{35}　ie^{55}　ko^{55}zɑu^{31}.
他　北京　一次（状）去（助词）（助词）
他去过一次北京。

tsɑ^{53}　pɛ^{31}　xɑ^{35}　zɑu^{31}.
花椒　麻　很（状）（助词）
花椒很麻。

（2）单句　根据单句的语气，可将单句分为：

1）陈述句。例如：

miɑ^{31}kõ^{55}　tu^{35}sɑ̃^{31}tu^{35}　tɛ^{55}te^{55}　zɑu^{31}.　　马自己回来了。
马　他自己　回到（助词）

2）命令句。动词用命令式。例如：

ȵɑu^{31}　u^{35}mɑ^{55}　tu^{35}　ŋɯ^{55}　pie^{13}！　　你给大家说！
你　大家（助词）说　给

3）疑问句。有多种构成方式。有在句中用疑问代词构成的，有用动词疑问式构成的，有用疑问语气构成的，有用肯定加否定构成的，有用选择方式构成的。例如：

ȵɑu^{31}　li^{31}sõ^{31}lĩ^{53}　lɑ^{31}？　　你是李松林吗？（用疑问语气词）
你　李松林（语气）

ʔɑ^{33}mɛ^{55}　xou^{53}kɑ^{55}　ie^{55}　zɑu^{31}？　　妈妈哪儿去了？（用疑问代词）
妈妈　哪儿　去（助词）

tu^{35}　tɛ^{55}ie^{55}　ʔɑ^{31}　tɛ^{55}ie^{55}？　　他回去不回去？（用肯定加否定）
他　回去　不　回去

4）祈求句。句中用祈求语气词。例如：

ȵɑu^{31} tə^{31} ie^{55} zɑu^{31} pɑu^{35}！　　你别走了吧！
你 别 走 （助词）（语气）

5）惊叹句。句中用表示惊叹的情感词。例如：

ʔɑ^{55}iɑ^{31}iɑ^{31} miɑ^{33} xɑ^{35} zɑu^{31}！　　啊呀呀！太快了！
啊呀呀 快 很 （助词）

（3）复句　分并列和偏正两类。

1）并列复句。例如：

tu^{35} tshɑ^{55}po^{13} lɛ^{31} ʔe̠^{33}，ŋo^{55} lɛ^{31} ʔɑ^{31} ʔe̠^{33}.
他 字 写 会 我 写 不 会
他会写字，我不会写。（对比关系）
ȵɑu^{31} tɕhɯ^{53} tɕhi^{31} tɑu^{53}，ŋo^{55} tɯ^{31}xɑ̃^{35} ȵɑ^{55} lɛ^{35}.
你 先 洗 着 我 一会儿 就 来
你先洗着，我一会儿就来。（时间先后关系）
ȵɑu^{31} nɛ^{31} zɑu^{55}zou^{33}，ŋo^{55} nɛ^{31} ʔɛ^{31} zɑu^{55}zou^{33} ŋɛ^{53} zɑu^{31}.
你 （助词） 柔若人 我 （助词） 也 柔若人 是 （助词）
你是柔若人，我也是柔若人。（层进关系）

2）偏正复句。分以下几类，大多需用连词连接。不用连词连接的偏正复句，一般比较松散。现分述如下：

①假定条件关系的复句，用连词 nɛ^{31}连接前后分句。例如：

ȵɑu^{31} lye^{33} ʔɑ^{31} tho^{53} nɛ^{31}，ŋo^{55} lye^{33} ɑ^{31}tsu^{53}！
你 背 不 动 （连词） 我 背 （助词）
你如果背不动的话，就让我背吧！

②让步关系的复句，用连词 tɑ^{31}khõ^{35}ɛ^{31}连接前后分句。例如：

tu^{35} nou^{33} tɑu^{53} tɑ^{31}khõ^{35}ɛ^{31}, ŋɑu^{31} mu^{55} ie^{55} xe^{31}!
他 病 着 （连词） 活儿 做 去 仍
他虽然病着，但仍去干活儿!

③因果关系的复句，可不用连词连接。例如：

mɯ^{31}ɣɛ^{53} mɑu^{35} vu^{33} lɛ^{35} zɑu^{31}, ȵɑu^{31} tə^{31} ie^{55} zɑu^{31} pɑu^{35}!
雨 很 下 来（助词） 你 别 走（助词）（语气）
（因为）雨大起来了，（所以）你就别走了吧!

怒江流域

怒江发源于青海省和西藏自治区，其上游地区都是操藏语的居民，由西藏自治区东南部察隅县的察瓦龙区进入云南，在察瓦龙一带，除了通行藏语外，还分布有傈僳语和独龙语，进入云南贡山、福贡、碧江、泸水一带，主要为傈僳语分布地区，其中杂有怒语和白语等，再往下游则分布有彝语、傈僳语、白语、景颇语等。

这条江流域的傈僳、纳西、白、景颇等语言已有专文、专著介绍，它们的系属分类问题大都已定，个别虽有不同意见，还可深入探讨，本节拟着重介绍独龙语和怒族语言的情况和它们之间的关系。

独龙语和怒语除了分布在我国怒江流域外，缅甸北部恩梅开江流域也有分布，从国外已经公布的语言材料分析，他们所指的 Rawang 语与我国的独龙语接近，即独龙语的方言。另外，国外对独龙语的地位有两种不同的提法，一种把独龙语作为怒语的一个方言。例如 1934 年在仰光出版的《A Handbook of the Răwang Dialect of the Nong Language》[①]。《怒语独龙方言手册》。另一种是把这一语群分为五个小支，其中有（1）Gvnong“古怒”；（2）Tangsarr“唐萨尔”；（3）Nong“怒”；（4）Lungmi“龙米”；（5）Rvwang“日旺”等[②]。已知这五支中 Rvwang 即独龙语，其余四个支系，由于没有具体语言材料可供比较研究，目前还无法断定它们与国内哪一种语言或方言接近。

我国境内的独龙族和怒族的语言，情况非常复杂，他们主要分布在澜沧江流域的云南丽江地区维西县和兰坪县、怒江流域的西藏自治区察隅县

① 本书作者为：J. T. Barnard.

② 请参阅 Robert H. Morse：《Syntactic frames for the Rvwang（Rawang）verb》载《Lingua》15（1965），338 页的注 1。

的察瓦龙、云南省怒江州的贡山、福贡、泸水一带。各地的语言都存在着明显的差别，有的是语言的差别，有的是语言内部方言之间的差别，本节拟简要介绍阿侬语、独龙语与怒族各支系语言的关系及独龙语的系属问题。

一　独龙语和怒族各支系语言的关系

关于独龙语的基本特点，拙文《独龙语概况》① 及拙著《独龙语简志》② 已有较详细的介绍，恕不赘述。关于独龙语和怒族各支系语言的关系，经初步比较研究，大致可以得出以下三点初步认识：

1. 独龙语和怒苏语、柔若语是三种差别较大的独立语言；

2. 独龙语和贡山怒语是同一语言内部差别较小的两个方言；

3. 独龙语和阿侬语是特点比较接近，同源词较多的两种独立语言。阿侬语与怒苏是两种关系较疏远的独立语言。

本小节拟专门介绍一下独龙语和贡山怒语的关系。

在《独龙语简志》中，已在方言部分简要介绍了独龙语和贡山怒语（即独龙语怒江方言，以下简称怒江方言）的区别性特征，本小节着重从基本词汇和主要语法特征两个方面，介绍他们的一致性特征。

1. 常用基本词汇的一致性

我们初步比较了独龙语独龙河方言和怒江方言（即贡山怒族使用的语言）的常用词 2152 个，其中同源词 1681 个，占比较词汇总数的 78.1%，异源词 471 个，占比较词汇总数的 21.9%。同源词中，语音完全相同或基本相同的词有 336 个，约占 20%，它们包括各种类似的语音特征。

（1）双唇部位的。例如：

独龙河方言	怒江方言	汉义
pɑ^{ɹ53}	pǎ^{ɹ53}	含
bɑ^{53}	bɑ^{53}	浅

① 载《民族语文》1979 年第 4 期。

② 孙宏开：《独龙语简志》，民族出版社 1982 年版。

mɑ̌^{ɹ55}	mɑ^{ɹ55}	脸
wɑ̌ʔ^{55}	wɑ̌ʔ^{55}	猪

（2）舌尖前部位的。例如：

独龙河方言	怒江方言	汉义
tsɑʔ^{55}	tsɑʔ^{55}	使用
zɑ^{53}	zɑ^{53}	痛
sɔ̌t^{55}	sɔ̌t^{55}	更
ɑ^{31}zɑt^{55}	zɑ̌t^{55}	剁

（3）舌尖中部位的。例如：

独龙河方言	怒江方言	汉义
ɑ^{31}tu^{53}	ɑ^{31}tu^{53}	（射）中
dɑp^{55}	dɑ̌p^{55}	钉（动词）
nɑʔ^{55}	nɑʔ^{55}	黑
lɑ^{55}	lɑ^{55}	容易

（4）舌面前部位的。例如：

独龙河方言	怒江方言	汉义
ɑ^{31}ʨɯm^{55}	ɑ^{31}ʨhɯm^{55}	姨母
ɑ^{31}ʥi^{53}	ɑ^{31}ʑi^{53}	茅草
ɕin^{55}	ɕin^{53}	草
ɲep^{55}	ȵep^{55}	鼻涕

（5）舌根部位的。例如：

独龙河方言	怒江方言	汉义
kɑ̌n^{55}	kɑ̌n^{55}	蔬菜
gɯ^{55}	gɯ^{55}	要

ŋɑʔ^{55}	ŋɑʔ^{55}	喝

（6）零声母音节的。例如：

独龙河方言	怒江方言	汉义
ɑ̆ʔ^{55}	ɑ̆ʔ^{55}	鸭
i^{53}	i^{53}	麻
u^{53}	u^{53}	头
ɑt^{55}	ɑt^{55}	逃走

（7）复辅音的一致性。例如：

独龙河方言	怒江方言	汉义
bɹɑp^{55}	bɹɑp^{55}	冰
mɹɑ̆ŋ^{53}	mɹɑ̆ŋ^{53}	长
gɹu^{53}	gɹu^{53}	吠
ɑ^{31}xɹɑt^{55}	ɑ^{31}xɹɑ̆t^{55}	切（菜）
blɑt^{55}	blɑ̆t^{55}	编（筐）
mlɑŋ^{53}	mlɑ̆ŋ^{55}	梦
klɑ̆ŋ^{53}	klɑ̆ŋ^{55}	滴

（8）韵尾方面的一致性。例如：

独龙河方言	怒江方言	汉义
nɑm^{55}	nɑ̆m^{53}	卖
pɯ^{31}ɕin^{55}	pɯ^{31}ɕin^{53}	肝
lɑŋ^{35}	lɑŋ^{55}	放走
ɹɑp^{55}	ɹɑp^{55}	打（铁）
ɑ^{31}sɑ̆t^{55}	ɑ^{31}sɑt^{55}	醒
dŭʔ^{55}	dŭʔ^{55}	呕吐
pɑɹ^{53}	pɑ̆ɹ^{53}	含

a^{31}lɑi^{55}	lɑi^{55}	生长

以上比较，说明独龙语内部两个方言基本词方面的一致性，这种一致性是由它们语音系统上的相同特点显示出来的。在比较中，我们还发现，两个方言同源词中也有语音不一致的。经研究，这种不一致，有明显的、整齐的对应关系。下面择要举例说明：

（1）独龙河方言比怒江方言多一套舌面中音，独龙河方言的舌面中音在怒江方言中大多读成舌面前音。例如：

	独龙河方言	怒江方言	汉义
c←→tɕ：	ce^{55}ɹɯŋ^{55}	tɕe^{55}ɹɯŋ^{55}	蜻蜓
	cɑʔ^{55}	tɕɑʔ^{55}	挑、担
	cɯ̆m^{53}	tɕɯ̆m^{53}	房子、家．
ɟ←→dʑ、j：	ɟɔŋ^{55}	dʑɔŋ^{53}	疲劳
	mɯ^{31}ɟu^{53}nɑ̆m^{53}	mɯ^{31}dʑu^{55}nɑ̆m^{53}	夏天
	ɑŋ^{31}ɟɯ^{53}	ɑŋ^{31}jɯ^{53}	种子
	ɟɔ̆ʔ^{55}	jɔ̆ʔ^{55}	衣服、布、毯子
ç←→ɕ：	çɑ^{55}	ɕɑ^{55}	（一）百
	ɑ^{31}çɔɹ^{53}	ɕɔɹ^{53}	漏
	çɑt^{55}	ɕɑt^{55}	八
ɲ←→ȵ：	sɯ^{31}ɲĭt^{55}	sɯ^{31}ȵĭt^{55}	七
	ɲi^{55}ɕi^{31}	ȵi^{55}ɕi^{31}	喜欢、爱
	ɲɯ̆p^{55}	ȵɯp^{55}	软

（2）独龙河方言塞音、塞擦音中部份不送气音可以自由变读为送气音，送气不送气不区别音位，但在怒江方言中，送气音不能自由变读为不送气音。独龙河方言的部分不送气音与怒江方言的送气音相对应。例如：

	独龙河方言	怒江方言	汉义
p←→ph：	pɑ^{55}	phɑ^{55}	肚子
	pɔm^{55}	phɔm^{55}	抱（孩子）

ts←→tsh：	tsu^{53}	tshu^{53}	放牧
	ɑ^{31}tsăŋ^{53}	ɑ^{31}tshăŋ^{53}	人
t←→th：	tɯm^{55}	thɯm^{55}	后面、以后
	tăt^{55}	thăt^{55}	稠
tɕ←→tɕh：	tɕɑm^{55}	tɕhɑm^{55}	踩
	tɕɑt^{55}	tɕhăt^{55}	阉（公鸡）
k←→kh：	kɯ^{55}	khɯ^{53}	偷
	kăʔ^{55}	khăʔ^{55}	鸡

（3）独龙河方言的大部分浊塞擦音与怒江方言浊擦音相对应。例如：

	独龙河方言	怒江方言	汉义
dz←→z：	dzɑ^{53}	zɑ^{53}	痛
	dzăp^{55}	zăp^{55}	花椒
	năm^{53}dzɑʔ^{55}	năm^{53}zɑʔ^{55}	下雨
	dzăm^{55}	zăm^{55}	桥
dz←→ʐ：	ɑ^{31}dʑi^{53}	ɑ^{31}ʑi^{53}	茅草
	dʑĭn^{55}luŋ^{55}	ʑin^{31}luŋ^{55}	蝉
	dʑĭn^{55}	ʑin^{53}	浸、泡
	dʑɑ^{53}	ʑɑ^{53}	（一）尺（量词）

（4）独龙河方言的部分双唇音和怒江方言中的舌尖音相对应。例如：

	独龙河方言	怒江方言	汉义
p←→ts、tsh：	ɑŋ^{31}pĕʔ^{55}	ɑŋ^{31}tsĕʔ^{55}	糠、麸子
	ɑ^{31}pi^{55}	ɑ^{31}tshi^{53}	祖母
	ɑ^{31}pĭt^{55}	tshĭt^{55}	关（门）
	pĭt^{55}	tshĭt^{55}	麻木
b←→z：	bĕ^{ɹ55}	zĕ^{ɹ55}	飞
	bi^{55}	zi^{53}	给、嫁
	bĭn^{55}mɑ^{55}	zi^{31}mɑ^{53}	疮

m←→n、ȵ：	mĭn^{53}	nĭn^{53}	成熟
	mĕʔ^{55}	nĕʔ^{55}	眼睛
	mit^{55}	ȵit^{55}	想、想念
	gŭɹ^{55}mĕt^{55}	gu^{31}ȵet^{55}	星星

（5）独龙河方言的部分以 ɯ 为主要元音的韵母与怒江方言以 i 为主要元音的韵母相对应。例如：

独龙河方言	怒江方言	汉义
sɯi^{55}	si^{55}	梳头
ɕɯi^{55}	ɕi^{55}	血
t ɯ̆i^{53}	thi^{53}	低、矮、短.
d ɯ̆t^{55}	dĭt^{55}	老鼠
s ɯ̆m^{53}bi^{53}	sĭm^{35}bi^{53}	棉花
mɯt^{55}	mit^{55}	吹

（6）独龙河方言的 ɑ̆i 或 ɑi 韵母与怒江方言的 e 相对应。例如：

独龙河方言	怒江方言	汉义
gɑ̆i^{55}ɑ̆ŋ^{55}	ge^{31}sɑ̆ŋ	一定
sɑ̆i^{55}	se^{53}	辣
klɑ̆i^{55}	kle^{53}	改正
bɑi^{53}	be^{53}	零
dɑi^{55}	de^{53}	锋利

（7）独龙河方言比怒江方言多一个 l 韵尾，独龙河方言的 l 韵尾在怒江方言中读 n。例如：

独龙河方言	怒江方言	汉义
ɑŋ^{31}mɯ̆l^{55}	ɑŋ^{31}min^{53}	撒（种子）
ti^{55}tsɑ̆l^{55}	tɕi^{55}tsɑ̆n^{33}	十

dʑăl[55]	ʐăn[53]	洗
xɹɯ̆l[53]	xɹɯ̆n[53]	木炭
tul[55]	thun[53]	抢劫

2. 主要语法特征的一致性

独龙河方言和怒江方言在语法上的一致性是十分明显的。由于词汇和语法上的差别不是很大，因此，操两种方言的人在一起，用自己的民族语言交际并没有太大的困难。下面简要介绍两种方言主要语法特征的一致性。

（1）两个方言都可在名词后加助词表示复数，独龙河方言加 mǎʔ[55]，怒江方言加 bɹǎʔ[55]，所加的助词语法意义完全相同，语音上也有对应。例如：

独龙方言	怒江方言	汉义
tɕăm[55] ɹɑ[31] mǎʔ[55]	tɕham[55] ɹɑ[31] bɹǎʔ[55]	孩子们
孩子 （助词）	孩子 （助词）	
lɑm[55] bɹɔ̆ʔ[55]	ɹɑm[31] bɔ̆ʔ[55] bɹǎʔ[55]	朋友们
朋友 （助词）	朋友 （助词）	
ɕɔ[55] seŋ[55] mǎʔ[55]	ɕɔ[55] seŋ[55] bɹǎʔ[55]	学生们
学生 （助词）	学生 （助词）	
ɑ[31] nɯ[55] mǎʔ[55]	ɑŋ[31] nɯ[53] bɹǎʔ[55]	妹妹们
妹妹 （助词）	妹妹 （助词）	

（2）两个方言人称代词的构成方式，使用方法大体一致。试比较如下：

数 / 人称		独龙河方言	怒江方言	汉义
单数	一	ŋɑ[53]	gɯ[55]	我
	二	nɑ[53]	nɑ[53]	你
	三	ɑŋ[53]	ɑŋ[53]	他

续表

人称＼数		独龙河方言	怒江方言	汉义
双数	一包括式	ɹaŋ^{55} ne^{55}	ɹɯŋ^{55} ȵi^{55} jɔ̆ʔ^{55}	咱们俩
	一排除式	ĭŋ^{55} ne^{55}	ȵɯŋ^{55} ȵi^{55} jɔ̆ʔ^{55}	我们俩
	二	nɯ^{55} ne^{55}	nɯ^{31} ȵɯŋ^{55} ȵi^{55} jɔ̆ʔ^{55}	你们俩
	三	ăŋ^{55} ne^{55}	ăŋ^{55} ȵɯŋ^{55} ȵi^{55} jɔ̆ʔ^{55}	他们俩
多数	一包括式	ɹaŋ^{55}	ɹɯŋ^{55}	咱们
	一排除式	ĭŋ^{55}	ȵɯŋ^{55}	我们
	二	nɯ^{55} nĭŋ^{55}	nɯ^{55} ȵɯŋ^{55}	你们
	三	ăŋ^{55} nĭŋ^{55}	ăŋ^{55} ȵɯŋ^{55}	他们

（3）反身代词的基本表示方法相同，都是在人称代词后加 lŭʔ^{55} 构成。试列表比较如下：

人称＼数		独龙河方言	怒江方言	汉义
单数	一	ŋa^{53} lŭʔ^{55}	gɯ^{53} lŭʔ^{55}	我自己
	二	na^{53} lŭʔ^{55}	na^{53} lŭʔ^{55}	你自己
	三	ăŋ^{53} lŭʔ^{55}	ăŋ^{53} lŭʔ^{55}	他自己
双数	一	ĭŋ^{55} ne^{55} lŭʔ^{55}	ȵɯŋ^{55} ȵi^{55} jɔ̆^{55} lŭʔ^{55}	我们俩自己
	二	nɯ^{55} ne^{55} lŭʔ^{55}	nɯ^{31} ȵɯŋ^{55} ȵi^{55} jɔ̆^{55} lŭʔ^{55}	你们俩自己
	三	ăŋ^{55} ne^{55} lŭʔ^{55}	ăŋ^{55} ȵɯŋ^{55} ȵi^{55} jɔ̆^{55} lŭʔ^{55}	他们俩自己
多数	一	ĭŋ^{55} lŭʔ^{55}	ȵɯŋ^{55} lŭʔ^{55}	我们自己
	二	nɯ^{55} nĭŋ^{55} lŭʔ^{55}	nɯ^{55} ȵɯŋ^{55} lŭʔ^{55}	你们自己
	三	ăŋ^{55} nĭŋ^{55} lŭʔ^{55}	ăŋ^{55} ȵɯŋ^{55} lŭʔ^{55}	他们自己

（4）其余种类的代词，在构成方法、使用特点上也大同小异，试列表比较如下：

代词分类		独龙河方言	怒江方言	汉义
指示代词		ɟa^{55}	ja^{55}	这
		kɔ^{55}	kɔ^{55}	那
疑问代词	代人的	a^{31}mi^{55}	mi^{55}	谁
	代物的	tăŋ^{53}	tăŋ^{53}	什么
	代处所	a^{31}ɹa^{53}	ka^{53}dɔ^{31}	哪儿
	代数量	dăŋ^{55}bɯ̆m^{55}	dăŋ^{55}bɯ̆m^{53}	多少
	代时间	a^{31}dăŋ^{55}	dăŋ^{55}paɹ^{55}	何时
泛指代词		a^{31}tsăŋ^{55}	a^{31}tshăŋ^{53}	别人、人家
		sɯ^{31}nă$ʔ^{55}$	sɯ^{31}nă$ʔ^{55}$	大家

（5）两个方言的量词都很丰富，用法上基本相同，和数词结合成数量词组时的词序也都基本一致。例如：

独龙河方言	怒江方言	汉义
a^{31}tsăŋ^{53}　ti^{55}　ɟɔ̆$ʔ^{55}$ 人　一　个	a^{31}tshăŋ^{53}　tɕi^{55}　jɔ̆$ʔ^{55}$ 人　一　个	一个人
kă$ʔ^{55}$　ti^{55}　gɯ^{55} 鸡　一　只	khă$ʔ^{55}$　tɕi^{55}　gɯ^{55} 鸡　一　只	一只鸡
ɕiŋ^{55}dzɯ̆ŋ^{55}　ti^{55}　dzɯ̆ŋ^{55} 树　一　棵	ɕɯŋ^{55}zɯ̆ŋ^{55}　tɕi^{55}　zɯ̆ŋ^{55} 树　一　棵	一棵树
a^{31}nɔ̆$ʔ^{55}$　ti^{55}　luŋ^{55} 豆子　一　粒	a^{35}nɔ̆$ʔ^{55}$　tɕi^{55}　luŋ^{55} 豆子　一　粒	一粒豆子

（6）两个方言都有用事物的名称直接表示该事物的量的现象。举例对比如下：

独龙河方言	怒江方言	汉义
ǔ^{ɹ55} ti^{55} ǔ^{ɹ55} 手 一 手	ǔ^{ɹ55} tɕi^{55} ǔ^{ɹ55} 手 一 手	一只手
mĕʔ^{55} ti^{55} mĕʔ^{55} 眼 一 眼	nĕʔ^{55} tɕi^{55} nĕʔ^{55} 眼 一 眼	一只眼
kɑ^{55} ti^{55} kɑ^{55} 话 一 话	kɑ^{55} tɕi^{55} kɑ^{55} 话 一 话	一句话
mɯ^{31}lɔ̆ŋ^{53} ti^{55} mɯ^{31}lɔ̆ŋ^{53} 路 一 路	mɯ^{31} lɔ̆ŋ^{53} tɕi^{55} mɯ^{31}lɔ̆ŋ^{55} 路 一 路	一条路

（7）两个方言动词都有人称和数的范畴，构成人称和数范畴所加的前加成分和后加成分大体一致。下面试以动词 lɑ^{55}或 lɑ^{53} “找” 为例，比较两个方言动词人称、数的变化情况：

数＼人称		独龙河方言	怒江方言
单数	一	lɑŋ^{55}或 lăŋ^{55}	lɑŋ^{53}或 lăŋ^{53}
	二	nɯ^{31}lɑ^{55}	nɯ^{31}lɑ^{53}
	三	lɑ^{55}	lɑ^{53}
双数	一包	lɑ^{55}ɕiŋ^{31}	lɑ^{53}ɕe^{31}
	一排	lɑ^{55}ɕɯ^{31}	lɑ^{53}ɕɔ^{31}
	二	nɯ^{31}lɑ^{55}ɕɯ^{31}	nɯ^{31}lɑ^{53}ɕe^{31}
	三	lɑ^{55}	lɑ^{55}
多数	一	lɑi^{55}或 lăi^{55}	lɑi^{53}或 lăi^{53}
	二	nɯ^{31}lɑn^{55}或 nɯ^{31}lăn^{55}	nɯ^{31}lɑ^{53}
	三	lɑ^{55}	lɑ^{53}

从上表的比较中大致可以看出，除了双数包括式和排除式的语尾变化在语音上稍有差别，独龙河方言第一人称包括式用 ɕiŋ^{31}，怒江方言用 ɕe^{31}；

独龙河方言双数排除式及第二人称用 ɕɯ^{31}，怒江方言用 ɕɔ^{31}，其他方面都大致相同。

（8）两个方言动词都有态的语法范畴，分自动、使动和互动三种，自动态的构成方式是在动词后加附加成分，所加的附加成分两个方言大体是一致的。例如：

独龙河方言			怒江方言		
动词		自动	动词		自动
la^{55}	找	la^{55}ɕɯ^{31}	la^{53}	找	la^{53}ɕe^{31}
mɯt^{55}	吹	mɯ̆t^{55}ɕɯ^{31}	mit^{55}	吹	mĭt^{55}ɕe^{31}
tɕɑt^{55}	掷	tɕɑ̆t^{55}ɕɯ^{31}	tɕhat^{55}	掷	tɕhɑ̆t^{55}ɕe^{31}
ɹi^{55}	背	ɹi^{55}ɕɯ^{31}	ɹi^{55}	背	ɹi^{55}ɕe^{31}

使动态的构成方式是在动词前加附加成分 sɯ^{31} 或 zɯ^{31} 构成。两个方言所加的附加成分大体一致。例如：

独龙河方言			怒江方言		
动词		自动	动词		自动
pɹɑm^{55}	溢出	sɯ^{31}pɹɑm^{55}	phɹɑm^{55}	溢出	sɯ^{31}phɹɑm^{55}
pɔ̆ʔ^{55}	翻	sɯ^{31}pɔʔ^{55}	phɔ̆ʔ^{55}	翻	sɯ^{31}phɔʔ^{55}
glĭʔ^{55}	（棍子）断	sɯ^{31}gliʔ^{55}	glɯ̆ʔ^{55}	断	zɯ^{31}glɯ^{55}
dɑ̆t^{55}	（绳子）断	sɯ^{31}dɑt^{55}	dɑ̆t^{55}	断	zɯ^{31}dɑt^{55}

互动态的构成方式是在动词前加附加成分 ɑ^{31} 构成。两个方言所加的附加成分完全相同。例如：

独龙河方言			怒江方言		
动词		自动	动词		自动
ɟaŋ^{53}	看	ɑ^{31}ɟɑ̆ŋ^{53}	jaŋ^{53}	看	ɑ^{31}jɑ̆ŋ^{53}
gɯ̆ʔ^{55}	说	ɑ^{31}gɯ̆ʔ^{55}	gɹɯŋ^{55}	说	ɑ^{31}gɹɯ̆ŋ^{55}
ɕal^{53}	拉	ɑ^{31}ɕɑ̆l^{53}	ɕan^{53}	拉	ɑ^{31}ɕɑ̆n^{55}

tɕam⁵⁵	踩	a³¹tɕăm⁵⁵	tɕham⁵⁵	踩	a³¹tɕhăm⁵⁵

（9）两个方言动词都有式语法范畴，分命令、祈求、疑问、否定等 4 种。命令式是在动词前加附加成分 pɯ³¹或 bɯ³¹构成，试比较如下：

独龙河方言				怒江方言			
动词		单数命令式	多数命令式	动词		单数命令式	多数命令式
di⁵³	去	pɯ³¹di⁵³	pɯ³¹dĭn⁵⁵	dʑi⁵³	去	bɯ³¹dʑi⁵³	bɯ³¹dʑi⁵³ŋ̥ɯ³¹
dʑăl⁵⁵	洗	pɯ³¹dʑal⁵⁵	pɯ³¹dʑăl⁵⁵	ʑăn⁵³	洗	bɯ³¹ʑan⁵³	bɯ³¹ʑăn⁵³ŋ̥ɯ³¹
tan⁵³	关	pɯ³¹tăn⁵³	pɯ³¹tăn⁵³	tan⁵³	关	pɯ³¹tan⁵³	pɯ³¹tăn⁵³ŋ̥ɯ³¹
caʔ⁵⁵	挑	pɯ³¹cănʔ⁵⁵	pɯ³¹cănʔ⁵⁵	tɕaʔ	挑	pɯ³¹tɕaʔ⁵⁵	pɯ³¹tɕăʔ⁵⁵ŋ̥ɯ³¹

祈求式有两种，一种是祈求第二人称允许第一人称进行某种活动，两个方言均在动词后加附加成分 niŋ³¹、nɯ³¹表示。另一种是祈求第二人称允许第三人称进行某种活动，均在动词前加 la⁵⁵表示。

两个方言疑问式的语法意义和表达方式大致相同，但所加的前加成分不同，独龙河方言加 ma⁵⁵，怒江方言加 gɯ⁵⁵。例如：

独龙河方言			怒江方言			
动词		疑问式	动词		疑问式	汉义
kai⁵⁵	吃	ma⁵⁵kai⁵⁵	khe⁵³	吃	gɯ⁵⁵khe⁵³	吃吗？
ɟaŋ⁵³	看	ma⁵⁵ɟaŋ⁵³	jaŋ⁵³	看	gɯ⁵⁵jaŋ³⁵	看吗？
kăt⁵⁵	种	ma⁵⁵kăt⁵⁵	kăt⁵⁵	种	gɯ⁵⁵kăt⁵⁵	种吗？
wan⁵⁵	买	ma⁵⁵wan⁵⁵	wăn⁵³	买	gɯ⁵⁵wăn⁵³	买吗？

两个方言否定式的构成方式也基本相同。均在动词前加 mɯ³¹构成。前加成分 mɯ³¹在不同的语音环境使用时其语音变化规律也大体一致。此处不一一举例了。

（10）两个方言动词名物化的表达方式大致相同，都是在动词后加 sa⁵⁵构成。例如：

独龙河方言			怒江方言			
动词		疑问式	动词		疑问式	汉义
kai^{55}	吃	kǎi^{55}sa^{55}	khe^{53}	吃	khe^{53}sa^{55}	吃的
ɟaŋ^{53}	看	ɟaŋ^{53}sa^{55}	jaŋ^{53}	看	jǎŋ^{53}sa^{55}	看的
dan^{55}	垫	dan^{55}sa^{55}	dǎn^{53}	垫	dǎn^{53}sa^{55}	垫的
ɕɔn^{55}	骑	ɕɔ̆n^{55}sa^{55}	ɕɔn^{55}	骑	ɕɔ̆n^{55}sa^{55}	骑的

（11）两个方言形容词都可以重叠，重叠的语法意义相同，都是表示程度的加深。单音节形容词重叠时，其方式两个方言完全相同，带词头的双音节形容词重叠时，独龙河方言只重叠词根，怒江方言则词头词根同时重叠。例如：

单音节重叠的：

独龙河方言	怒江方言	汉义
mɹǎŋ^{53}mɹǎŋ^{53}	mɹǎŋ^{53}mɹǎŋ^{53}	长长的
tɯ̆i^{55}tɯ̆i^{55}	thi^{53}thi^{53}	短短的
dǎm^{55}dǎm^{55}	dǎm^{55}dǎm^{55}	平平的

双音节重叠的：

独龙河方言	怨江方言	汉义
pɯ^{31}sǎi$^{·55}$sǎi$^{·55}$	pɯ^{31}sǎi$^{·53}$pɯ^{31}sǎi$^{·53}$	红红的
tɯ^{31}ɕa^{53}ɕa^{53}	tɯ^{31}ɕa^{53}tɯ^{31}ɕa^{53}	很困难的
aŋ^{31}sǎ^{ɹ55}sǎ^{ɹ55}	aŋ^{31}sǎ^{ɹ55}aŋ^{31}sǎɹ^{55}	新新的

（12）两个方言的结构助词的种类及其用法大体一致。都有表示施动、受动、工具、处所、从由、比较、定指等多类，大多数助词的用法相似，而且语言上相同或有明显的对应关系。现列表比较如下：

助词种类	独龙河方言	怒江方言
施动助词	mi^{55}，i^{55}	mi^{53}

受动助词	le^{31}	$ɑ^{31}$
工具助词	mi^{55}	mi^{53}，te^{55}
处所助词	$dɔ^{31}$	$dɔ^{31}$
从由助词	$paŋ^{55}$	$paŋ^{53}$
比较助词	$mɯ^{31}$ $dǎm^{53}$，$wɑ^{31}$	$mɯ^{31}$ $dǎm^{53}$
定指助词	$mɯ^{31}$	$mɯ^{31}$

在句法方面，两个方言几乎没有什么差别。

从上述两个方言常用词及其语音对应关系的比较以及主要语法现象的比较，可以清楚地看到，独龙族使用的语言和贡山怒族使用的语言大体一致，因此，通过比较，得出他们是同一语言的方言差别的结论是符合语言事实的。

二 独龙语言的系属问题

独龙语属汉藏语系藏缅语族，这已经没有什么争议了，但它的支属问题，还存在一些不同的看法，主要有以下几个方面：

1. 罗常培、傅懋勣在1954年发表的《国内少数民族族言文字的概况》一文中，将独龙语（当时称俅语）归入藏语支①。但又在小注中说："俅语和怒语可能另成一个语支。"并且还说，珞巴可能和怒族有密切关系。

2. 谢飞在他的《汉藏语导论》一书中将独龙语归入缅语支②。

3. 西田龙雄在他的《西番馆译语研究·西藏语言学序说》中，将独龙语划入克钦语支③。

对独龙语支属问题为什么会有如此分歧的意见，主要原因是过去掌握的材料太少，缺乏比较深入的研究。我在《独龙语简志》的前言中曾提到，独龙语经初步比较研究，它与景颇、僜等语比较接近，有划为同一语支的可能。我现在仍然认为，独龙语和僜语（包括达让语和格曼语两种语言）等一起归入景颇语支是比较符合语言的实际情况的。因为对独龙语和景颇

① 见《中国语文》1954年3月号第21页。

② Robert Shafer：《Introduction to Sino—Tibetan》，1974年版。

③ 见西田龙雄《西番馆译语研究》，日本松香堂1970年版。

语的比较研究尚未深入展开，不可能全面论述他们之间的亲疏关系。仅从语音、词汇、语法等方面提出几个比较重要的特点，进行比较，作为系属划分的初步依据。

（一）语音方面

独龙语和景颇语的语音结构是比较接近的，这主要表现在以下几个方面：

（1）独龙语和景颇语的塞音、塞擦音只有两套，博嘎尔珞巴语也有类似情况。珞巴语和独龙语只有清浊之分，没有送气不送气之分，景颇语虽有送气与不送气的区别，但不分清浊。这在藏缅语中除了拉萨话外，是比较少见的。

（2）独龙语、景颇语、僜语的复辅音声母虽多少不一，但结构相似或相同，景颇语中保留的塞音加后置辅音 ɹ 构成的复辅音在独龙、僜等语言中都存在。除此以外，独龙语和僜语中还有以 l 为后置辅音的复辅音。这类复辅音在景颇语中已经消失。与此相联系的，由于景颇语支带 ɹ 后置辅音的复辅音较完整地保存着，因此卷舌塞擦音不大丰富。因为藏语支、彝语支和羌语支的 tʂ、tʂh、dʐ 等塞擦音大多是由塞音加 r 或 ɹ 等后置辅音的复辅音转化而来的。

（3）独龙语、景颇语、僜语、博嘎尔珞巴语等都有较多的前响复元音，这在其他几个语支中都是没有或少见的。

（4）独龙语、景颇语、僜语、博嘎尔珞巴等语言，都保留了较完整的辅音韵尾。试比较如下：

语言 \ 韵尾	p	t	k	ʔ	m	n	ŋ	l	r
景颇语	/	/	/	/	/	/	/		
独龙语	/	/	/	/	/	/	/	/	/
僜语（格曼）	/	/	/		/	/	/	/	
博嘎尔珞巴语	/	/	/		/	/	/		/

（二）**词汇方面**

我们尚未对景颇语支内部各语言的词汇作深入的对比研究，因此，还不能十分肯定地下结论说，他们在词汇上的接近程度与其他语支之间的关系。但是，在初步比较后，有一个特别明显的，也是特别重要的特点是，景颇、独龙、僜语中有十分丰富的弱化音节。也就是独龙语和僜语中所谓的构词词头。这些弱化音节的主要特征是读得轻而短，韵母的音色比较模糊，一般都出现在第一音节，有时有两个弱化音节同时出现在一个词中的现象，经初步分析，弱化音节主要来自两个方面：

第一，复辅音前置辅音或后置辅音与基本辅音在长期的语音演变过程中分离的结果，分离后的辅音音素，加上了一个轻而短的自然元音，因此属于这一类的弱化音节的韵母很少出现带韵尾的，一般也没有词汇意义。

第二，部分实词或虚词在词汇发展过程中，演变成为构词词头，具有与复辅音中分离出来的弱化音节相类似的语音特征和性质，即意义逐步虚化，语音逐步弱化，这类弱化音节中有少数带有韵尾，而且有的具有一定的词汇意义。

景颇语中有二十七个构词词头。他们是：pă－、pă̠－、phă－、mă－、wă－、tă－、tă̠－、lă－、tsă－、tsă̠－、să－、tʃă－、tʃă̠－、ʃă－、kă－、kă̠－、khă－、kin－、ki̠n－、kum－、ku̠m－、tʃiŋ－、tʃi̠ŋ－、ʃiŋ－、niŋ－、ɑ－、n－。

独龙语有二十四个构词词头。他们是：pɯ^{31}、bɯ^{31}－、mɯ^{31}－、tsɯ^{31}－、dzɯ^{31}－、sɯ^{31}－、zɯ^{31}－、tɯ^{31}－、dɯ^{31}－、nɯ^{31}－、lɯ^{31}－、ɹɯ^{31}－、tɕi^{31}－、ʥi^{31}－、ɲ̟i^{31}－、ɕi^{31}－、ci^{31}－、ɟi^{31}－、çi^{31}－、kɯ^{31}－、gɯ^{31}－、ŋɯ^{31}－、ɑ^{31}－、ɑŋ^{31}－。

达让僜语有三十个构词词头。他们是：pɑ^{31}－、pɯ^{31}－、phɑ^{31}－、phɯ^{31}－、bɑ^{31}－、bɯ^{31}－、mɑ^{31}、mɯ^{31}－、dzɑ^{31}－、sɯ^{31}－、tɑ^{31}－、tɯ^{31}－、thɑ^{31}－、thɯ^{31}－、dɑ^{31}－、dɯ^{31}－、nɑ^{31}－、lɯ^{31}－、ɹɯ^{31}－、tɕi^{31}－、ʥɑ^{31}－、ɲ̟ɑ^{31}－、kɑ^{31}－、kɯ^{31}－、khɑ^{31}－、khɯ^{31}－、gɑ^{31}－、gɯ^{31}－、xɑ^{31}－、ɑ^{31}－。

格曼僜语有三十四个构词词头。他们是：pɑ^{31}－、pɯ^{31}－、phɑ^{31}－、

phɯ^{31} –、bɑ^{31} –、mɑ^{31} –、mɯ^{31} –、wɑ^{31} –、sɯ^{31} –、tɑ^{31} –、tɯ^{31} –、thɑ^{31} –、thɯ^{31} –、dɑ^{31} –、dɯ^{31} –、nɑ^{31} –、mɯ^{31} –、lɑ^{31} –、lɯ^{31} –、ɹɯ^{31} –、tɕɑ^{31} –、tɕi^{31} –、ʥɑ^{31} –、ʥi^{31} –、ɕɑ^{31} –、kɑ^{31} –、kɯ^{31} –、khɑ^{31} –、khɯ^{31} –、gɑ^{31} –、gɯ^{31} –、xɑ^{31} –、xɯ^{31} –、ɑ^{31} –。

很明显，独龙语、景颇语、僜语中构词词头的内容和特征是十分接近的，值得指出的是，这些词头，他们都有共同的来源。下面试举一些几个语言带词头的同源词的例子，以说明他们的一致性：

汉义	景颇语	独龙语	达让僜语	博嘎尔珞巴语
水獭	ʃǎ^{31}ʒɑm^{33}	sɯ^{31}ɹǎm^{53}	xɑ^{31}ɹɯŋ^{35}	ɕə rɑm
苦胆	ʃǎ^{31}kɹi^{31}	tɕi^{31}xɹi^{55}	thɯ^{31}mɯn^{55}	ɑ pɯ
五	mǎ^{31}ŋɑ^{33}	pɯ^{31}ŋɑ^{53}	mɑ^{31}ŋɑ^{35}	o ŋo
月亮	sǎ^{31}tɑ̱^{33}	sɯ^{31}lɑ^{55}	xɑ^{55}lo^{55}	poŋ lo
九	tsǎ^{31}khu^{31}	dɯ^{31}gɯ^{53}	kɑ^{31}ȵ̥ɯŋ^{55}	ko noŋ
三	mǎ^{31}sɯm^{33}	ɑ^{31}sɯ̆m^{53}	ɑ^{31}sɯŋ^{35}	ɑ ɦom
七	sǎ^{31}nit^{31}	sɯ^{31}ɲǐt^{55}	（weŋ^{53}）	kɯ nɯ

（三）**语法方面**

藏缅语族语言语法的重要部分是动词和助词在句子中的各种变化和用法，《景颇语语法纲要》用了一半以上的篇幅讲动词和助词的各种语法特点。因此这里不打算全面介绍独龙语与景颇等语言语法上的异同情况，仅介绍有关动词的几个语法范畴及其在表现形式上的同源关系，来说明独龙语在一定程度上与景颇语比较接近，同时简要比较一下助词的用法，以区别于其他语支的特点。

（1）动词和形容词的关系。景颇语和独龙语动词和形容词在句中作谓语时有类似的语法特征，《景颇语语法纲要》将两个词类归并在一起，统称为谓词，说明这两个词类在句子中的功能方面大同小异。独龙语虽然未把动词、形容词归为一类，但动词与形容词确实是比较接近的，例如，形容词和动词一样有人称、数、体、态、式、方向语法范畴，虽然在用法上稍有区别，使用范畴也有一定限制，但他们的形态标志毕竟是很接近的。这说明，景颇语和独龙语的这一语法特点是很接近的。

（2）动词的人称、数范畴。在我国境内的藏缅语族语言中，动词有人称—数或人称—数—时间范畴的，只有羌语支语言和景颇语支语言。这两个语支的语言在动词人称范畴的表达方式方面，有同源关系，这是因为构成动词人称的范畴往往都采取在动词前后加附加成分，而该附加成分是人称代词的变式或缩减形式。独龙语和景颇语动词都有人称范畴，动词的人称后缀同样有同源关系。试比较如下：

a. 动词的变化体现主语的人称和数。以 v 代表动词词根，其变化格式大致如下：

数	人称	独龙语	景颇语
	一	v—ŋ	v—n^{31}ŋai^{33}
单数	二	mɯ^{31}—v	v—n^{31}tai^{33}
	三	v	ai^{33}
	一	v—i	v—kaʔ^{31}ai^{33}
复数	二	nɯ^{31}—v—n	v—mǎ^{31}tai^{33}
	三	v	v—mǎ^{31}ai^{33}

独龙语动词的变化单纯反映人称和数，景颇语动词的变化，除是反映人称和数以外，还表示未完成体。

b. 动词的变化同时体现在主语和宾语的人称和数。试列表比较如下：

主语人称	宾语人称	独龙语	景颇语
一	单二	v—ŋ	v—teʔ^{31}ai^{33}
一	复二	v—ŋ	v—mǎ^{31}teʔ^{31}ai^{33}
单一	三	v—ŋ	v—weʔ^{31}ai^{33}
复一	三	v—i	v—mǎʔ^{31}weʔ^{31}ai^{33}
二	单一	nɯ^{31}—v—ŋ	v—niʔ^{31}（mǎʔ^{31}niʔ^{31}）
二	复一	nɯ^{31}—v—i	v—mjiʔ^{31}（mǎʔ^{31}niʔ^{31}）
三	单一	nɯ^{31}—v—ŋ	v—mjiʔ^{31}ai^{33}

三	复一	nɯ^{31}—v—i	v—mjiʔ^{31} ɑi^{33}
三	单二	nɯ^{31}—v	v—nit^{31} ɑi^{33}
三	复二	nɯ^{31}—v—n	v—mǎ^{31} nit^{31} ɑi^{33}
单三	三	v	v—nuʔ^{31} （wuʔ^{31}） ɑi^{33}
双、复三	三	v	v—muʔ^{31} ɑi^{33}

（3）动词的使动。景颇语和独龙语动词都有使动态，这两种语言构成使动态的表达方式并不像藏缅语族其他语言一样，有用辅音屈折变化表达的，而是用在动词前加前加成分的方式，两种语言表使动的前加成分有明显的对应关系。试比较如下：

景颇语			独龙语		
动词		使动	动词		使动
si^{31}	死	tʃǎ^{33} si^{31}	ɕi^{53}	死	sɯ^{31} ɕi^{55}
khom^{55}	走	tʃǎ^{33} khom^{55}	ŋɯ^{53}	哭	sɯ^{31} ŋɯ^{55}
su^{31}	醒	tʃǎ^{33} su^{31}	mǐn^{55}	成熟	sɯ^{31} min^{55}
tʃon^{33}	骑	ʃǎ^{33} tʃon^{33}	ɕɔn^{55}	骑	sɯ^{31} ɕon^{55}
ka̠p^{55}	粘附	ʃǎ^{33} ra̠p^{55}	bjɯʔ^{55}	融化	sɯ^{31} bjɯʔ^{55}
lu^{33}	有，得到	ʃǎ^{33} lu^{33}	lu^{53}	得到	sɯ^{31} lu^{55}

景颇语表示使动的前加成分有两个，一个是 tʃǎ^{33}，主要出现在送气塞音、塞擦音和清擦音的前面，另一个是 ʃǎ^{33}，出现在其他声母的前面。它们与独龙语的前加成分 sɯ^{31} 的语法意义、语音形式都是十分接近的。

（4）结构助词的异同情况，景颇语和独龙语都有一定数量的结构助词，其句法作用大致相同或相类似，现将语法意义相近的结构助词列表比较如下：

助词种类	景颇语	独龙语
施动助词	e^{31}	i^{55}，mi^{55}
受动助词	e^{55}	le^{31}
工具助词	theʔ^{31} （thɑʔ^{31} ɑʔ^{31}）	mi^{55}，dɔ^{31}
处所助词	e^{31}，thɑʔ^{31}，ko̠ʔ^{55}，te^{31}	dɔ^{31}，le^{31}

比较助词	thɑʔ^{31}	mɯ^{31} dǎm^{53}，wɑ^{31}
从由助词	ko̱ʔ^{55}	pɑŋ^{55}
定指助词	ko^{31}，wɑ^{33}	mɯ^{31}

从上述比较中大致可以看出，两种语言在助词的种类及用法方面，特点是比较多的，但表示相同语法意义的助词有明显同源关系的不多。此外，景颇语还有一类限制助词，独龙语中没有。

根据独龙语的基本特点，综观独龙语在藏缅语族语言各语支中的地位，虽然它还有 一些重要特点不同于景颇语，如量词的用法等，但总的来说，接近景颇语的特点多于接近其他语支的，因此放在景颇语支中较为合适。

三　阿侬语

阿侬人是怒族的一个支系。怒族主要分布在云南省怒江傈僳族自治州所属各县，迪庆州的维西县以及西藏自治区察隅县的察瓦龙一带也有少量分布。总人口二万七千多人（1990 年）。

怒族除分布在贡山独龙族怒族自治县及其邻近的西藏地区的使用独龙语外，根据不同的自称分别使用 3 种不同的语言。其中原碧江县的怒族自称 nu^{35}su^{35} “怒苏”，使用怒苏语，兰坪、泸水县的怒族自称 zɑu^{55}zou^{33} “柔若”，使用柔若语，福贡县的怒族自称 ɑ^{31}nuŋ^{55} “阿侬”，使用阿侬语。福贡县的怒族大多已转用傈僳语和汉语。仅有部分怒族仍保留了自己的语言。但与福贡毗邻的缅甸境内，尚有不少怒族使用阿侬语。

经初步比较研究，阿侬语与怒苏语、柔若语差别大，与独龙语差别小，因此拟将阿侬语和独龙语一起，归入景颇语支。

现以福贡县木古甲乡的阿侬语为代表，简要介绍其语音、词汇和语法的特点。

（一）语音

1. 声母

共 64 个，其中单辅音声母 45 个，复辅音声母 20 个。分述如下：

（1）单辅音声母。列表如下：

p			t	ʈ			k	ʔ
ph			th	ʈh			kh	
b			d	ɖ			ɡ	
		ts			tʂ	tɕ		
		tsh			tʂh	tɕh		
		dz			dʐ	dʑ		
	f	s			ʂ	ɕ	x	h
	v	z			ʐ		ɣ	
m̥			n̥			ȵ	ŋ̊	
m			n		ɳ	ȵ	ŋ	
			ɬ					
			l		ɭ			
					ɹ			

单辅音声母说明：

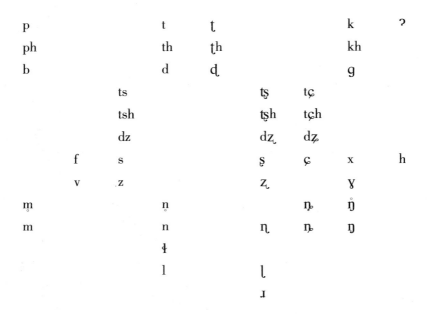

1）不送气的清塞音、清塞擦音出现频率较低。部分词中的浊塞音、浊塞擦音可以自由变读为同部位的清音。

2）鼻音 m、n、ȵ、ŋ 都可以自成音节。

3）舌面前音 tɕ、tɕh、dʑ、ȵ、ɕ 的发音部位稍靠后，音值近似 c、ch、ɟ、ɲ、ç。

4）卷舌塞音 ʈ、ʈh、ɖ、ɳ 的音值与 ȶ、ȶh、ȡ、ȵ 等舌面前音近似，部分词在语流中可与不卷舌的 t、th、d、n 等自由变读。

5）卷舌塞擦音 tʂ、tʂh、dʐ、ʂ、ʐ 的实际音值接近舌叶音 tʃ、tʃh、dʒ、ʃ、ʒ。部分ʂ、ʐ 声母的词，在语流中可以自由变读为 s、z。

6）ɹ 单独作声母时读音不稳定，有时可以变读为 z 或 ʐ，和 i 相拼时，有时可脱落。

7）喉门塞音 ʔ 既可单独作声母，又可和其他辅音结合成复辅音。但自成音节的鼻音前都有喉塞音，本音系不作 ʔm̩、ʔn̩、ʔȵ̩、ʔŋ̩等处理。

单辅音举例：

p	pi^{31}	笔	ph	phi^{35}du^{55}	钥匙
b	bɯ^{31}	蛇	m̥	m̥i^{55}ŋu^{31}	开始
m	mi^{55}	麻	f	fɑu^{31}	拴
v	vi^{55}kɑ^{31}	瓶子	ts	tsui^{55}	罪
tsh	tshʅ^{55}	雨	dz	lɑ^{35}dziʔ^{31}	辣椒
s	si^{31}di^{55}	真	z	zʅn^{53}	问
t	ti^{53}	半	th	thi^{55}	一
d	di^{55}bɑ^{35}	蜘蛛	n̥	n̥o^{31}iɯŋ^{55}	留
n	nɛn^{55}	货物	ɬ	ɬɑu^{53}	寻找
l	lim^{53}	埋葬	ʈ	ʈi^{31}ɭiu^{53}	赔偿
ʈh	ʈhi^{31}mɑŋ^{31}	老	ɖ	ɖim^{55}	踢
ɳ	gɯ^{31}ɳi^{55}	跪	ɭ	thi^{31}ɭi^{31}	还（钱）
ʈʂ	pɑu^{31}ʈʂʅ^{55}	报纸	ʈʂh	ʈʂhʅ^{31}	屁
ɖʐ	ɖʐʅ^{31}	膨胀	ʂ	ʂa^{55}ʂʅ^{31}	尿
ʐ	ʐʅ^{55}	是	ɹ	ɹʅ^{31}ʔuŋ^{55}	山
tɕ	tɕi^{55}phi^{55}	窄	tɕh	ɑ^{31}tɕhiŋ^{31}	换
dʑ	dʑi^{31}	铜	ȵ	ȵɯ^{55}ŋu^{31}	纺
ȵ	ȵin^{55}	指甲	ɕ	ɕim^{55}bɯ^{31}	满
k	ko^{31}phɯ^{55}	狐狸	kh	khin^{53}	煮
g	ɑ^{31}gi^{31}	抬	ŋ	ŋɛ^{31}ŋu^{31}	称
ŋ	ŋi^{31}sɑ^{31}	猴子	x	ɑ^{31}xi^{55}	笑
ɣ	ɣɯ^{55}	影子	ʔ	ʔi^{55}bɯ^{31}	鹅
h	ɑ^{31}hiŋ^{35}	碗			

（2）复辅音声母　分 3 类：第一类由前置辅音加基本辅音构成。充当前置辅音的是喉塞音 ʔ，充当基本辅音的是浊鼻音、浊边音、浊塞音和浊塞擦音。第二类由基本辅音加后置辅音构成。充当基本辅音的是双唇、唇齿、舌根部位的塞音、擦音、鼻音，充当后置辅音的是半元音 s。第三类为三合

复辅音，数量极少。

第一类复辅音有 ʔb、ʔd、ʔɖ、ʔg、ʔdʐ、ʔdʑ、ʔm、ʔn、ʔɳ、ʔȵ 10 个；第二类复辅音有 pɹ、phɹ、bɹ、mɹ、fɹ、vɹ、khɹ、gɹ、xɹ 9 个；第三类复辅音有 ʔbɹ。

复辅音举例：

ʔb	ɑ^{31}ʔbɑn^{55}	竹之一种	ʔd	ʔdɛm^{55}	赊
ʔɖ	ʔɖɑŋ^{55}	爬	ʔg	ʔgɑm^{55}	刻木记事
ʔdʐ	ʔdʐɿn^{55}ɛ^{31}	解大便	ʔdʑ	ʔdʑɯ^{55}ŋu^{31}	咬
ʔm	tɕhɛ^{55}ʔmɯ^{31}	女儿	ʔn	ɑ^{31}ʔnɑ^{31}	染
ʔɳ	ɑ^{35}ʔɳɛ^{35}	涂（漆）	ʔȵ	ʔȵɑ^{31}ɛ^{31}	反
pɹ	pɹɯm^{55}no^{31}	解开	phɹ	ɑ^{31}phɹɿ^{31}	祖宗
bɹ	bɹi^{53}	四	mɹ	ɑ^{31}mɹɑn^{55}	生气
fɹ	dɑ^{31}fɹɿ^{55}	斑鸠	vɹ	ɑ^{31}vɹi^{55}	溜帮（过溜索时用的工具）
khɹ	khɹɿ^{53}	甜	gɹ	dɛ^{31}gɹɿ^{55}	狗
xɹ	xɹɯn^{53}	筛	ʔbɹ	ɕɑ^{55}ʔbɹɯn^{35}	跨过

2. 韵母

共 77 个，其中单元音韵母 10 个，鼻音自成音节的韵母 4 个，复元音韵母 16 个，带辅音韵尾的韵母 47 个。分述如下：

（1）单元音韵母有 i、e、ɛ、ɑ、ɔ、o、u、ɯ、y、ɿ。说明如下：

1）e 的舌位稍低，音值接近 ᴇ，ɛ 的实际音值接近 æ。

2）ɑ 的实际音值为 A，出现在 n、i 等韵尾前面时，音值接近 a。

3）u 出现在 m、n、ŋ 等鼻音后面时，音值不变，出现在双唇塞音后面时音值近似 ʉ，出现在其他辅音后面时，有明显的唇化现象，音值近似 y̩。

4）ɯ 出现在汉语借词中时，实际音值为 ə，出现在卷舌辅音后面时，有时可变读为 i。

5）舌面鼻音 ȵ 后的 i 以及舌根鼻音 ŋ 后面的 u 在语流中经常可以脱落。

6）舌尖元音 ɿ 出现在卷舌元音后面时读 ʅ。

7）出现在构词词头中的元音读得稍轻，音色较模糊。

单元音韵母举例：

i	phi^{35}du^{55}	钥匙	e	tshe^{53}	鹿
ɛ	phɛ^{55}	骗	ɑ	phɑ^{53}	肚子
ɔ	ɕɔ^{55}	百	o	pho^{31}lo^{53}	滚
u	phu^{55}	银子	ɯ	phɯ^{55}ȵɑm^{53}	野猪
y	tɕhy^{55}ȵin^{53}	灭	ɿ	dzɿ^{55}	走

（2）鼻音自成音节作韵母有m̩、n̩、ȵ、ŋ。举例如下：

m̩	m̩^{31}	不	n̩	khi^{31}n̩^{55}	酿（酒）
ȵ	ȵ^{31}nɑ^{31}	家畜	ŋ	ŋ^{31}ȵin^{55}	爪子

（3）复元音韵母　有三类，一类为后响的，由 i、u、y 介音加主要元音构成。主要出现在固有词中，另两类为前响的和三合的，主要出现在汉语借词中，固有词中也有少量出现。后响的复元音韵母有 ie、iɛ、iɑ、iɔ、io、iu、iɯ、ui、ue、uɛ、uɑ、ye。前响的复元音韵母和三合元音有 ɑi、ɑu、iɑu、uɑi。举例如下：

ie	u^{55}ie^{31}	委员	iɛ	ɑ^{31}tshiɛ^{55}	空闲
iɑ	ɑ^{31}iɑ^{55}	岩蜂	iɔ	tsu^{55}iɔ^{35}	主要
io	io^{31}mɯn^{55}	云	iu	liu^{35}	怀疑
iɯ	iɯ^{31}	军队	ui	dzui^{55}	双，对
ue	kue^{55}tɕy^{31}	规矩	uɛ	kuɛ^{35}phɛ^{35}	国旗
uɑ	ŋuɑ^{55}	鱼	ye	mɯ^{55}xye^{31}	青包谷
ɑi	xo^{55}tshɑi^{31}	火柴	ɑu	ɑu^{31}mɑ^{31}	伯母
iɑu	phiɑu^{35}	票	uɑi	khuɑi^{35}tɕi^{35}	会计

（4）带辅音韵尾的韵母　这类韵尾是由 m、n、ȵ、ŋ、ʔ 等韵尾与元音

结合而成共47个，它们的结合情况大致如下表：

韵尾＼元音	i	e	ɛ	ɑ	ɔ	o	u	ɯ	ʅ	iɛ	iɑ	iɔ	io	iu	iɯ	uɛ	uɑ
m	/	/	/	/	/	/	/	/	/		/						/
n	/	/	/	/	/			/	/	/						/	
ȵ	/								/								
ŋ	/	/	/	/	/	/	/	/			/	/	/	/	/		/
ʔ	/		/	/	/	/	/	/	/				/				/

说明：

1）韵尾 ŋ 在语流中经常脱落，并影响前面的元音，使其带上鼻化。

2）韵尾 ȵ 在多数情况下，其来源是音节合并的结果，即 ȵ 后面的韵母脱落以后，附于前一音节末尾，成为前一音节的韵尾。

3）在语流中有 ɹ 尾，仅出现在少数词中，读音不稳定，有时可读成元音卷舌，有时可脱落，故音系未作韵尾列出。

4）喉塞韵尾的读音不大稳定，似乎在消失的过程中，部分词中实际音值近似前面元音的紧喉，部分词在语流中脱落。

带辅音韵尾的韵母举例：

im	lim^{53}	埋葬	em	ɑ^{31}nem^{55}	应该
ɛm	ɕɛm^{31}	刀	ɑm	khɑm^{53}	舀
ɔm	ɑ^{31}sɔm^{53}	三	om	dzom^{31}	拿住
um	ɑ^{55}um^{55}	打（铁）	ɯm	ȵi^{55}ɹɯm^{31}	心
ʅm	bɑ^{31}sʅm^{53}	苍蝇	uɑm	uɑm^{31}ɹɯ^{55}	麻线
iɑm	ʔiɑm^{55}	针	in	ȵin^{55}	指甲
en	ɑ^{55}ben^{31}	舅舅	ɛn	vɛn^{35}	买
ɑn	ɹɑn^{55}	织（布）	ɔn	ɕɯŋ^{55}tɔn^{55}	木头
ɯn	ɑ^{31}khɯn^{55}	咳嗽	ʅn	zʅn^{53}	问

iɛn	iɛn^{55}tɕi^{31}ɛ^{31}	逃跑	uɛn	suɛn^{55}tshu^{35}	酸醋
iȵ	ɕiȵ^{31}	擦	ɿȵ	sɿȵ^{35}	七
iŋ	khiŋ^{55}nuŋ^{31}	剥	eŋ	i^{31}feŋ^{55}	一分
ɛŋ	bɛŋ^{55}	盘子	ɑŋ	sɑŋ^{55}	媳妇
ɔŋ	phɔŋ^{31}	五	oŋ	ʔoŋ^{55}	戴（帽）
uŋ	nuŋ^{55}ŋuɑ^{31}	牛	ɯŋ	bɹɯŋ^{31}	名字
iɑŋ	ɑ^{31}iɑŋ^{31}	绵羊	iɔŋ	iɔŋ^{31}	曾经
ioŋ	phɯ^{31}ioŋ^{53}	鬼，神	iuŋ	ɑ^{31}iuŋ^{31}	垂涎
iɯŋ	n̥o^{31}iɯŋ^{55}	留	uɑŋ	xuaŋ^{53}	盘旋
iʔ	tɕiʔ^{55}	担（量词）	ɛʔ	dzɛʔ^{55}	滴（量词）
ɑʔ	khɑʔ^{55}	鸡	ɔʔ	vi^{55}kɔʔ^{31}	怀孕
oʔ	phoʔ^{35}	改变	uʔ	khɑ^{55}luʔ^{31}	哪个
ɯʔ	bɯ^{31}nɯʔ^{55}	蜗牛	ɿʔ	xuɑ^{55}dzɿʔ^{53}	肉刺
ioʔ	ioʔ^{55}	个（人）	uɛʔ	guɛʔ^{53}	松
uɑʔ	dɛ^{53}guɑʔ^{53}	黄瓜			

（3）声调

有4个声调，即高平55，高降53，低降31，高升35。另外还有一个中平调，读音不稳定，与低降调、高升调连读时读高平，与高降调、高平调连读时读低降，故音系中作有条件的变调处理。

高升调和高降调出现的频率较其他两个声调低，声调区别词义的作用不是特别大。声调举例如下：

1. 高平55	xɛ^{55}	篮子	khɿ^{55}	口袋
2. 高降53	ʂɑ^{53}	野兽	khɹɿ^{53}	甜
3. 低降31	xɛ^{31}	银子	dɑ^{31}khɹɿ^{31}	漆
4. 高升35	xɛ^{35}	脚	ȵi^{55}tʂhɿ^{35}	绿

（四）音节

音节一般由声母、韵母、声调组成，有部分音节由韵母加声调组成。

构成音节最少的是一个音素，它可以是元音，也可以是辅音。最多是 5 个音素。下面以 F 代表辅音，Y 代表元音，S 代表声调，将音节类型分析如下：

1. FS	m̩^{31}	不	ŋ^{31}thɑm^{55}	本子
2. YS	o^{31}	背（量词）	ɛ^{31}	（陈述式附加成分）
3. YYS	iɯ^{31}	种子	ɑ^{31}iɑ^{55}	岩蜂
4. YYYS	iɑu^{55}tɕhɯ^{31}	要求	uɑi^{35}kuɛ^{31}	外国
5. FYS	bɛ^{55}	白	phu^{55}	银子
6. FYYS	ɑ^{31}xuɑ^{35}	发疯	liu^{35}	怀疑
7. FYYYS	phiɑu^{35}	票	tiɑu^{55}khɛ^{31}	雕刻
8. FFYS	phɹɿ^{55}	刨	bɹi^{31}	四
9. FFYFS	ʔdɛm^{55}	赊	ɑ^{31}mɹɑn^{55}	生气
10. FFFYFS	ɕɑ^{55}ʔbɹɯn^{35}	跨过		
11. YFS	in^{55}	出（汗）	dɛ^{31}uŋ^{35}	棉花
12. YYFS	iɑŋ^{31}	件（事）	ɑ^{31}iɑŋ^{31}	烟
13. FYFS	sɑn^{55}	宰	tshuŋ^{55}	倒（土）
14. FYYFS	giɛn^{35}	存，寄	khuɑŋ^{31}	戳破

以上 14 种音节结构中，第 4、7 两种仅出现在汉语借词中；第 10 种出现频率极低，出现频率较高的有 2、3、5、6、11、12、13 等几种。

（二）词汇

1. 词汇的一般特点

阿侬语属单音节词根语，但由于多数词都带有词头或词尾，因此实际上单音节词在词汇中并不占优势。

根据怒族居住的山势地理条件，阿侬语的词汇中，有些词特别丰富，例如怒江地区气候炎热，竹子很多，阿侬语中仅竹子的名称就有几十种：thɑ^{31}uɑ^{55}“龙竹”，ʈhi^{31}zɿ^{31}“藤竹”，ɑ^{31}ʈʂhʅn^{55}“实心竹”，ʈʂhʅ^{31}ɳɑŋ^{31}“橡竹”，ɑ^{31}ɣuŋ^{55}“毒竹”，thi^{31}mɑ^{31}“山竹”，此外还有 sɿ^{31}mɛn^{31}、sɿ^{31}vɛn^{55}、 ɑ^{31}lu^{31}、ɑ^{31}ʔbɛn^{55}、mɑ^{31}ɳɑm^{55}、ɑ^{31}dɛ^{31}、ɑ^{31}ɹɯ^{55}、ɑ^{31}vɑ^{55}等无数叫不上名字的竹子。再如怒族居住在怒江两岸的台地上，捕鱼是他们的业余爱好，他们不仅能说出多种捕鱼方式、渔具等，还能对怒江中鱼的品种列出许多名称。

阿依语中有相当多名、动同形词，例如，“花”和“开花”都用vɛn^{55}，“汗”和“出汗”都用in^{55}，“果子”和“结果子”都用sʅ^{55}，“屎”和“解大便”都用ȵi^{55}，“梦”和“做梦”都用mɑŋ^{55}，“蛋”和“下蛋”都用lim^{31}，“结子”和“打结子”都用ʈhim^{55}……

2. 词汇的组成

阿依语的词汇基本上分两大部分，一部分为固有词，另一部分为外来词。

固有词中，有相当一批基本词来源于原始藏缅语。例如：

汉义	阿依语	藏文	羌语	彝语	缅语	独龙语
狗	dɛ^{31}ɡɹʅ^{55}	khji	khuə^{55}	khɯ^{33}	khwe^{55}	dɯ^{31}ɡɯi^{55}
柴	ɕɯŋ^{55}	ɕiŋ	sie^{33}	sʅ^{33}	hu^{55}	ɕiŋ^{55}
黑	ɳɑŋ^{55}	naɡpo	ȵi^{55} ȵi^{31}	a^{44}nɔ^{33}	nɛʔ^{44}	nɑʔ^{55}
新	ŋ^{31}sɛ^{55}	ɡsar pa	tshi^{55}	a^{33}ʂʅ^{55}	tθiʔ^{44}	ɑŋ^{31}sɑɹ^{55}
三	ɑ^{31}sɔm^{53}	ɡsum	tshi^{55}	sɔ^{33}	tθõ$^{33\ 55}$	ɑ^{31}sɯm^{53}
鱼	ŋuɑ^{55}	ȵa	dzʅ^{33}	hɯ^{33}	ŋɑ^{55}	ŋɑ^{55}plɑʔ^{55}
石头	luŋ^{55}	rdo	ʁo^{241}	l̩(u)^{33}ma^{55}	tɕɑuʔ^{44}	luŋ^{55}
胆	ŋ^{31}dɑ^{31}khɹʅ^{53}	mkhrispa	χʈʂə^{55}	tɕʅ^{33}	tθɛ^{33}tɕhe^{22}	tɕi^{31}xɹi^{55}
心	ȵi^{55}ɹɯm^{31}	sȵiŋ	χtie^{55}mə^{55}	he^{33}ma^{55}	n̥ɑ^{53}lõ^{55}	ɹɯ^{31}mɔʔ^{55}
月亮	sʅ^{31}lɑ^{55}	zlaba	ɕy^{33}ɕya^{55}	ɬo^{31}bo^{21}	lɑ^{53}	sɯ^{31}lɑ^{55}
九	dɯ^{31}ɡɯ^{31}	dɡu	χɡuə^{33}	ɡu^{33}	ko^{55}	dɯ^{31}ɡɯ^{53}
偷	khɯ^{55}	rku	χkə^{55}	khu^{33}	kho^{55}	kɯ^{55}

据初步不完全统计，阿依语与彝语支语言的同源词约占15%左右，其中与彝语的同源词为14.8%，与傈僳语的同源为16.1%，与景颇语支语言的同源词稍多于彝语支，其中与景颇语的同源词为18.5%，但与独龙语的

同源词则高达 33.2%，与其他语支的同源词则稍少一些。

阿依语固有词中还有相当一批词是自己所特有的，除了反映地区和环境特点外，还有反映生活、风俗等方面特点的词。

除了固有词外，阿依语词汇的另一重要组成部分是借词，借词来源情况较复杂，从比例来看，主要来自汉语和傈僳语，约占调查词汇总数的 25% 左右。也有来自白语和缅甸语的，少数来自藏语。

汉语借词分两类，一类为早期借词，语音特点已经适应阿依语的特点。例如：

lo^{55}tsɯ^{55}	骡子	dɑ^{31}mo^{55}	帽子	tsho^{55}	葱
tshɯ^{31}tɛ^{55}	剪刀	so^{55}thu^{31}	锁	lo^{35}tso^{31}	灶

近期借词大多为解放后借入的新词术语，这类词数量多，语音特点基本上保留了当地汉语的一些特点。例如：

tshɑu^{35}fɑn^{53}	造反	ɕɑn^{35}fɑ^{31}	宪法	khuɑi^{35}tɕi^{35}	会计
tsʅ^{35}iu^{31}	自由	thɛ^{35}phiŋ^{31}	太平	nu^{55}li^{31}	努力

近数百年间，怒族和傈僳族交错杂居，词汇上的互相借贷是普遍的，阿依语里傈僳语借词的数量与汉语借词不相上下，内容大多涉及文化、宗教等方面的用语。例如：

ʂʅ^{55}ɡɯ^{31}	庆祝	mu^{31}ɡuɑ^{31}ɡuɑ^{55}	唱歌	phɛ^{35}	旗
kho^{31}ʂʅ^{31}	过节	ȵɛ^{55}tshʅ^{31}	药	tɯ^{55}ʂʅ^{31}	山歌
tsho^{55}dʑi^{31}	像片	sɯ^{55}ȵi^{31}	文化	lɑ^{31}thɑ^{55}	磨子

3. 构词方式

有派生式、复合式、四音联绵式等。分述如下：

（1）派生式构词是一种能产的构词方式，以加词头为主。阿依语有丰富的构词词头（或称弱化音节），词头的韵母不出现复元音韵母或带韵尾的韵母。使用频率较高的词头有以下几个：

1）phɯ^{31}—例如：	phɯ^{31}lɛ^{31}	舌头	phɯ^{31}la^{55}	毒
	phɯ^{31}iɛ^{31}	灭		
2）bɯ^{31}— 例如：	bɯ^{31}ɕin^{55}	肝	bɯ^{31}lɯŋ^{55}	虫子
	bɯ^{31}saŋ^{55}	痒		
3）mɯ^{31}— 例如：	mɯ^{31}gi^{31}	下巴	mɯ^{31}ȵi^{31}	猫
	mɯ^{31}kham^{55}	菌子		
4）sɿ^{31}— 例如：	sɿ^{31}laŋ^{55}za^{55}	姑娘	sɿ^{31}laŋ^{55}	盐
	sɿ^{31}la^{55}	月亮		
5）ʂʅ^{31}。 例如：	ʂʅ^{31}ɖɯŋ^{31}	被子	ʂʅ^{31}ɹu^{55}	松树
	ʂʅ^{31}ɹu^{55}	梨		
6）dɯ^{31}— 例如：	dɯ^{31}gɯ^{31}	九	dɯ^{31}bɛ^{55}	颈瘤
	dɯ^{31}gu^{31}	脉		
7）ɹɯ^{31}— 例如：	ɹɯ^{31}ʔuŋ^{55}	山	ɹɯ^{31}luŋ^{35}	珠串
	ɹm^{31}mɯn^{55}	治，医		
8）ŋ^{31}— 例如：	ŋ^{31}iɯ^{31}	种子	ŋ^{31}khuaŋ^{31}	洞
	ŋ^{31}ȵɯŋ^{55}	年，岁		
9）a^{31}— 例如：	a^{31}na^{31}	耳朵	a^{31}sa^{31}	牙齿
	a^{31}din^{55}	老鼠		

除上述9个词头外，还有pɯ^{31}、tshɿ^{31}、zɿ^{31}、ȵi^{31}、tɯ^{31}、thɯ^{31}、dɯ^{31}、kɯ^{31}、khɯ^{31}、gɯ^{31}等词头。

也有少数加词尾构词的。词尾数量比词头少，常见的构词词尾有以下几个。

1）加词尾su^{55}构成从事某种活动或某种职业的人。例如：

a^{31}tɕhuŋ^{31}su^{55} 放牧者　khɯ^{55}su^{55} 小偷　sɿ^{31}lam^{55}su^{55} 老师，师傅

2）加词尾kha^{55}构成部分方位名词。例如：

ma^{55}ʂu^{31}kha^{55} 前面　lu^{55}lu^{35}kha^{55} 对面　i^{55}kha^{55} 下游

3）加词尾 ε^{55}构成部分形容词。例如：

ɑŋ^{55}ɡɔ^{31}ε^{55} 奇怪的　　ȵuŋ^{31}ε^{55} 深的　　ɳɑŋ^{55}ε^{31} 黑的

4）加词尾 zɑ^{55}构成部分有一定年龄特征的指人名词。例如：

di^{31}tɕhɑŋ^{31}zɑ^{55} 小伙子　　tɕhɑ^{31}mɑ^{55}zɑ^{55} 少妇

（2）复合构词是丰富语言词汇的主要方式，根据各词根间的结合关系，可分为以下几类：

1）并列关系的复合词。例如：

ɑ^{31}phɯ^{31}	“父亲”	+ɑ^{31}mɯ^{31}	“母亲”	ɑ^{31}phɯ^{31}ɑ^{31}mɯ^{31}	父母
o^{55} phɑ^{31}	“伯父”	+o^{55}mɑ^{31}	“伯母”	o^{55}phɑ^{31}o^{55}mɑ^{31}	伯父母

2）偏正关系的复合词。分两类，一类是前正后偏的。例如：

lɑ^{31}tɕɑ^{55}	“茶”	+phɯn^{55}	“圆的”	lɑ^{31}tɕɑ^{55}phɯn^{55}	沱茶
luŋ^{55}	“石头”	+sɯ^{55}	“磨”	luŋ^{55}sɯ^{55}	磨刀石

另一类是前偏后正的。例如：

ɑ^{31}ɹɑ^{31}	“麦面”	+bɯŋ^{55}	“绳子”	ɕɑ^{31}ɹɑ^{31}bɯŋ^{55}	面条
khɛn^{55}	“菜”	+tʂhʅ^{31}	“汁”	khɛn^{55}tʂhʅ^{31}	菜汤

3）补充关系的复合词。例如：

ɕɯŋ	“柴”	+thɔn	“段”	ɕɯŋ^{55}thɔn^{55}	木头
sʅ^{55}	“树”	+dzɯŋ^{55}	“棵”	sʅ^{55}dzɯŋ^{55}	树

4）支配关系的复合词。例如：

lɑ^{31}	“手”	+tɕhɯŋ^{55}	“箍”	lɑ^{31}tɕhɯŋ^{55}	手镯

la^{31}phuŋ^{55}	"头"	+xuaŋ^{55}	"裹"	la^{31}phuŋ^{55}xuaŋ^{55}	头帕

5）表述关系的复合词。例如：

a^{31}xɛ^{35}	"脚"	+di^{31}ʂa^{31}	"跛"	a^{31}xɛ^{35}di^{31}ʂa^{31}	跛子
a^{31}na^{31}	"耳朵"	+bɯ^{31}dɯ^{55}	"聋"	a^{31}na^{31}bɯ^{31}dɯ^{55}	聋子

（3）四音联绵词。根据各音节配搭关系进行分析，大致有以下几种格式：

1）AABB 型：	maŋ^{31}maŋ^{31}ȵim^{31}ȵim^{31}	坑坑洼洼
	pha^{55}pha^{55}laŋ^{31}laŋ^{31}	形容物件扁塌的样子
2）ABAB 型：	ba^{31}tɕha^{55}ba^{31}tɕha^{55}	形容耳语声
	kha^{55}mɛŋ^{55}kha^{55}mɛŋ^{55}	细声细气，嗲声嗲气
3）ABAC 型：	ka^{31}thaŋ^{35}ka^{31}phaŋ^{35}	上上下下，从上到下
	tɕhi^{31}ȵi^{55}tɕhi^{31}bo^{55}	从南到北，南北贯通
4）ABCB 型：	kha^{55}gam^{55}ma^{31}gam^{55}	形容丝丝拉拉的痛状
	khu^{55}doŋ^{55}iɛ^{55}doŋ^{55}	摇来摆去，左右摇幌

（4）叠音构词。虽然这类词的构词形式目前并不能产，但却在不少词类中都可以见到。例如：

名词：	tɕhuŋ^{55}tɕhuŋ^{55}	坛子	ɖaŋ^{31}ɖaŋ^{55}	山坡	phɛ^{55}phɛ^{55}	筐子
形容词：	sʅn^{55}sʅn^{55}	光滑	khɛ^{55}khɛ^{55}	硬	ba^{35}ba^{31}	薄
动词：	ga^{31}ga^{31}	饱	ma^{31}ma^{31}	挖苦	ɖɯŋ^{55}ɖɯŋ^{55}	稳住
副词：	tɕhɯŋ^{55}tɕhɯŋ^{55}	白白的	si^{31}si^{31}	确实地	dʑu^{55}dʑu^{55}	一直

（三）语法

1. 词类

阿依语的词根据意义、形态和它在句子中的功能，可分为名词、数词、量词、代词、动 词、形容词、副词、连词、语气词、叹词、助词等 11 类。

简要分述如下：

（1）名词　有下列语法特点：

1）可在名词后加助词 zɿ^{31}ɳɯ^{31}或 mɯ^{53}表示多数。这两个助词语法意义相近，在使用时稍有区别。他们都可加在动物名词后，但 mɯ^{53}除了加在动物名词后以外，还可加在非动物名词的后面。例如：

ɑ^{31}tshɑŋ^{31}	人	ɑ^{31}tshɑŋ^{31}zɿ^{31}ɳɯ^{31}或 ɑ^{31}tshɑŋ^{31}mɯ^{53}	人们
tɑ^{55}tɕhɑ^{55}	朋友	tɑ^{55}tɕhɑ^{55}zɿ^{31}ɳɯ^{31}或 tɑ^{55}tɕhɑ^{55}mɯ^{53}	朋友们
ɑ^{31}	山羊	ɑ^{31}bɛ^{55}zɿ^{31}ɳɯ^{31}或 ɑ^{31}bɛ^{55}mɯ^{53}	山羊（多数）
ŋuɑ^{55}	鱼	ŋuɑ^{55}zɿ^{31}ɳɯ^{31}或 ŋuɑ^{55}mɯ^{53}	鱼（多数）
sɿ^{55}dzɯŋ^{55}	树	sɿ^{55}dzɯŋ^{55}mɯ^{53}	树（多数）
tɕhim^{31}	房子	tɕhim^{31}mɯ^{53}	房子（多数）

（2）可在名词前加不同的词头表示人称领属。第一人称前加 ɑ^{31}，第二人称前加 ɳɯ^{31}，第三人称前加ŋ^{31}。例如：

第一人称		第二人称		第三人称	
ɑ^{31}phɯ^{31}	（我）父亲	ɳɯ^{31}phɯ^{31}	（你）父亲	ŋ^{31}phɯ^{31}	（他）父亲
ɑ^{31}mɯ^{31}	（我）母亲	ɳɯ^{31}mɯ^{31}	（你）母亲	ŋ^{31}mɯ^{31}	（他）母亲
ɑ^{31}khɑŋ^{31}	（我）祖父	ɳɯ^{31}khɑŋ^{31}	（你）祖父	ŋ^{31}khɑŋ^{31}	（他）祖父
ɑ^{31}ʈʂhʅ^{31}	（我）祖母	ɳɯ^{31}ʈʂhʅ^{31}	（你）祖母	ŋ^{31}ʈʂhʅ^{31}	（他）祖母

人称领属词头是单数人称代词的缩减形式，在阿侬语中主要加在亲属称谓名词前，少数动物名词前也可以加。亲属称谓名词加人称领属词头以后，前面仍可再加相应的人称代词。例如：

ŋɑ^{31} khɑ^{31}ie^{55} ɑ^{31}khɑŋ^{31}　　我的祖父
我 （助词）（词头） 祖父

ɳɑ^{31} khɑ^{31}ie^{55} ɳɯ^{31} khɑŋ^{31}　　你的祖父
你 （助词）（词头） 祖父

ŋ^{31} khɑ^{31}ie^{55} ŋ^{31} khɑŋ^{31}　　他的祖父
他 （助词）（词头） 祖父

（3）可在名词后加词尾 tɕhɛn^{31}表示指小。tɕhɛn^{31}原意为“儿子”，此处已虚化，相当于汉语的“儿”、“子”。tɕhɛn^{31}既可加在动物名词后，也可加在非动物名词后。例如：

ɑ^{31}tshɑŋ^{31}	人	ɑ^{31}tshɑŋ^{31}tɕhɛn^{31}	小孩
ɛ^{31}be^{55}	山羊	ɑ^{31}bɛ^{55}tɕhɛn^{31}	小山羊羔
ɛ^{31}xi^{35}	木碗	ɛ^{31}xi^{35}tɕhɛn^{31}	小木碗
sɿ^{55}dzɯŋ^{55}	树	sɿ^{55}dzɯŋ^{55}tɕhɛn^{31}	小树

（2）数词

1）基数词

thi^{55}	一	ɑ^{31}ȵ^{55}	二	ɑ^{31}sɔm^{53}	三
bɹi^{31}	四	phɔŋ^{31}	五	kuŋ^{55}	六
sɿȵ^{35}	七	ɕɛn^{55}	八	dɯ^{31}gɯ^{31}	九
thi^{31}tshɑ^{55}	十	thi^{31}ɕɑ^{55}	百	thi^{31}jɑ^{55}	千或
thi^{31}tu^{55}	千	thi^{55}mɯ^{31}	万		

十位以上的位数词（包括十）一般不能脱离基数词单独使用。多位数词相连，每位数词中间需加助词 i^{31}。例如：

thi^{31}	jɑ^{55}	i^{33}	phɔŋ^{31}	ɕɑ^{55}	i^{31}	kuŋ^{55}	tshɑ^{55}	i^{31}	ɑ^{31}ȵ^{55}
一	千	（助词）	五	百	（助词）	六	十	（助词）	二

一千五百六十二

i^{31}的使用规律是十至二十中间不加，二十至九十九之间可加可不加，一百以上的数则位数词之间都要加 i^{31}。

2）约数有多种表示方法：

①用两个相邻的数量词组相连后再加 ɖɑŋ^{31}表示。例如：

phɔŋ^{31}	io$ʔ^{55}$	kuŋ^{55}	io$ʔ^{55}$	ɖɑŋ^{31}	五六个（人）
五	个	六	个		

ɑ^{31}ȵ^{55} tshɑ^{55} ɑ^{31}sɔm^{53} tshɑ^{55} ioʔ^{55} ɖɑŋ^{31}　　二三十个（人）
二　十　三　十　个
thi^{31} tshɑ^{55} ɑ^{31}sɔm^{53} ioʔ^{55} bɹi^{31} ioʔ^{55} ɖɑŋ^{31}　　十三四个（人）
一　十　三　个　四　个

②用约数词 ɖɑŋ^{55}或在数量词前加词头ŋ^{31}表示“几”的意思。例如：ɖɑŋ^{55}ioʔ^{55} “几个”，ɖɑŋ^{55}tshɑ^{55} “几十”，ɖɑŋ^{55}ɕɑ^{55} “几百”，ŋ^{31}tshɑ^{55} “几十”，ŋ^{31}ɕɑ^{55} “几百”。

③用在定数词后加 kɑ^{31}ʈhɑŋ^{55} “余”表示。例如：

thi^{31}tshɑ^{55}kɑ^{31}thɑŋ^{55}ioʔ^{55}　　十多个
thi^{31}ɕɑ^{55}kɑ^{31}ʈhɑŋ^{55}ioʔ^{55}　　一百多个
ɑ^{31}sɔm^{53}tshɑ^{55}kɑ^{31}ʈhɑŋ^{55}ioʔ^{55}　　三十多个

3）分数　用数量词组连接助词再加数量词组，即×分中×分的方式表达。例如：

sɔm^{53} ʈhɯ^{55} ɖoŋ^{31}khɑ^{31} ʈhi^{31} thɯ^{55}　　三分之一
三　分　（助词）　一　分
phɔŋ^{31} ʈhɯ^{55} ɖoŋ^{31}khɑ^{31} ɑ^{31}ȵ^{55} ʈhɯ^{55}　　五分之二
五　分　（助词）　二　分

4）倍数　在定数词后加 khɑ^{55}表示。例如：

thi^{31}khɑ^{55}　一倍　　phɔŋ^{31}khɑ^{55}　五倍　　thi^{31}ɕɑ^{55}khɑ^{31}　一百倍

还有借用傈僳语表达的。例如：

thi^{31}fu^{55}　一倍　　phɔŋ^{31}fu^{55}　五倍　　thi^{31}ɕɑ^{55}fu^{55}　一百倍

5）序数　一般在数词前加 kɯ^{31}phɑŋ^{55}或 ʔi^{55}phɑŋ^{55}表示。例如：

kɯ^{31}phɑŋ^{55}thi^{55}　　第一　　kɯ^{31}phɑŋ^{55}ɑ^{31}sɔm^{53}　　第三

kɯ^{31}phɑŋ^{55}thi^{31}tshɑ^{55} 第十 kɯ^{31}phɑŋ^{55}thi^{31}ɕɑ^{55} 第一百

表示日子的序数在数词前加 sɿ^{31}lɑ^{55} “月” 表示。例如：

sɿ^{31}lɑ^{55}thi^{55}ȵi^{31}	初一	sɿ^{31}lɑ^{55}ɑ^{31}sɔm^{53}ȵi^{31}	初三
sɿ^{31}lɑ^{55}ɕɛn^{55}ȵi^{31}	初八	sɿ^{31}lɑ^{55}thi^{31}tshɑ^{55}phɔŋ^{31}ȵi^{31}	十五日

（3）量词　量词较丰富。分名量词和动量词两类。分述如下：

1）名量词 根据使用范围和使用特点，可以分成许多类，常见的有：

①表示事物形状的量词有：ɭoŋ^{55} “块”（表示圆形的物体）、lɑŋ^{31} “张、片”（表示片状的物体）、thɑm^{55} “张、层”（表示薄片状的物体）、bɯŋ^{55} “根、条”（表示软质条形物）、kho^{55} “根”（表示硬质条形物）等。

②表示度量衡单位的量词有：thɔn^{55}庹（两臂左右伸直的长度）、bɯ^{31}thɑ^{55}（大指与中指之间的距离）、luŋ^{55} “两”、dɯŋ^{55} “斗”、gɑm^{55} “斤”、phɛn^{55} “升”、ɕɯŋ^{55} “分” 等。

③表示时间的量词有：ȵɯŋ^{55} “年”、ȵi^{31} “天”、sɑŋ^{31} “早晨”、di^{31}tshɯŋ^{55} “代、辈”、iɑŋ^{55} “夜、晚上” 等。

④表示抽象事物的量词有：ʈʂhɿ^{31} “样（东西、货）”、iɑŋ^{31} “件（事）”、ɳɯ^{31} “个（单位）”、thɿ^{31}ɹɑ^{31} “（个）问题” 等。

⑤表示集体的量词有：zɿ^{31} “群”、zɑ^{55} “窝”、khɑŋ^{35} “丛”、m̩^{31}ɕiŋ^{55} “束”、dzui^{55} “双”、bɑ^{31}mɯ^{53} “些” 等。

名量词在使用时有如下特点：

①可以重叠。重叠后表示轮番、逐次的意思。例如：

thi^{55}ioʔ^{55}ioʔ^{55}	一个一个地	thi^{55}dzɯŋ^{55}dzɯŋ^{55}	一棵一棵地
thi^{55}ȵi^{31}ȵi^{31}	一天一天地	thi^{55}bɯm^{31}bɯm^{31}	一堆一堆地

②可以在量词前加 khɑ^{55}，在量词后加 nɯ^{31}gɯ^{55}表示 “每” 的意思。例如：

kha^{31}ioʔ^{55}nɯ^{31}gɯ^{55} 每个（人） khɑŋ^{31}iɑŋ^{55}nɯ^{31}gɯ^{55} 每晚上

khɑ^{31}dzɯŋ^{55}nɯ^{31}gɯ^{55} 每棵　　khɑ^{31}ɭoŋ^{55}nɯ^{31}gɯ^{55} 每块

③可以用某事物的名称来表示该事物的量。例如：

ȵi^{55} thi^{55} ȵi^{55} 一只眼　　phɑn^{55} thi^{55} phɑn^{55} 一条腿
眼 一 眼　　腿 一 条
vɛn^{55} thi^{55} vɛn^{55} 一朵花　　ɕɛm^{55} thi^{55} ɕɛm^{55} 一片树叶
花 一 花　　树叶 一 树叶

2）动量词　动量词较少，有以下几个：dʑɯŋ^{31} “次”、dɑm^{55} “下”、so^{31} “回、遍”、zʅ^{31} “觉”、bɯm^{31} “顿”。

（4）代词　分人称代词、指示代词、疑问代词、反身代词、泛指代词5类。简要介绍如下：

1）人称代词　人称分一、二、三，数分单、双、多，第一人称双数和多数有包括式和排除式之分，列表如下：

数 人称		单数	双数	多数
一	包括式	ŋɑ^{55}或ɑ^{31}io^{31}	ŋɑ^{55}iɯŋ^{55}si^{31}	ŋɑ^{55}iɯŋ^{55} （ɳɛ^{31}ni^{35}）
	排除式		ɑ^{31}iɯŋ^{55}si^{31}	ɑ^{31}iɯŋ^{55}
二		ɳɑ^{55}	ɳɛ^{31}ɳɯŋ^{55}si^{31}	ɳɯ^{31}ɳɯŋ^{55}
三		ŋ̩^{55}	ŋ̩^{31}ɳɯŋ^{55}si^{31}	ŋ̩^{31}ɳɯŋ^{55}

2）指示代词有两类，分近指、远指，近指用iɑ^{55}（有时变读为iɛ^{55}或iɛ^{31}）远指上方用nɑ^{55}，下方用ʔi^{55}，平地用khu^{55}。例如：

iɑ^{55} bɑm^{31} nɯ^{31}ɑ^{55} ɑ^{31}io^{31} khɑ^{31} ie^{55}，khu^{55} bɑm^{31} nɯ^{31}ɑ^{55} ɳɑ^{31} khɑ^{31}
这 个 （助词） 我 （助词） 是 那 个 （助词） 你 （助词）
ie^{55}，ʔi^{55} bɑm^{31}nɯ^{31}ɑ^{55} ɑ^{31} khɑŋ^{31} khɑ^{31} ie^{55}，ʔi^{55} bɑm^{31}nɯ^{31} ɑ^{55} ɑ^{31}khɑŋ^{31}
是 个（助词） 爷爷（助词） 是 那 个 （助词） 舅舅

kha^{31} ie^{55}.
（助词） 是

这个是我的，那个是你的，那个（下方）是爷爷的，那个（上方）是舅舅的。

3）疑问代词　根据替代的对象不同，分别有代人的疑问代词，用 kha^{55}io$ʔ^{55}$ “谁”，代物的疑问代词用 kha^{55}ʈʂhʅ^{31} “什么”，代处所的疑问代词用 kha^{55}ɑ^{31} “哪儿”，代数量的疑问代词用 kha^{55}ɖɑŋ^{55} “多少”，代状貌的疑问代词用 kha^{55}ɖi^{55} “怎样”。除代数量的疑问代词外，其他疑问代词可以重叠，重叠后表示多数。例如：

khɑ^{55}io$ʔ^{55}$	谁	khɑ^{55}io$ʔ^{55}$khɑ^{55}io$ʔ^{55}$	哪些人
khɑ^{55}ʈʂhʅ^{31}	什么	khɑ^{55}ʈʂhʅ^{31}khɑ^{55}ʈʂhʅ^{31}	哪些东西
khɑ^{55}ɑ^{31}	哪儿	khɑ^{55}ɑ^{31}khɑ^{55}ɑ^{31}	哪些地方

4）反身代词 ŋ^{31}luŋ^{35}ŋ^{31} “自己” 可以单独在句中作句子成分，也可和人称代词结合使用。与人称代词结合时其词头、词尾均可脱落。例如：

ɑ^{31}io^{31}luŋ^{35}	我自己	ɳɑ^{31}luŋ^{35}	你自己
ŋ^{31}luŋ^{35}	他自己	ɑ^{31}iɯŋ^{55}si^{31}luŋ^{35}	我俩自己
ɳɛ^{31}ɳɯŋ^{55}si^{31}luŋ^{35}	你俩自己	ŋ^{31}ɳɯŋ^{55}si^{31}luŋ^{35}	他俩自己
ɑ^{31}iɯŋ^{55}luŋ^{35}	我们自己	ɳɛ^{31}ɳɯŋ^{55}luŋ^{35}	你们自己
ŋ^{31}ɳɯŋ^{55}luŋ^{35}	他们自己		

5）泛指代词 有 ɑ^{31}tshɑŋ^{31} “别人”、ɑ^{31}tshɑŋ^{31}ʈʂhʅ^{55} “人家”。例如：

iɑ^{55} nɯ^{55}ɑ^{55} ɑ^{31}tshɑŋ^{31} khɑ^{31} ie^{55}.　　这是别人的。
这（助词） 别人 （助词） 是

ɑ^{31}tshɑŋ^{31}ʈʂhʅ^{55} m̩^{31} ɛm^{55} nɯ^{3}！　　人家还没吃呢！
人家 没 吃 （语气）

（5）动词　动词有人称、数、体、态、式、方向等语法范畴，分别用加前缀、后缀及词根的屈折变化等方式表达。现分述如下：

1）动词的人称和数。动词的人称和数采用在动词前后加附加成分的方式构成，下面以动词 khi^{55} “咬、啃” 为例，列出动词变化的大致情况：

数 人称	单数	双数	多数
第一人称	khiŋ^{55}	khi^{55} sɛ^{55}	khi^{55} i^{31}
第二人称	ɳ̩^{31} khi^{55}	ɳ̩^{31} khi^{44} sɛ^{55}	ɳ̩^{31} khi^{55} ɳɯ^{31}
第三人称	khi^{55}	khi^{55}	khi^{55}

从上表动词 khi^{55}的变化可以看到，单数第一人称在动词后加 -ŋ，单数第二人称在动词前加 ɳ^{31}，在第三人称不管单数、双数或多数，动词均用零形态。双数第一人称在动词后加 sɛ^{55}，双数第二人称在动词前加 ɳ^{31}，动词后加 sɛ^{55}，多数第一人称在动词后加 i^{31}，多数第二人称在动词前加 ɳ^{31}，在动词后加 ɳɯ^{31}。

根据动词词根声韵母的不同情况，人称、数的变化还有许多音变规则。此外，动词人称、数的变化除和主语发生一致关系外，在一定条件下还和宾语发生一致关系，因篇幅限制，不一一举例说明了。

2）动词的体　分将行体、进行体、已行体、曾行体、完成体等，分别在动词后加不同的后缀表示。分述如下：

①将行体　在动词后加 bɯ^{55}、uɑ^{55}表示行为动作即将进行。bɯ^{55}一般都可以加在一、二、三人称的动词后面，而 uɑ^{55}却只能加在第三人称的动词后面。例如：

ɑ^{31} io^{31}　ɑ^{55}　ɭoŋ^{55} bɯ^{55} ɛ^{55}.　　我将要回去。
我　（助词）回去（后加）

ŋ^{31} ɳɯŋ^{55} khɛn^{55} vɛn^{35} ɛ^{55} uɑ^{55}.　　他们要买菜。
他们　菜　买（后加）

②进行体　在动词后加 no^{31}、ɛ^{55}或 no^{31} ɛ^{31}连用表示行为动作正在进行。

例如：

mo^{55}do^{55} dɯ^{31}ba^{31} ʈhaŋ^{55} kha^{31} a^{31}iaŋ^{35}si^{31} a^{31}gu^{55}ɛ^{55}.
汽车 桥 上 （助词） 慢慢地 走（后加）
汽车在桥上慢慢地走着。

ŋ^{31}ɳɯŋ^{55} tɕhim^{31} kha^{31} la^{31}tɕhɯŋ^{55} a^{31}thɿ^{55}ʐɿn^{55}sa^{55} no^{31}ɛ^{31}!
他们 家 （助词） 门 插 （后加）
他们家的门插着呢！

③已行体　在动词后加 dʑe^{31}（或 dʑɯ^{31}、dʑi^{31}），表示行为动作已经进行。dʑe^{31}加在不同的人称后有不同的变化，单数、双数一、二人称后用 dʑɯ^{31}，第三人称后用 dʑe^{31}复数第一人称后用 dʑi^{31}。例如：

a^{31}io^{31} a^{55} ɕa^{55} thi^{31} gam^{55} vɛn^{35} dʑɯ^{31}ŋa^{31}.
我 （助词） 肉 一 斤 买 （后加）
我买了一斤肉

tshɿ^{55} dzaŋ^{55} a^{31}dʑe^{31}.
雨 下 （后加）
下雨了！

④曾行体　在动词后加 ie^{31}表示行为动作曾经发生过。例如：

ŋa^{55} pei^{31}tɕin^{55} dzɿ^{55} bɯŋ^{55}ie^{31}.
我 北京 去 （后加）
我去过北京。

⑤完成体　在动词后加 ʈhaŋ^{31}表示行为动作不仅已经进行，而且已经完成。ʈhaŋ^{31}一般同表示已行体的 dʑe^{31}连用。例如：

ŋ^{31}a^{55} a^{31}gɹɿ^{31}tʂhɿ^{31} ɛm^{55} ʈhaŋ^{31}dʑe^{31}ɛ^{55}.
他（助词） 饭 吃 （后加）
他吃完饭了。

3）动词的态　有自动态、使动态和互动态 3 种，分别用加前加成分、后加成分、屈折变化等手段同时表达。分述如下：

①自动态　在动词后加附加成分，表示行为动作自身进行。单数第一人称加 ɕɯŋ^{55}，第二、三人称加 sɿ^{31}或 sɛ^{31}。例如：

动词	汉义	单数第一人称	第二、三人称
dʑɛn^{55}	洗（衣）	dʑɛn^{55}ɕɯŋ^{55}	dʑɛn^{55}ʂʅ^{31}
sɑn^{55}	杀	sɑn^{55}ɕɯŋ^{55}	sɑn^{55}sɛ^{31}（ʂʅ^{31}）
tɕhɑŋ^{55}	梳（头）	tɕhɑŋ^{55}ɕɯŋ^{55}	tɕhɑŋ^{55}ʂʅ^{31}（sɛ^{31}）

②使动态　用在动词前加附加成分或词根辅音清浊交替等方式表达。主要方式有：

a. 在动词前加附加成分 sɿ^{31}表示。sɿ^{31}的元音随动词词根的元音发生变化，一般动词的主要元音为 ɑ、ɯ、ɔ、u 等后元音时，前加成分用 sɿ^{31}，如动词主要元音为 ɛ 时，前加成分用 sɛ^{31}，如动词声母为舌面前辅音或动词主要元音为 i 时，则用 ɕi^{31}。例如：

汉义	哭	粘住	吃	（狗）咬
动词	ŋɯ^{55}	ɡɑ^{55}	ɛm^{55}	dʑɯŋ^{55}
使动	sɿ^{31}ŋɯ^{55}	sɿ^{31}ɡɑ^{55}	sɛ^{31}ɛm^{55}	ɕi^{31}dʑɯŋ^{55}

b. 在动词前加前加成分 dɯ^{31}表示。例如：

汉义	孵	融化	霉烂	穿上
动词	bɯm^{31}	ɡɹ^{55}	bɯm^{55}	ɡuɑ^{55}
使动	dɯ^{31}bɯm^{31}	dɯ^{31}ɡɹ^{55}	dɯ^{31}bɯm^{55}	dɯ^{31}ɡuɑ^{55}

c. 部分鼻音、边音作声母的动词，用浊音声母变换成清音表示使动。例如：

汉义	埋下	醉	睡下	哭
动词	lim^{55}	nɑŋ^{55}	ȵim^{53}	ŋɯ^{55}

使动	ɬim^{55}	n̥aŋ^{55}	ɲ̊im^{53}	ŋɯ^{55}（sɯ^{31}ŋɯ^{55}）

③互动态　在动词前加前加成分 ɑ^{31}表示。例如：

动词	vɑm^{55}	射击	tshom^{55}	想念	zɿn^{53}	问
互动	ɑ^{31}vɑm^{55}	互相射击	ɑ^{31}tshom^{55}	互相思念	ɑ^{31}zɿn^{53}	互相问

4）动词的式　分陈述式、命令式、祈求式 3 类。分别用加前加成分、后加成分和声母清浊交替等方式表达。分述如下：

①陈述式　在动词后加 ɛ^{31}表示。动词加 ɛ^{31}以后，如果不加其他附加成分，则表示有进行体的语法意义。例如：

phɑ^{55}dzɑ^{55}mɑ^{31}　ɑ^{31}ɡɹɿ^{55}ʈʂhɿ^{31}　ɛm^{55}ɛ^{31}.　　　哥哥在吃饭。
　　哥哥　　　　饭　吃　（后加）

②命令式　分单数、双数和多数，除了加前加成分和后加成分外，部分动词的声母也发生清浊交替的现象。大致有以下几种变化。

a. 动词声母如为清音或浊塞音、浊塞擦音、复辅音时，声母不变，在动词后加 o^{31}表示单数命令式，加 so^{31}表示双数命令式，加 ɳo^{31}表示多数命令式。例如：

动词		单数命令式	双数命令式	多数命令式
dzɑm^{55}	贴	dzɑm^{55}o^{31}	dzɑm^{55}so^{31}	dzɑm^{55}ɳo^{31}
bi^{31}	割（肉）	bi^{31}o^{31}	bi^{31}so^{31}	bi^{31}ɳo^{31}
xɹɯn^{53}	筛	xɹɯn^{53}o^{31}	xɹɯn^{53}so^{31}	xɹɯn^{53}ɳo^{31}

b. 动词声母如为浊擦音、浊鼻音、浊边音构成命令式时，动词词根声母一律变清音，后加成分与上面 a 项相同。例如：

动词		单数命令式	双数命令式	多数命令式
vɛ^{31}	点（灯）	fɛ^{31}o^{31}	fɛ^{31}so^{31}	fɛ^{31}ɳo^{31}
zɿn^{53}	问	sɿn^{53}o^{31}	sɿn^{53}so^{31}	sɿn^{53}ɳo^{31}

nεm^{35}	卖	n̥εm^{35}o^{31}	n̥εm^{35}so^{31}	n̥εm^{35}ȵo^{31}
mεŋ^{35}	挖（地）	m̥εŋ^{35}o^{31}	m̥εŋ^{35}so^{31}	m̥εŋ^{35}ȵo^{31}
lɑŋ^{55}	舔	ɬɑŋ^{55}o^{31}	ɬɑŋ^{55}so^{31}	ɬɑŋ^{55}ȵo^{31}

c. 动词词根如为开元音起首的音节，动词命令式词根本身无变化，动词后面所加后加成分与 a、b 项相同，但动词前面需加前加成分 phɯ^{31}，前加成分 phɯ^{31}与动词词根（或动词构词词头）结合很紧，有时听起来像是一个音节。例如：

动词		单数命令式	双数命令式	多数命令式
ɑŋ^{55}	喝	phɯ^{31}ɑŋ^{55}o^{31}	phɯ^{31}ɑŋ^{55}so^{31}	phɯ^{31}ɑŋ^{55}ȵo^{31}
		(phɑ^{55}ŋo^{31})	(phɑŋ^{55} so^{31})	(phɑŋ^{55}ȵo^{31})
ɑ^{31}dzɑ^{55}	剁	phɯ^{31}ɑ^{31}dzɑ^{55}o^{31}	phɯ^{31}ɑ^{31}dzɑ^{55}so^{31}	phɯ^{31}ɑ^{31}dzɑ^{55}ȵo^{31}
		(phɑ^{31}dzɑ^{55}o^{31})	(phɑ^{31}dzɑ^{55}so^{31})	(phɑ^{31}dzɑ^{55})
εm^{55}	吃	phɯ^{31}εm^{55}o^{31}	phɯ^{31}εm^{55}so^{31}	phɯ^{31}εm^{55}ȵo^{31}
		(phε^{55}mo^{31})	(phεm^{55}so^{31})	(phεm^{55}ȵo^{31})

d. 动词词根如为 i 介音起首的音节，动词命令式后面所加附加成分与上 3 项一致，但动词的 i 介音变成辅音 ç。例如：

动词		单数命令式	双数命令式	多数命令式
iεn^{55}	逃跑	çεn^{55}o^{31}	çεn^{55}so^{31}	çεn^{55}ȵo^{31}
iɑŋ^{55}	喊叫	çɑŋ^{55}o^{31}	çɑŋ^{55}so^{31}	çɑŋ^{55}ȵo^{31}

③祈求式　分两种，请求对方让自己从事某一活动时，在命令式动词后加 lie^{31}。请求对方让第三者从事某一活动时，除了在动词后加 lie^{31}外，还在动词前加 lɑ^{31}。例如：

ɑ^{31}io^{31} ɑ^{55}lε^{55} dʑɑŋ^{55} o^{31}lie^{31}.　　请让我看一下。
我　一下　看　（后加）

ŋ^{31}　lɑ^{31}　dʑεn^{55} o^{31} lie^{31}!　　请让他洗吧！
他（前加）　洗　（后加）

5）动词的方向　分向心方和离心方两组，分别以说话人的地理位置为准。分别在动词后加不同的附加成分构成，这些附加成分大都由实词虚化而来。现分述如下：

①向心方　由 $ɑ^{31}ie^{55}$、$ɑ^{31}nɑ^{55}$、$ɑ^{31}ɖɑ^{55}$、$ɭo^{31}$等构成，下面以动词 $zʅ^{35}$“背”为例，说明他们的语法意义：

$zʅ^{35}ɑ^{31}ie^{55}$　　背来（行为动作由平地发出）
$zʅ^{35}ɑ^{31}nɑ^{55}$　　背上来（行为动作由下方向上方发出）
$zʅ^{35}ɑ^{31}ɖɑ^{55}$　　背下来（行为动作由上方向下方发出）
$zʅ^{35}ɭo^{31}$　　背回来（行为动作返回原地）

②离心方　由 $ɑ^{31}bɑ^{55}$、$ɑ^{31}lɑ^{31}$、$ɖɑŋ^{55}$、$ɭu^{55}$等构成。举例说明如下：

$zʅ^{35}ɑ^{31}bɑ^{55}$　　背去、背走（行为动作向外发出，不强调方向）
$zʅ^{35}ɑ^{31}lɑ^{31}$　　背下去（行为动作由山势或房屋的上方向下方发出）
$zʅ^{35}ɖɑŋ^{55}$　　背上去（行为动作由山势或房屋的下方向上方发出）
$zʅ^{35}ɭu^{55}$　　背回去（行为动作返回原处）

以上表方向的后加成分使用在不同的语法环境中时韵母还有一定的变化，因篇幅限制，不再一一举例说明了。

6）动词的名物化　在动词后加 $dɛm^{55}$构成。例如：

$ɛm^{55}$ 吃　$ɛm^{55}dɛm^{55}$ 吃的　$ɑŋ^{55}$ 喝　$ɑŋ^{55}dɛm^{55}$ 喝的
$dʑɑŋ^{55}$ 看　$dʑɑŋ^{55}dɛm^{55}$ 看的　$dzom^{55}$ 用　$dzom^{55}dɛm^{55}$ 用的

（6）形容词　形容词有以下语法特点：

1）用前加成分 $uɑ^{55}$、$tɕhi^{55}$分别表示两种意义相反的状貌形容词，$uɑ^{55}$常常加在“大、高、长、宽”等形容词前，$tɕhi^{55}$（$tɕi^{55}$）往往加在“小、矮、短、窄”等形容词前。例如：

$uɑ^{55}dɯŋ^{31}$ 大　$uɑ^{55}mɑŋ^{31}$ 高　$uɑ^{55}ȵɑ^{31}$ 长　$uɑ^{55}gɑŋ^{31}$ 宽

tɕi^{55}iɑ^{55}　　小　　tɕhi^{55}ȵim^{31}　矮　　tɕi^{55}ʈhɯŋ^{55}　短　　tɕhi^{55}phi^{55}　窄

2）形容词可以重叠，重叠后表示程度加深。例如：

phu^{55}　黄　　phu^{55}phu^{55}　黄黄的　　tɕhuŋ^{35}　直　　tɕhuŋ^{35}tɕhuŋ^{35}　直直的
bɑ^{35}lɑ^{55}薄　　bɑ^{35}bɑ^{31}　薄薄的　　ɳɯŋ^{55}　软　　ɳɯŋ^{55}ɳɯŋ^{55}　软软的

3）形容词也可以名物化，有两种方式，一种是在形容词后加 o^{55}构成，另一种是在形容词前加ŋ构成。例如：

bɯm^{31}　多　　bɯm^{31}o^{55}　多的　　sʅn^{55}　光滑　　sʅn^{55}o^{55}　光滑的
ɭʅ^{55}　旧　　ŋ^{31}ɭʅ^{55}　旧的　　ȵin^{55}　熟　　ŋ^{31}ȵin^{55}　熟的

4）在形容词后加后加成分 ɑ^{31}ni^{55}表示性质、状貌在发展变化之中。例如：

ɑ^{31}mɯ^{31}　ɑ^{31}dzɑ^{31}　nɯ^{31}　gɑm^{55}　ɑ^{31}ni^{55}.　　妈妈的病好起来了。
妈妈　　病　（助词）　好　（后加）

（7）副词　副词可分为程度副词，如 ɳɑ^{31}“很”、ɑ^{31}du^{35}thi^{31}“比较”、bɑ^{31}ʂʅ^{31}“很、更、特别”、ɑ^{31}khɯ^{55}“最”等；范围副词，如 gɯ^{55}“也”、ɖɑ^{31}ɖɑŋ^{55}“全都”等；时间副词，如 iɛ^{55}sɑŋ^{55}nɯ^{31}“现在、刚才”、ɖo^{55}“先”、phɑŋ^{31}si^{31}si^{31}“后”等；语气副词，如 thɛ^{55}lu^{55}“大概”、lɛ^{55}m̩^{31}ʐʅ^{55}“也许”等；性状副词，如 ɑ^{31}iɑŋ^{35}si^{31}“慢慢地”、khɑ^{55}mɑ^{55}uɑ^{31}li^{31}“悄悄地”、sʅ^{31}lɑ^{55}ɳɛm^{55}uɑ^{31}li^{31}“好好地”等；否定副词，如 m̩^{31}“不、没”、thɑ^{31}“别”等 6 种。

副词在句中使用时有如下特点：

1）可以重叠使用，重叠后表示加强语气。例如：

dɛ^{55}ʂʅ^{55}khɑ^{55}ɑ^{31}　ɑ^{31}ɖɑ^{31}dɑŋ^{55}　ɖɑ^{31}dɑŋ^{55}　ɑ^{31}do^{55}kho^{55}　mi^{31}li^{31}　ɑ^{31}gɯŋ^{55}i^{31}.
今晚　　全都　　集中　　后开　会（后加）

今晚全都集中开会。

2）副词在句中作状语时，多数放在谓语前面，也有少数可放在谓语后面的。例如：

ɑ^{31}io^{31} tɕhɛn^{31} ɑ^{55} thi^{31} ioʔ^{55} ɛ^{31}si^{55} ɳo^{55}ɛ^{31}.
我 孩子 （助词） 一 个 仅 有（后加）
我只有一个孩子。

ɳɑ^{31} ɑ^{55} dzɑ^{31} dzɑ^{31} phɑ^{31} ɡɛ^{55}dzʅ^{55} ɛ^{31}ɖo^{55}.
你 （助词） 快 快 走 （后加） 先
你快点儿先走。

（8）助词 有结构助词、定指助词、状语助词等。

1）结构助词，可分为限制、施动、受动、工具、时间、从由、比较、随同等类。

①限制助词 ni^{55}一般用在强调领属关系的结构中。大多数情况可以省略不用。例如：

phɑ^{55}dzɑ^{55}mɑ^{31} ni^{55} tɕhɛn^{31}
哥哥 （助词） 孩子
哥哥的孩子

ɑ^{31}mɯ^{31} ni^{55} ɑ^{31}ɳ̍i^{55}
妈妈 （助词） 头发
妈妈的头发

②施动助词 mi^{55}一般加在施动者无法辨认的句子中。例如：

ŋ^{31} khɑ^{31} m̩^{31}sɯ^{31}lɑ^{55}o^{55}ɑ^{31}tshɑŋ^{31} mi^{55} sɑn^{55}ɛ^{31} bɑ^{35}.
他（助词） 坏人 （助词） 杀 （后加）
他是被坏人杀了的。

③受动助词 khɑ^{31}有 3 个用途：第一，加在间接宾语后，表示动作的承受者。第二，加在处所名词后，表示行为动作的地点。第三，加在容器名词后，表示工具。例如：

ɑ^{31}io^{31} ʈhɑ^{31}ɳɑŋ^{55} khɑ^{31} ʂʅ^{55}vɑ^{31} thi^{31} pɯŋ^{55} dʑiŋ^{55}.

我 弟弟 （助词） 书 一 本 给

我给弟弟一本书。

khoŋ^{55}min^{31} khɑ^{31} bɑ^{31}ʂʅ^{31} thi^{31}ɹom^{55} ɛ^{31}.

昆明 （助词） 很 远 （后加）

昆明很远。

ɑ^{31}ʈʂhʅ^{31} ʈʂhʅ^{55} khɑ^{31} ʂ ɑ^{55}ɹɑ^{55} uɑ^{55} ʈʂhʅ^{31} dɯ^{31} gom^{55} ɛ^{31}.

奶奶 口袋（助词） 面 粉 装 （后加）

奶奶用口袋装面粉。

④工具助词 mi^{55}加在表示工具的名词后，表示行为动作使用该工具进行。例如：

ŋ^{31} vɑ^{55} mi^{55} ɕɯŋ^{55} ɑ^{31} tɕhiʔ^{31} ɛ^{31}.

他 斧子（助词） 柴 劈 （后加）

他用斧子劈柴。

⑤时间助词 thɑ^{35}加在时间名词后，表示行为动作在该时间进行。例如：

ɑ^{31}io^{31} thi^{31} tshɑ^{55} ɑ^{31}n̥^{55} sʅ^{31}lɑ^{55} thi^{55} n̥i^{31} thɑ^{35} mo^{31}ko^{55}dʑɑŋ^{31} khɑ^{31}

我 一 十 二 月 一 日（助词） 木古甲 （助词）

thɯŋ^{55}bɯŋ^{55}ɛ^{31}.

到达 （后加）

我十二月一日到达木古甲。

⑥从由助词 khɯŋ^{31}ne^{55}或 ne^{55}加在名词或代词后，表示行为动作由该处发出。例如：

khɛn^{55}dʑɑ^{31} hɑm^{35} ɖɑŋ^{31}ne^{55} khɑʔ^{55} ɑ^{31}n̥^{55} kɯ^{31} ɑ^{31}tshɑŋ^{31} ɑ^{31}ne^{55}.

菜园子 里 （助词） 鸡 二 只 跑 （后加）

从菜园子里面跑出两只鸡。

⑦比较助词 thaŋ^{55}ɑ^{31}加在名词或代词后，表示被比较的对象。例如：

dɯ^{31}ʐɑŋ^{31} khu^{55} kho^{55} nɯ^{31} thaŋ^{55}ɑ^{31} iɑ^{55} kho^{55} nɯ^{31} sʅn^{31}ɛ^{31}.
棍子 那 根 （助词）（助词） 这 根 （助词） 细
这根棍子比那根棍子细。

⑧连同助词有两个，一个是 ɳɛ^{31}ɳɛ^{31}ŋɑ^{55}，另一个是 tɑ^{55}ti^{55}，意义和用法基本相同。例如：

ɑ^{31}io^{31} ɳɛ^{31}ŋɑ^{55} phɔŋ^{31} ioʔ^{55} iɛ^{31}.
我 （助词） 五 个 有
连我有五个人。
ŋ^{31} dʑɛ^{31}phi^{55} nɯ^{31} tɑ^{55}ti^{55} tɕhɑ^{31}mɑ^{55}zɑ^{55} sɔm^{53} ioʔ^{55} iɛ^{31}.
他 姐姐 （助词）（助词） 妇女 三 个 看
连他姐姐共有三个妇女。

2）定指助词 有两个，一个是 nɯ^{31}，另一个是 ɑ^{55}，有时 nɯ^{31}、ɑ^{55}可以连用。在句中加在名词、代词或词组后，强调指出他在句中的地位。例如：

iɛ^{31} khuɑŋ^{55} nɯ^{31} thaŋ^{55}ɑ^{31} khu^{55} khuɑŋ^{55} nɯ^{31} tɑʔ^{55} ɛ^{31}.
这 间 （助词）（助词） 那 间 （助词） 大 （后加）
那间比这间大。
ɑ^{31}io^{31} ɑ^{55} khoŋ^{55} min^{31} khɯŋ^{31}ne^{55} dzʅ^{55}nɛ^{31} iɯŋ^{55}ɑ^{31}.
我 （助词） 昆 明 （助词） 来 （后加）
我从昆明来。

3）状语助词 li^{31}或 uɑ^{31}li^{31} 主要加在非副词的词或词组后，构成副词或副词性词组，使该词或词组在句中作状语。例如：

ʂʅ^{31}thɑ^{31} thi^{55} ȵi^{31} thi^{55} ȵi^{31} li^{31} ɑ^{31}bɑ^{55}.
时间 一 天 一 天 （助词） 去
时间一天一天地过去了。

ŋ^{31} m̩^{31} sɿ^{31} ŋu^{31} m̩^{31} sɿ^{31} ŋu^{31} li^{31} phɹɿ^{31} ɑ^{31}su^{35} ɑ^{31}dɑ^{55}.
他 边 说 边 说 （助词） 泪 掉 有
他边说边掉眼泪。

（9）连词　连接词或词组的并列关系连词用 sɿ^{55}。例如：

ɑ^{31}hiŋ^{35} sɿ^{55} ɑ^{31}suŋ^{55}　　碗和筷子
碗 和 筷子
ɛm^{55} dɛm^{55} sɿ^{55} ɑŋ^{55} dɛm^{55}　　吃的和喝的
吃 （后加） 和 喝 （后加）

用来连接句子的连词将在句法部分介绍。

（10）语气词　语气词较丰富，一般放在句尾，表达各种语气，有疑问、叮咛、反诘、估计、拟测、陈述等等，下面举几个例子，以见一斑。

iɑ^{55} ʈʂhɿ^{35} nɯ^{55}ɑ^{55} ɳɑ^{31} ɑ^{55} m̩^{31} so^{55} o^{31} mɛ^{53}?
这 件 （助词） 你 （助词） 不知道 （后加）（语气）
这件事你不知道吗？（疑问）
dɯ^{31}bɑ^{31} khɑ^{31} mɛ^{31}gu^{55} thɑ^{35} phɯ^{31}ɑ^{31} dʑɑ^{55} ʂɿ^{31} lɑ^{35}!
桥 （助词） 过 （助词）（前加） 当心 （后加）（语气）
过桥的时候要当心啊（叮咛）
ɑ^{31}io^{31} ɑ^{55} dʑɑŋ^{55} ɑ^{31}dʑɯŋ^{55}ɑ^{31}, ɳɑ^{31} le^{53}?
我 （助词） 看 （后加） 你 （语气）
我看过了，你呢？（反问）

（11）叹词　叹词一般放在句首，表达各种情感。根据所表达的内容，可以分成应答、惊讶、叹息、提示等许多类。例如：

ʔo^{55}! ʔo^{55} ɬu^{53}o^{31}! dzɑ^{35} ɬu^{53}o^{31}!
喂 喂 拿着 快 拿着
喂！拿着！快拿着！（提示）
ɛ^{55}! ɑ^{31}ȵi^{55} gɯ^{55} bɑ^{55} ɑ^{31}ie^{55}.
唉 头发 也 白 （后加）
唉！头发都白了！（叹息）

ɕɑ^{55}！iɛ^{55}sɑŋ^{55}nɯ^{31} ɡɯ^{55} tʂhʅ^{55} m̩^{31} dzʅ^{55} dɑ^{55}？
啊呀 现在 也 还 没 走 （语气）
啊呀！到现在还没走呢？

2. 句法

（1）句子成分和语序 阿依语的句子有主语、谓语、宾语、定语、状语。现将其语序介绍如下：

1）基本语序为主—宾—谓。例如：

ɑ^{31}bɛ^{55} ŋ^{31}khɯ^{55} io^{55}ɛ^{31}. 山羊有角。
山羊（主）角（宾）有（后加）（谓）

2）名词、代词作定语放在中心词的前面。例如：

ɑ^{31}phɯ^{31} ni^{55} vɑ^{55} 爸爸的斧子
爸爸（定）（助词）斧子
ŋ^{31} mɛŋ^{55} 他的脸
他（定） 脸

形容词、数量词组、指量词组等作定语在中心词后。例如：

ɡɑ^{31}mɯ^{31} sɛ^{55} 新衣服
衣服 新（定）
ȵi^{55}luŋ^{55} thi^{55} ɭoŋ^{55} 一只眼睛
眼睛 一 只（定）
ɕɯŋ^{55}dzɯŋ^{55} iɛ^{31} dzɯŋ^{55} 这棵树
树 这棵（定）

3）状语一般在谓语前，少数副词状语可以放在谓语后。例词请参阅副词部分。

（2）单句

根据句子的结构和语气，单句可分为以下几类：

1）陈述句 句中使用陈述式附加成分或表示陈述的语气词。例如：

ŋ^{31} mɛŋ^{55} nɯ^{31} phu^{55}phu^{55} ɛ^{31}.
他 脸 （助词） 黄黄 （后加）
他的脸黄黄的。

2）疑问句　有多种表达方式，如句中用疑问代词的，用疑问语气词的，用选择疑问的，用是非疑问的等等。例如：

ɳa^{31} a^{55}iɛ^{55}phie^{55} thi^{55} dʐaŋ^{31} ɳ̩^{31}dzɿ^{55} ɛ^{31}ie^{55} ɖa^{53}?
你 （助词） 又 一 次 来 （后加）（语气）
你又来了呀？（用疑问语气词）
kha^{55}io^{ʔ55} ga^{31}mɯ^{31} nɯ^{31} ia^{55}kha^{31} gɛn^{55} a^{31}dʐa^{53}.
谁 衣服 （助词） 这儿 放 （后加）
谁的衣服放在这儿？（用疑问代词）

3）命令句　句中动词使用命令式。例如：

ɳa^{31} khɛn^{55} fɛn^{31} ɛ^{31}bo^{55}!
你 菜 买 去
你买菜去！

4）祈求句　句中动词使用祈求式。例句：

ŋ^{31} kha^{31} iɛ^{55}phie^{55} thi^{55}hiŋ^{35} tʂhɿ^{55} la^{55} ɛm^{55} lie^{31}.
他（助词） 一次 一碗 再 （后加） 吃 （后加）
请让他再吃一碗。

5）惊叹句　句中使用表示惊叹的语气词或叹词。例如：

ʔa^{55}la^{55}! ba^{31}ʂ̩ɿ^{31} a^{31}dza^{31} ɛ^{31}!
啊呀 很 痛 （后加）
啊呀！痛得很呀！

6）拟测句　句中使用拟测语气词。例如：

mɯ55sɯm55 iɑ55 xɑ55 nɯ31ɑ55 phɔŋ31 tshɑ55 gɑm55 thɛ31lu55
桃子 这 筐 （助词） 五 十 斤 大概
ɑ31nɛ35 bɯ31ŋ35！
有 （语气）

这筐桃子大概有五十斤吧！

（3）复句

复句分并列、偏正两类。分述如下：

1）并列复句 一般不用连词连接，根据前后句的关系，大致有以下几种类型：

①对比关系的并列复句。例如：

ɑ31io31 ɑ55 tɑʔ55 o55 thi55 nɯ31 vɛn35 thɑm55 ɛ31dʑɯŋ55 ɑ31ŋ31
找 （助词） 大 （后加） 一 个 买 着，（后加）， 他
ɑ55 tɕhɛm31 o55 thi55 nɯ31 vɛn35 thɑm55 ɛ31 dʑɯŋ31ɑ31.
（助词） 小 （后加） 一 个 买 着 （后加）

我买着一个大的，他买着一个小的。

②层进关系的并列复句。例如：

mo31ko55dʑɑŋ31 iɑ55 khɑ31 khɯŋ31ne55 ʈʂhʅ55 thi31ɹom55 ɛ31，
木古甲 这儿 （助词） 很 远 （后加）
mo31ko55dʑɑŋ31 khɯŋ31 ne55 koŋ35sɛn55 khɑ31 bɑ31ʂʅ31 thi31 ɹom55 ɛ31.
木古甲 （助词） 贡山 （助词） 更 远 （后加）

木古甲离这儿很远，贡山比木古甲更远。

③连贯关系的并列复句。例如：

ŋ31 sɑŋ55 bɑ31ʂʅ31 ɑ31nɛ55，thi31 ɕɑ55 gɑm55 kɑ31 ʈhɑŋ55 gɯ55 zʅ35 dʑo31
他 力气 很 有 一 百 斤 余 也 背 能
ɛ31.
（后加） 他力气很大，一百多斤也能背。

2）偏正复句　一般都有连词连接，根据主句和分句之间的关系，大致有以下几种类型：

①语气转折关系的偏正复句。例如：

ȵɑ^{31}　mɑ^{55}ʂu^{31}khɑ^{55}　ɑ^{31}io^{31}　khɑ^{31}　ʂʅ^{55}vɑ^{31}le^{31}ɕu^{55}　phɯ^{31}　ɑ^{31}ʐɑ^{55}
你　以后　我　（助词）　信　（前加）　写

i^{35}lɑ^{53}，　m̩^{31}　ie^{35}lɛ^{53}　ɑ^{31}io^{31}nɑ^{31}mɑn^{55}　ɛ^{31}ie^{31}。
（后加）（语气）　我　生气　（后加）

你以后要给我写信，不然的话，我要生气的。

②因果关系的偏正复句。例如：

lɑ^{31}mɑ^{55}　iɛ^{31}　xɑŋ^{35}　nɯ^{31}　ɖoŋ^{55}　khɑ^{31}　ȵ̊^{31}　nɑ^{31}　ȵ̊i^{55}　bɑ^{31}ʂʅ^{31}
田　这　块　（助词）　里　（助词）　牲　口　粪　很

ɑ^{31}sɑ^{55}　ʂʅ^{31}　le^{31}，ɑ^{31}　mɯ^{55}　dzɯŋ^{55}　ʂʅ^{31}　sʅ^{31}　lɑ^{55}　ɛ^{31}.
装（后加）（连词）　玉米　很　好　（后加）

因为这块地牲口粪上了很多，所以玉米长得很好。

③假定条件关系的偏正复句。例如：

ȵɑ^{31}　m̩^{31}　so^{55}　o^{55}　lɑ^{55}　ʐʅ^{31}　ȵ̊ɑ^{31}，ɑ^{31}io^{31}　khɑ^{31}　sʅn^{53}　ʑɯŋ^{55}.
你　不　懂（后加）　（连词）　我　（助词）　问　可以

你不懂的话，可以问我。

④让步关系的偏正复句。例如：

ɳ^{31}　ɑ^{55}ʈhi^{31}　mɑŋ^{31}　ɑ^{55}　ie^{55}li^{31}，lɑ^{31}mɑ^{55}　ɑ^{55}　tʂhʅ^{55}　uɑ^{55}
他　（助词）　老　（后加）（连词）　田　（助词）　很　做

dʐo^{31}　ɛ^{31}.
行　（后加）

他虽然老了，但还很能劳动。

雅鲁藏布江流域

雅鲁藏布江发源于西藏自治区阿里高原，由西向东，途中有拉萨河、尼洋河注入其中，至墨脱县转向南，形成一个大转弯，下游注入印度布拉马普特拉河。雅鲁藏布江流域绝大部分地区为藏语分布区，仅在东部米林县、隆子县、墨脱县、察隅县一带，杂有少量操门巴语、珞巴语和僜语的居民。操这些语言的居民，大部分分布在非法的麦克马洪线以南的我国广大土地上，仅有少量北徙至雅鲁藏布江流域。本节拟简要介绍僜语、珞巴语、门巴语的分布、使用情况，系属分类及有关的一些问题，并简要说明一下我所了解的关于夏尔巴话的情况。

一 僜语

僜人使用两种不同的语言，自称 $\text{ta}^{31}\text{ɹuaŋ}^{55}$ “达让”的僜人使用达让僜语，自称 $\text{kɯ}^{31}\text{man}^{35}$ “格曼”的僜人使用格曼僜语。两种语言差别较大。格曼僜语主要通行在西藏自治区察隅县察隅河下游的两岸台地上，印度北阿萨姆邦及缅甸北部葡萄一带也有少量分布。达让僜语主要通行在察隅河下游一条较大的北支流杜莱河流域，位于格曼语分布区以西。这两种语言与分布在云南贡山县的独龙语仅一山之隔，语言上也比较接近。上一节已经提到，独龙语、僜语与景颇语比较接近，分析他们在藏缅语族中的地位，把他们归入景颇语支中比归入其他语支中更合适。

关于僜语的使用情况，费孝通先生在《关于我国民族的识别问题》一文中，已作了阐述，两种僜语的基本特点，在我和其他几位同事合作的《门巴、珞巴、僜人的语言》一书中也已作了较详细的介绍，本节拟简要介绍一下察隅县有一种被称为“扎”的人所使用的语言。

费先生在《关于我国民族的识别问题》一文中曾提到："传说察隅地区原来还有一种称为'冏'的人，他们生产先进，所筑的梯田，遗迹尚在，大约在六代前被藏族打败，部分迁走，部分已藏化。……另外还有一种人，藏族称他们'扎'，他们的语言据说是格曼语加藏语，尚未经语言学者的鉴定，有可能是格曼语的底子杂有藏语。"关于"冏"人，我们在察隅县调查，只听见有关这方面的传说，未见其人，故他们的语言情况无法了解。关于"扎"人的语言，我们曾记录了一份资料。

"扎"人分布在察隅县南端下察隅区的沙马公社部分生产队，察隅公社的部分生产队和吉公公社的部分生产队，约有700多人。

"扎"话只通行在家庭或村寨内，操"扎"话的居民民族成分为藏族，出外也讲藏语，不常出门的老人和儿童不大会藏语。他们称藏语为普通话，称自己的语言为"土话"或"扎"话。分布在各村寨操"扎"话的居民彼此可以用"扎"语进行交际，其中达巴村、巴嘎村和塔马村的基本相同，松古村、拉丁村以及米奇村的基本相同。前三村和后三村之间稍有差别。

据操"扎"语的居民反映，从沙马往下，大约走两天到三天路，直至瓦弄，察隅河两岸居住的大都是操"扎"语的居民。他们除了在语言上有自己的特征外，在居住、风俗习惯、宗教信仰、婚姻等方面都还保存有一些与藏族不大相同的特征。

从调查所得材料进行初步对比分析，所谓的"扎"话并不是一种独立的语言，而是被藏语同化后保留格曼僜语底层的一种僜藏混合语。这种语言当地藏族完全听不懂，当地的格曼僜人能听懂三分之一。它的基本特征是吸收了大量的藏语借词，而基本保留了格曼僜语的语法构造和部分基本词。下面从词汇和语法两个方面简要介绍"扎"话和格曼僜语、藏语的异同情况。

（一）词汇方面的情况

在最常用的基本词方面，"扎"话接近于格曼僜语。例如：

1. 与格曼僜语完全相同而与藏语稍远的：

汉义	“扎”话	格曼僜语	当地藏语
水	a^{31}ti^{55}	a^{31}ti^{35}	tɕho^{55}
嘴	ȵtɕhɯ^{55}	ȵtɕhɯɯ^{53}	kha^{55}
我们	kin^{55}	kin^{55}	ŋã^{55}tsho^{55}
树	a^{31}sɯŋ^{35}	a^{31}sɯŋ^{35}	ɕiŋ^{55}
鸡	kɹai^{55}	kɹai^{55}	tɕa^{35}
睡	ŋui^{55}	ŋui^{55}	ni^{55}
哭	ŋai^{55}	ŋai^{55}	ŋu^{55}
好	kɯ^{31}sɯt^{55}	kɯ^{31}sɯt^{55}	ja^{13}po^{55}
大	kɯ^{31}tai^{53}	kɯ^{31}tai^{53}	tɕhen^{55}po^{55}
话	lai^{55}	lai^{55}	ke^{53}
追	poi^{53}	poi^{55}	te^{35}
啼	ɹɯŋ^{55}	ɹɯŋ^{55}	se^{35}
酥油	ta^{31}si^{55}	ta^{31}si^{55}	ma^{55}

2. 与格曼僜语虽然语音上不同，但同源关系比较明显，而与藏语较远的：

汉义	“扎”话	格曼僜语	当地藏语
毛	a^{31}mboi^{55}	mbɯl^{35}	po^{55}
断	thai^{55}	thal^{55}	tɕha^{55}
虱子	sai^{55}	săl^{53}	ɕi^{55}
拔	phai^{55}	phal^{53}	pe^{35}
蛇	ɹui^{35}	ɹuɯl^{55}	dʐy^{55}
脚	to^{31}pɹa^{55}	pla^{55}	kaŋ^{55}ba^{55}
臭虫	ma^{31}kɹap^{53}	mɯ^{31}klap^{53}	dʐə^{13}ɕi^{55}
穿	khɹap^{55}	khlap^{55}	tɕø̃^{55}
人	kɯ^{31}tsoŋ^{55}	tsoŋ^{35}	mə^{55}
手	a^{31}ɹɯk^{55}	ɹău^{53}	la^{13}pa^{55}
我	ka^{35}	ki^{55}	ŋa^{35}

他	u^{55}	wi^{53}	kho^{55}
买	tɕhip^{55}	ɕip^{55}	ȵø^{35}
狗	kɯ^{31}wi^{55}	kui^{55}	tɕhə^{55}

3. 与格曼僜语和藏语都不相同的词，这两部分词占的比例不很大。例如：

汉义	“扎”话	格曼僜语	当地藏语
耳朵	tɕin^{55}	iŋ^{55}	na^{55}tɕo^{55}
肠子	au^{31}ɬi^{35}	ha^{31}lai^{35}	dʐu^{55}ma^{55}
孩子	ni^{31}ŋe^{55}	sa^{55}	a^{31}ȵo^{55}
猪	jaɯ^{35}	li^{55}	pha^{55}
看	tɕi^{31}ɕu^{55}	thoŋ^{55}	ta^{55}
挖	pot^{55}	ŋgua^{35}	ko^{55}
撒（种子）	wan^{55}	phăŋ^{55}	tau^{55}

4. 与藏语相近而与格曼僜语不同的。例如：

汉义	“扎”话	格曼僜语	当地藏语
豹子	zi^{35}	tɯ^{31}pɯu^{55}	zi^{55}
鹿	ɕa^{55}wa^{55}	tɯ^{31}său^{53}	ɕa^{55}wa^{55}
铁	tɕa^{55}	tɯ^{31}gli^{53}	tɕa^{55}
虎	ta^{55}	bo^{55}da^{55}	ta^{55}
山羊	ʐa^{35}	kɯ^{31}tɕi^{53}	ʑa^{35}
汉族	ʥa^{31}ʑi^{55}	khi^{55}	ʥa^{13}ʐi^{55}
十	tɕu^{55}	kiap^{55}mu^{53}	tɕu^{55}
百	ʥa^{55}	wa^{55}je^{55}mu^{53}	ʥa^{55}
喝	thoŋ^{55}	tauŋ^{55}	thoŋ^{55}
月亮	da^{31}wa^{55}	lai^{53}	da^{13}wa^{55}
星星	ka^{55}ma^{55}	ŋa^{55}tɕi^{55}	ka^{55}ma^{55}
铜	zoŋ^{35}	khiau^{53}	soŋ^{35}

门	gu^{35}	$mphun^{53}$	go^{35}
辣椒	$be^{31}tɕi^{55}$	$pɯ^{31}tsi^{55}$	$ba^{31}tɕi^{55}$
名字	$meŋ^{35}$	$a^{31}măŋ^{55}$	$miŋ^{35}$
快	$dʑo^{35}$	kla^{55}	$dʑo^{35}$

（二）**语法方面的情况**

“扎”话的语法，基本还保留了格曼僜语的面貌，仅举几例，以见一斑。

1. 名词表复数的助词与格曼僜语基本相同。例如：

“扎”话		格曼僜语		汉义
$ni^{31}ŋe^{55}$	sen^{55}	sa^{55}	$săn^{55}$	孩子们
孩子	（助词）	孩子	（助词）	
$gĩ^{31}gĩ^{55}$	sen^{55}	$lau^{55}sɯ^{55}$	$săn^{55}$	老师们
老师	（助词）	老师	（助词）	
$kɯ^{31}tsoŋ^{35}$	sen^{55}	$tsoŋ^{35}$	$săn^{55}$	人们
人	（助词）	人	（助词）	
$go^{31}tʂhi^{53}$	sen^{55}	$go^{31}tʂhi^{53}$	$săn^{55}$	领导们
领导	（助词）	领导	（助词）	

（2）基数词与格曼僜语相同或相近，用法也基本一样。例如：

“扎”话	格曼僜语	汉义
$kɯ^{31}mo^{55}$	$kɯ^{31}mu^{53}$	一
$kɯ^{31}nin^{55}$	$kɯ^{31}jin^{53}$	二
$kɯ^{31}săm^{55}$	$kɯ^{31}săm^{53}$	三
$kɯ^{31}len^{55}$	$kɯ^{31}len^{55}$	五

可数名词和数词结合可以不加量词，其基本词序为名词加数词。例如：

kɯ^{31}tsoŋ^{35} 人	kɯ^{31}sǎm^{55} 三	三个人（扎话）
tsoŋ^{35} 人	kɯ^{31}sǎm^{53} 三	三个人（格曼僜语）

kɹai^{55} 鸡	kɯ^{31}nin^{55} 二	两只鸡（扎话）
kɹai^{55} 鸡	kɯ^{31}nin^{53} 二	两只鸡（格曼僜语）

（3）人称代词分单数、双数和多数，其构成方式基本相同。试比较如下：

数	人称	“扎”话	格曼僜语	汉义
单	一	ka^{55}	ki^{53}	我
	二	na^{35}	ȵo^{53}	你
数	三	u^{55}	wi^{53}	他
双	一	kɯ^{31}tɕin^{55}kɯ^{31}nin^{55}	kɯ^{31}tɕin^{35}kɯ^{31}jin^{53}	我俩
	二	i^{55}tɕin^{55}kɯ^{31}nin^{55}	ȵo^{31}tɕin^{35}kɯ^{31}jin^{53}	你俩
数	三	u^{55}tɕin^{55}kɯ^{31}nin^{55}	wi^{53}tɕin^{35}kɯ^{31}jin^{53}	他俩
多	一	kin^{55}	kin^{55}	我们
	二	ni^{55}	ȵo^{53}nin^{35}	你们
数	三	mi^{35}	win^{55}	他们

（4）动词所加的表示人称、数、时间的附加成分大致相同或类似。例如，格曼僜语中，用后加成分 mi^{35}、mǎŋ^{55}表示将来时，“扎”话中用 ma^{55}或 maŋ^{55}表示将来时；格曼僜语中用 mɯn^{55}、mai^{53}等表示现在时，“扎”话中用 mɯ^{55}、mai^{55}表示现在时；格曼僜语中 ki^{55}、ka^{53}、kua^{53}、li^{55}ka^{31}表示过去时，“扎”话中用 kie^{55}、tɕi^{55}、le^{55}等表示过去时，不同人称的各种附加成分与人称代词有着密切的关系。

（5）存在动词的用法基本相同。表示人或其他动物的存在格曼僜语用

tɕau⁵³，“扎”话用 tsak⁵⁵或 tsaɯ⁵⁵，这两个词有明显的对应关系。表示其他事物的存在格曼僜语用 kam³⁵或 ka⁵⁵，“扎”话用 ka⁵⁵或 ka⁵⁵mɯ³¹。

（6）结构助词的用法基本相同。试列表比较如下：

助词种类	格曼僜语	“扎”话
施动助词	ka³⁵	kɯ⁵⁵
工具助词（用于容器）	lit⁵⁵	lit⁵⁵
工具助词（用于非容器）	ka³⁵	kɯ⁵⁵
处所助词	li⁵⁵，lit⁵⁵	li⁵⁵，lit⁵⁵
受动助词	wi³⁵	wɯ³¹
从由助词	năŋ⁵³hi⁵⁵	wi⁵⁵na³¹

从上述词汇和语法方面的比较，大致可以看出，所谓的“扎”人操的土话，基本上是格曼僜语的底层，我们再结合目前的地理分布和他们口头传说来分析，格曼僜人是察隅河下游的早期居民，自从藏族南进到这一地区以后，在政治、经济、宗教等方面占了优势，早期在这一带居住的格曼僜人受到藏族各方面巨大的影响，逐渐使他们失去了自己的民族特点而同化于藏族，仅仅保留了在家庭或村寨中使用的语言。而近几十年来，又不断有格曼僜人从察隅河下游迁居到上游来居住，而这一部分格曼僜人基本上保留了自己的特点。

察隅“扎”人使用的语言是很有意思的，我们现在还不能知道他们与藏族接触的确切年代，以至进一步分析，一种在政治、经济各方面占优势的民族语言与一种在各方面占劣势的语言相接触，后一种语言如何逐步接受影响，并缩小自己的使用范围，最后完全丧失自己特点的。同时也可以看到，尽管“扎”人在民族特点上已经大部分同化于藏族，但语言是比较稳固的，他的变化要比其他特征消失得慢得多，尽管操“扎”话的藏族与其他藏族一样生产、生活，但周围的藏族总还感到他们有些特殊的东西保存着，其中重要的一点就是他们在家庭或村寨中使用的语言。

二 珞巴语

珞巴语是我国珞巴族使用的语言，“珞巴”的名称来自藏语，意思为居住在南方的人，并根据珞巴族中的分支另起了“卡珞”、“丁珞”等多种名称。

珞巴语主要分布在我国西藏自治区东南部的珞瑜地区，各种不同的珞巴部落操着不同的方言和不同的语言。由于我们对珞瑜地区的语言尚未进行全面的调查，他们之中究竟使用多少种语言或方言，目前还不大清楚，仅将我们所知道的部分情况介绍如下：珞瑜地区的珞巴族有多种部落，彼此隔绝，不同的部落分别有不同自称，据不完全统计，其中较大的约有二十多种，如义都、希蒙、米朗、巴当（巴达姆）、巴昔（伯西）、公戛（卡姆卡）、班吉（潘其）、博莫坚波（波摩强波）、博日（波里）、戛高（卡可）、明永（民荣）、戛龙（迦龙）、博嘎尔（博卡）、拜里波（邦波）、惹莫、塔金、尼西（尼苏）、登尼、苏龙、邦尼（班尼）、邦汝（班儒）、鲁苏（阿卡）、塔买（达姆美）、布根等。[①]

这二十多种部落，语言情况十分复杂，其中博嘎尔部落的语言最有代表性，通行的地区最广，使用的人口最多，上面提到的希蒙、巴当、明永、戛高、博日、班吉、博莫坚波，巴昔、拜里波、惹莫等部落都操这种语言。在隆子、米林、墨脱等县的珞巴族除墨脱县一部分珞巴族已完全使用藏语外，也主要使用这种语言。他们内部有方言差别。方言差别的程度因未作详细调查还不能妄加推论。操这种语言的人约有十多万。这种语言国外著作中通称阿波尔（Abor）语。

另一种语言是以尼西或邦尼部落为代表的，主要分布在苏班西里河及其支流的河谷或山坡地带，操这种语言的部落大致有尼西、邦尼、邦汝、苏龙、塔金等。内部也有方言差别。估计有八万人。这种语言国外著作中

① 近几年，我们对分布在中印边境东段一侧的珞巴族语言支系进行了补充调查，记录了义都语、苏龙语和崩汝（邦汝、班儒）等语言，他们与已经调查的博嘎尔珞巴语都有很大的差别，都是独立的语言。详情请参阅孙宏开等主编的《中国的语言》，商务印书馆2007年版。

通称达夫拉一米里（Dafla - Miri）语。这种语言与上面以博嘎尔为中心的语言有明显的亲属关系，有人认为可属同一语言的方言。

再一种是以鲁苏部落为代表，主要分布在卡门河流域，操这种语言的部落大致有鲁苏、布根、塔买等，约有一万五千人左右。据说登尼部落人使用的语言与这一支语言接近。这种语言国外著作中通称为阿卡或鲁苏（Aka 或 Hrusso）语。这种语言可能和不丹地区的舍朱巴语接近。

还有一种是以义都部落为代表，主要分布丹巴江流域的河谷及山坡地带，人数比前三种要少，他们的语言与前三种比，差别较大，但与僜语中的达让僜语比较接近，传说他们五六百年前是同一祖先，后来逐渐分化出来。操这种语言的人约有七千人。国外著作中称这种语言为义都或丘利卡塔（Idu 或 Chulikatta）语。

珞巴语的系属，由于珞巴语内部支系繁多，语言复杂，加上研究不够，目前还不能提出肯定的意见，但通过已经掌握的材料初步分析，义都珞巴语与达让僜语是比较接近的，它与僜语、独龙语等划入景颇语支比较合适，至于以博嘎尔为中心的珞巴语，在比较中，既有与藏语支接近的特点，也有与景颇语支接近的特点，相对来说，与景颇语支接近的特点稍占优势，也许经过深入研究以后，可以归入景颇语支。以尼西或邦尼为代表的珞巴语同以博嘎尔为代表的珞巴语比较接近，在系属分类上也许能采用相同的处理方式，甚至也可能归为一个语言。以鲁苏为代表的珞巴语与门巴语在地域上比较接近，受门巴语的一定影响，同时，他们与不丹地区的朱巴人接触较多，语言也接近，但由于目前掌握的材料太少太零碎，还未能对他们的系属问题进行系统的研究，因此，关于这些语言的系属问题，有待今后进一步深入研究。

三 门巴语

门巴语是我国门巴族使用的语言。门巴族使用两种语言，一种叫门巴语，一种叫仓洛语。门巴语主要分布在西藏自治区南部错那县及门达旺地区，因此，过去我们把这种语言叫错那门巴语。操这种门巴语的居民自称 $mon^{35} pa^{55}$ “门巴”。

错那门巴语除了分布在错那及门达旺一带外，在墨脱县境内的文浪、德兴等公社也有少量分布，这部分居民自称 bɹɑ³³mi⁵⁵ “八米”。

分居在两地的自称“门巴”或“八米”的居民，虽然相隔近千里，但他们的语言是很接近的，我们根据调查语音、语法、词汇的同异进行分析，不同地区的居民在一起用本民族语言进行交际，不会引起太大的困难。据他们自己介绍，一百五六十年前，达旺地区的门巴族，不堪农奴制度的压迫和剥削，加之自然灾害和地震，他们成批地逃亡到墨脱县来，在文浪一带安家落户。过去，他们还保留有迁徙路线和家谱的记录，“文化大革命”中破“四旧”时烧掉了。因此，错那门巴语和文浪一带的门巴语至多相隔不到二百年的时间。语言的变化是缓慢的，二百年不同的演变，决不至于彼此发展到面目全非的地步。

错那门巴语与藏语比较接近，语言中不仅吸收了大量藏语借词，有相当多的基本词也与藏语相同或相近，已经不大好区别哪些是借用，哪些是同源，经初步比较，错那门巴语与藏语有关系的词约占调查词汇总数的近一半左右。语法上也比较接近，主要语法范畴相同，表达语法范畴的语音形式有同源的，也有不同源的。国外，有把错那门巴语看作藏语的一个方言的。经过我们初步比较研究，错那门巴语虽然和藏语比较接近，这是两种语言长期互相接触互相影响的结果，但这种影响尚未完全使门巴语丧失自己的基本特点。同时，错那门巴语与藏语之间的差别，已超过了藏语卫藏、康、安多三个方言之间的差别，因此，我们仍把错那门巴语看作是一个独立的语言，归入汉藏语系藏缅语族藏语支。

仓洛门巴语主要分布在墨脱县境内，林芝县东久地区也有少量分布。操仓洛门巴语的居民自称 mon pa “门巴”或 tshaŋlo “仓洛”，因为他们主要分布在墨脱县，故又称墨脱门巴语。

操仓珞门巴语的居民，据他们祖先留下的传说，也是来自门达旺西部的主隅，与门达旺一带操门语的居民出于同一原因，先后来到墨脱一带定居。定居时间也在一百五六十年左右。林芝东久地区的仓珞人，是在迁徙过程中留下的一支。墨脱、林芝东久地区的仓珞门巴语是基本一致的。

仓洛门巴语和错那门巴语之间存在着较大的差别，这种差别要比错那门巴语和藏语之间的差别还要大一些，因此，我们认为两种门巴语都是独立的语言。

仓洛门巴语的系属，从总特点来看，大致介于藏语支和景颇语支之间的一个语言，语音上有带r后置辅音的复辅音，韵尾保留完整，有p、t、k、ʔ、m、n、ŋ、r、s，有i、u韵尾的前响复元音，只有习惯调，没有音位调。语音的特点既有与藏接近的，又有与景颇接近的，它在词汇上没有景颇、独龙、僜、珞巴等语言中所具有的丰富的弱化音节，但与藏语有密切关系的词比景颇、独龙、僜、珞巴要多得多，这一方面反映它受藏语的影响比较明显（但不如错那门巴语大）甚至表示结构关系的连词、助词也有使用藏语借词的现象，但基本语法特点不同于藏语。例如，动词没有人称范畴，有体，分将行、进行、已行三种体，表体的后加成分与藏语看不出同源关系；动词的式也不同于藏语，有动词重叠表示互动的语法现象，这与羌语支的语言相类似。量词少，用法与景颇、藏都比较接近。因此，关于墨脱门巴语的系属，需要进一步研究。

四　夏尔巴话

夏尔巴人主要居住在尼泊尔，国外称Sherpa“谢尔巴”。在我国主要分布在西藏自治区聂拉木县立新公社和定吉县的绒辖、陈唐一带，人口不足千人。“夏尔”藏语为东方，“巴”为人，“夏尔巴”实际是“东方人”的意思。

据夏尔巴人口头传说，他们最早是从东方迁去的，有的甚至能具体地指出是原西康木雅一带。

我们初步记录了他们的语言，与国外已经公布的语言资料相对照，发现夏尔巴话与藏语惊人地相似。同源词在百分之八十左右。语音上也基本相同。语法上个别虚词在用法上有些不同，但也基本上与藏语一致。因此，我们初步认为，夏尔巴话就是藏语。但为什么有人反映藏族在与夏尔巴人交际时，不能立刻听懂夏尔巴人的话呢？这主要是因为夏尔巴话在语音上有一些特殊的地方，词汇中吸收了一些尼泊尔语和当地其他少数民族的语言成分。

下面拟部分摘列出一八四七年发表在孟加拉《亚洲社会》杂志上的一

个藏语和夏尔巴话的词汇对照:①

汉义	藏文	藏语	夏尔巴话
空气	rlongma	lhakpa	lungbo
蚂蚁	grogma	thoma	thunna
箭	mdah	da	da
鸟	byu	chya	jha
血	khrag	thak	thak
船	gru	koa，syen	thu
骨头	ruspa	ruko	ruba
水牛	mahi	mahe	meshi
猫	byila	simi	bermo
奶牛	ba	phachuk	chuma
天，日	nyinmo	nyimo	nimo
狗	khyi	kyo	khi
耳朵	rna	amcho	amchuk
土地	sa	sa	sa
蛋	sgonga	gongna	gongna
大象	glangchen	lamboche	langbo
眼睛	mig	mik	mik
父亲	pha	pala	aba
火	me	me	me
鱼	nya	gna	gna
花	metog	mentok	mendok
脚	rkangpa	kango	kango
山羊	ra	ra	ra
头发	skra	to，kra	ta
手	lagpa	lango	lango

① 参见 Journal of the Asiatic Society of Bengal. Vol. 16, 1847 Part Ⅱ. pp. 1245—1246。

头	mgo	go	go
猪	phag	phakpa	phak
角	ra	rajo	arkyok
马	rta	ta	ta
房子	khyim	nang	khangba
铁	lchags	chhya	chhya
叶子	loma	hyoma	hyomap
人	mi	mi	mi
月亮	zlava	dawa	oula
母亲	ama	ama	ama
山	ri	ri	ri
口，嘴	kha	kha	kha
名字	ming	ming	min
晚上	mtshanmo	chenmo	chemo
油	hbrumar	num	num

该词汇对照表共列了187个常用词，以上摘列了前40个常用词的对照，尽管该对照表中的词是用拉丁字母记音，但从上述对照中可以清楚地看到，藏语和夏尔巴话的词汇是接近的。我们将这187个常用词进行比较，其中不同源的只有28个，占15%。

我们无法断定词汇表的作者B. H. Hodgson当时记录的藏语和夏尔巴话的确切地点，但因为使用的拉丁字母记音是不极其准确的，个别词的词义也可能有问题，如房子一词，藏语记的nang，可能是里面的意思，因此，不大好根据他的记音来判断夏尔巴话的语音特征。

我们从最近初步记录的西藏聂拉木县立新村的夏尔巴话常用词中，大致可以看出以下几个语音特征：

1. 夏尔巴话声母的塞音、塞擦音分清、清送气、浊3套。例如：

清音		清送气音		浊音	
pit^{55}	脱	$phak^{55}pa^{55}$	猪	bar^{55}	燃烧

ta^{55}	马	thom^{35}	熊	da^{55}	箭
ca^{53}	百	cho^{35}	你	ɟuʔ^{35}	去
ku^{55}	偷	kha^{55}	嘴	ɡu^{55}	九
ku^{55}	卖	tsha^{55}	盐	khɛ^{13}dze^{55}	多少
		ʈʂho^{55}	逃	dʐer^{35}	倒
tɕaʔ^{55}	铁	tɕhu^{55}	河	dʑiŋ^{13}bɑ^{55}	脖子

2. 夏尔巴话没有复辅音，既没有康方言中特有的 mb、nd、ŋɡ、ndz、ndʐ、ndʑ。……也没有安多方言中前置辅音加基本辅音构成的复辅音。

3. 夏尔巴话有 p、t、k、ʔ、m、n、ŋ、l、r 九个辅音韵尾。例如：

—p：	ɟop^{55}	打	tup^{55}	剁
—t：	ʈʂhet^{35}	刮		
—k：	khɑk^{55}ti^{53}	苦	tɕik^{55}	一
—ʔ：	ʈʂhuʔ^{55}	六	ɕeʔ^{53}	说
—m：	som^{55}	三	lɑm^{35}	路
—n：	then^{55}	拉	min^{35}	名字
—ŋ：	thuŋ^{55}	喝	daŋ^{55}	昨天
—r：	bar^{55}	燃烧	phir^{55}	飞
—l：	yl^{55}	村子	ŋul^{55}	银子

从夏尔巴话语音的特点看，接近卫藏方言，而与康方言稍远，与安多方言更远。

结束语

八江流域的民族语言是十分复杂的，本文仅介绍了其中一部分的语言情况，在澜沧江下游地区，还有一些属于藏缅语族的民族语言目前还不大清楚，就已经介绍过的这些地区，也有一些语言未深入调查。

在本文撰写过程中，笔者始终考虑一个问题，这些被介绍的一些具体的语言，何以不是另一语言的方言？也有人说，语言和方言没有具体的分界线，也不好掌握统一的标准。这话不是没有道理的。

就一般来说，我国阿尔泰语系内部语言差别比汉藏语系语言内部差别小。在汉藏语系内部，壮侗、苗瑶两个语族内部的差别比藏缅语族语言内部差别小。举例来说，阿尔泰语系蒙古语族内部各语言的同源词至少在百分之五十以上（指一般在二千至三千最常用的基本词的比较）而藏缅语族各语支之间的同源词一般很少超过百分之二十的。同语支各语言之间的同源词一般也很少超过百分之三十的。彝语内部方言之间在词汇上的差别甚至要大于蒙古语族各语言之间的差别。因此，用统一的标准或尺度来决定差别到什么程度算语言，差别到什么程度算方言，这个标准确实不好定。

但是我们在研究一种新语言，确定它是一个独立的语言还是另一语言的方言时，是根据客观实际出发的。一般考虑了以下几种因素：

第一，把它放到该语支、语族中去考察，以该语支、语族中方言差别最大的语言为标准，基本词汇和语法构造的差别大大超过已知最大方言差别的算独立语言。我们在藏缅语族语言的支属比较中，一般都比较了一千五百至三千左右个的常用词，同源词在百分之十五左右或十五以下的算同一语族的不同语支，同源词在百分之二十左右至三十左右的，算同一语支的不同语言，同源词在五十左右或五十以上的算同一个语言的不同方言。当然，在比较中首先要排除互相借用的情况，借词不能算作发生学上的同源词。第二，在比较中不仅看同源词的百分比，要结合语法特征和带根本性的语音特征来综合分析。特别是反映该语言本质的重要语法范畴，最能反映语言之间的亲疏关系。一般来说，一个语言内部各方言在语法上是大体一致的，即使有差别，也不会在重大语法范畴的有无方面表现出来。一般仅在次要语法现象或表达语法范畴的语法形式或语音手段上存在一定的差别。一个语言的语音、语法，词汇是一个统一体，当然它们的变化是不平衡的，但只有综合起来分析，不强调某一方面的因素，如果把某一方面的次要特征上升到区别语言和方言的唯一的标志，这是不客观的，有时会有任意性，甚至误入歧途。第三，确定是一个独立的语言还是某一通用语言的方言，要把这个语言的材料放到通用语言的方言材料中去考察，看它是否合套，看它们之间同异的差别是否大体相当这个语言内部各方言之间差别的程度。如果完全不合套，大大超过了通用语言的方言差别，那这个语言是否是通用语言的方言就值得怀疑了。例如，有人主张嘉绒语是藏语的方言，那么，藏语方言的传统分法是卫藏、康和安多三个方言，如果把嘉绒语算作藏语方言，那么，藏语只能划两个，一个是藏方言，一个嘉绒方言，藏语原来的三个方言，只够划三个土语。因为方言土语的划分是根据其差别的程度来划的，从差别大的层次，到差别小的层次。

第四，要联系使用该语言或方言的人民的历史、社会情况来考虑。要分析造成同异的社会原因和历史原因等等。要研究语言内部因社会原因或历史原因造成语言变异的具体条件和特征，并给予科学的说明，这样不仅能使结论下得更确切，而且研究的成果能为其他学科，如历史、民族、考古、宗教等学科提供有用的参考资料。

语言和方言的差别是客观存在的事实，并不是个人主观想怎样定就怎样定的。当然，也有一些语言与方言的界限不是很清楚，例如，错那门巴语和藏语的关系，就属于这一类，但是，这毕竟是个别现象，并不影响我们对藏缅语族中一些新语种的识别鉴定。

在本文撰写过程中，笔者始终考虑的另一个问题是语言和民族的关系。我一向认为，语言和民族不能画等号，语言不等于民族。一个民族可以讲一种语言，也可以讲两种、三种甚至更多的语言。我国裕固族分别讲属于两个不同语族的语言，我国瑶族分别讲属于不同语族和不同语支的三种语言，我国的景颇、门巴等都分别讲一种以上的语言，我国台湾的高山族，讲十多种不同的语言。反过来，不同的民族也可以讲同一种语言，我国的回族、满族和汉族一起都讲汉语，壮族和布依族的语言，实际上差别很小，比汉语内部的方言差别还要小。可见，语言和民族是既有联系，又有区别的两回事，因此，我们通过调查研究，确定为独立语言的，并不意味着要根据语言特点改变他们的族称，我们从事语言调查研究，是从语言实际出发，仅客观反映语言之间异同的大致情况，至于民族识别，涉及的方面要广泛得多，语言仅仅是民族识别诸多因素中需要参考的因素之一，决不是唯一因素，因此，有人企图把语言和民族画等号，责难语言工作者在通过调查研究鉴定出一种新语种时，说分裂了民族，这种说法其实是一种误解。我们要通过调查研究，逐步摸清我国究竟有多少种少数民族语言，他们的分布、使用及历史演变情况如何？他们与周围邻近语言的关系如何？他们在同语系、同语族、同语支语言中的地位如何？这是时代赋予我们民族语文研究工作者的光荣任务。

语言的系属分类，是指发生学分类，本应建立在历史比较研究的基础上，由于这一工作目前尚未全面开展，因此，提出分类的初步意见是带有主观性和任意性的。但由于目前对具体语言的资料掌握得多一些了，而且也多少做了一点比较工作，从平面异同的对照中，逐步探索历史变化的规律，这样，又可以说比过去五十年代的分类方法，依据又要充分一些。我们相信，语言的谱系分类，随着各语言的深入研究，随着语支、语族、语系历史比较研究工作的逐步深入开展，将逐步臻于完善。因此，本文目前关于系属分类的意见，还是初步的，希望得到各方面的批评指正。

（本文1983年发表，原载于云南省民族研究所编辑的《民族学报》第3期，第98—273页，由云南民族出版社出版，该杂志为年刊，原名《六江流域的民族语言及其系属分类——兼述嘉陵江上游、雅鲁藏布江流域的民族语言》，本次发表做了一些修改和补充。）

贰 川西民族走廊地区的语言

孙宏开

从事我国西南地区民族史、民族学以及少数民族语言调查研究的同志，近几年来，经常把北自甘肃南部、青海东部，向南经过四川西部、西藏东南部，到云南西部以及缅甸、印度北部的这一条狭长的地带称为民族走廊。

这条民族走廊的地理特点是山高坡陡，南北走向的山脉、河流比较多，岷江、大渡河、雅砻江、金沙江、澜沧江、怒江等较大的河流贯穿在这一地区。这条民族走廊地带，历史上存在着十分复杂的民族情况，近百年来，中外许多民族学、历史学、语言学的专家、学者，他们的论文、著作中都曾提到这一地区民族情况和语言情况的复杂性。而现在，对许多研究民族史、民族学、民族语言的人来说，仍是一个没有完全解开的谜。费孝通先生曾分析说："这个走廊正是汉藏、彝藏接触的边界，在不同历史时期出现过政治上的拉锯局面。而正是这个走廊在历史上是被称为羌、氐、戎等名称的民族活动地区，并且出现过大小不等，久暂不同的地方政权。现在这个走廊东部已是汉族的聚居区，西部是藏族的聚居区……这个走廊中有迹象表明还存在着被某一通用语言所淹没而并没有完全消失的基层语言。"并指出，这条走廊"沉积着许多现在还活着的历史遗留，应当是历史与语言科学的一个宝贵的园地"。①

四川西部地区是这条走廊的核心地区之一，笔者近几年曾在川西地区进行了较长期的语言调查，初步了解了这一民族走廊地区的语言种类、分布，语言使用情况及其基本特点。

通过调查及初步分析研究表明，这一地区的居民除分别使用过去已经知道的藏、彝、羌、普米、嘉绒等语言外，确实还使用着多种过去还不大为外人所具体了解的“历史遗留”的语言。使用这些语言的居民，除了分别在家庭、村寨使用自己的语言外，根据交际需要与周围的环境，有的兼通汉语，有的兼通彝语，有的兼通藏语。本文拟简要介绍这些语言的分布、使用情况、基本特点以及和周围其他民族语言的大致关系，供进一步研究这一地区民族史、民族语言、地方史以及民族识别的同志们参考。

一　各语言的基本情况

（一）尔苏语（多续语、栗苏语）

尔苏语主要分布在四川凉山彝族自治州的甘洛、越西、冕宁、木里、雅安地区的石棉、汉源，以及甘孜藏族自治州的九龙等县。约有人口二万左右。[②]不同地区使用尔苏语的居民，分别有多种不同的自称，居住在甘洛、越西、汉源的自称“尔苏”，又自称“布尔兹”有时连起来可以自称“布尔兹尔苏”，分布在冕宁东部地区的自称“多续”，分布在石棉的自称“鲁苏”，分布在九龙、木里以及冕宁西部地区的自称“栗苏”。上述分布在不同地区的各种自称，都是同一名称的方音差别，他们原来都是“白人”的意思。尔苏语内部有方言差别。讲不同方言彼此很难交际。但他们的基本词汇和语法构造是大体一致的。尔苏语分 3 个方言，自称尔苏或鲁苏的讲东部方言（或称尔苏方言），约有一万三千人，自称多续的讲中部方言（或称多续方言），约有三千人，自称栗苏的讲西部方言（或称栗苏方言），约有四千人[③]。我们在四川冕宁地区对尔苏语的多续（中部方言）方言进行了认真的记录，并与西田龙雄所著《多续译语研究》中的多续语进行了反复核对，原来它就是西番译语中所记录的分布在冕宁一带的一种少数民族语言，其中除了有一部分词本民族群众已遗忘，不大会讲以外，大部分常用词的读音和现在口语的读音是基本一致的。

操尔苏语的居民除在家庭、村寨及本地区使用本民族语言外，外出还分别使用汉语和彝语，九龙一带有少数人还兼通藏语。其中石棉、汉源、冕字等地，尔苏语的使用范围比较小，有的地区特别是城镇附近或公路沿线，中青年已不大会讲尔苏语。下面以凉山彝族自治州甘洛县则洛公社的尔苏语为代表，简要介绍其特点：

语音：单辅音声母有42个，从发音部位分，有双唇、唇齿、舌尖前、舌尖中、卷舌、舌叶、舌面前、舌根和喉门等，方言中还有小舌部位的塞音和擦音；复辅音有32个，其中由前置辅音加基本辅音构成的二合复辅音有21个，由基本辅音加后置辅音构成的二合复辅音6个，三合复辅音5个，充当复辅音前置辅音的有鼻音和擦音，充当后置辅音的只有擦音。单元音无长短松紧的区别，但有少量卷舌元音，后响的复元音比较丰富，前响的复元音较少，而且出现频率比较低，没有辅音韵尾。固有词中，有少量的鼻化元音，汉语借词中的鼻音韵尾大部脱落，部分读成元音的鼻化。声调有区别词义的作用，分高低两个调，用声调区别的词并不十分多。

词汇：词汇比较丰富，构词能力比较强，尔苏人过去有采桑养蚕的习惯，因此有关这一方面的词比较多。词汇中有一定数量的早期汉语借词和一部分解放后借入的新词术语，有少量生活用语来自彝语，少量宗教术语来自藏语。但占的比例不很大，汉语借词不到词汇总数的百分之十，彝、藏语借词都不到词汇总数的百分之二。构词方式以词根复合法为主，也有部分名词、动词和形容词是用加词头、词尾构成的，四音联绵词很丰富。

语法：尔苏语是个有形态的语言，词序、助词、形态手段都是表达语法范畴所不可缺少的。名词的复数是在名词后加助词表示，方位名词比较丰富，除一般语言都具有的方位词外，又根据山势河流的走向，分上下、靠山靠水、上游下游等，每个方位又有泛指、近指、远指、最远指的区别。人名的取法也很有意思，往往根据方位图和孩子出生时母亲的年龄来推算。量词十分丰富，组成数量词组时，词序是数词在前量词在后，数量词组作定语时放在中心词后面。人称代词有格的语法范畴，分主格、领格和宾格，用代词元音的内部屈折变化表示。人称代词还可缩略成词头，贯于亲属称谓名词前面表示人称领有。代词可以重叠，人称代词重叠以后表示反身，疑问代词重叠以后表示复数。动词有时态、式、态、趋向等语法范畴，都是在动词前、后添加附加成分构成。存在动词有类别范畴。形容词中有相当比例的基本词是叠音词。结构助词比较丰富，有限制、受动、工具、处所、比较、从由等，定指助词的用法也很有特点。句子的基本语序是主、宾、谓，名词、代词作定语放在中心词前，形容词、数量词组作定语放在中心词后。

文字：尔苏人通用汉文，个别从事学校教育工作的学习彝文。解放前，有少数被称为“苏伐尔”的人学过藏文，现在仍有人保留有藏文经书，但会念不会讲，仅在从事宗教活动时使用。本民族中还有一种被称为“沙巴”的，使用一种称为“扎拉玛”的图画文字④。这种文字目前保留了十多种文献，内容涉及历史、宗教、天象、历法、医药、语言等许多方面，是研究民族史、民族学、民族语言、民族宗教、文字起源的重要参考资料，尔苏图画文字都是手写体，可惜有些文献目前已失传。

（二）**纳木义语**

纳木义语主要分布在四川凉山彝族自治州的冕宁县、木里县、西昌县、盐源县以及甘孜藏族自治州的九龙县。共有人口五千左右。不同地区使用纳木义语的居民，有不同自称，九龙、木里一带的自称“乃木兹”，冕宁、西昌等地的自称“纳木义”，这都是同一名称的方音变体。

各县的纳木义语有一定的差别，主要表现在语音上，冕宁、盐源一带的纳木义语复辅音比较少，有少量前置辅音加基本辅音构成的复辅音，而木里、九龙一带的纳木义语复辅音较多。

使用纳木义语的居民在家庭、村寨或本地区都用本族语言进行交际，外出时还分别使用汉语和彝语。下面以凉山彝族自治州木里藏族自治县二区保波公社的纳木义语为代表，简要介绍其特点：

语音：有单辅音声母 40 个，分双唇、唇齿、舌尖前、舌尖中、卷舌、舌面前、舌根、小舌、喉门等 9 个发音部位，塞音、塞擦音一般都分清浊、送气不送气。复辅音声母有 24 个，清送气塞音、塞擦音和浊塞音、塞擦音都可带同部位的前置鼻冠；双唇清送气音和浊音可以和后置辅音舌尖前擦音和卷舌擦音结合成复辅音，有少量三合复辅音。单元音韵母比较复杂，固有词中有卷舌元音和鼻化元音，少数元音有松紧对立现象，只有后响的复元音，没有前响的复元音和三合元音，没有韵尾。有四个声调，声调区别词义的作用比较大。

词汇：词汇的核心是单音词占大多数，加词头、词尾或用词根合成是构成新词的主要方法，也有从其他语言中借用的情况，其中汉语借词最多，多数是解放后借入的新词术语，其次是藏语借词和少量彝语借词。藏语借词主要是宗教用语，也有少量日常生活用语，如奶制品的名称等。

语法：纳木义语的语法特点与尔苏语比较接近，词序、助词是表达语法范畴的主要手段，也有形态变化，但相对来说要少一点。名词有数的语法范畴，在名词后加助词表示。量词比较丰富，数量词的结合特点及语序与尔苏语相同。人称代词第一人称双数和多数有包括式和排除式之分。动词的时态是在动词前后添加附加成分和声调的屈折变化表达。动词还有式、态、趋向等语法范畴，都是在动词前后加附加成分等方式表达。存在动词有类别范畴。陈述句中的判断动词可以省略。形容词有固定的词头，一些常用的基本形容词词根往往采用叠音形式，表示句子成分之间结构关系的结构助词比较丰富，有限制、受动、工具、处所、比较、从由等。句子的基本语序为主、宾、谓，名词、代词作定语放在中心词前面，形容词、数量词组作定语放在中心词后面。

（三）史兴语

史兴语主要分布在四川凉山彝族自治州所属木里藏族自治县一区水洛河及其下游冲天河两岸，约有人口二千人左右，他们自称“史兴”，讲普米语的人称他们为“虚米”。和他们同时杂处的有纳西族、彝族和普米族，他们自己说，他们的语言是藏语和纳西语混合的结果，其实并不如此，经过调查分析，史兴语仍是藏缅语族中的一个独立的语言，只不过他们受到了喇嘛教和东巴教的影响，语言中增加了藏语、普米语和纳西语的一些成分，词汇中有上述语言借词而已。

操史兴语的居民除在家庭或村寨中使用自己的语言外，外出时还使用汉语和普米语，史兴语内部比较一致，没有方言差别。下面以木里藏族自治县一区水洛公社的史兴语为代表，简要介绍其特点：

语音：史兴语的单辅音声母是这一带语言中最复杂的，共有 50 个左右，分别属于双唇、唇齿、舌尖前、舌尖中、卷舌、舌叶、舌面前、舌根、小舌和喉门等 10 个发音部位，除塞音、塞擦音分清浊外，还有鼻音、边音分清浊的现象。复辅音结构比较简单，仅有清送气塞音、塞擦音和浊塞音、塞擦音前面带同部位鼻冠构成复辅音的情况。单元音韵母也比较复杂，有卷舌元音，只有少部分词有紧喉音，但未发现对立现象，舌根鼻音韵尾出现在前元音后经常读成元音鼻化，没有塞音韵尾，复元音以后响为主要特点，只有少量的前响复元音。有四个声调，区别词义的作用比较大。

词汇：史兴语的词汇是比较丰富的，由于他们一贯有种植水稻的习惯，因此，有关这一方面的词汇与周围其他民族语言稍有不同。由于与普米、纳西和藏等语言接触，因此，史兴语中吸收了一定数量上述语言的借词。构词方式以词根合成为主，加前、后缀构成的词比较少。

语法：词序和助词是史兴语语法范畴的主要表达手段，只有少数语法范畴是用内部屈折形态表达的。名词有数的语法范畴，在名词后加助词表示，量词比较丰富，和数词结合时其词序是数词在前，量词在后。人称代词有用元音屈折变化表示格范畴的，双数、复数第一人称有包括式和排除式之分。动词有时态、式、态，趋向等语法范畴，除态语法范畴有用辅音交替及重叠词根等手段表达外，其余均用加前、后加成分的方式表达。存在动词有类别范畴，判断动词在句中使用时一般不能省略。一些常用的基本形容词叠音的占多数，在句中作主语、宾语时往往需带词尾。结构助词比较丰富，有限制、受动、工具、处所、比较、从由等。句子的基本语序是主、谓、宾、名词、代词作定语放在中心词前面，形容词、数量词作定语放在中心词的后面。

（四）木雅语（弥药语）

木雅语是国内外都很关注的语言，原因是不少知名学者都认为木雅语和西夏语有密切的关系⑤，有的人甚至把木雅语和西夏语画成了等号。但是真正对木雅语进行比较深入的调查研究，还是1980年的事。

木雅语分布在四川甘孜藏族自治州的康定、九龙及雅安地区的石棉等县，约有入口一万五千人左右。分布在石棉及九龙湾坝、洪坝一带的木雅人自称“木雅”，分布在康定县及九龙县汤古地区的自称“博巴”，也有少数自称“木雅”的。

木雅语有方言差别，分布在石棉县及九龙县洪坝、湾坝一带的属东部方言，分布在康定县及九龙县汤古一带的属西部方言，西部方言受藏语影响深，东部方言受汉语影响较多。讲东部方言的居民一般不会讲藏语，只有少数从事宗教活动的人会讲几句半通不通的藏语，他们在家庭、村寨及居住地区以木雅语为他们的主要交际工具，干部和常出门的人会讲汉语。有少数讲得比较流利的。讲西部方言的居民除在家庭或村寨中使用木雅语以外，大多会当地藏语（康方言），但能讲流利汉语的却极少。下面以甘孜藏族自治州康定县沙德区六坝公社的木雅语为代表，简要介绍其特点：

语音：木雅语有单辅音声母42个，分别属于双唇、唇齿、舌尖前、舌尖中、卷舌、舌面前、舌根、小舌、喉门等9个发音部位，所有的塞音、塞擦音都分清、浊和送气与不送气，小舌音比较发达，在词中出现的频率很高。复辅音少，而且结构简单，仅在浊塞音、塞擦音前面带同部位的鼻冠构成七个复辅音。单元音韵母比较复杂，共有20多个，有松紧元音对立，但紧元音分布的面窄，出现的频率低。鼻化元音主要出现在汉语借词及藏语借词中，固有词中只有少量出现。由前高展唇、圆唇元音和后高圆唇元音作介音构成的后响复元音较多，没有前响的复合元音和三合元音，没有辅音韵尾。有4个声调，声调区别词义的作用比较大。

词汇：木雅语的词汇比较丰富，木雅人主要从事畜牧业，兼事农业，他们有自己一套适应畜牧业生产、生活的词，这些词不同于藏语，但木雅语中也有相当数量的词借自藏语，其中宗教用语几乎全部借自藏语，政治及文化生活方面的词也多半使用藏语借词。东部方言则藏语借词较少，相比之下，汉语借词稍多一些。木雅语构词主要采用词根合成的方法，兼有用加词头词尾构成新词的特点。四音联绵词很丰富。

语法：木雅语是有形态的语言，词序、助词和屈折形态都是表达语法范畴的重要手段。名词有复数和指小范畴，分别在名词后加不同的附加成分构成。量词比较丰富，个位基本数词一般不能离开量词单独使用，数词和量词结合的词序是数词在前量词在后。人称代词有格语法范畴，分主格、宾格和领格，用元音屈折变化表示。人称代词第一人称双数和多数有包括式和排除式的区别。人称代词和疑问代词都可以重叠，人称代词重叠表示反身，疑问代词重叠表示多数。动词有人称、数、时间、式、态、趋向等语法范畴，都是用内部屈折或在动词词根上添加前加成分或后加成分等方式表达。存在动词有类别范畴。判断动词在一般情况下可以省略。基本形容词中大部分是叠音词，形容词作谓语时，否定成分一般不加在形容词前面。形容词不单独作主语或宾语，需和其他成分结合使用。结构助词比较丰富，有限制、施动，受动、工具、处所、比较、从由等七类。句子的基本语序是主、谓、宾，名词、代词作定语时放在中心词前面，形容词、数量词作定语时放在中心词后面。

综上所述，木雅语和西夏语在语言结构上是十分接近的，词汇上也有相当大一批同源词，但根据初步比较得出的印象是，木雅语和羌语支语言的同源词要比同彝语支或藏语支多一些，西夏语和木雅语的同源词并不比羌语支其他语言更多，因此，说木雅语就等于西夏语还为时尚早，根据语言特点甚至说木雅人是西夏灭亡后南徙的遗民更是缺乏事实根据的。

（五）贵琼语

操贵琼语的居民主要分布在四川甘孜藏族自治州康定县鱼通区大渡河沿岸的两边台地上，本州声定县北部及雅安地区天全县的西北部可能有少量分布。人口约有七千人左右。“贵琼”是他们自称的译音。贵琼语不同于周围其他民族语言的情况，早就有人发现。1930 年 4 月，为筹建西康省的调查人员经过鱼通时，曾有这样一段记载：“鱼通为康定八区之一，其民语言风俗，都是自为风气，既不同于汉人，又不同于康民，简直等于另一民族了。”⑥

操贵琼语的居民与汉族形成大杂居小聚居的局面，因此，他们平时在家庭或村寨中使用自己的语言，出外时则使用汉语，他们的语言受汉语影响很大，汉语借词比较多。贵琼语内部比较一致，没有方言差别。下面以康定县鱼通区麦苯公社的贵琼语为代表，简要介绍其特点：

语音：贵琼语有单辅音声母 42 个，分别属于双唇、唇齿、舌尖前、舌尖中、卷舌、舌叶、舌面前、舌根、小舌等 9 个发音部位，其中塞音、塞擦音都分清浊与送气不送气。小舌音和舌叶音在发生变化，老年、中年人口语中区别词义，青年人口语中小舌音并入舌根音，舌叶音大部分并入舌尖前音，部分并入卷舌音。复辅音结构比较简单，塞音、塞擦音（包括清浊和清送气）前面都可带同部位的鼻冠，共构成20个鼻冠复辅音。单元音韵母比较丰富，有20多个，固有词中的鼻化元音很多。没有韵尾，由前高展唇、圆唇和后高圆唇元音作介音构成较丰富的后响复合元音，没有前响的和三合的复元音有4个声调，区别词义的作用比较大，语音变化现象特别是元音同化现象比较普遍。

词汇：贵琼语词汇的基本核心单音词占多数，以单音词合成复合词是丰富语言词汇的主要途径，加词头词尾构词虽然也有，但并不能产，从汉语、藏语中借用，也是贵琼语丰富语言词汇的一个来源，汉语借词比藏语借词占的比例要大些。

语法：词序和助词是贵琼语语法的主要表达手段，也有形态成分，但不太丰富。名词有多数和指小范畴，分别在名词后加助词表示。量词比较丰富，个位数词一般不能离开量词而单独作句子成分，数词和量词结合的词序是数词在前量词在后。人称代词分单数、双数、多数和集体4类，双数、多数和集体分包括式和排除式。人称代词用元音和声调的屈折变化表示"格"的语法范畴。动词有时态、式、态、趋向等语法范畴，都是在动词前后加附加成分表示，动词人称、数的范畴已不完整，但老年人口语中保留了某些残迹。存在动词有类别范畴，判断动词在一般判断句中都可以省略。形容词在句中使用颇有特点，作谓语表示性质或程度加深时可重叠词根后再加附加成分表示，也有加垫音后再加附加成分表示的。助词比较丰富，有限制、受动、工具、处所、比较、从由等，还有一类定指助词，使用得比较广泛。句子的基本语序是主、宾、谓，名词、代词作定语放在中心词后。

（六）尔龚语

尔龚语主要分布在四川省甘孜藏族自治州的丹巴、道孚、炉霍、新龙等县，以及阿坝藏族自治州金川县观音桥的部分地区。[⑦]使用该语言的人口约有三万五千人左右。过去有人认为尔龚语与嘉绒语比较接近，马长寿在他的《嘉绒民族社会史》一文中提到此语言不同于藏语，并命名此语言为"尔龚语"[⑧]李绍明同志在《唐代西山诸羌考略》中也提及此语言。[⑨]经初步比较，尔龚语确实不同于嘉绒语，更不同于藏语，它是藏缅语族中一个独立的语言，关于语言名称，本文仍沿用“尔龚”。操尔龚语的居民自称bøpa，他们的风俗习惯、宗教信仰等与藏族基本相同，尔龚语是他们的主要交际工具。干部和经常外出的人还兼通藏语和汉语。

分布在各地的尔龚语在语音、词汇、语法上都有一些小的差别，由于目前对其方言土语未作全面调查，很难提出划分方言土语的意见。下面以丹巴县大桑区的尔龚语为代表简要介绍其特点：

语音：尔龚语有单辅音声母44个，分属于双唇、唇齿、舌尖前、舌尖中、卷舌、舌面前、舌根、小舌、喉门等9个发音部位，边擦音分清浊，清擦有送气与不送气两套。复辅音比较丰富，据记录2000个左右常用词的排比后统计，已出现191个。结构形式比较复杂，基本上是4种类型，①鼻音、擦音、边音、颤音、半元音作前置辅音和基本辅音相拼；②基本辅音和擦音、边音、颤音等后置辅音相拼；③两个相同性质的鼻音、擦音相拼；④前置辅音和基本辅音再和后置辅音相拼，前三种是二合复辅音，共167个，第④种是三合复辅音共24个。韵母也比较复杂，单元音韵母分卷舌与不卷舌两套，卷舌元音出现的频率较低。既有前响的复元音，又有后响的复元音，固有词中也有三合元音，但出现的频率比较低。没有塞音韵尾和擦音韵尾，但有鼻音韵尾和边音韵尾。声调无区别词义的作用，但有习惯调。

词汇：词汇的核心仍以单音节为主，加词头词尾构词以及用词根合成都是丰富语言词汇的主要手段。从汉语或从藏语吸收借词也是丰富语言词汇的一条途径，一般宗教用语都用藏语借词，新词术语都用汉语借词，日常生活用语中则汉、藏两种语言借词都有。

语法：词序、助词和屈折形态都是表达语法范畴的重要手段。名词的复数和指小范畴用在名词后加助词表示。方位名词比较丰富，其特点与羌语、嘉绒语比较接近。量词很丰富，和数词结合使用时其词序是数词在前量词在后。人称代词分单数、双数和多数，有“格”范畴，用元音屈折变化表示。动词有人称、数、时间、式、态、趋向等语法范畴，其表达方式有内部屈折变化、添加附加成分、重叠词根等方式，存在动词有类别范畴，判断动词有两个，一个用在肯定式，一个用在否定式，都有人称语尾变化。

常用形容词多是叠音词，形容词作主语或宾语时必须结合定指助词。助词比较丰富，有限制、施动、受动、工具、处所、比较、从由等，另外还有一类定指助词，使用得比较广泛。基本语序是主、宾、谓，名词、代词作定语放在中心词前，形容词、数量词作定语放在中心词后。

（七）扎巴语[10]

扎巴语主要分布在四川甘孜藏族自治州的雅江、道孚、理塘、新龙等县，约有一万五千人。操这种语言的居民自称“博子”，周围的藏族称他们为 འདྲ་པ་ “扎巴”，据说，“扎巴”是这一地区最早的居民[11]，经调查，他们的语言既不同于藏语，也不同于木雅语和尔龚语，是分布在这一带地区的一种独立的语言。扎巴语是扎巴人的主要交际工具，他们在家庭、村寨中普遍使用，但出外时则使用藏语或汉语。

扎巴语有方言差别，分布在新龙、理塘及雅江的西部地区属扎巴语西部方言，分布在道孚及雅江北部地区属东部方言。下面以雅江团结公社的扎巴语为代表，简要介绍其特点：

语音：扎巴语单辅音声母有42个，分别属于双唇、唇齿、舌尖前、舌尖中、卷舌、舌面前、舌根、小舌、喉门等9种发音部位，塞音、塞擦音有清浊和送气不送气之分，鼻音有清化与不清化两套。复辅音有两种结构形式，一种是浊塞音、塞擦音加同部位的鼻冠构成，另一种是以双唇部位的塞音作基本辅音加擦音后置辅音构成。单元音韵母较复杂，有20多个，分成非鼻化和鼻化两套，鼻化元音不仅出现在借词中，也出现在固有词中。复元音韵母主要由前高展唇、圆唇和后高圆唇元音作介音构成后响的二合元音为主，前响的和三合元音在固有词中出现不多。没有辅音韵尾。有四个声调，声调区别词义的作用比较大。

词汇：扎巴语的基本词以单音节为主，词根合成是构成新词的主要方式，也有加词头词尾构成新词的，但比较少。词汇中有一定数量的汉语借词和藏语借词，借词的范围及内容与尔龚语的情况相似。

语法：词序、助词、形态都是表达语法范畴的重要手段。在名词后加助词表示双数、复数。量词比较丰富，个位基数词一般不能离开量词单独作句子成分，数词和量词结合时其词序是数词在前量词在后。人称代词分单数、双数、多数、集体四类，其中双数、多数、集体有包括式和排除式的分别。人称代词还有“格”语法范畴。动词有人称、数、时间、式、态、趋向等语法范畴，分别用动词屈折形态、添加前加成分或后加成分等方式表达。存在动词有类别范畴，判断动词有两个，一个是经常在第一人称作主语的句子中用，一个经常在二、三人称作主语的句子中用，判断动词一般不能省略。基本形容词大部分都是叠音词，形容词作谓语时特点与动词相类似。结构助词比较丰富，有限制、施动、工具、受动、处所、比较、从由等。基本语序是主、宾、谓，名词、代词作定语在中心词前，形容词、数量词作定语放在中心词后。

二　各语言的系属关系

从上面简要介绍各语言分布的情况看，这些语言有的分布在藏语区，有的分布在汉语区，有的分布在彝语区，还有的处在几种民族语言如普米、纳西、彝、藏等语言的交错杂居区，那么，何以见得这些语言既不是藏语，也不是彝语或者其他语言的一个特殊方言呢？在调查过程中，我们每个语言（包括一些语言的方言）一般都记录了二千左右个常用词，五六百个句子，初步分析了音位系统、语法特征和构词特点。用这些材料和藏、彝、羌、普米、嘉绒等语言进行初步对照比较，发现上述7种语言在语音、词汇、语法方面几乎毫无例外地都和羌、普米、嘉绒等语言比较接近，而与藏语、彝语较远。因此，我初步得出结论，这些语言应属藏缅语族羌语支，而不应归入藏语支或彝语支，更不应该是景颇语支。现将比较的简要情况分述如下：

（一）**语音比较**

1. 声母：羌语支语言的单辅音声母一般都在40个以上，只有个别语言如嘉绒语稍少一点，嘉绒语梭磨话的单辅音声母只有35个，这些声母大多分属于9种发音部位。有的语言有10种发音部位。羌语支语言单辅音声母比较复杂的原因主要表现在以下两点：

（1）大部分语言分舌尖前、卷舌、舌叶和舌面四套塞擦音，而藏缅语族其他语支的语言很少有这种情况。藏语一般是三套，即舌尖前、卷舌和舌面前，彝语支语言多数是三套，和藏语相似，有的只有两套。景颇语、缅语则更少。

（2）大部分语言有小舌塞音和擦音。嘉绒语梭磨话里没有小舌音，但嘉绒语方言里小舌音和舌根音是对立的。藏语各方言都没有小舌塞音，文字也没有反映小舌音的痕迹。彝语支的语言只有个别语言或方言，如拉祜语和白语的碧江方言有小舌音，大多数语言都没有。

羌语支语言的复辅音发展很不平衡，多的有 190 多个，少的只有 6 个。结构上也有一定特色；①往往既有前置辅音加基本辅音构成的复辅音，也有基本辅音加后置辅音构成的复辅音，还有不少语言有三合复辅音。②除浊塞音、塞擦音外，清送气塞音、塞擦音或清不送气塞音、塞擦音都可带同部位鼻冠音构成复辅音。木雅语西部方言中只有浊音前面带同部位鼻冠。但木雅语东部方言则清送气塞音、塞擦音可以带同部位的鼻冠。羌语支语言在复辅音方面存在的上述两方面的特点完全不同于彝语支，彝语支语言多数只有浊音前面带同部位鼻冠的情况，这一点与羌语支语言不一样，只有个别语言或方言中有基本辅音带后置辅音的结构形式，但数量较少，如基诺语，只有五个。藏语的复辅音在方言间发展不平衡，有点类似于羌语支，但仔细分析起来也不一样，康方言中复辅音的前置鼻音与彝语支语言相类似，安多方言大部分地区只有前置辅音加基本辅音结合成复辅音的，只有青海东部和四川西北部的个别地区保留有较多的复辅音，这一点与羌语支语言相类似。

2. 韵母：羌语支语言韵母的情况也比较错综复杂，分三个方面来比较：

（1）单元音韵母比较多，除嘉绒语和尔龚语外，一般都分普通元音和鼻化元音两类，总数在 20 个左右，鼻化元音除了出现在借词中外，大多在固有词中也同时出现，不少语言还有卷舌元音，个别语言的方言还有长短元音对立。此外，羌语支语言大部分分前 a 和后 ɑ。有的语言改成 ɐ 与 a 的区别，少数语言有松紧音对立，单元音韵母方面的这些特点，其中鼻化元音和卷舌元音是比较本质的特点，这一特点与藏语和彝语都有明显差别。松紧元音主要是和彝语区比较接近的纳木义语和木雅语中有，但出现的频率不高，而且在某些场合读音不稳定，看来是受彝语影响的结果。

（2）复元音韵母羌语支语言的复元音韵母是很有特点的，大部分语言都有由前高展唇、圆唇和后高圆唇元音作介音组成一批后响的复元音韵母，（10个左右，多的有38个如普米语）少数语言还有带前高展唇元音和后高圆唇元音韵尾的前响复元音韵母。彝语和藏语复元音都比较少，彝语支语言有的有后响的复元音，如白语、傈僳语、纳西语等。但介音一般只有前高展唇元音和后高圆唇元音两个，藏语方言中有较丰富的复元音，但都是真性的，其来源往往是韵尾或者音节减缩的结果，与羌语支语言的复元音韵母性质不同。

3. 辅音韵尾羌语支语言基本上是没有辅音韵尾的一个语支，但是属于这个语支的嘉绒语、尔龚语、羌语北部方言等却有较丰富的辅音韵尾，从比较中我们可以看出，羌语、嘉绒语中的辅音韵尾多半出现在藏语借词中，固有词中的韵尾有与藏语一致的，也有不一致的，羌语北部方言中的许多韵尾是构词语音变化造成的。尔龚语只有鼻音和边音韵尾，没有塞音韵尾，也多半出现在藏语借词中。其他语言一般都没有韵尾，有的语言有个别鼻韵尾，但与鼻化元音可以自由变读。因此，可以说我国藏缅语族中，藏、景颇语支是比较完整地保留辅音韵尾的，彝语支是比较彻底地丢失辅音韵尾的，但塞音韵尾丢失后使元音带上紧喉的特点，羌语支语言是处在逐步丢失但还没有完全丢尽的过程之中，因此，它既不同于藏、景颇语支，也不同于彝语支。

（二）词汇比较

词汇比较除了反映词汇一般特点上的同异而外，主要看同源词和异源词的比例。我们选择了一千五百个词义能对得上的常用词进行了初步比较，得到的初步结果是羌语支语言内部的同源词由17%到31%，羌语支语言和彝语的同源词一般在15%左右，和藏语的同源词一般在13%左右。下面列几种语言的同源词和异源词的百分比材料来说明：

1. 贵琼语和羌语支语言、藏语、彝语的比较情况

比较语言	被比较语言	同源词（%）	异源词（%）
贵琼语	羌语	25. 1	74. 9
	普米语	27	73
	尔龚语	21. 5	78. 5
	木雅语	21. 8	78. 2
	尔苏语	24	76
	纳木义语	28	72
	史兴语	19. 4	80. 6
	藏语	13. 3	86. 7
	彝语	14. 1	85. 9

2. 木雅语和羌语支语言及藏语、彝语的比较情况

比较语言	被比较语言	同源词（%）	异源词（%）
木雅语	羌语	24. 9	75. 1
	普米语	25. 7	74. 3
	尔龚语	18. 1	81. 9
	尔苏语	20. 5	79. 5
	嘉绒语	17. 9	82. 1
	纳木义语	22. 7	77. 3
	史兴语	23	77
	藏语	15. 4	84. 6
	彝语	14. 1	85. 9

3. 尔苏语和羌语支语言及藏语、彝语的比较情况

比较语言	被比较语言	同源词（%）	异源词（%）
尔苏语	羌语	26.1	73.9
	普米语	27.8	72.2
	尔龚语	20.1	79.9
	嘉绒语	17.5	82.5
	纳木义语	31	69
	史兴语	21.3	78.7
	扎巴语	21	79
	藏语	11.9	88.1
	彝语	16.6	83.4

我们无需将所有语言的词汇比较结果都加以公布，从上面三个表中可以明显看出他们和藏语彝语词汇上的差别，非同源词在85%以上，大大超过了藏语方言内部的差别，据藏语方言研究的同志认为，藏语词汇上的差别"是藏语方言划分的一个重要标准。三个方言之间的非同源词一般在30%左右，卫藏方言和康方言的词汇比较接近，非同源词的约20%左右。而各方言内部土语之间非同源词最多10%左右，一般6%—7%"。[12]彝语方言间差别比藏语要大一些，但非同源词也只能在40%—50%左右，可见，从词汇分析，上述七种语言，不可能是藏语或彝语的一个方言。再从羌语、普米语、尔龚语、尔苏语、纳木义语、木雅语、贵琼语、扎巴语、史兴语、嘉绒语的词汇比较情况看，他们互相间的同源词比较多，说明他们之间的亲属关系比较近。

（三）语法比较

羌语支语言有一些重要语法范畴不同于藏语或彝语，同样藏语、彝语中也有一些重要语法特点在羌语支语言中没有。羌语支语言的这些语法特点在羌语支内部却基本上是一致的，有的语法范畴不仅意义一致，而且表

示语法意义的语音形式有明显的对应关系。因此，划分语支不能单看语音结构上的近似和词汇是否有同源关系，要把语音、词汇、语法三者结合起来，进行综合分析，才有说服力。下面选择若干羌语支语言基本一致的，而藏语、彝语不同的语法现象进行比较，同样，藏、彝等语言有，而羌语支语言不同的特点也作简要介绍。

1. 名词的复数和指小

羌语支语言都可以在名词后加助词或附加成分表示复数，有的语言还有双数。同时也可在名词后加助词表示指小。各语言所加的指小助词是同源的，在语音上有明显的对应关系。藏语、彝语一般没有这一现象，彝语支语言有的有这一现象，但所加的助词不同源，语音上没有对应关系。

2. 量词及其用法

羌语支语言的量词有三个重要的特点：第一，数量多，可以分成许多类；第二，它和数词结合得十分紧，许多语言个位数字一般必须结合量词使用；第三，它和数词结合使用时，其词序是数词在前量词在后。羌语支语言量词的特点与藏语、景颇语完全不同，藏、景颇等语言量词少，数词可以直接限制名词，另外，藏、景颇语中数词和量词结合使用时，其词序是量词在前数词在后。羌语支语言量词的特点与彝语比较接近，但用法上稍有差别，彝语的名量词可不和数词结合直接限制名词。

3. 代词的格

羌语支大多数语言人称代词有“格”语法范畴，一般分主格、宾格和领格三种。构成格语法范畴主要是采用元音、辅音的内部屈折变化的手段表达。藏、彝等语言人称代词作限制语时也有一些变化，藏、景颇用元音屈折变化表示，彝语用声调变化表示，但上述三种语言不分主格和宾格，这一点与羌语支语言不同。

4. 动词的时态范畴

羌语支语言动词都有时态范畴，多数语言的时态范畴还与人称、数的语法范畴结合在一起，构成人称、数及时态范畴往往采取在动词前、后加各种附加成分，不少语言动词词根本身还有元音、声调的屈折变化。虽然各语言间人称、数时态范畴的语法意义及表现形式已有一定的差别，但通过比较，可以明显看出它们之间的同源关系，也可以看出他们变化的途径和方式。藏语目前已没有时态语法范畴，藏文传统文法的三时，看来与羌语支语言的时态虽在语法意义上相近，但语法形式上看不出同源关系。彝语支语言基本上没有这一语法范畴，景颇语动词虽也有人称、数的语法范畴，但它们语法意义、形式都不同于羌语支语言，也没有同源关系。

5. 动词的趋向范畴

羌语支所有的语言，动词都有趋向范畴。构成动词趋向范畴是在动词前加表示各种不同语法意义的前加成分。笔者 1981 年曾在《民族语文》第一期上较详细地介绍过羌语动词趋向范畴的基本特点，并与普米语、嘉绒语作了初步比较，近两年在川西各地调查，发现这一带的语言除了汉语、彝语和藏语外，几乎所有的语言动词都有趋向范畴，尽管表示趋向范畴的前加成分有多有少，但是趋向范畴的基本内容是相同的，而且表示相同语法意义的前加成分，语音上有明显的对应关系。由于趋向范畴的前加成分还与动词时态、式的表示方式有联系，因此，趋向范畴在整个语法系统中的地位是很重要的，它是羌语支语言所特有的一个重要特征。这一特征区别于藏语支，也区别于彝语支。

6. 动词的使动态和互动态

羌语支语言都有使动态和互动态语法范畴，其中使动态范畴比较错综复杂，有与彝语相类似的特点，也有与藏语相类似的特点，如用辅音清浊、送气不送气交替表示使动这一特点，就与彝语十分相似，再如有的语言用在动词前加附加成分构成使动的方式与藏语也十分相似。但是，羌语支语言普遍用重叠动词表示互动这一点是藏语所没有的。藏语动词词根一般很少重叠使用，有时即使重叠也并不表示互动态。彝语、景颇语中动词可以重叠，彝语动词重叠表示疑问，景颇语动词重叠表示动作或状态不甚强烈或经常发生，都与羌语支语言动词重叠表示交互态不同。

7. 存在动词的类别范畴

羌语支语言除嘉绒语外，存在动词都有类别范畴。即分别用不同的语音形式表示人、事物、现象等客观对象存在于不同的状态之中。各语言表示相同语法意义的存在动词在语音上有明显的对应关系，说明它们起源上的共同性，藏、景颇、彝等语言都未发现与羌类似的这一语法特点。

8. 形容词的特点和用法

羌语支语言形容词的一个突出特点是词根叠音的特别多，一些常用的基本形容词词根很多是双音节的叠音词，有的语言叠音词几乎占常用形容词的百分之七十以上。另外，羌语支语言形容词在句中作谓语时和动词有比较相似的语法特点，可以加相同的前加成分和后加成分。形容词的这些特点与藏语很不相同，藏语形容词有“级”语法范畴，形容词作谓语时一般需要和存在动词或判断动词连用等等，彝语的形容词用法也与羌语支不同，彝语形容词重叠和动词重叠一样是表示疑问。

9. 结构助词的特点

羌语支结构助词比较丰富，大多数语言都有限制、施动、受动、工具、处所、比较、从由等7类，另外，不少语言还有定指助词。各语言表示同样语法意义的结构助词往往有同源关系，在语音上有明显的对应规律可循。藏语、景颇语的结构助词比羌语支少，彝语支语言稍多一些，但相同语法意义的结构助词往往语音上找不到对应。

此外，藏语支、彝语支中还有本身一些不同于羌语支语言的特点，这些特点说明，羌语支单独成为一个独立的语支是有一定的科学根据的。

几点粗浅的认识：

1. 上面我们初步介绍了民族走廊地区新发现的七种民族语言的基本情况及其与羌、普米、嘉绒、彝、藏、景颇等语言的关系，证明这七种语言都应该属于羌语支。这个羌语支的语言从地域来看，处在彝语支和藏语支语言的中间地带，从总特点综合起来看，它要更接近彝语支一些，但是，这个语支内部各语言之间，也存在着一定的差别，就拿复辅音来说，多的有近二百个，少的只有几个，甚至个别语言的方言，已经完全没有复辅音了，如尔苏语的多续方言就是。我认为语言之间亲属关系的远近，不能强调某一方面的因素，有差别的地方，正好说明他们在发展过程中经历了不同的变化途径，因此，要分析它是怎样变的，变化的条件是什么，这种差别和其他特点之间有无联系。有趣的是在进行各语言比较时发现，某些语言的特点往往和地域分布有密切的联系，接近藏语安多方言区的语言，一般来说复辅音要多一些，这些复辅音并不单是在藏语借词中出现，同样，接近彝语区的语言，元音中就出现了松紧对立的现象，这些松紧对立现象的词并不是彝语借词，甚至有的词都不一定和彝语文语言有同源关系，这种现象使我联想到日本语言学家桥本万太郎的一段话：“人类语言确实存在谱系发展的一面，为此语言的谱系或亲属关系便成为我们所求知的目标。然而，我们也知道，语言确实也存在‘波形’扩散的另一面，这是无庸置疑的事实。把这互相矛盾的两个侧面统一地加以阐述，提出来作为理论出发点，这便是语言的牧畜民型发展和农耕民型发展的观点。”[13]诚然，语言的发生学分类应该着眼于原始母语的探求，但是，有亲属关系的语言（有时没有亲属关系的语言或亲属关系较远的语言也一样）在同一区域内的发展往往会互相影响，这种影响并不单纯以词的借贷一种方式出现，有时会表现在一些重要语言现象的有无，构词手段的类似，甚至语法构造的一致等方面，因此，语言系属分类除了考虑语言各要素之间的同源关系外，还要分析由于“波形扩散”使某些语言集团在自己发展阶段上彼此的近似性。

2. 语言是民族的一个重要特征，语言在民族诸特点中是比较稳固不太容易立刻消亡的一个因素，川西一带存在着多种语言的事实说明，一些有着亲属关系的部落群体，他们使用的语言经过长时间的彼此隔绝，各自发展，形成了一个个独立的语言，但由于他们生活在一个十分动荡的走廊地区，迁徙、征战频繁发生，多种民族互相混合，在长期的历史发展过程中，一些部落群体逐渐丧失了自己的特点而融合于另一民族之中，但他们的语言却顽强地保存下来了。中华人民共和国成立以来，操嘉绒、尔龚、扎巴、木雅、史兴等语言的居民，已确定为藏族，对此他们并没有提出异议，他们的风俗习惯、心理素质等许多方面与藏族基本相同，尽管他们操着不同的语言，但这并不影响他们作为一个统一的民族彼此存在着什么隔阂。因为一个民族讲两种以上语言的例子不仅国内有，国外也是很多的。至于操尔苏、贵琼和纳木义等语言的居民，解放前他们被称为“西番”，解放以来他们有的说自己是藏族，有的说自己是番族，有的被当成汉族。粉碎“四人帮”以后，他们中的一部分人向有关领导部门反映，要求对他们的族属进行调查识别。语言调查并不是民族识别调查，我们并不认为，单凭他们使用了一种独立的语言就可以得出确定为一个单一民族的意见，要从科学上鉴定是否是一个单一的民族，还必须结合社会历史、经济生活、风俗习惯、和本民族意愿等，进行综合分析研究，才能得出比较科学的合乎实际的结论。

3. 民族走廊地区在历史上就是一个多民族，多语言的交错杂居区，是研究社会语言学的一个很好的比较典型的地区，由于多种语言接触，当地少数民族居民都使用两种以上的语言进行交际，在甘洛尔苏地区，经常有人开玩笑称尔苏人是三个舌头，意思是他们中许多人除了使用母语外，都能比较熟练地使用汉语和彝语，与此同时我们通过现存语言结构的分析，在这里还可以看到历史上语言同化的一些遗迹，也可以找到反抗同化的一些典型事例，这些现象对于我们研究并认识历史上民族关系的复杂性大有帮助。对于我们开阔视野，丰富语言学知识，更好地处理各民族文化教育发展中存在的问题也很有帮助。

4. 我们历来认为，语言是社会的一面镜子，社会的变革会反映到语言中来，通过揭示语言发展变化中所折射的社会现象，使我们透过纷繁错综的现象中能找到解决历史上一些疑案的钥匙。例如：汉晋以来，史书上曾提到分布在这一带的羌人部落名称有二十多种，其中有的部落明确记载他们居住的是邛笼（或称碉），这种邛笼在目前羌语支分布地区都能找到，使我们感到意外的是，羌语支语言在“邛笼”这个词的读音上是那样的一致，对应关系是那样的明显，而汉语“邛笼”一词的读音却明显是羌语读音的译音。这就证明，汉晋以来，汉族和这一带的少数民族已经有了密切的交往，汉语从羌语中吸收了借词，同时证明，凡是居住邛笼的部落，和目前使用羌语支语言的居民有关。类似这样的例子在语言分析中能找到许多。

5. 走廊语言的调查研究，为我们深入研究西番译语打下了坚实的基础。华夷译语中的西番译语至少有 9 种，过去我们只知其中记录的有藏语、嘉绒语，通过这几年调查核对，现在全部都找到了答案。

注 释

①费孝通：《关于我国的民族识别问题》载《中国社会科学》1980 年第 1 期，第 158 页。

②本文所使用的人口数字为 1980 年以前各地调查相加的估计数字。

③这种方言与傈僳语也不相同。

④关于该图画文字的形体、结构、意义等，请参阅刘尧汉等：《一部罕见的象形文历

书——尔苏人的原始文字》载《中国历史博物馆馆刊》1981 年第 3 期。

⑤参阅 R、A、Stein《弥药与西夏》载《法国远东学院刊》（BEFEO）第 44 卷，1951 年出版。再如西夏研究专家王静如也认为木雅与西夏有密切关系。参阅《论四川羌语及弥药与西夏语》。

⑥董兆孚：《缴外旅痕》载《边政》杂志。

⑦据四川省民族研究所刘辉强同志见告，阿坝藏族自治州马尔康县木尔宗地区也有尔龚语分布。

⑧马长寿：《嘉绒民族社会史》载《民族学研究集刊》第四期，第 62 页。

⑨李绍明同志在《唐代西山诸羌考略》一文中说，革什咱，巴旺司居民操“尔龚”语（rgu），俗称道孚话，与“哥邻”语相近，又间有霍尔语言。此文载《四川大学学报》1980 年第一期。

⑩札巴语的材料主要由陸绍尊同志记录、整理。

⑪西南民族学院上官剑壁从藏文资料证明：“现今划归雅江和道孚的扎巴人（Vdrapa），是木雅岗的最早居民，他们至今操着一种与周围地区的藏语和木雅语极不相同的扎话（Vdraskad）上层知识分子会讲藏语官话，通用藏文。”引自上官剑壁《四川的木雅与西夏人》1981 年 8 月西夏研究学术讨论会论文。

⑫德沙：《藏语方言的研究方法》载西南民族学院庆祝建校三十周年学术论文集，第 150 页。

⑬桥本万太郎著《语言地理类型学》北京大学出版社，1985 年。

（本文初稿撰写于 1979 年，油印后 1980 年
在国家民委民族问题五种丛书上散发，
后刊载于西南民族研究学会编《西南民族研究》
第 429—454 页，四川民族出版社 1983 年版）